Wolfgang Winkler
Die Struktur der Persönlichkeit

WOLFGANG WINKLER

DIE STRUKTUR DER PERSÖNLICHKEIT

Zur Führungsverantwortung in sozialen Organisationen und im Bildungsmanagement

FACHHOCHSCHULSCHRIFTEN
PROF. DR. JÜRGEN SANDMANN

Die Deutsche Bibliothek - CIP-Einheitsaufnahme

Winkler, Wolfgang:
Die Struktur der Persönlichkeit : Zur Führungsverantwortung in sozialen Organisationen und im Bildungsmanagement / Wolfgang Winkler. - 1. Aufl. - München : Fachhochsch.-Schr. Sandmann, 1993
ISBN 3-929221-13-6

1. Aufl. Juni 1993

Umschlaggestaltung Peter Grabowski

Druck und buchbinderische Verarbeitung Kessler Verlagsdruckerei
Michael-Schäffler-Str. 1, 86399 Bobingen

ISBN 3-929221-13-6

Inhaltsverzeichnis

Kapitel 3
Das Selbst oder: Jeder ist eine eigene Welt 103

Kapitel 4
Wege zu mehr Selbst-Kompetenz 241

Verzeichnis der Abbildungen

Vorwort

Der Titel dieses Buches verspricht dem Leser, ein Bild von der Struktur der Persönlichkeit vorzustellen, und das heißt, es soll ein Menschenbild umfassen, das erfahrbar und begründbar ist. Manchem mögen angesichts eines solchen Unterfangens Zweifel kommen: Wie will der Autor die heute vorfindbare Vielfalt der Meinungen, die Gegensätzlichkeiten der Weltanschauungsrichtungen oder die pluralistischen Wertevorstellungen unserer Lebenswelt integrieren? Und dem wissenschaftlichen Nachdenken über eine solche Thematik wird sich Skepsis schon deswegen aufdrängen, weil sich die betroffenen Disziplinen untereinander bisher auf kein Menschenbild verständigen konnten, das auch in der alltäglichen Lebenswelt trägt. Grenzt also ein derartiges Unternehmen nicht an Vermessenheit?

Darauf ist eine relativ einfache Anwort zu geben, weil sie nicht erst zu suchen ist, sondern bereits in der Lebensgestaltung *jedes einzelnen* zum Ausdruck kommt. Wir alle geben mit unserem Handeln und Verhalten, mit unserem beruflichen und gesellschaftlichen Engagement, mit Hoffnungen und Resignationen, eine Antwort auf diese Frage nach der Struktur der Persönlichkeit, die wir sind. Und so ist auch dieses Buch nichts anderes als eine persönliche Antwort, als die Beschreibung eines Stück Lebensweges, den ich auf der Suche nach Orientierung in der Gegenwart gegangen bin.

Die immer deutlicher spürbare Verflechtung der Lebensbereiche, vom Sektor der Wirtschaft zu jenem der Politik, vom Bereich der Bildung zu den Glaubenshaltungen und Zukunftshoffnungen aller Gruppierungen, macht es vor allem den Führungskräften im Umgang mit Mitarbeitern schwer, in der Frage der Führungsverantwortung auch begründbar nachvollziehbare Positionen zu vertreten. Die Schwierigkeiten im Bereich sozialer Organisationen sind darüber hinaus durch die Tatsache gekennzeichnet, daß sich in der beruflichen Aufgabenstellung immer mehr die Auswirkungen aus allen gesellschaftlichen Subsystemen auf die Lebenssituation der Menschen bemerkbar machen. Hier ist das Sich-Selbst-Verstehen und alles Fremdverstehen in seiner Abhängigkeit vom individuellen Menschenbild besonders spürbar.

Der hier aufgezeigte Weg ist also meine eigene Antwort auf der Suche nach Wertorientierung, und mir erscheint eine Aussage über die menschliche Grundstruktur schon deshalb möglich, weil diese jeder im eigenen Leben zu erkennen vermag. Als Anleitung dazu soll diese Arbeit dienen. Wer heute Führungsverantwortung trägt, braucht vertiefte Erkenntnisse über die eigene Persönlichkeit - nicht zuletzt als unabdingbare Grundlage zum Verständnis von Mitarbeitern und Mitmenschen. Dabei wird er auf neue Weise erfahren, daß er selbst ohne befriedigende Zusammenarbeit mit anderen auf seinem Weg nicht so weit gekommen wäre.

Das wurde mir im Laufe der Arbeit an diesem Buch erneut klar, als ich viele Teilergebnisse in Seminaren der beruflichen Weiterbildung und in Veranstaltungen der Fachhochschule diskutieren konnte. Diesen Gelegenheiten verdanke ich viele Anregungen, ebenso wie den Gesprächen aus Einzelberatungen und den fachorientierten Diskussionen mit Frau Dipl.-Sozialpädagogin (FH) Rita Steibel, wodurch ich neue Denkanstöße erhielt. Mein besonderer Dank gilt Frau Doris Wulf für ihre Mitarbeit bei der Fertigstellung des Manuskripts, so daß manche Ungereimtheiten verhindert werden konnten.

Daß ich diese Arbeit überhaupt in Angriff nahm, verdanke ich einer Anregung von Herrn Prof. Dr. Jürgen Sandmann, der mir über die ganze Arbeit hinweg auch entscheidende Impulse in unseren Gesprächen gab.

Ingolstadt, Mai 1993 — Wolfgang Winkler

Einführung

Alle Entwicklung im pädagogischen Denken ging in der Vergangenheit immer in gemächlichen Schritten vor sich. Das hatte guten Grund, war doch der Gegenstand dieses Denkens - der Mensch als erziehungsbedürftiges Wesen - aus einer langen Entwicklungsgeschichte seiner Gattung hervorgegangen. Auch in der Erwachsenenbildung der ersten Hälfte unseres Jahrhunderts findet man im deutschen Sprachraum noch eine vergleichbare Beschaulichkeit der Entwicklung vor. Allerdings zeigte sich dabei noch viel deutlicher als in der Pädagogik, daß die Praxis jeweils einer theoretischen Auseinandersetzung vorauseilt.(1) Schließlich handelt der Mensch immer zuerst gemäß dem natürlichen Verstand, bevor ihn wissenschaftlicher Reflexionszwang überfällt.
Dieser Trend in der Weiterbildung von Erwachsenen beschleunigte sich jedoch im letzten Jahrzehnt derart, daß das Spektrum gegenwärtiger "Marktangebote" von den Nachfragenden kaum noch zu überschauen ist. Doch gilt dies weniger für die allgemeine Erwachsenenbildung (z.B. an Volkshochschulen), sondern viel mehr für die betriebliche Weiterbildung, deren Seminarangebote und -konzepte unter dem Druck der Marktgesetze inzwischen bereits mit der Beschleunigung im gesamten Wirtschaftsleben Schritt halten.(2)

Eine solche Entwicklung müßte an sich zunächst nur bei einem engeren Kreis von Praktikern und Wissenschaftlern auf Interesse stoßen: jener Berufsgruppe der Andragogen (d.h. den mit Lehre und Praxis der Weiterbildung von Erwachsenen Beschäftigten); jener Berufsgruppe der Wirtschafts- und Berufspädagogen; jener Gruppe der Trainer und Schulungsreferenten und so auch aller Führungskräfte von Wirtschaft und Sozialorganisationen mit Personalverantwortung; nicht zuletzt auch jener Berufsgruppe der Sozialarbeiter und Sozialpädagogen, die im sozialen und betrieblichen Bereich immer schon mit wirklichkeitsnahen Fragen menschlicher Entwicklung befaßt sind.(3)
Dieser Kreis ist deshalb mit der vorliegenden Arbeit im besonderen angesprochen. Darüber hinaus jedoch ist die genannte Entwicklung in

den Interessensbereich eines breiteren Publikums gerückt, - und das hauptsächlich wegen einiger Schlagworte, deren Wertschätzung man bisher im Zusammenhang von Betriebswirtschaft, Unternehmensführung und beruflicher Weiterbildung nicht vermutet hätte. Es sind dies in erster Linie solche Begriffe wie *Wertewandel, Ethik und Persönlichkeitsentwicklung,* die aufhorchen lassen.
Man muß sich aber ausdrücklich vergegenwärtigen, daß in der "Allgemeinen Pädagogik" die Fragen um das Menschsein - also die anthropologischen Grundfragen - etwa ab den 60er Jahren in den Hintergrund getreten sind, weil ein so bezeichneter "geistesgeschichtlicher Zugang" zur Pädagogik allzuleicht dazu verführt hat, die "real- und vor allem sozialgeschichtlichen Hintergründe des pädagogischen Denkens" zu vernachlässigen.(4) Pädagogik wurde - kurz gesagt - oft zur Ideologie der bürgerlichen Gesellschaft verkürzt, ohne ernsthafte Bezugspunkte zur gesellschaftlichen Wirklichkeit.
Nun aber versucht offensichtlich die Wirklichkeit der Gegenwart, ein eingetretenes Defizit auszugleichen, vielleicht auch deshalb, weil sich die Erziehungswissenschaft in den letzten Jahrzehnten allzu bereitwillig mit einer Reduktion auf rein rational zu lösende "Lernprobleme" begnügte.(5)

Jedenfalls muß es nicht nur den Historiker hellhörig machen, wenn sich im Jahr 1992 in Deutschland ein "Förderverein für mehr Menschlichkeit in der Wirtschaft" gründet mit den Zielen, in allen Bereichen der Wirtschaft für das Ideal der Menschlichkeit einzutreten, wobei ein "ganzheitliches Denken" auf die Förderung der "geistigen, seelischen und körperlichen Gesundheit" im Berufsleben ausgerichtet sein soll.(6) Hellhörig muß es insbesondere den Bildungs- und Weiterbildungsexperten machen, weil nicht ganz zwei Jahrhunderte zuvor Wilhelm von Humboldt noch die philosophisch-wissenschaftliche Bildung durch die Universität als den bevorzugten Weg zur "geistigen und sittlichen Bildung" des Menschen ansah. - Hat diese Aufgabe inzwischen somit die "Wirtschaft" übernommen? - Humboldt ließ damals allerdings keine Zweifel daran aufkommen, daß "Wissenschaft" nicht im bloßen Sammeln von empirischen Fakten besteht, wie dies wohl heute so oft mißverstanden wird. Er setzte "wissenschaftliche Bildung" mit der Bildung der Persönlichkeit gleich, denn *"nur die Wissenschaft, die aus dem Innern stammt, und ins Innere gepflanzt werden kann, bildet auch den Charakter um, und dem Staat ist es ebenso wenig als der Menschheit um Wissen und Reden, sondern um Charakter und Handeln zu tun..."(7)*

Natürlich müssen wir uns fragen, in welche Richtung seitdem das Bemühen um die Bildung des Menschen gelaufen ist! Verbleibt als Ergebnis unserer europäischen Bildungsgeschichte tatsächlich nur eine Zerstörung der Umwelt und somit der eigenen Lebensgrundlagen, was in gleichem Maße einem "Innenwelt-Desaster" des Menschen selbst entspricht? (8)

Auch wenn wir die Entwicklungsgeschichte dieser letzten zwei Jahrhunderte hier außer Betracht lassen müssen, können wir doch nicht stillschweigend so tun, als sei die Forderung nach Entwicklung der Persönlichkeit (als Voraussetzung für mehr Menschlichkeit) etwas, das sich im berufs- oder im wirtschaftspädagogischen Denken ohne entsprechende geistesgeschichtliche Rückbindung wissenschaftlich vertreten und in Seminaren rezepthaft vermitteln ließe. Gerade solches geschieht aber in sehr vielen Ansätzen, und deshalb versucht die vorliegende Arbeit, den "Bildungsgedanken" aus der Perspektive der Gegenwart neu aufzugreifen und ihn an der Frage nach dem Maß einer "Selbst-Kompetenz" darzustellen. Zwei Ziele stehen dabei im Vordergrund:

Erstens gilt es, einige vorfindbare Ansätze zur Persönlichkeitsbildung (und die damit verbundenen ethischen Aspekte) hinsichtlich ihrer theoretischen Basis zu hinterfragen, um interessierte Leser in der eigenen Orientierung und Urteilsfindung zu unterstützen; und zweitens soll aus einem philosophisch und tiefenpsychologisch fundierten Ansatz heraus aufgezeigt werden, welche praxisrelevanten Wege sich dem Erwachsenen erschließen, um mehr "Selbst-Kompetenz" im Sinne lebenslanger Entwicklung zu gewinnen. Selbst-Kompetenz in diesem Verständnis bedeutet gleichzeitig die wesentliche Voraussetzung für ein menschlicheres Zusammenleben in unserer Gesellschaft. Und es wird sich zeigen lassen, daß eine einseitig rationale Orientierung des Menschen in Wissenschaft, Wirtschaft und Technik dem menschlichen Dasein bisher nicht gerecht wurde und so zwangsläufig gewisse Gegenströmungen auslösen mußte, wie wir diese im "esoterischen Boom" einer Sinnsuche einerseits oder im massenpsychologischen Phänomen von Rechts- oder Linksradikalismus andererseits gegenwärtig erleben. Dies nachzuvollziehen ist sicher nicht voraussetzungslos möglich, weshalb der Leser dazu eingeladen wird, einige Denkwege der Theorie mitzugehen.

Zunächst ist es erforderlich, jenen unter dem Begriff der Selbst-Kompetenz zusammengefaßten Aspekt der lebenslangen Persönlichkeitsentwicklung beispielhaft darzustellen in seiner Bedeutung für Sozialpädagogik, Sozialmanagement und Wirtschaftspädagogik (Kapitel 1). Da viele Anzeichen in der gegenwärtigen Gesellschaft auf eine zunehmende Individualisierung verweisen,(9) wird auch die Frage der gesellschaftlichen Verantwortung des einzelnen immer bedeutsamer. Allerdings können dabei auch Ängste durch individuelle Überforderung entstehen. Hier kann ein besseres Verständnis des Zusammenhangs von Individuum und Kultur Orientierungshilfe leisten. Dazu bedarf es auch eines kurzen Blicks auf die bisherigen wissenschaftlichen Theorien zur Persönlichkeit in Psychologie, Pädagogik und Sozialpsychologie und auch auf jene, die nur indirekt in wirtschaftswissenschaftlichen Ansätzen auffindbar sind (Kapitel 2). Dabei werden wir - vor allem in Konfrontation mit Begriffen wie "Wirtschaftsethik" oder "Unternehmenskultur" - zwangsläufig auf die Frage stoßen, wie weit der einzelne tatsächlich als "Mittelpunkt der Wirklichkeit" (Carl R. Rogers) angesehen wird, oder ob man ihn nicht doch nur für ideologische Zwecke mißbraucht.
Während viele Weiterbildungsangebote die eigene Kompetenz und die Selbstverantwortung der Erwachsenen vernachlässigen - wofür es sehr pragmatische Gründe gibt -, gehe ich gerade in den Fragen der eigenen Persönlichkeitsentwicklung von einer geistigen und seelischen Autonomie des einzelnen aus.(10) Deshalb sollen im 3. Kapitel wesentliche Grundlagen zusammengestellt werden, mit deren Hilfe jeder Interessierte sich selbst einen Zugang verschaffen kann zum Verständnis seines individuellen Weltbildes und dem Zustandekommen seiner Identität. Jede menschliche Erfahrung enthält bereits ein Grundverständnis des eigenen "Selbst", das durchs ganze Leben trägt. Zur Erweiterung der Selbst-Kompetenz werden die Phasen der Bewußtseinsentwicklung in der ersten und zweiten Lebenshälfte deshalb ebenso anzusprechen sein wie die Bedeutung der "Lebensmitte" für jeden Menschen. Gerade diese Aspekte wurden bisher in ihrer

Wechselwirkung mit dem Zusammenleben im Kollektiv zu wenig erkannt.

Dann erst läßt sich das Phänomen des Selbstverstehens als Voraussetzung für jedes Fremdverstehen beschreiben, denn alle Selbst-Kompetenz erweist sich erst in der Fähigkeit zur Kommunikation, zur Kooperation und zur Konfliktlösung mit anderen.

Nach dieser theoretischen Durcharbeitung können dann einige tiefenpsychologisch fundierte Wege zum eigenen Selbst in sehr pragmatischer Hinsicht aufgezeigt werden (Kapitel 4); hier wird insbesondere die Darstellung des Persönlichkeitsinventars nach dem Myers-Briggs-Typenindikator (MBTI) dem Praktiker im Weiterbildungsbereich Hilfestellung geben können. Die Frage der Brauchbarkeit von sog. Persönlichkeitstests wird dabei kurz gestreift werden. Abschließend kann dann im 5. Kapitel ein Ausblick gewagt werden, wie ein neues Verständnis vom Menschen tatsächlich ein "Umdenken über die Wirklichkeit" (H. Rombach) auch im Bezug auf unser Sozial- und Wirtschaftsleben auszulösen vermag.
Zwei Bemerkungen sind an dieser Stelle noch anzubringen, die mit meiner beruflichen Tätigkeit - als dem Hintergrund dieser Arbeit - zu tun haben. Zum einen bin ich aus der Erfahrung mit Qualifizierungsmaßnahmen in den neuen und alten Bundesländern geneigt, weniger für den o.a. "Förderverein für mehr Menschlichkeit in der Wirtschaft" zu plädieren als viel mehr für eine "Initiative für mehr Menschlichkeit in der Gesellschaft". Die schwierige menschliche Situation, die sich für alle Betroffenen aus fehlenden oder umzustrukturierenden Arbeitsplätzen ergibt, wird - so steht zu befürchten - noch kaum absehbare gesellschaftliche Veränderungsprozesse hervorrufen. Das gilt vorrangig für die Situation in den neuen Bundesländern, wird jedoch auch in den übrigen Landesteilen durch den Abbau von Arbeitsplätzen im Produktivbereich in Gang gesetzt. Dieser Entwicklung wird bereits jetzt die These entgegengehalten, daß nur eine stabile Selbst-Kompetenz der Menschen die entstehende Problematik wird vermindern helfen können.
Aus dieser Entwicklung heraus aber wird auch der gesamte Sektor sozialpädagogischen Handelns noch stärker mit gesellschaftlich verur-

sachter Problematik beim einzelnen konfrontiert werden. Meine Erfahrungen aus Lehraufträgen an der Fachhochschule München (FB Sozialwesen) lassen es deshalb als vordringlich erscheinen, daß - neben den bisherigen Inhalten - bereits im Studium gewisse Grundlagen zum Verständnis der eigenen Persönlichkeitsentwicklung bewußter integriert werden. Schwerpunktmäßig wird diese Thematik jedoch in allen Weiterbildungsangeboten und insbesondere in Aufbaustudiengängen verfolgt werden müssen. Damit der Text wegen der heterogenen Zielgruppe flüssiger zu lesen ist, sind die meisten wissenschaftlichen Bezugnahmen und Reflexionen in den Anmerkungen zu finden. Wer also diese Argumentationszusammenhänge weiterverfolgen will, sei bereits jetzt auf diesen Teil verwiesen.

Der sich als Entwurf und als Anregung verstehende Charakter der Arbeit dient dazu, Strukturen und Zusammenhänge aufzuzeigen; diese sind immer aus der Sicht des Lesers - also aus der Perspektive einer anderen theoretischen Position - weiterentwickelbar, vertiefbar und auch widerlegbar. Individuelle und gesellschaftliche Entwicklung kann niemals *vor*gegeben, sondern nur *auf*gegeben sein.
Deshalb wird die Zusammenfassung der Ausführungen am Schluß eines Kapitels in Form einer "Gedanken-Karte" (mind-map) skizziert. Diese soll also zum einen die gedankliche Struktur der Arbeit veranschaulichen und zum anderen einladen, individuelle Ergänzungen vorzunehmen.

Anmerkungen

1) Über den historischen Hintergrund dieser Entwicklung ist eine kurze Zusammenfassung zu finden bei: Tietgens, Hans: Einleitung in die Erwachsenenbildung, Darmstadt 1979, S. 5 - 24.

2) So räumt das Heft 4/92 der Zeitschrift "Weiterbildung" z.B. dem "Weiterbildungsmarkt" mit seinen Angeboten einen Umfang von rd. 30 Seiten ein.

3) Hier ist anzumerken, daß ich aus Vereinfachungsgründen die bisher gebräuchliche maskuline Form von "Pädagogen" oder "Sozialarbeitern" usw. verwende, auch wenn Personen beiderlei Geschlechts damit gemeint sind. Alternative Mischbegriffe tragen m.E. noch nicht zum besseren Verständnis bei.

4) Vgl.: Giesecke, Hermann: Einführung in die Pädagogik, 2.Aufl., Weinheim; München 1991, S. 41.

5) Vgl. Giesecke 1991, a.a.O., S. 189. In bezug auf Lernprobleme gesteht Giesecke der Pädagogik nur eine reine "Zwischenhändlerfunktion" zu, da sie praktisch "über keinen eigenen Gegenstand" verfüge, "mit dem sie sich allein beschäftigt." (a.a.O. S., 190)

6) Vgl. dazu den Bericht in: SZ, Nr. 193, v. 22./23.8.92, S. 64.

7) Zitiert nach: Dietrich, Theo: Geschichte der Pädagogik (...), 2.erw. u. überarb. Aufl., Bad Heilbrunn 1975, S. 105. Das Zitat stammt aus der Abhandlung: Über die innere und äußere Organisation der höheren wissenschaftlichen Lehranstalt in Berlin.

8) So analysieren namhafte Naturwissenschaftler die Situation, u.a. auch die Physiker Erwin Schrödinger, Fritjof Capra und Erich Jantsch; auf deren Denken wird später noch eingegangen werden.

9) Vgl. z.B.: Beck, Ulrich: Risikogesellschaft. Auf dem Weg in eine andere Moderne, Frankfurt, 1986, S. 205 ff.

10) Autonomie in der Entwicklung der Individualität berührt dabei auch jene Grenzziehungen und Parallelen, die zwischen "Weiterbildung" und "Therapie" zu beachten sind. Vgl. dazu: Mader, Wilhelm: Individualität als soziales Problem von Bildung und Therapie, in: Tietgens, Hans (Hg.): Wissenschaft und Berufserfahrung.(...), Bad Heilbrunn 1987, S. 66-85.

Anmerkungen

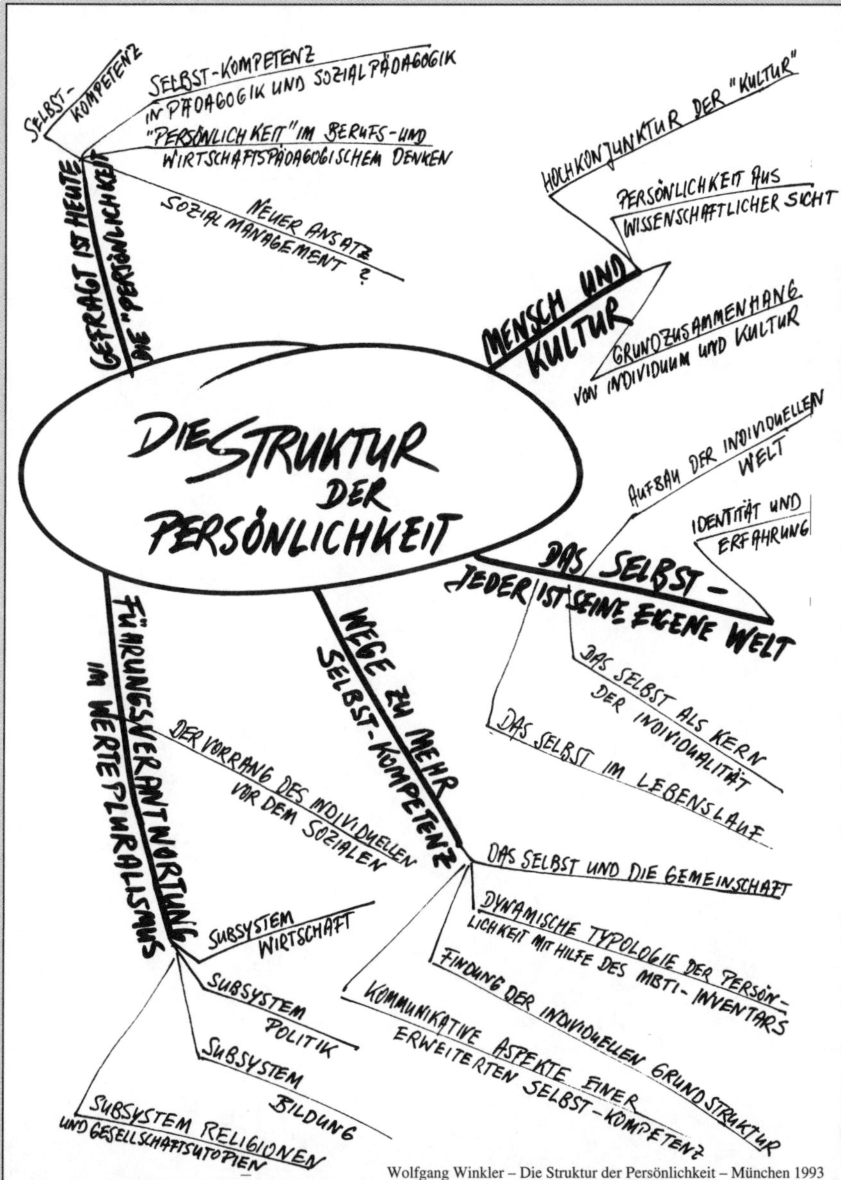

Wolfgang Winkler – Die Struktur der Persönlichkeit – München 1993

"GEDANKEN-KARTE" ZUR EINFÜHRUNG

Kapitel 1

Gefragt ist heute die "Persönlichkeit"

Leitfragen:
Warum müssen wir uns schrittweise dem Begriff der Selbst-Kompetenz nähern?
Wen sollte berufsmäßig die Frage nach der Selbst-Kompetenz besonders berühren?
Was bedeutet Persönlichkeitsentwicklung für das Sozial-management?

1.1 Wie ist Selbst-Kompetenz zu verstehen?

Eine endgültige Antwort auf diese Frage darf an dieser Stelle noch nicht erwartet werden. Es kann zunächst nur darum gehen, dieses Phänomen behutsam zu umschreiben und nach Bedarf gegen andere Begriffe abzugrenzen. Vor allem die zunehmende Pluralisierung der Wertvorstellungen, die mit jeder wachsenden gesellschaftlichen Problematik einhergeht, macht eine langsame Annäherung an zentrale Begriffe notwendig. Notwendig schon deshalb, weil wir uns selbst über den Bedeutungsumfang eines Begriffs viel zu wenig im klaren sind, so daß Kommunikationsprobleme allein dadurch bereits vorgeprägt werden. Ja es läßt sich mit gutem Recht die Behauptung aufstellen, daß letztlich sogar "alle Konfliktprobleme in Kommunikationsprobleme überführt werden können".(1) Deshalb gilt es zunächst, sich selber besser kennen zu lernen, um so auch die anderen besser zu verstehen.

Mit dem Begriff der Selbst-Kompetenz soll zunächst einmal gesagt werden, daß das eigene Selbst die Autonomie besitzt für Handeln und Verhalten, und daß wir uns nicht auf jene kulturell bedingten und somit variablen Normen und Verhaltensweisen hinausreden können, die wir im Laufe unserer Erziehung und Sozialisation verinnerlicht haben.(2) Das einfache Beispiel des zur Gewohnheit gewordenen Autofahrens, kann den Grad unserer Autonomie demonstrieren. Der bürgerlichen Freiheit, überall hinzufahren, steht die innere Freiheit

gegenüber, über eine sinnvolle Nutzung und über die Umweltfolgen dieses Verkehrsmittels nachzudenken, und individuelle Verhaltenskonsequenzen zu ziehen. Sehr schnell wird daran klar, daß Autonomie des Selbst auch die Chance zum (oft schmerzhaften) Umlernen oder Verzicht umfaßt.
An solchen Beispielen zeigt sich auch, daß der Begriff Parallelen hat zu verschiedenen persönlichkeitstheoretischen Ansätzen, etwa zum Begriff der "Ich-Identität" oder zum umgangssprachlichen Begriff einer "Persönlichkeit" oder zur Vorstellung vom "mündigen Bürger". Da diese Begriffe jedoch bereits eine sehr starke Vorprägung erfahren haben, soll hier eben jener der Selbst-Kompetenz verwendet werden. Das könnte auch eine bessere Verbindung zur Lebenswelt des Menschen ermöglichen, in der sich ja Alltagswissen und wissenschaftliches Wissen immer mehr durchdringen. Und weil sich zudem im wissenschaftlichen Bereich sehr unterschiedliche Disziplinen in den vielfältigsten Theorierichtungen mit Fragen der Entwicklung des Menschen befassen, läßt sich vielleicht mit dem Begriff der Selbst-Kompetenz das Verbindende besser kenntlich machen.

Ansonsten besteht kein Zweifel, daß die hier zur Diskussion gestellte Thematik eindeutig mit den Grundfragen einer *Entwicklungspsychologie* des menschlichen Lebenslaufs zu tun hat. Die dort gewonnenen Grunderkenntnisse können und dürfen also nicht übergangen oder vernachlässigt werden. Doch dient es keineswegs einem besseren Selbst- und Fremdverstehen, wenn solche Erkenntnisse bruchstückhaft und mundgerecht aufbereitet in Weiterbildungs-Seminaren als der Weisheit letzter Schluß angeboten werden. Mit Schlagworten vom "neuen Denken", von "Mind-control und mentalem Training", von "Lebensqualität, Wertewandel und Bewußtseinserweiterung", von "Wirtschaftsethik und Moral der Manager"(3) ist man sicherlich "up to date"; meist jedoch wird die rezepthafte Vermittlung solcher Begriffe dem Erfahrungsniveau Erwachsener nicht gerecht. Das läßt sich auch beobachten bei der Darstellung einer Thematik wie etwa der Transaktionsanalyse (nach E. Berne) oder bei den Ansätzen der Humanistischen Pschychologie, wo sich z.B. die Maslowsche "Bedürfnispyramide" einer ungehemmten Beliebtheit erfreut. Solche Vorgehensweisen vermögen zwar zu einem kurzfristigen Aha-Erlebnis zu führen, halten jedoch einem vertieften Weltverständnis - gerade engagierter Führungskräfte in Wirtschaft, Verwaltung und Sozialorganisationen - auf Dauer niemals stand. Das ist mit ein wesentlicher Grund zur Vertiefung des Begriffs der Selbst-Kompetenz, da sonst alles Gerede von "Persönlichkeitsentwicklung" nur an der Oberfläche unseres "äußerlichen" Rollenverhaltens verbleibt.

Selbst-Kompetenz wird einen weiteren Aspekt mit umfassen, der aber dem gängigen Bild einer auf perfekte Leistung und Selbstbestimmtheit trainierten Führungskraft zu widersprechen scheint. Das perfekte "Funktionieren" in Beruf, Gesellschaft und sogar Familie entspricht einer Rollenerwartung, der aber der einzelne niemals ganz gerecht werden kann, es letztlich auch gar nicht darf. Denn unser Handeln und Verhalten wird oft durch uns kaum bewußte Grundkräfte beeinflußt, deren gelingende Integration aber allein die Voraussetzung für eine seelische Gesundheit des Menschen darstellt. Eine dieser Grundkräfte ist die menschliche Angst.
Folgt man Ulrich Beck und seiner soziologischen Analyse der Gesellschaft in den Grundprinzipien, so ist unsere gegenwärtige "Risikogesellschaft" - entstanden aus einem Übergang von der "Klassengesellschaft" - durch den Ausspruch charakterisiert: "Ich habe Angst."(4) Und dies deshalb, weil eine neue "Form der Verelendung" festgestellt werden kann. Verelendung insoweit, als letztlich eine entwickelte Industriegesellschaft sich von jenen Risiken nährt, die sie selbst produziert.(5) Angst wird somit zum Motor der Industriegesellschaft und die Branche der Versicherungen beweist dies eindeutig. Selbst wenn man sich dieser Auffassung nicht in allem anschließt, haben wir es bei der "Angst" mit einem markanten Symptom zu tun, das sich zwar unterschiedlich erklären, als Tatsache der menschlichen Betroffenheit aber nicht wegdiskutieren läßt. Zudem ist Angst aber gleichzeitig der ideale Nährboden für jede Art von Manipulation des Menschen.

Nun wissen wir auch, daß zu jedem menschlichen Leben die Angst gehört: Angst vor Versagen, vor Arbeitslosigkeit oder dem Karriereknick, vor der Existenzkrise oder vor dem Alleinsein, vor Krankheit oder vor der Sinn-Losigkeit des Lebens. Diese Angst vermag uns sogar positiv zu stimulieren, berührt jedoch Tiefenschichten des menschlichen Selbst, die in jedes Miteinander, in jede Kommunikation mit einfließen und deshalb niemals nur durch leicht faßbare Ver-

haltensrezepte eines Seminars aufdeckbar und bearbeitbar sind. Deshalb bedarf es gerade der Erforschung und Sichtbarmachung unterschiedlicher Tiefenstrukturen einer Selbst-Kompetenz, um sich so Schritt für Schritt ein individuelles Fundament aufzubauen, das auch dann trägt, wenn uns bloße Schlagworte - wie der Slogan vom "positiven Denken" - einmal nicht mehr weiterhelfen.
Selbst-Kompetenz wird also immer die Autonomie des bewußten Handelns und Verhaltens umfassen, um einerseits dem Außenaspekt gesellschaftlicher Fremderwartung gerecht zu werden; andererseits muß sie auch die Autonomie einer "inneren Einstellung" mit einschließen, um den Innenaspekt der persönlichen Grundstruktur nicht zu vernachlässigen.

Eine erste Skizze kann diese "Selbst-Kompetenz" enger umreißen:
Wir wissen aus den Lern- und Erziehungszielen der Allgemeinen Pädagogik, daß "Reife und Mündigkeit, Produktivität und Kritikfähigkeit als Voraussetzung für verantwortliche Entscheidungsfähigkeit" anzusehen ist.(6) In solcher Zielsetzung von Mündigkeit oder Emanzipation gehen sicherlich alle theoretischen Richtungen einig. Der Begriff der Mündigkeit läßt sich nun - wie bei Heinrich Roth - in einem dreifachen Sinne interpretieren:

> *"a) als Selbstkompetenz (self competence), d.h. als Fähigkeit, für sich selbst verantwortlich handeln zu können,*
> *b) als Sachkompetenz, d.h. als Fähigkeit, für Sachbereiche urteils- und handlungsfähig und damit zuständig sein zu können, und*
> *c) als Sozialkompetenz, d.h. als Fähigkeit, für sozial, gesellschaftlich und politisch relevante Sach- und Sozialbereiche urteils- und handlungsfähig und also ebenfalls zuständig sein zu können."(7)*

Ein entscheidendes Kriterium bei der Anlehnung an eine solche Zielsetzung besteht nun darin, daß damit nicht nur die kognitiven Aspekte des Intellekts gemeint sind; denn der Begriff der "Reife" schließt immer auch die "emotional-affektive" Seite einer "Mündigkeit" mit ein. "Reife" kann so bedeuten, daß wir uns zwar optimal den Anforderungen der Außenwelt hinsichtlich einer Leistungserwartung im Beruf

stellen, daß wir aber auch etwa einem Gefühl innerer Angst nicht ausweichen. Je nach Lebensphase des Menschen wird das eine oder das andere vorherrschen.
"Reife" und "Entwicklung" gehören als lebensimmanente Prozesse in den allerpersönlichsten Bereich eines Menschen und werden zumeist durch jenen Begriff der "Selbstfindung" am besten charakterisiert. Als außenstehender Beobachter in Theorie und Praxis scheue ich mich davor, von "Selbstfindung" eines anderen Menschen zu sprechen, da die Einzigartigkeit jedes einzelnen in gewissem Sinne "unantastbar" ist. Mir verbleibt deshalb aus der externen Betrachterperspektive nur der Begriff der Selbst-Kompetenz, will ich das Phänomen beschreiben. "Selbst-Kompetenz" deshalb, weil es die Zuständigkeit des "Kerns unseres Selbst" ist, der in allen Stadien die dynamische Grundlage bildet, um "Kontinuität und Identität als Person zu entwickeln und zu behaupten".(8)
Vorerst ist somit festzuhalten, daß Selbst-Kompetenz sowohl eine *Innenperspektive* wie eine *Außenperspektive* umfaßt, deren Bedeutung in den folgenden Ausführungen noch darzustellen sein wird. Dies zusammen bildet eine erste Grundlage jeder *individuellen Welt.*
(Vgl. hierzu auch Abb.1)

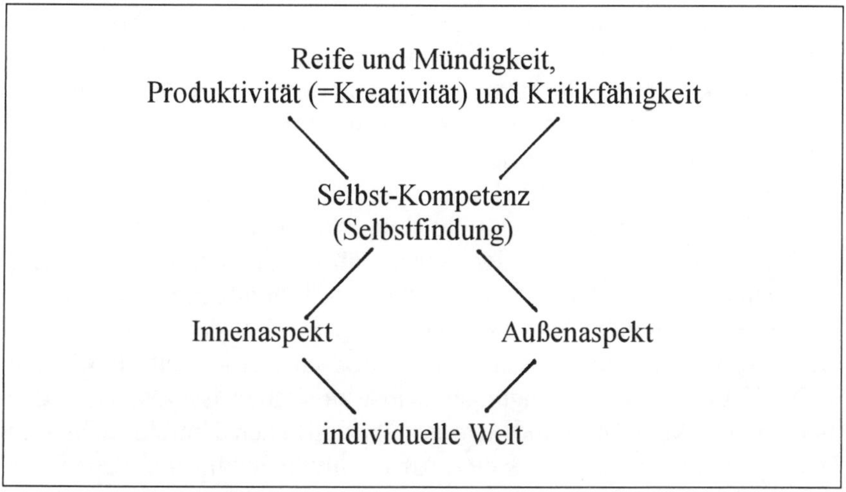

Abb.1: Begriff der Selbst-Kompetenz

1.2 Die Unausweichlichkeit der Frage nach Selbst-Kompetenz in Pädagogik und Sozialpädagogik

Das Personverständnis in der Allgemeinen Pädagogik reicht zurück in die ganze Philosophiegeschichte des Menschen und wurde immer schon im Bildungsbegriff sichtbar, wenn auch unter verschiedenen theoretischen Positionen. Bezugnahmen darauf sollen hier nur vereinzelt als Hintergrundinformation erfolgen, so wenn mit dem Begriff der Selbst-Kompetenz Fragen berührt werden, die einen Verweis auf eine spezielle pädagogische Betrachtung der verschiedenen Lebensaltersstufen erforderlich machen.(9)

In der Hauptsache wird im folgenden die Perspektive der Sozialarbeit/ Sozialpädagogik übernommen, weil deren Wirklichkeitsbezug sehr viel mehr Zusammenhänge zur Berufs- und Wirtschaftspädagogik und so auch zur Lebenswelt aufweist. Da es jedoch insgesamt schon schwierig ist, "den Gegenstand der Sozialpädagogik zu bestimmen"(10) und auch die Theoriediskussion selbst noch im vollen Gange ist, bin ich mir der Grenzen einer erschöpfenden Erörterung sehr wohl bewußt.

Eine erste bemerkenswerte Tatsache besteht nun darin, daß sozialpädagogische Arbeit in unserer Gesellschaft ein horizontal *breites* Aufgabenfeld vorfindet, das von der Vorschulerziehung bis zur Altenarbeit reicht.(11) Diese Situation läßt sich auch in ihrer *Tiefendimension* skizzieren. Greift man etwa den Bereich der Arbeit mit Jugendlichen heraus und beschränkt sich wiederum nur auf den Aspekt "Gesundheit", dann begegnen wir bei Heranwachsenden Problemen wie: psychosomatischen Erkrankungen und psychischen Störungen, Drogen- und Arzneimittelmißbrauch, Unfällen, Totschlags- und Selbsttötungsdelikten. Aus der Konfrontation mit solchen Fakten wird sehr schnell klar, daß es sich nicht um reine individuelle Probleme der Betroffenen handelt, denn es besteht kein Zweifel daran, daß ein erheblicher Anteil der Ursachen in gegenwärtigen gesellschaftlichen Lebens- und Arbeitsbedingungen selbst zu suchen ist. Zwischen den betroffenen Menschen und dem gesellschaftlichen Umfeld sieht sich nun der Sozialpädagoge als eine Art vermittelnder Instanz. Doch wie soll er sich verhalten, wenn die Diskrepanz zwischen paradiesisch anmutendem Konsumanreiz auf der einen Seite und einer Ausweg-

losigkeit bei der Suche nach Lehrstellen oder Arbeitsplätzen auf der anderen Seite so greifbar ist wie in der Gegenwart?(12)
Es wäre im höchsten Maße wirklichkeitsfremd, wollte man im Streetworker-Gespräch oder im Freizeitheim dem jungen Menschen rein theoretisierend klarzumachen versuchen, daß eben durch die schlagartige Veränderung der politischen Situation in der ehemaligen DDR der Umstellungsprozeß seine Zeit brauche, daß nur auf demokratischem Wege Veränderungen möglich sind usw. In einer unmittelbaren Betroffenheit verhält sich der Mensch mehr emotional und nicht rational, und diese Tatsache gilt in vergleichbarem Maße für die betroffenen Sozialpädagogen selbst. Genau das gestehen inzwischen neuere sozialisationstheoretische Ansätze dem Praktiker zu, wenn sie auf die Schwierigkeiten hinweisen,

> *"daß die reflexive Beziehung eines Menschen zu seinen existentiellen Lebensbedingungen auf der einen und seinem eigenen Körper und der inneren Struktur von Bedürfnissen, Motiven und Interessen auf der anderen Seite unter heutigen Lebens- und Arbeitsbedingungen sehr schwer herzustellen und aufrechtzuerhalten ist."(13)*

Für unser aller Existenz heißt das, daß wir uns oft in Lebenssituationen verfangen fühlen, die wir selbst so nicht wollen (z.B. von Fernsehkonsum, Alkohol und anderen Drogen abhängig zu sein), ohne daß uns in dieser Situation eine rationale Überlegung allein dazu verhilft, wieder mehr "zu uns selber" zu kommen. Nur der moralisierende Besserwisser - dem es natürlich auch existentiell meist besser geht - ist von der bürgerlich-konservativen Vorstellung überzeugt, daß dies alles nur eine Frage des "guten Willens" sei. Ihm allerdings fehlt jede vertiefte Einsicht in seine eigene psychische Grundstruktur, und genau diese gilt es unter dem Begriff der Selbst-Kompetenz in allen Dimensionen aufzuzeigen und sich bewußter zu machen.

Selbstfindung als persönliches Entwicklungsziel wird heute bereits von vielen Angehörigen der Sozialberufe als einzige Chance angesehen, um einer Identitätsproblematik im Laufe des Berufslebens bestmöglich begegnen zu können. Eine solche Identitätsproblematik entsteht ja hauptsächlich aus dreierlei Gründen:

- Einmal gilt es zu bedenken, daß jede Arbeitnehmersituation des Sozialpädagogen durch die Abhängigkeit von der Ideologie (oder modern: der Unternehmensphilosophie) des Trägers geprägt ist, so daß - auch wenn man den "Job" akzeptiert - immer eine Art Entfremdung gegenüber sich selbst eintreten wird.

- Des weiteren wurde bisher nie ernsthaft registriert, daß jede auch noch so zutreffende wissenschaftliche Einzelerkenntnis, die man sich im Laufe von Studium und Fortbildung angeeignet hat, in der Berufssituation immer nur in einer abgewandelten Form in Handlungen und Entscheidungen einfließt.(14) Jeder handelt letztlich nach seiner eigenen "Theorie", was solange unproblematisch sein kann, als sich der einzelne diese Tatsache auch entsprechend bewußt zu machen vermag.

- Und schließlich dürfte kaum zu bezweifeln sein, daß unser berufliches Handeln in vielschichtiger Weise auch von eigenen biographischen Gegebenheiten bestimmt wird. So wird z.B. eine im eigenen Leben nicht befriedigend gestaltete Ablösung von der Mutter (oder den Eltern) das Verständnis für Lebenssituationen anderer in dem Maße beeinträchtigen, wie wir selber in solcher Situation noch unbewußt verfangen sind.

Für diese berufsrelevante Identitätsproblematik muß unser Begriff der Selbst-Kompetenz Hilfestellung geben können. Gleichzeitig ist in diesem Zusammenhang eine weitere Grunderkenntnis berührt und nicht zu übersehen. Was wir unter "Lernen" im eigentlichen Sinne verstehen, hat immer mit Aufbau und Veränderung von Strukturen zu tun.(15) Das bedeutet aber für jede Situation in Studium, in Ausbildung, in Berufsausübung oder in Fort- und Weiterbildung, daß wir nur dann etwas wirklich "lernen", *wenn wir die Lernprozesse in Eigenverantwortung übernehmen und als "Findung des Weges" selbst gestalten.* Auch dieser Aspekt ist mit Selbst-Kompetenz gemeint. Andernfalls unterwerfen wir uns bloß der Macht und Herrschaft anderer, beispielsweise jener "Wissender", die uns an Fachhochschulen und Universitäten, in Weiterbildungs-Seminaren und am Arbeitsplatz genau sagen, was für uns "richtig" ist. In diesem Sinne ist auch das "Selbst-Konzept" von Carl R. Rogers - jenem bekannten Vertreter der

"Humanistischen Psychologie" - zu verstehen. Rogers hat die Notwendigkeit einer solchen Einstellungsänderung gegenüber allen unseren Lernprozessen zum wichtigsten Lernprozeß selbst erklärt.(16)

Tatsächlich aber sieht die Wirklichkeit aller pädagogischen und sozialpädagogischen Ausbildung anders aus, und dies muß mit als Ursache dafür angesehen werden, daß heute von einer "Krise der pädagogischen Berufe" gesprochen wird.(17) Deshalb wird zu Recht die Forderung erhoben, daß der Pädagoge und Andragoge sich selbst in erster Linie als Vermittler verstehen muß, der Lernprozesse anderer anregt.(18) Bei solchem Verständnis von Lernen als Verhaltensänderung läßt sich aber "pädagogisches Handeln" nicht ausschließlich auf rationale Lernprozesse reduzieren, weil eine solche zwischenmenschliche Beziehung immer zwei Personen in ihrer Ganzheit einschließt. Selbst wenn "nur" Wissen rational vermittelt werden soll, wirkt in jedem Betroffenen die "Einheit der Person".(19) *Letztlich wirken wir nicht durch das, was wir vermitteln wollen, sondern durch das, was wir selber sind.* Was wir sind, ist das Ergebnis unserer Erfahrung und diese umfaßt auch rational Unfaßbares. Insoweit ist also immer auch ein irrationaler Aspekt im Verständnis einer Selbst-Kompetenz enthalten, den es mit zu erforschen gilt.

Fassen wir die Grundaussage dieses Abschnitts zusammen und stellen dabei unterschiedliche theoretische Positionen in Rechnung, so läßt sich sagen: die Bedeutung der "Persönlichkeit des Pädagogen" und all jener mit Lehre und Fortbildung von Erwachsenen Betroffenen ist heute unumstritten.(20) Die insgesamt markierten Defizite pädagogischer Professionalität verweisen geradezu auf den bisher skizzierten Begriff der Selbst-Kompetenz. Dieser stellt - auf der Grundlage einer unstrittigen Sachkompetenz - gleichzeitig die Voraussetzung dar für eine befriedigende Sozialkompetenz. Allerdings wird bereits sichtbar, daß Selbst-Kompetenz neben dem kognitiven Aspekt auch den emotional-affektiven Aspekt der menschlichen Person einschließt, dessen umfassende Bedeutung jedoch in bisherigen Ansätzen - und erst recht in den realen Strukturen von Sozialorganisationen jeglicher Art - keine entsprechende Berücksichtigung gefunden hat.

1.3 Die Suche nach "Persönlichkeit" im berufs- und wirtschaftspädagogischen Denken

In modernen großstädtischen Wissenskaufhäusern(21) - auch Buchhandlungen genannt - stehen die Regale mit der Aufschrift "Pädagogik" nicht weit von solchen mit der Aufschrift "Wirtschaftsmanagement" entfernt. Betrachtet man jedoch die inhaltliche Distanz der Themen, dann spürt man so etwas wie eine "Umwertung aller Werte". Befassen sich nämlich die Publikationen zur Erziehung des Menschen mit Themen wie: Neuere Aspekte der Lerntheorien oder mit Didaktik des computerunterstützten Lernens oder mit Systemtheorien für die Pädagogik, so stößt man beim Stichwort der "Unternehmensführung" auf Titel wie: Ganzheitliche Management-Methodik oder Management by Love oder Unternehmensethik. Ein Erziehungswissenschaftler müßte um seine Reputation fürchten, würde er heute von der Notwendigkeit der "Liebe zum Mitmenschen" sprechen; dagegen scheut man sich auf einem Symposion der Hanns-Martin-Schleyer-Stiftung nicht, zu betonen, daß auch von "Personalchefs Nächstenliebe erwartet werden kann".(22) - Besteht somit in Wirtschaftspädagogik und Personalentwicklung bereits ein Konsens in der Idee des "persönlichen Wachstums" des Menschen und verweist alles schon in die "humanistische Richtung"?
Jeder Leser wird von sich aus die nötige Skepsis gegenüber Schlagworten aller Art - insbesondere den marktorientierten - entwickelt haben. Deshalb können wir uns an dieser Stelle auf einige Grundfragen konzentrieren, die mit der zu diskutierenden Thematik der Selbst-Kompetenz zusammenhängen. Es empfiehlt sich dabei, zunächst eine deutliche Trennung vorzunehmen zwischen

- Konzepten zur Führungskräfte-Entwicklung und
- Qualifizierungsmaßnahmen im allgemeinen Arbeitnehmerbereich.

Zum letztgenannten Aspekt läßt sich sagen, daß neuere Organisationsansätze für Unternehmen, die eine "Qualifizierungsoffensive" im Arbeitnehmerbereich mit sich brachten, zunächst durch gesamtgesellschaftliche Veränderungen hervorgerufen waren. Veränderungen brachten z.B. die neuen Informations- und Kommunikationstechno-

logien mit sich, die auch im Zusammenhang mit betrieblichen Rationalisierungsbestrebungen standen. Des weiteren wirkten sich die "Enttraditionalisierung und zunehmende Pluralisierung von Wertvorstellungen und Handlungsorientierungen" aus, und nicht zuletzt war die Hinterfragung der Arbeit als Lebenserfüllung ein Denkanstoß.(23)
Der Erfolg dieser Art betrieblicher Fort- und Weiterbildung wird allerdings in vorliegenden Forschungsarbeiten sehr ernüchternd beurteilt, insbesondere was die Förderung der Selbst-Kompetenz des Menschen durch Qualifizierungsmaßnahmen betrifft. So stellte Axel Bolder fest, daß berufliche Weiterbildung in der BRD tatsächlich "nicht an den Interessen der weiterzubildenden Arbeitnehmer orientiert" ist, sondern mehr oder weniger doch nur als ein "Instrument zur Absicherung von Loyalität und Herrschaft" angesehen werden muß.(24)
Zwar lassen sich auch gegenteilige Positionen ausmachen, etwa bei Josef Laux, der in den betrieblichen Bildungsmaßnahmen sehr wohl eine Chance zur "Entwicklung der Persönlichkeit" sieht.(25) Doch beziehen sich solche Aussagen eher auf den zweiten Bereich betrieblicher Bildungsmaßnahmen, nämlich jenen der Personalentwicklung auf der *Ebene der Führungskräfte*. Hier stoßen wir nun in den unterschiedlichsten Konzepten dieses Bereichs immer häufiger auf solche Begriffe, die dem Anschein nach auf ein neues Menschenbild verweisen: von ganzheitlicher Persönlichkeit ist da die Rede, von Unternehmens- und Wirtschaftsethik, von Wertewandel und von "Humanistischer Managementschulung".(26)

Hinter all diesen Begriffen steht aber ein ganz bestimmtes Menschenbild, also eine anthropologische Grundauffassung, und diese muß einer kritischen Reflexion standhalten, will man sich *über* den Bereich von Wirtschafts- und Berufspädagogik und Betriebswirtschaft *hinausgehend* auf gemeinsame Ziele verständigen. Andernfalls gebrauchen zwar alle die gleichen Begriffe, sind sich aber dessen gar nicht bewußt, daß sie auf unterschiedlichen Ebenen von "Wirklichkeit" argumentieren. Konkret: Sollen und können wir uns z.B. im Weiterbildungsbereich dahingehend verständigen, daß der "letzte Sinn" von betrieblicher Weiterbildung und "Bildungsmarketing" in jener Überzeugung zu suchen ist, *"in einer Organisation zu arbeiten und sich für ihre Entwicklung zu engagieren, die für die Menschheit und die Schöpfung die richtigen Produkte erstellt und sie in einer nicht-manipulativen Weise vermarktet"?(27)*

Solche Vorstellungen erscheinen zunächst wirklichkeitsfremd, und in der praktischen Arbeit der Unternehmensberatung oder der Beratung von Führungskräften (vgl. Coaching) stehen tatsächlich zuerst konkrete Probleme des Managements oder der Personalführung im Vordergrund, die gelöst oder bearbeitet werden sollen. Allerdings berührt die Frage nach der Möglichkeit einer zielorientierten Verständigung - wie sie im o.a. "Bildungsmarketing" angesprochen wurde - die ethische Grundhaltung des einzelnen im Unternehmen selbst und in der Gesellschaft; damit aber wird sie gleichzeitig zur Grundfrage unserer kulturellen Zukunft und betrifft somit zweifellos auch als Ziel die "Entwicklung der persönlichen Kompetenz" jeder Führungskraft.(28)
Natürlich ist eine kritische Hinterfragung des jeweiligen Menschenbildes, das hinter bestimmten Begriffen und Ansätzen steht, im umfassenden Sinne hier nicht möglich. Aber als ein brauchbarer Maßstab zur Orientierung muß und kann der Begriff der Selbst-Kompetenz dienen. Dieser Maßstab ist ja zuallererst in der individuellen Lebenswelt und der Berufs- und Arbeitswelt erfahrbar, und mündet in jede einzelne Entscheidung des Alltagshandelns ein.

Anlaß zur kritischen Reflexion des Begriffs der Persönlichkeitsentwicklung bieten einige Diskussionsbeiträge der Gegenwart zur betrieblichen Bildungsarbeit, auf die hier kurz eingegangen werden soll, damit die Notwendigkeit einer gemeinsamen Verständigungsbasis deutlich wird. Thematisch reihen sich die meisten Beiträge in jenen Zusammenhang ein, der zwischen *Personalentwicklung, Organisationsentwicklung und Unternehmenskultur* besteht. Allerdings sind dabei die Grenzen zwischen rein betriebswirtschaftlichen und rein berufspädagogischen Ansätzen sehr unscharf, doch lassen sich auch gemeinsame Ziele ausmachen. Solche bestehen z.B. in dem Bemühen, sich "um des Menschen und seiner individuellen Entwicklung willen" zu engagieren.(29)
Nun ist aber in jedem Wirtschaftsunternehmen das "soziale Handeln" überwiegend zweckrational bestimmt,(30) so daß alle Intentionen zur

"Persönlichkeitsentwicklung" meist nicht viel mehr als eine bloße "Verbrämung" der betriebswirtschaftlich fixierten Unternehmensziele darstellen.(31) Diese Kritik, daß nämlich in den propagierten Maßnahmen zur Persönlichkeitsentwicklung nur eine instrumentalistische Strategie zu sehen ist, gestehen manche Autoren offen zu.(32) Trotzdem läßt sich als Grundtendenz der Entwicklung festhalten, daß neben dem Ziel einer betriebswirtschaftlich orientierten Leistungssteigerung immer mehr auch die Persönlichkeitsaspekte der Mitarbeiter an Bedeutung gewinnen.(33)
Die euphorische Tendenz, von einer "Ganzheitlichkeit des Unternehmens" zu sprechen,(34) hat zweifellos einen esoterischen Beigeschmack und führte in der Diskussion auch zum Leitbild des "complex man". So zieht sich derzeit der Begriff der "Ganzheitlichkeit" wie ein roter Faden durch die meisten Weiterbildungs- und Personalentwicklungskonzepte. Und in diesem Trend wird nur allzugern das "leicht Handhabbare" einzelner Versatzstücke von Transaktionsanalyse, Themenzentrierter Interaktion (TZI), Neurolinguistischem Programmieren (NLP) u.a. vorschnell und kurzatmig als "neueste Manipulationstechnik" ausgegeben.(35) Die teilweise instrumentalistisch mißverstandenen Ansätze der Humanistischen Psychologie finden so Eingang in die trivialsten Seminarangebote. Aber gerade dadurch wird immer deutlicher, daß auch die rationalistisch geprägte Vorstellung vom "complex man" längst "Mittel zum unternehmerischen Zweck geworden ist".(36)

Aus diesen hier skizzierten Gründen ergibt sich die Notwendigkeit, die Frage nach der "Ganzheitlichkeit" der Person für alle Konzeptionen *radikal* zu stellen. Deswegen radikal, weil hier wirklich nach den *Wurzeln* einer Humanistischen Psychologie zu fragen ist; das bedeutet u.a. die Klärung der Frage, inwieweit ein solches rein wertrational orientiertes Menschenbild - das auf eine umfassende europäische Geistestradition zurückzuführen ist - mit einer rein zweckrational orientierten Organisation wie der eines Unternehmens in Einklang gebracht werden kann. Daß mir dies möglich erscheint, wird sich im Laufe der Arbeit noch herausstellen. Es geht hier also um die Grundfrage des Menschen, wie dieser sich und seine "Selbst-Kompetenz" letztlich versteht.

Diese Notwendigkeit der Hinterfragung beruht noch auf einem weiteren Gesichtspunkt, auf den die Autoren der gegenwärtigen Diskussion ihr Bemühen zu richten hätten. Josef Laux formuliert diesen Aspekt folgendermaßen:

> *"Es fällt auf, daß neuhumanistische allgemeine Konzepte oder gar Theorien für eine betriebliche Bildung nur ansatzweise oder überhaupt nicht aufzufinden sind. (...) Was fehlt, ist die eigentliche, noch vor der ersten Stufe zu denkende theoretische Ausgangslage, die etwas über das Menschenbild der Gegenwart aussagt, über kulturbedingte Zielsetzungen für Persönlichkeitswachstum, die Beschreibung und Kriterien für das Erreichen bestimmter Wachstums-(Entwicklungs-)stufen, - also allgemeine Prinzipien und Zielvorstellungen zur Humanentwicklung und zu Humanisierungsprozessen in der Arbeitswelt. Hier müßten die Konzepte humanistischer Psychologie und Erziehungswissenschaften angesiedelt sein."(37)*

Somit mag verständlicher werden, warum die Frage nach einer auch theoretisch fundierten Darstellung von "Selbst-Kompetenz" des einzelnen für die Wirtschaftspädagogik der Gegenwart so vordringlich ist. Gleichzeitig haben wir mit diesen Überlegungen weitere Kriterien dafür erfahren, woran sich unser Begriff am Ende messen lassen muß, denn die folgenden Ausführungen müssen u.a. Aussagen enthalten

- über die Grundlagen für ein tragendes Menschenbild,
- über die kulturbedingten Zielsetzungen für jedes Persönlichkeitswachstum und
- über eine Beschreibung der wesentlichen Wachstumsstufen der menschlichen Person.

Daß diese Grundfragen einen sehr aktuellen Bezug zur Arbeits- und Lebenswelt der Gegenwart haben, ist heute nirgends deutlicher zu erfahren als über die Intentionen, die der Einzelberatung von Führungskräften - dem sog. Coaching - letztlich zugrunde liegen. Nach außen bekommt man zwar auch hier - wie bei vielen Seminarangeboten für Führungskräfte - sehr oft den Eindruck vermittelt, als gelte es im Arbeitsleben immer nur "energiegeladen und handlungsbereit" das

selbstverständlich "unerschütterliche Selbstbewußtsein" in jeder Phase des Tagesgeschehens zur Effizienzsteigerung des Unternehmens einzusetzen. Und entsprechend lautet dann auch das Motto für das angepriesene "Selbstmanagement" z.B.: "Ich kann, wenn ich will!"(38) Aber jeder verantwortungsvolle Berater weiß ebensogut wie die selbstkritische Führungskraft, daß die tägliche Last der Erfolgserwartung, die Einsamkeit im Entscheidungszwang oder der "Verlust an Grundorientierung über den Sinn des eigenen Tuns" bei jedem Menschen im Laufe des Arbeitslebens zur Verunsicherung oder zu Selbstzweifeln führen. Dies sich aber nicht als Schwäche auszulegen oder gar die Empfindungen zu verdrängen, sondern als Grundgegebenheit allen menschlichen Lebens akzeptieren zu lernen, ist ein wesentlicher Schritt zu mehr Selbst-Kompetenz. Dadurch wird aber auch im Wirtschaftsleben immer deutlicher, wie wenig der Mensch als ein "homo oeconomicus" zu erklären ist, und daß das Subsystem unserer Wirtschaft nicht den Endzweck aller Evolution darstellt, sondern nur als ein gestaltbares *Teilsystem* des gesamten gesellschaftlichen Lebens betrachtet werden darf. (39)
Aber noch gilt ja im Management die "Wertvorstellung vom Primat der Arbeitswelt über andere Lebensbereiche im Sinne der wertkonservativen protestantischen Arbeitsethik".(40) Doch spüren immer mehr Menschen, daß "Streß, Hektik, viel Arbeit und keine Zeit zu haben" zwar noch mit dem finanziellen Bonus und dem gesellschaftlichen Image-Gewinn honoriert werden, in Wirklichkeit aber zumeist nur Symptome darstellen für ein inneres "Uneinssein", für Unausgeglichenheit oder gar Sinnleere. Wolfgang Looss (1992), der diese Zusammenhänge in ebenso pragmatischer wie einfühlsamer Weise darstellt, beschreibt aus der Erfahrung eines Beraters die zunehmende Bedeutung und Nachfrage nach einer solchermaßen konzipierten "personenzentrierten Arbeit mit Führungskräften". Daran wird besonders deutlich, wie sehr der Begriff der "Selbst-Kompetenz" den *ganzen* Menschen umfaßt und nicht nur seine Funktion im Erwerbsleben oder sein Rollenverhalten im sozialen Miteinander. Hier wird also künftig auch berufs- und wirtschaftspädagogisches Denken verstärkt an den Erkenntnissen der Sozial- und Humanwissenschaften anknüpfen müssen.

1.4 Sozialmanagement - ein neuer Ansatz im Schnittfeld zwischen Sozial- und Wirtschaftspädagogik?

Jener berufliche Bereich der Wirtschaftspädagogik oder Wirtschaftserziehung hatte immer schon einige Überschneidungen zu sozialpädagogischen Grundlagen aufzuweisen. Hauptsächlich bezieht sich das auf drei Themen, die selbst wiederum auf den Zusammenhang mit anderen Disziplinen verweisen: Neben "gruppenpädagogischen" und "rollenpädagogischen" Aspekten sind dies vor allem Sichtweisen aus der "interaktions- und kommunikationspädagogischen" Erfahrung, deren Bedeutung auch im Praxisfeld zunehmend erkannt wird.(41)
Zudem lassen die ersten berufspraktischen Erfahrungen von Hochschulabsolventen gewisse Mängel bei der Ausbildung in einigen Qualifikationen erkennen, wobei heute insbesondere die Sozialpädagogen bei "Rechts-, Wirtschafts- und Praxiskenntnissen, speziellem Fachwissen und den für ihr Berufsfeld besonders wichtigen kommunikativen Fähigkeiten" ein Defizit beklagen.(42)
Immer deutlicher wird dabei auch, daß in *allen* Berufsbereichen heute ein fachübergreifendes Denken gefordert ist, wofür die Grundlagen in Studium, Fort- und Weiterbildung gelegt werden müssen. Besonders deutlich wird das an den Aufgabenstellungen all jener Berufe, die es im Bereich des Personalwesens, der betrieblichen "Sozialtechniken" oder der Führungskräfteverantwortung umfassend mit der persönlichen Eigenart einzelner zu tun haben.
Greifen wir dazu nur das Thema "neue Mitarbeiter" heraus, dann machen einige Stichworte klar, was alles in diesem Zusammenhang als bedenkenswert angesehen werden muß: Wie objektiv ist eine Beurteilung von Bewerbern? Lassen sich dabei bestimmte Charaktertypen erkennen? Welche Aussagekraft haben Eignungstests hinsichtlich der Fähigkeiten oder der Persönlichkeit? Wie sinnvoll sind besondere Personal-Auswahlverfahren, etwa das sog. Assessment-Center? An welchem Arbeitsplatz ist wer am besten einzusetzen? Wie gehe ich mit Problemen zwischen den Mitarbeitern um?(43) Für alle diese Fragen werden zwar inzwischen die vielfältigsten Seminare angeboten und auch spezielle Weiterbildungsgänge reagieren schon auf entsprechende Anforderungen. Im Grunde aber unterwirft man sich damit im

Bereich der Sozialorganisationen ebenfalls den Marktgesetzen der sich überschlagenden Angebote "neuester Manipulationstechniken". Die Gefahr all dieser Angebote liegt in der bereits angesprochenen Abhängigkeit von immer neuen "Heilsbringern", deren letzte Thesen vom "Chaos" sogar die "Sinnfrage" und jegliche Werteorientierung als "out" erklären.(44) Damit wird aber nicht nur mit der Verdummung der Menschen Geld verdient, sondern es erweist sich unmittelbar daran auch die Bedeutsamkeit der Kernfrage nach der Selbst-Kompetenz des Menschen als Mündigkeit zu eigenverantwortlichem Urteilen und Handeln.

Daß heute im Management von Wirtschaftsunternehmen nach jener Persönlichkeit gefragt wird, die Sach-, Sozial- und Selbstkompetenz in sich auf bestmögliche Weise vereint, wird immer mehr auch im Führungsdenken der sog. Nonprofit-Organisationen nachvollzogen. Sicherlich geht es - sehr prosaisch - zuerst einmal auch darum, sich eine mit Wirtschaftsmanagern vergleichbare Karrierechance zu eröffnen, wenn man Anleihen am Vokabular macht mit "Job rotation", "Job enlargement" oder "Job enrichment".(45) Aber darüber hinaus wäre eigentlich zu unterstellen, daß man sich dort über die Ziele jeder Sozialarbeit entsprechend den gewandelten gesellschaftlichen Verhältnissen auch neu Gedanken macht. Solche Ziele - nämlich "Individuen, Gruppen und Gemeinden zu helfen, den höchstmöglichen Grad von sozialem, geistigem und leiblichem Wohlbefinden zu erreichen"(46) - sind immer interpretationsbedürftig und doch wäre zu erwarten, daß sie innerhalb solcher Organisationen zuerst einmal auf sich selbst angewendet werden. Daß diese These provokativ ist, soll nicht bestritten werden. Will man aber mit dem Ziel des "Sozialmanagement" die positiven Aspekte aus den Erfahrungen der Wirtschaft integrieren, dann muß man auch den eigenen Beitrag neuer Perspektiven zum "Sozialen" im wahrsten Sinne des Wortes "provozieren". Auch die Frage nach "Selbstfindung" oder Selbst-Kompetenz muß in diesem Zusammenhang provokativ gestellt werden; das gilt für den, der sie stellt und für all jene Berufsfelder, die sich den Zielen von Menschlichkeit, Ganzheitlichkeit und Bewußtseinserweiterung als Berufsaufgabe in unserer Gesellschaft verschrieben haben.
Es wird eine offene Aufgabe verbleiben, eine Definition für "Sozialmanagement" zu finden. Aber es werden dabei sicherlich Aussagen

gemacht werden müssen über das jeweils zugrunde liegende Menschenbild, über die kulturbedingten Zielsetzungen jeder Persönlichkeitsentwicklung und über die Entwicklungsstufen der menschlichen Person, wie dies bereits erläutert wurde.

In dem sich deutlich abzeichnenden neuen Berufsschwerpunkt "Sozialmanagement"(47) steht natürlich zuerst die Sachkompetenz in Fragen von Organisation, Finanzen, Marketing oder Datenverarbeitung im Vordergrund. Es bedarf sicher keiner besonderen Hervorhebung, daß man auch in Sozialorganisationen Bescheid wissen muß über unterschiedliche Organisationsformen, über Finanzierungsfragen, über Gesprächsführung oder über wirksame Öffentlichkeitsarbeit. Und dem entsprechend sind als thematische Schwerpunkte u.a. zu nennen:

- Organisations- bzw. Unternehmenskultur
- Ziele, Aufbau und Aufgaben von Organisationen
- Förderung der Selbstorganisation
- Projektmanagement
- Person - Ziele - Institution
- Zeitmanagement und rationale Arbeitstechniken
- Verhandlungsführung und Konferenzleitung
- Sozialmarketing.(48)

Daß darüber hinaus aber als Grundlage einer Weiterbildung zu solcher Berufskompetenz eine Offenheit und Bereitschaft zur lebenslangen Entwicklung der eigenen Persönlichkeit unabdingbar ist, sollte schon von der Zielsetzung sozialpädagogischer Arbeit her selbstverständlich sein. Die Überlegungen zur Selbst-Kompetenz in dieser Arbeit sollen dieses Verständnis vertiefen.

Konzentrieren wir uns auf die wesentlichsten Aspekte, die für ein "Sozialmanagement" in Verbindung mit der Frage nach größerer Selbst-Kompetenz bedeutsam sind! Die gesellschaftlichen Veränderungen gehen immer rascher vor sich und Neu- oder Umqualifizierung wird zur immanenten Aufgabe jeder Berufstätigkeit im wirtschaftlichen wie auch im sozialen Bereich. Zu den altersmäßigen Veränderungen in der Gesellschaft(49) kommt eine verstärkte Nachfrage

nach immer qualifizierteren Arbeitskräften, wobei einer Zunahme des Arbeitskräftebedarfs im Dienstleistungsbereich bereits heute klare Grenzen einer Finanzierbarkeit gesetzt sind. Die Grundaufgaben im Bereich von Personal- und Organisationsentwicklung zeigen immer stärker Parallelen auf zwischen dem Sektor Wirtschaft (rational organisiert zur Gewinnerzielung) und jenem der nicht-Profit-orientierten Sozialorganisationen; die Begriffe "Bildungsmarketing" oder "Sozialmarketing" drücken dies deutlich aus. Damit geraten aber auch die ethischen Beweggründe sozialen Handelns erneut ins Blickfeld, und die Frage nach dem zugrunde liegenden Menschenbild ergibt sich schon aus der Notwendigkeit eines übergreifenden Denkens, will man sich z.B. einer Diskussion um Fragen der Wirtschafts- und Unternehmensethik nicht verschließen.
Wie aber kann bei einem Wertepluralismus und einem raschen Wertewandel die gegenseitige Verständigung aller verbessert werden, wenn sich der Mensch heute immer stärker als Individualität "vereinzelt" erfährt? Hat er überhaupt eine Chance, sich mit seinen persönlichen Bedürfnissen nach einem befriedigenden Arbeitsplatz und nach sinnerfüllter Tätigkeit zu artikulieren, wo doch die Konzentration der Großorganisationen, die Geld- und Machtfülle der Konzerne und die Abhängigkeit der Politik von der Wirtschaft immer weiter zunehmen?(50) Diese Abhängigkeit besteht in vergleichbarem Maße für Sozialorganisationen, deren gesellschaftlich-politische Einbindung nur nicht so leicht durchschaubar ist. Muß es in dieser Realität zunehmender kollektiver Abhängigkeit also nicht als Paradox erscheinen, von der Notwendigkeit einer Selbstfindung zu reden? Oder müssen wir es heute gerade deshalb tun?

Eine kurze Andeutung soll abschließend die mir unausweichlich erscheinende Entwicklung skizzieren und gleichzeitig auf einige theoretische Grundlagen meines Ansatzes verweisen; letzteres deshalb, weil die Dringlichkeit eines die Disziplinen übergreifendenden Denkens fraglos gegeben ist. Wir haben schon angesprochen, daß die "helfenden Berufe" mit einer "erheblichen Verunsicherung des beruflichen Selbstverständnisses" zu kämpfen haben.(51) Dies ist mit eine Folge des altbekannten Theorie-Praxis-Problems, mit dem generell die Pädagogik immer schon Schwierigkeiten hatte. In der Entwicklung des sozialpädagogischen Selbstverständnisses haben sich in den letz-

ten Jahrzehnten erhebliche Veränderungen ergeben. In Schlagworten ausgedrückt könnte man sagen: Vom anfänglichen "professionellen Altruisten" ging die Entwicklung hin zum rational geprägten "Sozialingenieur". Auch dieser hat - nach Wilfried Ferchhoff - ausgedient, und alles verweist auf den nächsten Entwicklungsschritt des heute gefragten "lebenslagen- und lebensweltbezogenen Modells der Professionalisierung".(52) Im Sinne dieses Berufsverständnisses steht die Person des Sozialarbeiters/ Sozialpädagogen vor der zentralen Aufgabe, die berufsspezifische zwischenmenschliche Beziehung so zwischen Nähe und Distanz zu gestalten, daß optimale Hilfestellung und einfühlendes Verstehen zwar möglich werden, gleichzeitig aber nicht zur Substanzauszehrung ("Ausbrennen") der eigenen Person führen. Wie aber soll das vom einzelnen geleistet werden? Vor allem dann, wenn hierarchische Strukturen und Trägerideologie, kollegiale Konkurrenz und persönliche Lebenskrise die "Freiheit" professionellen Handelns mitbestimmen?
Damit ist das Stichwort vom "hilflosen Helfer" (W. Schmidbauer) gefallen, das uns auf jenen methodischen Weg der Tiefenpsychologie und auf die Bedeutung des Unbewußten im Menschen verweist. Und deshalb erscheint mir auch der überwiegend rationalistisch skizzierte Weg von W. Ferchhoff allein nicht ausreichend. Dieser sieht für die "Binnenstruktur professionellen Handelns" vor, daß "wissenschaftliches Erklärungswissen und alltagspraktisches Handlungswissen in der Gestalt des berufspraktischen Handelns vom Professionellen" miteinander versöhnt werden können. Diese Art von Integration erscheint zwar auch mir als das vordringlich *anstrebbare Ziel*, doch liegen für mich die Grenzen in jener rationalen "Rekonstruktion" der "Logik eines solchen lebensweltbezogenen Handlungstyps", also im bloßen Überdenken durch den Verstand. (53)
Wir haben dazu bereits im vorletzten Abschnitt festgestellt, daß die berufliche Identitätsproblematik sozialpädagogischer Arbeit mit darin zu sehen ist, daß einmal bei der Transformation wissenschaftlichen Wissens in die Alltagswelt eine individuelle Reduktion (meist als sehr starke Vereinfachung) eintritt; sodann, daß die eigene biographische Entwicklungsgeschichte unbewußt Wahrnehmung und Handeln stark zu beeinflussen vermag; und schließlich, daß beide Irritationen nicht unerheblich durch tradierte Herrschaftsstrukturen der jeweiligen Trä-

gerorganisation - über deren Führungskräfte - zusätzlich problematisiert werden. Ein Fallbeispiel soll das erläutern:

Fallbeispiel der Frau L.:

Eine in freier Trägerschaft geführte Schule zur Ausbildung von Pflegepersonal beschäftigt eine Sozialpädagogin mit breitgefächerter Aufgabenstellung. Dazu war eine entsprechende langjährige Praxiserfahrung Voraussetzung, die zu großer Selbständigkeit und Eigenverantwortung in der gesamten Arbeitsgestaltung geführt hat. Deshalb versucht sie auch, diese Erfahrung bei der Gestaltung des Unterrichts mit viel Engagement umzusetzen. Nach einiger Zeit erkrankt sie, doch die scheinbar einfache Erkältungskrankheit dauert Wochen und zieht sogar den ganzen Atmungsbereich in Mitleidenschaft.

Dies ist ein (fast) alltäglicher Fall von "Substanzauszehrung". Forscht man genauer nach, dann stellt sich heraus, daß die Sozialpädagogin besonders stark unter der Leiterin der Schule zu leiden hat, deren (transaktionsanalytisch aufweisbare) Eltern-Ich-Dominanz eine übertriebene Kontrolle ausübt und zu willkürlichen Arbeitsanweisungen neigt. Dazu kommt noch eine eigene Überforderung der Sozialpädagogin selbst, alle Arbeit immer "perfekt" zu machen und sich auch zeitlich allen anderen zu widmen - nur nicht ihren eigenen Lebensbedürfnissen. Der Mangel an Offenheit und Courage bei den Kolleginnen und Kollegen gegenüber der Leiterin (die heimlich natürlich alle über sie schimpfen) verunsichert die Sozialpädagogin zusätzlich. So leidet deren Sensibilität und Gerechtigkeitsempfinden sehr stark unter dieser Situation. Und da sie noch keine endgültige Anstellung bekommen hat, wagt sie nicht, selbstbewußt aufzutreten.

Mit dieser Schilderung soll deutlich gemacht werden, daß ein bloßes Erkennen einer Situation mit dem Verstand zwar notwendig, aber nicht hinreichend ist, um die Situation zu verändern. Die sog. "Binnenstruktur professionellen Handelns" läßt sich zwar "logisch rekonstruieren" und in aller Gewordenheit auch wissenschaftlich analysieren. Letztlich aber erweist sich die Untrennbarkeit einer "beruflichen" von einer "persönlichen" Identität aus der Einheit jeder individuellen Grundstruktur, in die Bewußtsein und Unbewußtes, Gedachtes und Gefühltes, Erfahrenes und Erhofftes mit einfließen. Um die Bedeutung von Selbst-Kompetenz dabei aufzuzeigen, bedarf es deshalb m.E. einmal einer vertieften Reflexion über die Psyche des Menschen; zum anderen bedarf es zum interdisziplinären Gespräch einer anthropologischen Fundierung .

Das, was jede menschliche Beziehung - und so auch die berufliche - bestimmt, ist abhängig von der individuellen Grundstruktur aller einzelnen betroffenen Personen. Eine solche Struktur des Menschen aber hat die Eigenschaft aller lebenden Systeme, nämlich sich selbst zu regulieren und das heißt "sich ständig selbst zu erneuern und diesen Prozeß so zu regeln, daß die Integrität der Struktur gewahrt bleibt."(54) Die Selbstregulation stößt jedoch an Grenzen vorgegebener Rahmenbedingungen, wenn keine Möglichkeit der Einflußnahme oder Mitgestaltung gegeben ist.

Integrität bedeutet hier das Aufrechterhalten einer Ich-Identität, die in jeder Persönlichkeitsentwicklung über Phasen der "Instabilität" (Krisen) in neue Entwicklungsphasen eintritt, ohne daß deren Entwicklungsrichtung letztlich vorausschaubar ist. Entwicklung in diesem Sinne heißt "Findung des Selbst" der Person, auch wenn dieser Weg - von außen betrachtet - oft einer "Verirrung" gleicht. Das Selbst des Menschen im hier verwendeten Begriff ist dynamisch, also immer als sich entwickelnd zu verstehen. Wird der Mensch an dieser Entwicklung gehindert - sei es durch Außeneinflüsse oder sei es durch innerpersönliche Konstellationen -, liegt immer das vor, was wir als Uneins-Sein, und somit als "krank" empfinden; alles berufliche Handeln wird auf diese Weise mitbestimmt.

Selbst-Kompetenz beschreibt somit aus der Betrachterperspektive die geistige Freiheit dieses "Systems Mensch",(55) sich seinen psychischen Selbstregulierungskräften zu stellen, und der für unsere Ausführungen bedeutsame Kernsatz dazu lautet: "Je mehr Freiheit in der Selbstorganisation, desto mehr Ordnung."(56) Gemeint ist z.B. die Freiheit der Selbstentfaltung in den Arbeitsaufgaben, den gemeinschaftlichen Zielabsprachen und der Selbstkontrolle einer Zielerfüllung. Nur diese Freiheit zur Selbstentwicklung, zur Selbstfindung (oder Individuation) ist gleichzeitig als die entscheidende Voraussetzung jeder Gemeinschafts-Werdung anzusehen.

Jedes "Sozialmanagement" bedarf somit zuerst methodischer Instrumente, um erforderliche Organisationsstrukturen beschreiben und definieren zu können und um organisationspsychologische Folgerungen daraus zu ziehen. Dabei sind all jene bereits genannten Schwerpunkte bestehender Weiterbildungskonzepte von Bedeutung. Als entscheidende Aufgabe sehe ich jedoch die Ermöglichung einer Entwicklung und die Förderung von Selbst-Kompetenz aller in einer Organisation arbeitenden Menschen an, weil nur über diesen (langwierigen und mühevollen) Weg eine grundlegende Veränderung in den Einstellungen der Menschen und damit im menschlichen Zusammenarbeiten und Zusammenleben gefördert werden kann.

Für die Diskussion der Frage um mehr Selbst-Kompetenz wird es somit im sozialpädagogischen wie im wirtschaftspädagogischen Bereich zunächst erforderlich sein, sich über die kulturelle Zielsetzung des Menschen in der Gegenwart zu verständigen, denn diese kann zweifellos nicht in einem fortdauernden quantitativen Wachstum bestehen. Dann ist nach einem akzeptablen Menschenbild zu fragen, das eine Vielheit von Wertvorstellungen zuläßt, ohne an Verbindlichkeit zu verlieren. Schließlich werden wir schon aus Gründen der demographischen Entwicklung nicht umhin können, den Lebensphasen des Menschen mehr als eine bloß materielle oder rollenspezifische Aufgabe zuzugestehen. Alle menschliche Geistesgeschichte verweist nämlich auf die Unausweichlichkeit der Sinnfrage; von dieser läßt sich auch die Berufs- und Arbeitswelt nicht mehr ausklammern. Deshalb ist als nächstes einiges zum Grundverständnis der kulturellen Gegenwart darzustellen, bevor über ein anthropologisch fundiertes Menschenbild nachgedacht werden kann.

Anmerkungen

1) Vgl. Rombach, Heinrich: Die Grundstruktur der menschlichen Kommunikation. Zur kritischen Phänomenologie des Verstehens und Mißverstehens, in: Orth, E.W. (Hg.): Mensch, Welt, Verständigung, Freiburg 1977(a), S. 22. - In dieser Arbeit zeigt Rombach die Vielschichtigkeit des Begriffs der Kommunikation auf und macht z.B. auch unsere Alltagserfahrung des "Selbstgesprächs" verständlich, das eigentlich als eine "innere Kommunikation" Bedingung und Möglichkeit jeder "äußeren Kommunikation" darstellt.

2) Ein solches Verständnis von "Autonomie" hat zweifellos Parallelen zu jener von L. Kohlberg formulierten "Entwicklungsstufe sechs" des moralischen Bewußtseins, wonach internalisierte "universale ethische Prinzipien" das Individuum leiten und nicht ausschließlich Gesetze der Gesellschaft. Bedeutsam dabei ist auch, daß Kohlberg - dessen theoretische Grundlegung ich nicht teile - auch noch im Erwachsenenalter solche Stufen der moralischen Entwicklung anerkannt hat. Vgl. dazu: Kohlberg, Lawrence: Eine Neuinterpretation der Zusammenhänge zwischen der Moralentwicklung in der Kindheit und im Erwachsenenalter, in: Döbert, R./ Habermas J./ Nunner-Winkler, G.: Entwicklung des Ichs, 2.Aufl., Königstein 1980, S. 236.

3) Vgl. dazu auch: SZ, Nr. 4, v. 5./6./7.1.90, S. 59. - Die Variationen zu diesen Stichworten und somit zu aktuellen Themen lassen sich an einer Tageszeitung wie der SZ - und dort an der Wochenendbeilage mit dem Thema "Bildung und Beruf" - sehr schön verfolgen.

4) Vgl. Beck 1986, S. 66. - Wem der Satz: "Ich habe Angst" zu pathetisch erscheint als Charakterisierung der Gegenwart, der frage sich selbst einmal, warum wohl ein Buch wie das von Fritz Riemann: Grundformen der Angst. Eine tiefenpsychologische Studie, 13.Aufl. (99.-118. Tausend), München; Basel 1978 mit seiner neuesten Auflage im Jahr 1992 bereits die Stückzahl von 450 000 erreicht hat. (Erstmals erschienen 1961!)

5) Vgl. Beck 1986, S. 75.

6) Vgl.: Roth, Heinrich: Pädagogische Anthropologie. Band II: Entwicklung und Erziehung. Grundlagen einer Entwicklungspädagogik, 1.Aufl., Hannover 1971, S. 179.

7) Vgl. Roth 1971, S. 180.

8) Vgl. Roth 1971, S. 186. - Bereits hier kann hervorgehogen werden, daß jede "Identität des Selbst" nur als ein dynamischer Begriff verstanden werden darf, d.h. daß dieser in verschiedenen Lebensphasen als permanent im "Werden" begriffen werden muß. Vgl. dazu insbesondere die Ausführungen bei: Keupp,

Heiner: Riskante Chancen. Das Subjekt zwischen Psychokultur und Selbstorganisation. Sozialpsychologische Studien, Heidelberg 1988, S. 26.

9) Vgl. z.B.: Bock, Irmgard: Pädagogische Anthropologie der Lebensalter. Eine Einführung, München 1984. - Zum Begriff der "Person": vgl. z.B.: Speck, J.(Hg.): Das Personverständnis in der Pädagogik und ihren Nachbarwissenschaften, Münster 1966/ 1967.

10) Vgl.: Wörterbuch der Erziehung. Herausgegeben von Christoph Wulf, 4.Aufl., München 1978, S. 551.

11) Entsprechend besteht die Problematik aller Lehre in der Sozialpädagogik - ebenso wie in der Pädagogik - zunächst darin, daß ein Großteil der Studienanfänger weder Kenntnisse vom Umfang des Arbeitsbereichs hat, noch ein Vorstellungsvermögen von den beruflichen Aufgaben besitzt.

12) In der Woche zwischen 22. und 29.8.92 - während diese Zeilen geschrieben wurden - ereigneten sich die Krawalle in Rostock, die in einer bestehenden Asylunterkunft nur das auslösende Moment einer innerpsychischen Problematik ganzer Gruppen von Jugendlichen gefunden haben.

13) Hurrelmann, Klaus: Gesundheitsgefährdende Lebensbedingungen und Lebensstile im Jugendalter, in: "Jugendschutz heute", Nr. 5, 1989, S. 5.

14) Darauf haben insbesondere hingewiesen: König, Eckart/ Zedler, Peter: Pädagogische Wissensformen in der Öffentlichkeit.(...), in: Z.f.Päd., 23. Beiheft, Weinheim; Basel 1988, S. 59. Solche Positionen konfrontieren natürlich jeden Erziehungswissenschaftler mit der These, "daß Pädagogik als System wissenschaftlich kontrollierten und bewährten Wissens in der pädagogischen Praxis weitgehend entbehrlich scheint und gerade deshalb die Neigung besteht, Pädagogik für alles und jedes zu beanspruchen, unbeschadet des Mißerfolgs, den pädagogische Programmatiken und Leistungsversprechen de facto dabei bislang hatten." (a.a.O., S. 64)

15) Vgl. dazu: Giesecke 1991, S. 48.

16) Vgl. dazu insbesondere den Aufsatz über "Bildungspolitik" in: Rogers, Carl R./ Rosenberg, Rachel L.: Die Person als Mittelpunkt der Wirklichkeit, Stuttgart 1980, S. 129 ff.

17) Vgl. dazu: Giesecke, Hermann: Pädagogik als Beruf. Grundformen pädagogischen Handelns, Weinheim; München 1987, S. 8.

18) In diesem Sinne wird "herrschaftsfreies Lehren und Lernen" verstanden z.B. von: Meueler, Erhard: Erwachsene lernen.(...), 2.Aufl., Stuttgart 1986, S. 101 ff. - Ähnlich versteht auch H. Giesecke (1987, S. 14) die Aufgabenstellung pädagogischen Handelns.

19) Diese Tatsache ist in ebenso verständlicher wie philosophisch fundierter Weise dargestellt bei: Buber, Martin: Reden über Erziehung, 8.Aufl., Heidelberg 1969. Für Buber ist es weniger bedeutsam, wie sich die einzelnen Menschen mit ihren Weltanschauungen in den *Erziehungszielen* unterscheiden, als vielmehr die Frage nach dem Fundament des Menschenbildes, auf das sich die einzelnen Ansätze gründen.

20) Das wird bei Giesecke (1987, S. 116) ebenso eindeutig herausgestellt, wie es für den Bereich der Andragogik erfolgt bei: Arnold, Rolf: Deutungsmuster und pädagogisches Handeln in der Erwachsenenbildung. Aspekte einer Sozialpsychologie der Erwachsenenbildung und einer erwachsenenpädagogischen Handlungstheorie, Bad Heilbrunn 1985, S. 126.

21) "Wissen" ist heute immer mehr als Ware zu betrachten und hat bereits im Produktionsprozeß die bisher bedeutsamen Ressourcen "Rohstoff" bzw. "Arbeitskraft" abgelöst. Diese "informelle Ware" wird im Rahmen einer zunehmenden "Merkantilisierung des Wissens" vielleicht bald schon zum "wichtigsten Einsatz im weltweiten Konkurrenzkampf um die Macht". Vgl. dazu: Lyotard, Jean-Francois: Das postmoderne Wissen, Graz; Wien 1986, S. 26.

22) Vgl. dazu den Bericht in der SZ v. 5./6./7.1.90, Nr. 4, S. 59 unter dem Titel: Dien-Mut und Demut statt Macht- und Herrschsucht.

23) Vgl. dazu: Bardmann, Theodor M./ Franzpötter, Reiner: Unternehmenskultur. Ein postmodernes Organisationskonzept?, in: Soziale Welt, Nr. 41, 1990, S. 424 ff.

24) Bolder, Axel: Die Qualifizierungsoffensive - eine kritische Bestandsaufnahme von Ergebnissen der Weiterbildungsforschung, in: Z.f.Päd., 23. Beiheft, Weinheim; Basel 1988, S. 89-99. Hier: vgl. dazu S. 91.

25) Laux, Josef: "Personal growth" durch betriebliche Bildung?, in: Arnold, Rolf (Hg.): Taschenbuch der betrieblichen Bildungsarbeit, Baltmannsweiler 1991, S. 62-73. Hier: vgl. S. 73. - Zum Verständnis dieser Position muß noch erläutert werden, daß Laux sich bei den betrieblichen Bildungsmaßnahmen auf solche Konzepte bezieht, die zwangsläufig einen persönlichkeitsbildenden Aspekt enthalten, z.B. das "Sensitivity-Training", das "Out-door-Training", das "Motivationstraining" und die "Teambildung".

26) Vgl.: Stiefel, Rolf Th.: Humanistische Managementschulung.(...), Frankfurt 1975.

27) Diese Position findet man vertreten bei: Geißler, Harald: Bildungsmarketing. Vorhut eines humanistischen Marketing-Modells, in: Grundlagen der Weiterbildung, 3.Jg., Nr. 3/92, S. 162-168. Hier: vgl. dazu S. 168.

28) Die Einzelberatung von Führungskräften (Stichwort: Coaching) ist zweifellos in erster Linie pragmatisch orientiert. Doch geht es dabei immer auch um die

"Hereinnahme persönlicher und personenbezogener Dimensionen in das Leben der Arbeitswelt" auf den Grundlagen der Human- und Sozialwissenschaften. Vgl. dazu: Looss, Wolfgang: Coaching für Manager. (...), 2. Aufl., Landsberg 1992, S. 36 bzw. S. 40.

29) Diese Position vertreten: Arnold, Rolf/ Müller, Hans-Joachim: Betriebspädagogik und Organisationsentwicklung - ein Verhältnis besserwisserischer Konkurrenz oder erfolgreicher Kooperation?, in: Arnold 1991, S. 16-28. Hier: vgl. dazu S. 28.

30) Hier ist "soziales Handeln" im rein soziologischen Sinne von Max Weber zu verstehen, als ein auf das Verhalten anderer abgestelltes Handeln (z.B. etwas verkaufen); diese Verhaltenserwartung ist dann als "zweckrationales" Handeln zu beschreiben, wenn es rein rational auf den Zweck der Erzielung eines eigenen Erfolgs ausgerichtet ist (vgl. Weber, Max: Soziologische Grundbegriffe, 4.durchges.Aufl., Tübingen 1978, S. 9/34).

31) Vgl. Arnold/ Müller 1991, S. 19.

32) Vgl. Bardmann/ Franzpötter 1990, S. 433.

33) So jedenfalls sehen es Vertreter der Organisationspsychologie. Vgl.: Rosenstiel, Lutz von/ Molt, Walter/ Rüttinger, Bruno: Organisationspsychologie, 7.Aufl., Stuttgart 1988, S. 28.

34) Vgl. insbesondere: Mann, Rudolf: Das ganzheitliche Unternehmen.(...), München 1988.

35) Vgl. dazu: Looss 1992, S. 28.

36) Vgl.: Müller, Günter F.: Psychogramme des arbeitenden Menschen. Anmerkungen zur Notwendigkeit eines Perspektivenwechsels, in: Angewandte Sozialforschung, Jg.15, Heft 1/2, 1988/89, S. 30.

37) Vgl. Laux 1991, S. 70.

38) Vgl. dazu das "Rezeptbuch": Neubeiser, Marie-Louise: Management-Coaching. Der neue Weg zum Manager von morgen, Zürich 1990, S. 161.

39) Hierzu möchte ich insbesondere auf die Fachtagung der Evang. Akademie Tutzing "Zum Menschenbild der ökonomischen Theorie" (5. - 7. 3. 1990) verweisen. Dort zeigte sich für mich, daß man in den theoretischen Ansätzen der Volkswirtschaft noch nicht über die Erkenntnisse Max Webers hinausgekommen ist, ja diese z.T. nicht einmal integriert hat. So etwa die These, daß jede wirtschaftliche Ordnung nur darauf beruht, daß einzelne oder ein Kollektiv dieser Ordnung "Sinn verleihen". "Sinn" ist aber immer nur "gemeinter Sinn", ist also "wesentlich subjektiv und prinzipiell an die Selbstauslegung durch den Erlebenden gebunden". Vgl. dazu: Schütz, Alfred: Der sinnhafte Aufbau der

sozialen Welt. Eine Einleitung in die verstehende Soziologie, 2. Aufl., Frankfurt 1981, S. 140.

40) Vgl. Loos 1992, S. 50 f.

41) Vgl.: Wörterbuch der Berufs- und Wirtschaftspädagogik, hg. vom Willmann-Institut, München;Wien; Freiburg 1973, S. 296.

42) Vgl. dazu den SZ-Bericht vom 8./9.2.92 "Schlechte Noten für die Hochschulausbildung" und die zur Grundlage gemachte Publikation: Minks, Karl-Heinz/ Nigmann, Ralf: Hochschulabsolventen 88/89 zwischen Studium und Beruf. Reihe Hochschulplanung, Band 88, Hannover 1991.

43) Vgl. dazu: Pillat, Rüdiger: Neue Mitarbeiter - erfolgreich anwerben, auswählen und einsetzen, 5. überarb. Aufl., Freiburg 1990.

44) So hat sich der Unternehmensberater G. Gerken in der Zeitschrift "touristic Report" 22/ 92 geäußert.

45) Vgl. dazu den Aufsatz: Hoeffert, Hans-Wolfgang: Karriere im Sozialwesen, in: SOCIAL management, 4/ 91, S. 29-32.

46) Pfaffenberger, H. (Hg.): Grundbegriffe und Methoden der Sozialarbeit, 2.durchges. Aufl., Neuwied 1974, S. 8.

47) Vgl. dazu den weiterbildenden Studiengang "Sozialmanagement" an der Fachhochschule Nordostniedersachsen, Fachbereich Sozialwesen, Lüneburg, oder das Angebot einer berufsbegleitenden Weiterbildung "Innovation und Management in der Sozialen Arbeit" des Instituts für Sozialarbeit und Sozialpädagogik Frankfurt (ISS) für das Jahr 1993.

48) Vgl. dazu das Weiterbildungsangebot des ISS (siehe Anm. 47).

49) Etwa um das Jahr 2030 werden bereits 37 % der Bevölkerung über 60 Jahre alt sein (1980 waren es 21 %) und nur rd. 47 % der Bevölkerung zwischen 20 und 60 Jahren stehen dem Erwerbsleben zur Verfügung (1980 waren es 55 %). Vgl. dazu: Pillat 1990, S. 15 f.

50) Deshalb haben auch bei einer Umfrage über das wichtigste am Arbeitsplatz die meisten Arbeitnehmer den guten Verdienst und den sicheren Arbeitsplatz als die Hauptsache bezeichnet (32% und 30% bei Mehrfachnennung). Daß die Tätigkeit interessant ist (24%) und selbständiges Arbeiten ermöglicht (17%), rangiert noch vor dem guten Verhältnis zu Kollegen und zur eigenen Familie (16%), die nicht zu kurz kommen soll. Vgl. dazu: Globus-Schaubild in: SZ v. 15.9.92, Nr. 213, S. 21.

51) So ist es z.B. zu lesen bei: Ferchhoff, Wilfried: Alltagsweltliches und wissenschaftliches Wissen in Professionalisierungskonzepten, in: Soziale Arbeit, 12/ 90, S. 441-447. Hier: vgl. dazu S. 441.

52) Ferchhoff 1990, S. 445.

53) Vgl. a. a. O., S. 444.

54) Vgl. dazu: Jantsch, Erich: Die Selbstorganisation des Universums. Vom Urknall zum menschlichen Geist, 2.Aufl., München 1984, S. 33.

55) Anstelle des Systembegriffs werde ich im Zusammenhang mit dem Menschen von "Struktur" sprechen, weil ich mich auf die philosophische Grundlegung der von Heinrich Rombach (1987) dargestellten "Strukturanthropologie" beziehe. - Damit wird gleichzeitig ein wissenschaftstheoretischer Hinweis erforderlich. Will man sich mit der Frage nach der Selbst-Kompetenz des Menschen befassen, so wird schnell klar, daß dies im Rahmenschema einer überkommenen Einteilung der Wissenschaftsdisziplinen nicht möglich ist. Erst bei einem strukturalen Wissenschaftsverständnis erscheint dies darstellbar, weil hier die Wirklichkeit des Menschen "vielschichtig und mehrdeutig" verstanden wird und weil so z.B. "ein und dasselbe Datum" sehr verschiedenen Strukturen angehören kann (vgl. dazu: Rombach, Heinrich (Hg.): Wissenschaftstheorie 2: Struktur und Methode der Wissenschaften, Freiburg 1974, S. 10.f) - Das bedeutet z.B., daß ein Verhalten des Menschen sowohl auf soziologischer oder auf verhaltensbiologischer oder auf psychologischer Darstellungsebene beschrieben werden kann. Eine Integration geschieht - wie auch im Lebensalltag - immer in Form einer "philosophischen Anthropologie", also einer gewissen Vorstellung vom Menschen überhaupt. Im einzelnen werden wir darauf im Laufe der Arbeit näher eingehen.

56) Jantsch 1984, S. 75.

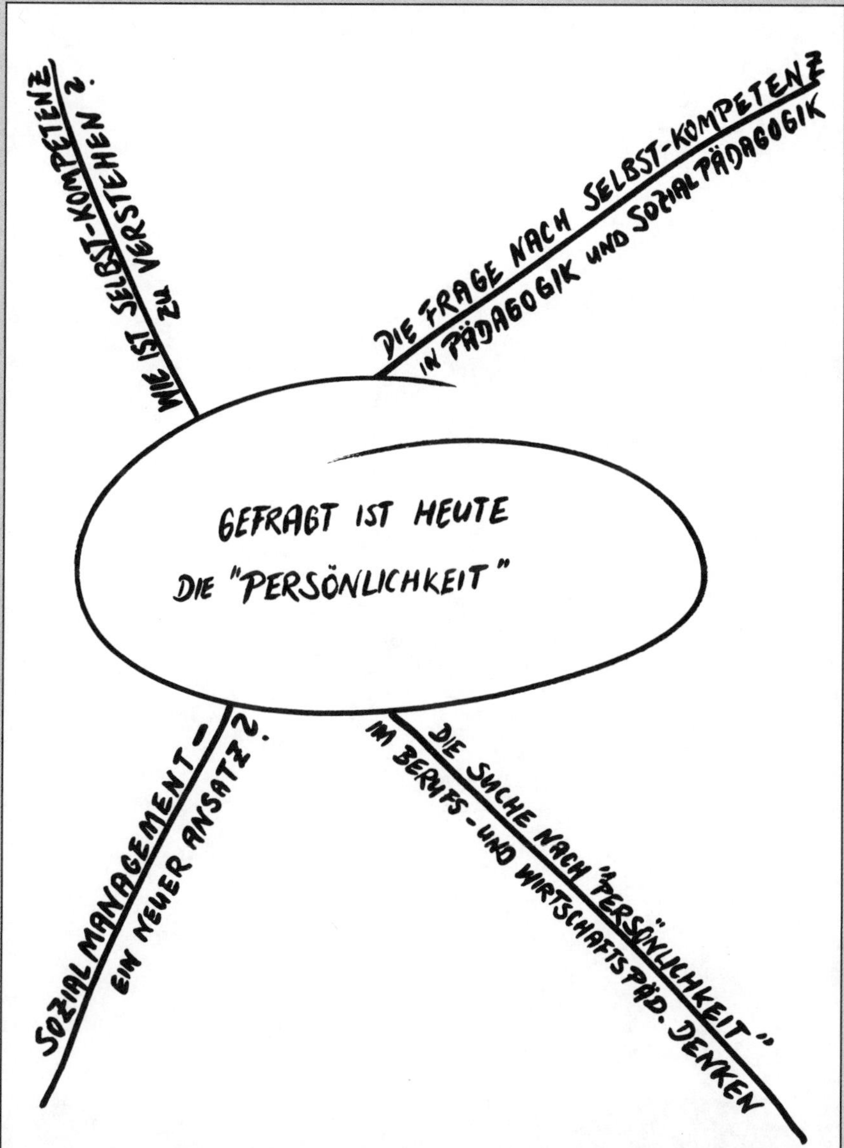

Wolfgang Winkler – Die Struktur der Persönlichkeit – München 1993

"GEDANKEN-KARTE" zum 1. KAPITEL

Kapitel 2

Zum Gegenwartsverständnis von Mensch und Kultur

Leitfragen:
Hat sich der Wirtschaftssektor zum Kulturträger entwickelt?
Was tragen die Wissenschaften vom Menschen zum Person- und Kulturverständnis bei?
Wie läßt sich das Verhältnis von Individuum, Arbeitswelt und Kulturentwicklung beschreiben?

2.1 Die Hochkonjunktur der "Kultur"

Eine Zwischenbemerkung vorweg: Der Blick in die Lebenswelt kann nicht nur aus dem Glashaus wissenschaftlicher Theorienvielfalt heraus erfolgen, will man den Menschen mit allen seinen Tiefenschichten beschreiben. Das Verstehen der "Lebenswirklichkeit" wird ja gerade durch die Methodik wissenschaftlicher Vorgehensweise von vornherein eingeschränkt. Um jedoch andererseits nicht zu sehr einer subjektiven Einstellung zu unterliegen, ist nach einem geeigneten Medium zu suchen, das uns einerseits die allen gemeinsame Lebenswirklichkeit kompakt vorstellt, andererseits aber die Gefahr subjektivistischer Enge vermeiden hilft. Als ein solches Medium wird in dieser Arbeit die "Tageszeitung" angesehen und deshalb gelegentlich darauf Bezug genommen; denn oft genügt die einzige Ausgabe einer seriösen, überregionalen Tageszeitung, um eine *Grundsituation* gegenwärtiger Gesellschaft auf einen Blick zu erfassen. Die Vermischung der unterschiedlichen Ebenen von Berichterstattung, Kommentar, Unterhaltung und Reklame ist hier im Vergleich zu anderen Medien relativ leicht erkennbar. So bekommen wir darin einen umfassenden Ausschnitt aus unserer Lebenswirklichkeit exemplarisch dargeboten. Zudem ist dieses Medium allen zugänglich. Zwar wird eine solche Vorgehensweise aus der Perspektive wissenschaftlichen Arbeitens wenig geschätzt, doch ist aus Zeitung und Zeitungsreklame (einschließlich der Beilagen und der Postsendungen) der zivilisatorische Trend von Trivial- und Lebenskultur idealtypisch zu verfolgen.

Ein erstes Beispiel soll dies gleich erhellen. So genieße ich als marktwirtschaftliches "Freiwild" der rührigen Adressenvermittlerbranche auch jenen Vorzug, vermittels von Postsendungen über den gesellschaftlichen Fortschritt (gewissermaßen "just in time") auf dem laufenden gehalten zu werden. Auffällig oft werde ich dabei in letzter Zeit darüber informiert, was "Kultur" denn eigentlich sei. Ist damit das Oktoberfest in München gemeint oder die Salzburger Festspiele oder gar beides? Das ist nicht einfach zu beschreiben, denn "Kultur läßt sich nicht festmachen an Orten, Terminen, Ereignissen", wird mir in einem Glanzprospekt gesagt. Diese Dinge bilden vielmehr nur "den äußeren Rahmen für das innere Erleben, die individuelle Interpretation, die eigene Initiative, den persönlichen Stil". Um mich dazu "inspirieren und aktivieren" zu lassen, soll mir das zugesandte "Kulturprogramm" eine Hilfe sein, wobei mir nebenbei auch einige technische Details einer bestimmten Automarke als optimales Beispiel für "Fahrkultur" nahegebracht werden.(1)

Ein zweites Beispiel: Ein als Magazin aufgemachtes Blatt mit einem Umfang von 80 Seiten wird mir im Couvert mit persönlich gehaltenem Anschreiben zugesandt. "High touch" lese ich im modernen Design als Name dieser Zeitschrift und kann mir darunter nichts vorstellen; das Thema ist Europa.(2) Im Vorwort wird mir versichert: "Der Fortschritt von Wirtschaft und Kultur in Europa kennt keine Grenzen mehr." - Zweideutig, aber auch eindeutig ist das gemeint, und weiter: "Durch Telekommunikation werden alle Menschen die gleichen Chancen und Voraussetzungen haben - ...". Ist das nicht bereits die "Schöne Neue Welt" des Schriftstellers Aldous Huxley?
Auch in diesem Magazin tritt der Herausgeber mit seinen unternehmerischen Interessen bescheiden zurück und läßt in zwei Beiträgen und einem knappen Dutzend Interviews namhafte europäische Wissenschaftler zu Wort kommen. Es geht u.a. um "Telekratie, laterales Denken und Freiheit per Telefax". - Dieses Demonstrationsbeispiel zeigt mit seinen Bildern hauptsächlich den "neuen" Wissenschaftler, der sein Wissen, seine persönliche Weltanschauung, im Stile der Priesterkaste einer Fortschrittsreligion präsentiert, oder besser gesagt: zelebriert und dadurch optimal vermarktet. Natürlich ist vieles, was dabei über technische Entwicklungen der Kommunikationsmedien gesagt wird, fundiert und lesenswert. Doch die Gesamtgestaltung de-

monstriert - als einen weiteren Aspekt - die Inanspruchnahme der religiösen Tiefenschicht menschlicher Kultur zu kommerziellen Zwekken. Wie anders läßt sich sonst erklären, daß zwischen vielen Sichtweisen aus Philosophie, Informatik, Soziologie, Architektur usw. - in denen u.a. auch von "Liebe via Bildschirm" gesprochen wird - ein Leitgedanke eingestreut ist, dessen Herkunft selbst viele gläubige Christen nicht auf Anhieb zu bestimmen wüßten: "Wenn ich mit Menschen- und mit Engelzungen redete und hätte der Liebe nicht, so wäre ich ein tönendes Erz oder eine klingende Schelle." (1.Korinther 13,1) - Solch platte Vereinnahmung des "Liebesbegriffs" in einer seiner wohl tiefsten Grunderfahrungen durch den Kommerz einer Medienmonopolgesellschaft erreicht bereits die seelische Schmerzgrenze.

Bleiben wir noch für ein letztes Beispiel bei der reinen Beschreibung vorfindbarer Wirklichkeit, wie sich uns das gesellschaftliche Subsystem "Wirtschaft" unter dem Aspekt des Kulturträgers präsentiert. Wiederum auf Hochglanzpapier - mit vornehm zurückgehaltenem Firmennamen - werden mir in einer Reklamebeilage der Zeitung "Sommertagsträume" angeboten, die ich auf afrikanischer Steppe und am Urwaldfluß erleben kann.(3) Und wie stelle ich das an? Es braucht nicht viel dazu: "...sich fallen lassen, wo und wann es dir in den Sinn kommt; ... zugreifen, zupacken, fassen und fühlen. Halten, was sich halten läßt. Fröhlich freigeben, ohne Verlust zu spüren; ... am Gitter eigener Grenzen rütteln. Tiefen loten, Unbekanntes wagen. Mit dem Dunkel umgehen und die Einsamkeit nicht leugnen. Frei bleiben."
Hinter diesen Worten höre ich bereits die beruhigende Stimme eines Gruppentherapeuten, der nur eines im Sinn hat: mir zu meinem "Selbst" zu verhelfen. - Was sind bei solchen Aussichten schon die 468,- Deutsche Mark für ein ungefüttertes Leinensakko, ohne das ich kaum eine Chance zum wahrhaft tiefen Erleben dieser Art habe?
Der Einleitungstext zu dieser Reklameschrift eines Bekleidungshauses macht nochmals klar, wohin uns wirkliche Wirtschaftskultur führt: "Ins Land deiner Tagträume. Nur mit dir allein. Nur für dich selbst. Du bist das Maß und der Wunsch, die Hoffnung und das Glück.(...) Geh und träum dir deine Wirklichkeit. Im Land mit dem Namen ICH SELBST." - Der Mensch wird damit zum Maß der Welt erklärt! Das ist moderner Anthropozentrismus, dem wir all unseren "Fortschritt" verdanken.

Bis hierher zeigen diese drei Beispiele in reiner Beschreibung einer alltäglich vorfindbaren Wirklichkeit auf, wie das unterschiedlich weit oder eng zu fassende Phänomen Kultur vom Teilbereich der rein zweckrational orientierten Wirtschaft vereinnahmt ist. Das sich immer mehr ausbreitende Phänomen des "Kultursponsoring" (- Autohersteller unterstützt Symphonieorchester -) ist nur ein ergänzender Aspekt zu dieser Entwicklung.

Mit dem Verstehen der Persönlichkeit des Menschen und mit der Grundfrage nach Selbst-Kompetenz hat das insoweit zu tun, als in solchen Beispielen all jene Begriffe und Symbole vermarktet sind, die in der Denk- und Erfahrenstradition der Menschheit ausschließlich dem innersten Bereich einer Sinnfindung vorbehalten waren.

Gleichzeitig dienen diese Beispiele auch zur Demonstration der Vermischung unterschiedlicher Wirklichkeitsebenen, die wir im einzelnen Menschen wie auch in jeder ihn repräsentierenden Kultur vorfinden können. Und immer wenn wir heute im Zusammenhang mit Wertewandel über die Pauschalanklagen vom "Kulturverfall", "Kulturverlust" oder einer "Kulturzerstörung" reden wollen, bedarf es zunächst einer Unterscheidung der unterschiedlichen Wirklichkeitsebenen innerhalb der Gesamtkultur.

Das erste Beispiel mit der mir empfohlenen "Fahrkultur" des Autos läßt sich sehr leicht der Ebene einer *"Trivialkultur"* zurechnen.(4) Dazu rechnet beispielsweise alles, was mit Verkehrswesen, Arbeitsalltag, Körperhygiene oder Massenunterhaltung zu tun hat, wobei letztere mit den Fernsehmedien sicherlich einen gewissen Gipfel an Künstlichkeit der Lebenswelt darstellt.
Im zweiten Beispiel eines Fortschrittsglaubens durch technologische Kommunikationsmedien wird die Ebene der *"Lebenskultur"* angesprochen. Menschliche Lebensgestaltung unterscheidet sich ja deutlich nach Landschaft, Religion und Sitte und drückt sich in verschiedenen Ständen (Klassen), in den Umgangsformen und im sozialen Klima der einzelnen Gruppen aus. Allerdings überschneidet sich im o.a. Beispiel diese Ebene der Lebenskultur bereits mit einer dritten Ebene, nämlich mit jener der *"Hochkultur"*; diese bildete ja immer ei-

ne Sinneinheit mit den jeweiligen Hochreligionen. Über die religiöse Prägung hinaus sind Hochkulturen durch eine unverwechselbare "Werkkultur" charakterisiert (zu denken wäre an die ägyptischen Pyramiden), in der zugleich ein "überzeitlicher Anspruch" zum Ausdruck kommt. Dieses *zeitlos Gültige* kennzeichnet alle großen Schöpfungen der Dichter, Maler, Bildhauer und Musiker der gesamten Menschheitsgeschichte; insbesondere sind es die Weisheitslehrer und -lehren, die sich mit dem innersten "Wesen" des Menschen - dem Selbst - auseinandersetzten und mit der Frage nach dem "Sinn" menschlichen Daseins; zu denken wäre hier an Lao-tse, an Buddha, an Jesus oder an Meister Eckehart.

Nun ist es gerade das letztgenannte Beispiel aus unserer "Wirtschaftskultur", das den Zusammenhang zu unserer Themenstellung erbringt. Denn ebenso wie uns der "Weg zum eigenen Selbst" oder in der Reklamesprache: zum "Land mit dem Namen ICH SELBST" relativ preiswert und nicht allzu mühevoll in Aussicht gestellt wird, besteht im Weiterbildungsbereich eine Grundtendenz, den Weg zur "Persönlichkeitsentwicklung" auf ähnlich einfache Weise zu offerieren. Und gerade weil heute Symbole, Riten oder andere Inhalte unserer "Hochkultur" für viele nur noch eine "Feiertags-Kultur" darstellen, einer seelischen "Erbauung" dienen und fast beliebig trivialisierbar geworden sind, muß hier ausdrücklich festgestellt werden: jeder wahrhaftige Zugang zu den Tiefen menschlicher Existenz ist niemals ohne Mühe, ohne lebenslange Übung bzw. ohne Charakterbildung erreichbar.(5) Dies gilt es bei allen Bildungsangeboten zur Persönlichkeitsentwicklung zu bedenken und jede Darstellung zur Selbst-Kompetenz muß auf diesen zweifellos mühsamen und oft bescheidenen Weg dazu aufmerksam machen. Denn je mehr in einer Gesellschaft von "Kultur" die Rede geht, desto skeptischer sollte man nach den eigentlichen Beweggründen dafür fragen. Jede "Gesellschaft" - wie jede "Masse" überhaupt - verlernt allzuleicht die erforderliche "Bescheidenheit und bauscht ihre Bedürfnisse zu kosmischen und metaphysischen Werten auf". Diese Erkenntnis verdanken wir jener bereits hundert Jahre zurückliegenden Kulturkritik von Friedrich Nietzsche, und ihre Wahrheit hat sich bis heute nur bestätigt.(6)

2.2 Persönlichkeit des Menschen aus wissenschaftlicher Sicht

Die Raum-Zeit-Perspektive menschlicher Existenz im Zusammenhang mit Wirtschaftspädagogik

Wahrscheinlich gibt es im beruflichen Weiterbildungssektor für Führungskräfte kaum ein Thema, das bei Trainern wie Seminarteilnehmern so bekannt ist wie die sog. Maslowsche "Bedürfnispyramide". Nach dieser Theorie - so eine Kurzfassung - würden alle Menschen zunächst ihre physischen, dann ihre sozialen und schließlich ihre geistigen Werte durch Verfolgung bestimmter Bedürfnisse (wie Nahrung, Sicherheit, Selbstverwirklichung) zu befriedigen suchen.(7) Der Aufbau dieser Grundbedürfnisse des Menschen wird dabei hierarchisch verstanden, so daß die Wertschätzung der einzelnen Bedürfnisse - von unten nach oben angeordnet - als pyramidenförmig zugespitzt gesehen werden kann, weil zwar alle Menschen ihre physische Existenz zu sichern haben, während es - nach dieser These - nur wenigen gegönnt ist, sich z.B. um "Selbstverwirklichung" zu bemühen.

Natürlich sind in dieser Auffassung gewisse sozialpsychologische Grundzusammenhänge zutreffend erfaßt; auf eine notwendige Kritik dazu braucht hier nicht weiter eingegangen zu werden. Festzuhalten ist aber die in einem solchen Schema liegende Verführung zur pragmatischen Verkürzung, wie sie beispielsweise als innerbetrieblich verwertbares "Motivationsinstrument" vorzufinden ist. Sehr schnell führt solche Vorgehensweise zum Musterbeispiel für Trivialisierung wissenschaftlicher Erkenntnisse. Eine amüsantere Kurzfassung der o.a. These hat im übrigen lange vor Maslow der Dichter Bert Brecht gewagt, als er in derber Sprache formulierte: Erst kommt das Fressen, dann kommt die Moral!

Trotz mancher Vorbehalte kann die erwähnte Theorie der menschlichen Bedürfnisse als anschaulicher Ausgangspunkt für die Darstellung jeder menschlichen Grundbefindlichkeit dienen, wie sie sich in Lebensfreude und Lebenshoffnung einerseits, in Lebensproblematik und Lebenssorgen andererseits ausdrückt. Natürlich können wir darüber nur aus unserer mitteleuropäischen Perspektive sprechen, nicht jedoch etwa stellvertretend für alle Hungernden in Äthiopien

oder Bangladesh oder für die übrigen Benachteiligten menschlicher Zivilisation.
Die *Sorge* im Sinne einer Besorgung der Existenzgrundlagen ist eines jener tiefgründigen Lebensphänomene des Menschen, von dem wir alle geprägt sind.(8) Und den meisten Menschen ist nur möglich, sich um die naheliegendsten Probleme zu kümmern. Wenn wir uns heute als einzelne oder im Kollektiv von Politik, Wissenschaft und Gesellschaft Gedanken machen (müssen), sowohl über die *Zeit-Spanne* unseres Lebens hinaus, als auch über die *Raum-Spanne* nationaler Grenzen oder sogar der Erde hinweg, dann stellt dies eine erweiterte Grundbefindlichkeit dar, die sich aus der zivilisatorischen Entwicklung der Menschheit ergibt. Im ersten Bericht des Club of Rome aus dem Jahr 1972 über die "Grenzen des Wachstums" wurden Überlegungen zu den "Aussichten der Menschheit" und ihrer Zukunftsproblematik angestellt, auf die wir hier zurückgreifen können. Die Abbildung 2 zeigt eine Raum- und Zeitperspektive aller menschlichen Sorge und kann uns für die weiteren Ausführungen deswegen hilfreich sein, weil sie auf die Grundsituation jeder menschlichen Persönlichkeit verweist.

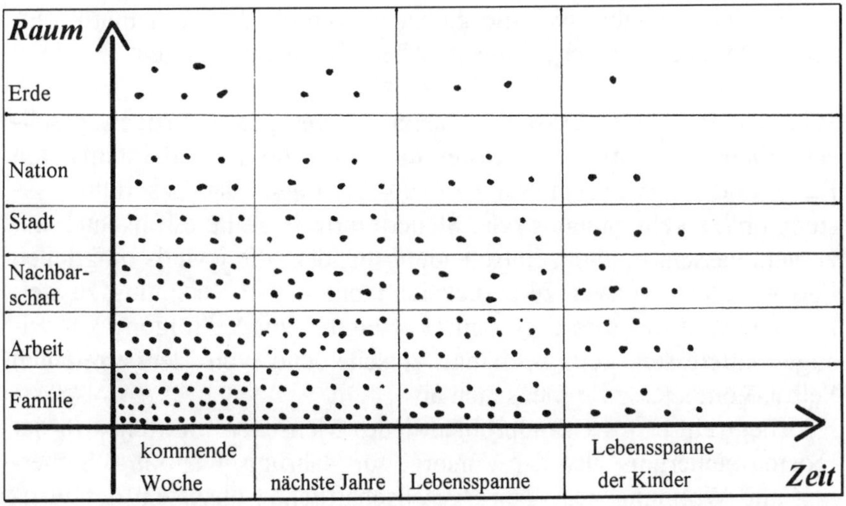

Abb. 2: Aussichten der Menschheit und Zukunftsproblematik Quelle: (9)

Auf der dem Schaubild vorangehenden Seite des genannten Berichts finden wir eine Aussage, die uns gewissermaßen in einer Kurzfassung den geistigen Ausgangspunkt für unsere weiteren Überlegungen zur Selbst-Kompetenz des Menschen liefert. Dort wird formuliert:

> *"Die räumlichen und zeitlichen Gesichtspunkte, nach denen ein Mensch handelt, sind abhängig von der Dringlichkeit der Probleme, mit denen er sich konfrontiert sieht, von seiner persönlichen Erfahrung und von seiner Bildung."*

Alle drei hier angesprochenen Aspekte der *Situationsproblematik*, der *Gewordenheit eigener Erfahrung* und dem *Entwicklungsstand persönlicher Bildung* stellen Grundkomponenten jeder individuellen Persönlichkeitsstruktur dar. Entsprechend dieser Grundstruktur handeln wir und gestalten unser individuelles und kollektives Leben. Wir erfahren immer eindringlicher, daß jede zu enge Sichtweise innerhalb dieser Raum-Zeit-Perspektive selbst die größten Anstrengungen (individuell wie kollektiv) zunichte zu machen vermag. Denn was hilft alle eigene Vorsorge, wenn die nächste Inflation, der nationale Bruderkrieg oder die befürchtete Klimakatastrophe unsere mühevoll aufgebaute Existenz in Frage stellen. Deutlicher als am Beispiel der Atombombe bzw. der Atomkraft mit ihren radioaktiven Wirkungen (Tschernobyl!) haben wir die global übergreifende Problematik einzelner Handlungsentscheidungen bisher noch nicht erfahren.

Wie wir also jedes einzelne Thema unserer gegenwärtigen gesellschaftlichen Situation im Raster des o.a. Koordinatensystems von Raum und Zeit verorten können (- ob Asylfrage oder Gesundheitssystem, ob Verkehrsplanung oder Steuerreform -), sollte es uns auch dazu veranlassen, in allem Entscheidungshandeln die jeweils möglichen Folgeprobleme vorweg zu berücksichtigen oder in Rechnung zu stellen. Wie weit uns dies gegen unsere Neigung zur Verfolgung kurzfristiger Interessen gelingt, hängt entscheidend von der erreichten Selbst-Kompetenz der Menschen ab.
Nun liegt ein erstes Grundproblem jedes Menschen zweifellos in der Existenzsicherung, also der Vorsorge für Nahrung, Kleidung, Sicherheit und Wohnung. Das ganze gesellschaftliche Subsystem der Wirtschaft hat sich ja aus der Befriedigung dieser Bedürfnisse entwickelt.

Allerdings reicht dieses Stichwort der *"Existenz"* (= Einkommen) für eine wirtschaftspädagogische Betrachtung des Menschen heute nicht mehr aus, hinzukommen wird der Begriff der *"Arbeit"* (bzw. der Beschäftigung), und ebenso ist die Vorstellung einer *"Lebenserfüllung"* zu bedenken, die mit der Sinnfrage zu tun hat.
Diese drei Faktoren bestimmen in unserer Gesellschaft im wesentlichen den arbeitenden Menschen, und es bedarf ausdrücklicher Betonung, daß sich jede Frage nach dem "Sinn der Arbeit" überall dort unterordnet, wo erst der tägliche Lebensunterhalt beschafft und gesichert werden muß.(10) - Mitten in unserer Gegenwart erfahren das die Bürger der neuen Bundesländer nur allzu drastisch.
Nun kann man die Auffassung vertreten, daß der erste Faktor - also das erforderliche Einkommen - durch die soziale Infrastruktur unseres Staates für jeden in Form einer gewissen Grundabsicherung (mit Arbeitslosenunterstützung und Sozialhilfe) gewährleistet ist. Selbst wenn man dem zustimmt, erweist sich bereits hier die weitergehende Bedeutung des Begriffs der "Arbeit", nämlich jener eines zum Menschen gehörigen "Grundtriebs" der Kreativität. Das Bedürfnis, etwas zu schaffen und etwas zu leisten, ist für jeden so bestimmend, daß es uns eigentlich nur durch falsche Erziehung, durch Unterdrückung und durch Bedrohung abhanden kommt. Und nicht von ungefähr ist für die meisten Menschen noch ein durch "Arbeit" erfülltes Leben einem auch "sinnerfüllten" Leben gleichzusetzen; doch wird hier in der weiteren Entwicklung ein erstes Umdenken einsetzen, dann nämlich, wenn nicht mehr genügend Arbeit für alle da sein wird.(11)
Damit ist bereits der dritte Faktor angesprochen, der für das Menschenbild aus ökonomischer Sicht nicht mehr unberücksichtigt gelassen werden darf. Wir spüren gerade durch die veränderte Arbeits- und Wirtschaftswelt immer mehr, daß *Arbeit an sich* nicht länger nur positiv gedeutet werden kann. Abgesehen von der Tatsache, daß auch Einbrecher und Wirtschaftskriminelle "arbeiten", erweist sich der Begriff der Arbeit erst in Verbindung mit der persönlichen Sinnfrage in seiner eigentlichen Bedeutung. Sinn steht aber immer in Verbindung mit menschlicher Freiheit, doch ist diese solange nicht gewährleistet, als die Ziele und Zwecke des Arbeitens von anderen bestimmt werden, nicht jedoch vom Arbeitenden selbst.
Erst wenn der arbeitende Mensch insoweit zu mehr Selbstbestimmung oder Mitbestimmung gelangt, als er auch das herzustellende Produkt,

die zu erbringende Dienstleistung und das zu gestaltende Werk als persönlich sinnerfüllt ansehen kann, sind die Zwecke des eigenen Arbeitens nicht mehr überwiegend den Zwecken anderer unterworfen. Es geht hier also um das Problem der *Entfremdung,* das in der Wirtschaftspraxis heute unter dem Begriff der "inneren Kündigung" nur allzugut bekannt ist. Diese Art von Entfremdung(12) abzubauen, stellt sicherlich allein keine hinreichende Bedingung, wohl aber eine notwendige Vorbedingung dar für die freiheitliche Entfaltung der meisten arbeitenden Menschen. Denn für unsere sich ständig steigernde Leistungsgesellschaft gilt im Grunde nach wie vor:

> *"Wer verantwortlich leben will, ist heute weithin gezwungen, sich verantwortungslos einem anonymen Arbeitszwang zu unterwerfen, sich abhängig zu machen von Institutionen, die seine Freiheit zur eigenen Machtsicherung absorbieren, und sich als Mitläufer an einer Maschinerie zu beteiligen, die Tag für Tag mehr unsere Lebensgrundlagen bedroht."(13)*

Damit können wir uns der Frage zuwenden, welches Menschenbild bisher in der Arbeitswelt im allgemeinen und in den Wirtschaftswissenschaften im besonderen aufzufinden war. Dort ist der Mensch als Person ja nicht ausdrücklich Gegenstand der Erörterungen, sondern es interessieren mehr seine Funktionen innerhalb des Systems. Die Frage nach dem jeweiligen Menschenbild in einer bestimmten Position von Theorie oder Praxis ist jedoch nicht leicht zu klären. Daß aber ein solches letztlich sogar als eine "implizite Persönlichkeitstheorie" in allen Ansätzen enthalten ist, läßt sich unschwer zeigen und gehört bereits zu den Grundaussagen einer Organisationspsychologie. So sprach man im volkswirtschaftlichen Denken lange Zeit vom *"homo oeconomicus"*, vom wirtschaftenden Menschen also, der Leistung für Geld erbringt; dann entdeckte man den *"homo sociologicus"*, indem die Betonung auf das soziale Wesen des Menschen gelegt wurde. Schließlich kam mit den Ansätzen der Humanistischen Psychologie zunehmend ein Verständnis auf, das mit dem Begriff der *"Ganzheitlichkeit"* des Menschen operierte.(14)

Lassen wir es mit dieser schlagwortartigen Beschreibung des Wandels der Menschenbilder aus wirtschaftswissenschaftlicher Perspektive vorerst bewenden und stellen lediglich fest, daß in der Diskussion

heute zweifellos jener Aspekt der "Ganzheitlichkeit" vorherrscht. Und gerade weil dieser Begriff so schillernd und vieldeutig ist, muß nach dem Umfang des ganzheitlichen Verständnisses gefragt werden. Reicht dieses über die jeweilige berufliche Rolle des Menschen hinaus? Findet es seine Grenzen in der jährlichen Ertragsrechnung des Unternehmens? Dürfen auch volkswirtschaftliche oder sogar globale Aspekte darunter verstanden werden?
Jedenfalls bedarf es an dieser Stelle der Erinnerung eines betriebswirtschaftlichen Grundsatzes, der letztlich für jedes Unternehmen und - sinngemäß abgewandelt - für jede Organisation als Grundvoraussetzung mitgedacht werden muß: der Erinnerung an die Sicherung der wirtschaftlichen Existenz! Betriebswirtschaftliche Existenzsicherung drückt sich in Begriffen wie Umsatz, Gewinn, Kosten, Liquidität und Substanzerhaltung aus. Und bei aller Diskussion um die "ganzheitliche" Persönlichkeit des Mitarbeiters müssen immer noch diese Grundlagen in Rechnung gestellt werden. Doch muß der betriebswirtschaftliche Aspekt den humanen Aspekt nicht ausschließen, insbesondere dann nicht, wenn sich der Mitarbeiter in erweiterter Selbstbestimmung tatsächlich akzeptiert sieht. Alle künftige gesellschaftliche Entwicklung wird mit abhängig sein vom jeweiligen Menschenbild, auf das sich im Subsystem der Wirtschaft sowohl Arbeitnehmer, Führungskräfte und Unternehmer gemeinsam verständigen können.
Zusammenfassend läßt sich sagen:
Die Raum-Zeit-Perspektive menschlicher Hoffnungen und Sorge macht uns auf drei Faktoren aufmerksam, die grundlegend sind für die weiteren Überlegungen.

- Jede Existenzproblematik im materiellen Sinn verweist uns auf die gesellschaftlichen Sektoren von Wirtschaft und Wirtschaftspolitik und fordert die *Wirtschaftswissenschaften* heraus.
- Alle Problematik menschlicher Lebenserfahrung verweist uns bei einer wissenschaftlichen Erörterung der Person hauptsächlich auf das Umfeld von Soziologie, Entwicklungs- und Sozialpsychologie und bedarf des *sozialwissenschaftlichen* Beitrags.
- Und soweit überhaupt eine Abgrenzung der Disziplinen möglich ist, verweist uns der Bildungsgedanke auf Pädagogik und Philosophie und damit auch auf die Disziplin der Andragogik.(15) Hier wird also der *geisteswissenschaftliche* Beitrag zu integrieren sein.

Die beiden letztgenannten Gesichtspunkte sind deshalb in den folgenden Abschnitten darzustellen. Aus wirtschaftswissenschaftlicher Sicht ist uns derzeit über das bisher Erörterte hinaus - soweit ich das sehe - kein weiterführender Beitrag zum Menschenbild gegeben. Das soll nicht heißen, daß unter den betriebswirtschaftlichen Auflagen von Produktivität, Gewinnsicherung oder Wahrung von Marktpositionen eine humane Arbeitswelt nicht denkbar ist; zu viele Unternehmen beweisen zweifellos heute das Gegenteil. Aber im Grunde vermag erst die Chance einer Integration der drei Aspekte von Existenzsicherung, kreativer Lebensgestaltung und Sinnfindung menschliche Freiheit zu sichern. Insoweit zu sichern, als der arbeitende Mensch nicht nur als "Mittel zum Zweck" angesehen, sondern als "Selbstzweck" verstanden wird.
Letzten Endes kann diese These nur Gültigkeit haben unter Einbeziehung eines mundanen Verständnisses, also in einem wahren "ökologischen" Sinn. Wir werden über die *Raum*-Grenzen von Betrieb, von Kommune, von Volkswirtschaft und Weltwirtschaft hinausdenken müssen und werden den *Zeit*-Rahmen des Bilanzierungsjahres, des Kommunalhaushalts oder einer Generationenspanne überschreiten müssen, soll eine weltweite Problemlösung gelingen.

Der Bildungsgedanke und sein Beitrag zum Bild des arbeitenden Menschen

Zurückkommend auf den Aspekt der Lebensproblematik des Menschen bedarf es nun einer weiteren Vertiefung. Allein aus der Begegnung mit Extrembeispielen menschlicher Schöpferkraft oder Kreativität - großen Geistern also - drängt sich uns die Erkenntnis auf, daß in dem o.a. zweidimensionalen Modell menschlicher Lebenssituation (von Raum und Zeit) weitere Koordinaten integriert werden müssen, wollen wir unser "Bild" vom Menschen vertiefen. Diese Koordinaten lassen sich zunächst nur umschreiben mit solchen Begriffen wie Materie und Bewußtsein oder mit der Vorstellung von Natur und Geist.
Am Beispiel namhafter Kunstwerke läßt sich dieser Aspekt gut nachvollziehen. Die Skulptur des "Moses" von Michelangelo erhielt ihre "Gestalt" im ausgesuchten Material des Steins. Dem Künstler gelang

eine Synthese von Stoff und Form, die uns als große Schöpfung menschlichen Geistes anspricht; wir können das Werk "begreifen". Auch die Sonnenblumenbilder von Vincent van Gogh sind noch mit Farbe und Leinwand in Stoff und Form "greifbar", wenn auch in ihrer Aussage nur noch mit den Augen "erschaubar". Doch wie läßt sich dagegen Dantes "Göttliche Komödie" verstehen, wo doch der "Stoff" nur aus menschlicher Lebenserfahrung besteht; oder wie ist Mozarts "Zauberflöte" zu erfassen, wo menschliche Erfahrung und Hoffnung erst durch die Musik zu einer geist-seelischen Einheit werden? Mit welchen Begriffen also erfassen wir das, was uns beim Lesen, Sehen oder Hören im Innersten "erfaßt"? Und wie läßt sich das beschreiben, was den Künstler aus sich selbst heraus dazu "trieb", - ohne Beachtung des o.a. Raum-Zeit-Schemas oder der Maslowschen Bedürfnispyramide - schöpferisch zu sein?(16)

Hier vom Begriff "Geist" zu sprechen ist heute nicht einfach, weil in der Folge der neuzeitlichen Naturwissenschaften und ihrer Erklärungsweise von Wirklichkeit der Begriff "Geist" nahezu verloren ging; man "glaubte", ihn durch das rationale Bewußtsein, den Verstand oder den reinen Intellekt ersetzen zu können. Wo das nicht ausreichte - weil man mit Beginn unseres Jahrhunderts gezwungen war, auch dem Unbewußten mehr Aufmerksamkeit zu schenken -, versuchte man, alles geistig Geschaffene auf die menschlichen Triebe und deren Unterdrückung, Verdrängung oder auf den bewußten Verzicht zurückzuführen.(17)
Im neuhumanistischen Bildungsgedanken, der immer noch - wenn auch oft trivialisiert - das geistesgeschichtliche Leben unserer Kultur fundiert, wurde der Geist-Begriff in vielfacher Weise zum Ausdruck gebracht. Und gerade weil er durch die rationale Denkweise moderner Sozial- und Erziehungswissenschaft bereits als abgeschafft angesehen werden konnte, findet er offenbar heute über die Naturwissenschaften wieder Zugang in die wissenschaftliche Diskussion, selbst wenn man dabei in unterschiedlichen Begriffen von "Selbstreferenz", "Autopoiese", "Bewußtsein" oder von der "Kreativität des Gehirns" spricht.

Auch wenn der Begriff "Geist" letztlich nur im Sinne einer "All-Einheit" verstanden werden kann, ist es für unsere Frage nach der Selbst-Kompetenz im Zusammenhang mit der Persönlichkeitsentwicklung naheliegend, noch von der kulturell überkommenen Dreiteilung eines *körperlichen, seelischen* und *geistigen* Erfahrungsbereichs im Menschen auszugehen. Dieser Bereich läßt sich so besser in seinen unterschiedlichen Erklärungsebenen beschreiben.

Was hat also nun ein "geisteswissenschaftlich" fundierter Bildungs- und Erziehungsgedanke zum Verständnis der menschlichen Lebenswelt und zum Menschenbild für die Arbeitswelt bis heute beigetragen? Oder deutlicher gefragt: reicht dessen bisheriges menschliches Grundverständnis aus, um hoffnungsvolle Zukunftsperspektiven zu entwickeln? Diese Frage muß hier deshalb gestellt werden, weil wir in der Diskussion um die Weiterbildung des Menschen innerhalb einer Berufs- und Wirtschaftspädagogik auf die Ansätze der *Humanistischen Psychologie* gestoßen sind. Diese aber zeigt Parallelen auf zum Bildungsgedanken des Neuhumanismus.
Bei den gegenwärtigen kultusbürokratischen Bemühungen um Schulsysteme, Erziehungsziele und Bildungsinhalte und einer nicht zu übersehenden Förderung pragmatischer Wissensaneignung in der Bildungspolitik, wurde eines leider nie ernstgenommen: daß der Mensch nur als eine unteilbare Einheit von "Kopf, Herz und Hand" existiert. Dieses Verständnis bestimmte aber noch das Ringen von Johann Heinrich Pestalozzi um ein "realistisches Menschenbild und wirklichkeitsnahe Erziehung" in der zweiten Hälfte des 18. Jahrhunderts, ebenso wie davon später die Reformpädagogik geprägt war.(18) Aber im Gegensatz zu diesen Ansätzen wurde bis heute nur das "verkopfte" Bewußtsein des kognitiven und damit technologischen Bereichs geschätzt und zweifellos hoch entwickelt. Im seelischen Bereich jedoch sind wir - radikal formuliert - *"bodenlos und ungeheuer unwissend, wenn es um uns selbst und andere geht"*. In dem Film "Szenen einer Ehe" läßt der Regisseur Ingmar Bergmann seine eigene Grunderfahrung sprechen:

> *"Heutzutage sagt man so leichthin, man soll die Kinder zu Menschlichkeit und Verständnis und Toleranz und Gleichheit, oder wie die Modewörter sonst noch lauten, erziehen. Aber niemand kommt auf die Idee, daß wir zuerst etwas über uns selbst und unsere eigenen Gefühle lernen müssen."(19)*

Die Bedeutung dieses seelischen Aspekts für ein einheitliches Menschenbild war den Ursprüngen des neuhumanistischen Bildungsdenkens noch sehr vertraut, auch wenn wir nicht ohne weiteres aus unserem heutigen Bewußtseinsstand heraus einen Zugang zum damaligen Begriffsverständnis entwickeln können. So fällt es uns sicher schwer, die Formulierungen von Friedrich Schiller "Über die ästhetische Erziehung des Menschen" aus heutigem Sprachverständnis nachzuvollziehen; doch was wir heute als Materie und Bewußtsein oder als Natur und Geist bezeichnen, faßte er unter die Grundtriebe des Menschen von der "Sinnlichkeit" (= Stofftrieb) und dem "Verstand" (= Formtrieb) zusammen.(20) Beide aber waren für ihn nur als eine Einheit, als eine *Synthese* zu denken, und die Selbsterziehungsaufgabe des Menschen bestand für ihn darin, *die Gegebenheit beider Triebe in die gesamte Lebensgestaltung zu integrieren.* In unserer Sprache ausgedrückt heißt das, daß wir den seelischen Bereich des Unbewußten mit unseren Hoffnungen, Trieben, Wünschen und Ängsten im gleichen Maße kultivieren müssen wie unser Bewußtsein, also den reinen Intellekt.

Gegenüber solchem Grundverständnis ist bis heute allerdings ein deutlicher "Geschichtsverlust" eingetreten,(21) der sich auch in Theorien zur Humanistischen Psychologie - trotz ähnlicher Grundgedanken - bemerkbar macht. (22) Aus diesem Verlust des Denkzusammenhangs ist es deshalb nicht verwunderlich, daß sich auch in der Gegenwart immer deutlicher jenes soziologisch als "cultural lag" beschriebene Phänomen eines Auseinanderklaffens der Entwicklung gesellschaftlicher Wirklichkeitsebenen zeigt. Konkret heißt das, daß die sozialkulturelle Bewältigung von Lebensbedingungen "oft stark hinter der faktischen Veränderung der realen Gegebenheiten herhinkt".(23) Die Beispiele des täglichen Lebens hierfür sind unzählige. So sind wir stolz über die nahezu voll automatisierte Verbrauchsgüterproduktion, sind aber gesellschaftlich nicht in der Lage, die dadurch arbeitslos Gewordenen sozial und psychisch in die Gesellschaft zu integrieren. Die Leistungsanforderungen in verantwortlicher Stellung steigen ständig und führen auch zu immer besseren Erträgen der Unternehmen; wird aber der einzelne durch Überforderung krank, fällt er aus dem System heraus, dann wird es der Gesellschaft überlassen, mit diesem "menschlichen Wrack" einigermaßen human umzugehen.

Woran also liegt es, daß sich ein bereits im klassischen Bildungsdenken grundgelegtes Menschenbild nicht bis in unsere technisierte Gegenwart weiterentwickeln konnte? Eine kurze Antwort darauf soll in zwei Richtungen verweisen. Einmal ist die Tatsache nicht zu leugnen, daß dieser skizzierte Bildungsgedanke wegen seines hohen Anspruchs an die menschliche Persönlichkeit in der gesellschaftlichen Realität uminterpretiert und dabei reduziert wurde, bis er sich letztlich nur noch auf den Bereich der "Innerlichkeit" beschränkte; Friedrich Nietzsche hat diese Entwicklung hin zum "Bildungsphilister" in seiner Kulturkritik bloßgestellt, weil man die "schöngeistigen" Gedanken nur noch für Sonntagsreden und zur innerlichen Erbauung mißbrauchte.
Zum anderen aber verweist die Entwicklung auf jenen von der "Kritischen Theorie" der Gegenwart zu Recht herausgestellten Aspekt, wonach eine Ausklammerung der gesellschaftlichen Wirklichkeit und ihrer Macht- und Herrschaftsstrukturen in Politik und Wirtschaft, bei kirchlichen Trägern und Sozialorganisationen, die für die Emanzipation des Menschen notwendige Identitätsentwicklung beeinträchtigt. Wenn (erwachsene) Lehrer Angst vor dem Schulratsbesuch haben, dann demonstriert das eine solchermaßen beeinträchtigte Identität!

Somit wird deutlich, daß der Entwurf eines geisteswissenschaftlichen Bildungsgedankens bis zur Gegenwart insgesamt die "Auseinandersetzung mit der industriellen arbeitsteiligen Gesellschaft" versäumt hat.(24) Und weil diese Auseinandersetzung nicht geleistet wurde, konnte sich der rein zweckrational orientierte Bewußtseinsbereich des Menschen in Wissenschaft und Technik, in Wirtschaft und Politik so einseitig entwickeln, daß er mit seinen zweifellos vorzeigbaren Erfolgen - verbunden mit einem Fortschrittsglauben - als der Fortschritt menschlichen Geistes schlechthin angesehen wurde. Die Vereinseitigung des Bewußtseins wurde aber mit einer Verleugnung des menschlichen Unbewußten erkauft; letzteres pocht allerdings - individuell wie auch kollektiv - auf seine Rechte. Dies darzustellen wird der Schwerpunkt der weiteren Ausführungen zur Selbst-Kompetenz sein.

Das gegenwärtige Bildungs- und Erziehungsdenken hat dieser Tatsache der Vernachlässigung des Unbewußten immer noch nicht Rechnung getragen. Auch die Andragogik hat für den erwachsenen Menschen noch keine wesentlich neuen Gesichtspunkte zu einem Menschenbild der Zukunft beigetragen. Zwar spricht man dort von einer "Hinwendung zum Teilnehmer", von der Bedeutung der Individualität und hält es für erforderlich, daß neben einem "Qualifikationslernen" auch ein "Identitätslernen" erfolgt.(25) Doch in die Breite gesehen scheut man sich, die konkreten Schritte einer Integration des humanistischen Bildungsgedankens oder die Zielrichtung einer Humanistischen Psychologie in die Alltagswelt von Wirtschaft und Arbeitsmarkt, Partei- und Konsuminteressen weiterzudenken.
Dann nämlich wäre ernsthaft zu fragen, wie denn eigentlich jene Fähigkeit des Individuums gefördert werden kann, *"sich vorwärts auf psychische Reife hin zu entwickeln"*, solange wir auf gesellschaftlicher Ebene nicht in der Lage sind, *"die Bedingungen für psychische Sicherheit und Freiheit"* dazu herzustellen? In dieser von Carl R. Rogers postulierten Auffassung(26) könnten und müßten sich Humanistische Psychologie und ein pädagogisch fundierter Bildungsbegriff annähern.

Fassen wir die wesentlichen Gedanken dieses Abschnitts zusammen und ergänzen diese noch durch einige Gesichtspunkte: Wichtig ist zunächst, daß das, was uns heute als eigenes Menschenbild einer "Humanistischen Psychologie" begegnet, nur in der Zielrichtung einer Persönlichkeitsentwicklung Parallelen hat zum Bildungsgedanken des Neuhumanismus. In der Denk- und Geistestradition des Personverständnisses besteht dagegen kaum eine Verbindung.(27)

> *Bildung im geisteswissenschaftlichen Verständnis ist gekennzeichnet als jener Prozeß der geistigen Auseinandersetzung jedes einzelnen "mit der ihn umgebenden und einbegreifenden Welt und die in solcher Auseinandersetzung aufgehende Selbstverständigung über uns selber"*.(28)

Allerdings ist dabei eine Fortschreibung dieser Auffassung hinein in die moderne Arbeitswelt bisher nicht geleistet. Zudem wurde der Macht- und Herrschaftsaspekt als eine individuelle und gesellschaftliche Wirklichkeit zu wenig berücksichtigt. Das steht auch in Zusammenhang mit einer einseitigen Förderung der menschlichen Bewußtseinsentwicklung hin auf den rein rationalen Bereich der linken Gehirnhälfte und dieser Bereich fand in der neuzeitlichen Wissenschaft, der Technik und der Wirtschaft ein ideales Bestätigungsfeld.(29) Das Lebensphänomen der uns meist unbewußten Tiefenschichten unserer Psyche wurde darüber hinaus überhaupt nicht, bzw. nur in einem bestimmten psychoanalytischen Verständnis in das Bildungsdenken der Gegenwart integriert.

Letzteres gilt nicht nur für den geisteswissenschaftlichen Ansatz, sondern auch für andere erziehungswissenschaftliche Modelle; so etwa für den sog. "empirisch-analytischen" oder den "kritisch-dialektischen" Ansatz, auf deren sozialwissenschaftliche Grundlagen wir aber im nächsten Abschnitt noch näher eingehen werden. Die Problematik dieser verschiedenen Sichtweisen vom Menschen ergibt sich aus einer vorfindbaren Polarisierung der Positionen: die einen werden dabei als zu individualistisch kritisiert, die anderen als zu gesellschaftsbezogen abgestempelt. Und wird einerseits der gesellschaftliche Aspekt tatsächlich zu stark ausgeklammert, bezweifelt man im anderen Fall im Prinzip die geistige Freiheit des Menschen bis hin zur eigenen Selbstverleumdung.

Unsere weiteren Überlegungen zur Selbst-Kompetenz müssen daher versuchen, eine solche Polarisierung der Ansätze zu vermeiden. Dies ist dadurch möglich, daß man genau unterscheidet, auf welcher Erklärungsebene die einzelne Theorie jeweils ihre Aussagen trifft. Nur so wird es auch möglich sein, wirtschaftswissenschaftliche Erkenntnisse in eine Verbindung mit sozialwissenschaftlichen oder tiefenpsychologischen Aussagen zu bringen. Die Stimmigkeit der Schlußfolgerungen in der Lebens- und Arbeitswelt des Menschen sollen für das Gelingen ein erster Maßstab sein.

Sozialwissenschaftliche Aussagen zum Persönlichkeitsverständnis des Menschen

Führungskräfte in Wirtschaft, Verwaltung oder Sozialorganisationen sind meist überdurchschnittlich engagiert und arbeitszeitmäßig oft bis an die Grenzen der eigenen Gesundheit ausgelastet. Wer will es da verdenken, daß viele in den sie interessierenden Fragen zur Persönlichkeit - sich selbst und andere betreffend - meist nach dem greifen, was lebensnahe Hilfe in verständlicher Sprache zu vermitteln verspricht?

Bereits seit einigen Jahren ist der westdeutsche Büchermarkt überschwemmt von Titeln, die "Lebenshilfe" in jeder Form anbieten.(30) In nahezu gleichem Verhältnis finden solche "neueste" Konzeptionen auch Eingang in spezielle Seminare, und dem arglosen Interessenten verbleibt die Qual der Entscheidung: brauche ich ein Zeitmanagement-Seminar oder hilft mir eher das Chaos-Management-Training weiter; wäre eine Urschrei-Therapie für mich jetzt angebracht oder eine Meditationsübung (aber welche?); hilft mir vielleicht die Transaktionsanalyse oder darf ich das neueste Angebot eines Überlebens-Trainings nicht versäumen?

Die meisten Angebote - so läßt sich pauschal formulieren - bestehen aus einer Mischung von Psychologie, östlicher Religionserfahrung und den unterschiedlichsten therapeutischen Methoden. Zwar steht für den Interessierten zumeist die lebenspraktische Umsetzbarkeit für Beruf oder für zwischenmenschliche Beziehungen im Vordergrund, doch dahinter verbirgt sich sehr oft die Frage nach dem *Lebenssinn* oder nach moralischer Wegweisung. Noch tiefer verborgen dürften oft *Angst* und *Selbstentfremdung* als Beweggründe für das Interesse aufzufinden sein, worüber man sich aber selten bewußt Rechenschaft ablegt. Indirekt jedoch, über die Nachfrage nach Buchtiteln wie "Leben ohne Angst", werden diese Beweggründe sichtbar.

Nun könnte zur Vielfalt der Angebote geltend gemacht werden, daß eben jeder auf seine Weise selig werden soll, und im sog. postmodernen Denken scheint dies ja auch der Slogan vom "anything goes" zu bestätigen. Aber gerade wegen einer solchen "Weltanschauung" bedarf es kritischer Überlegungen dazu, warum gerade heute so viele Autoren uns "letzte Wahrheiten" anzubieten haben.

Soweit ich mit meiner Arbeit eine "Hilfestellung" zur persönlichen Orientierung anbieten will, muß ich von meinen eigenen Erfahrungen mit manchen dieser rezepthaften Angebote ausgehen. Und wenn mir einige davon beispielsweise versprechen wollen, die Einsicht in die Zwänge der eigenen Erziehung "mit einiger Übung ... in wenigen Minuten absolvieren" zu können, dann stellt sich mir jedesmal die Frage, warum wohl - wenn das so einfach ist - selbst die großen Geister der Menschheit oft ein Leben lang um Selbsterkenntnis gerungen haben. Für mein Leben war diese Frage oft bedeutsam, und sie führte mich zur Einsicht, daß alles, was mir in tieferem Sinne hilfreich war, nur über den Weg einer differenzierten inneren Auseinandersetzung zustande kam; über das Aushalten von Unsicherheiten und von Widersprüchen, über Hoffnung und Enttäuschung, über Einsamkeit und Erfüllung. Und jede Begegnung, jedes Gespräch und jede noch so erfolglose Diskussion mit anderen bildeten dabei die Grundlage für die Kontinuität des eigenen inneren Zwiegesprächs.
Nach diesen Erfahrungen mit angebotener "Lebenshilfe" mußte ich feststellen, daß nicht nur jener "American way of life" eines ausschließlich "positiven Denkens", sondern auch die meisten Glücksversprechungen in Literatur und Weiterbildungsangeboten letztlich "ein Menschenbild von penetranter Harmlosigkeit" verbreiten.(31) Denn der Konsument braucht sich dabei nicht erst selbst zu bemühen, Gedanken über Erziehung, Sozialisation oder Bildung anzustellen oder das zu reflektieren, was in Psychologie oder Verhaltensforschung als Grundlagenerkenntnis gilt. Schließlich könnten bei solcher geistiger Anstrengung allzuleicht Unlustgefühle aufkommen; und diese auszuhalten hat ihm doch die Konsumwelt mit ihren "Tranquilizern" bereits so erfolgreich abgewöhnt. Dazu kommt noch, daß mit allen Arten von (Er-) Lösungsversprechen im Menschen eine angenehme Scheinwelt der "Innerlichkeit" gefördert wird, die das Glück im "Intimen" zu schenken vorgibt. Solchermaßen im "Hier und Jetzt" aufgehend, bleibt alles oberflächlich, und was an inneren Ungereimtheiten, an eigenen Schattenseiten, an aggressiven Strebungen vorhanden ist, wird verdrängt und auf die Außenwelt der "Fremden", der gesellschaftlichen (Rand-) Gruppen und Strukturen projiziert. - Radikalismus jeder Art ist mit eine Folge solcher Projektionen.

Welchen Weg also - müssen wir jetzt fragen - wollen wir einschlagen, um den Gedanken der eigenen Kompetenz bei der "Selbstfindung" - der Eigenzuständigkeit für Lebensorientierung - weiter zu verfolgen? Zunächst ist es hilfreich und erforderlich, einige Sichtweisen zur Persönlichkeit aus sozialwissenschaftlicher Perspektive vorzustellen. Von dort stammen grundlegende Erkenntnisse über Entwicklung und Sozialisierung des Menschen. Gleichzeitig können damit auch Ansätze verständlicher gemacht werden, die sich aus den unterschiedlichen therapeutischen Richtungen herausgebildet haben, und die in gegenwärtig angebotenen Seminarkonzepten oft nur instrumentalistisch, populärwissenschaftlich oder rezepthaft verkürzt erscheinen.(32)

Was läßt sich nun zum Thema der Selbst-Kompetenz aus wissenschaftlicher Perspektive sagen? In der an den deutschsprachigen Universitäten vertretenen wissenschaftlichen Disziplin der Psychologie haben sich eigene Schwerpunkte zur Persönlichkeitsforschung herausgebildet. Allen ist gemeinsam, daß sie Erleben und Verhalten des Menschen beschreiben und erklären, daß sie sich aber auch durch unterschiedliche Bezugssysteme in vielerlei Theorien voneinander unterscheiden. Über Lehrbücher oder Handbücher zur Persönlichkeitspsychologie kann man dabei einen *ersten Zugang und Überblick* gewinnen.(33) Um sich in einem weiteren Schritt einen Einblick in die *wichtigsten Theorien* zu verschaffen, kann man auf übersichtliche Darstellungen wie solche von Lawrence A. Pervin zurückgreifen.(34) Hier gibt der Autor zu den Beschreibungen einer Vielzahl von "repräsentativen" Ansätzen jeweils auch Erläuterungen zu ihrer Anwendung und nimmt zugleich eine kritische Bewertung vor. So findet man dort im 5. Kapitel u.a. Ausführungen zu verschiedenen Vertretern der "Humanistischen Psychologie" und kann nachlesen, wie das "Menschenbild" in der Theorie von Carl R. Rogers beschrieben ist.
Die Gesamtdarstellung bei L.A. Pervin unterscheidet sich zweifellos in wissenschaftstheoretischer Sicht von solchen deutschsprachiger Autoren, wofür die zweibändige Darstellung verschiedener Theorien zur Persönlichkeit von Klaus A. Schneewind als Beispiel herangezogen werden kann.(35) Dieser Autor verweist zunächst auf die unterschiedlichen Wurzeln der einzelnen Ansätze, insbesondere auf eine philosophische, eine medizinisch-biologische und auf eine mathematisch-statistische Tradition. Zudem nimmt Schneewind - wie schon

aus den Untertiteln ersichtlich - eine Klassifizierung der Persönlichkeitstheorien vor und charakterisiert diese unter dem Blickwinkel dreier Modelle vom Menschen:

- einem mechanistischen Modell (z.B. der Ansatz von S. Freud),
- einem organismischen Modell (z.B. der Ansatz von C.G. Jung),
- einem dialektischen Modell (z.B. der Ansatz von E. Fromm).

Um das wieder an der "Humanistischen Psychologie" von Carl R. Rogers (mit dessen Begriff vom "Selbst-Konzept") zu erläutern: diese Theorie wird vom Autor den organismischen Modellen zugerechnet, weil hier die "Ganzheitlichkeit" der Person im Vordergrund steht.
Nun ist anzumerken, daß jeder dieser hier genannten Autoren - und so auch die von diesen zitierten Ansätze - jeweils eine spezifische Definition von dem haben, was als "Persönlichkeit" beschrieben wird. Wir brauchen darauf jedoch nicht weiter einzugehen; wichtiger ist vielmehr die Feststellung, daß es neben der spezifischen Erforschung eingegrenzter "Persönlichkeitskonstrukte" (d.h. der mit wissenschaftlichen Begriffen beschriebenen Merkmale einer Person) bisher immer noch keine "übergreifenden theoretischen Entwürfe zur Persönlichkeit" zu geben scheint.(36) Und weil ich in der vorliegenden Arbeit diese Diskussion innerhalb der Persönlichkeitspsychologie nicht aufgreifen kann, möchte ich mich im folgenden auf den Ansatz von Hans Thomae konzentrieren, mit dem dieser als einer der wenigen Autoren bisher eine *übergreifende Persönlichkeitstheorie* vorgestellt hat.(37) Diese Konzeption verweist m.E. auf einen Weg, der mit dem methodischen Instrument der Tiefenpsychologie weiter verfolgt werden kann und der auch mit Hilfe der Strukturanthropologie ein begründet darstellbares Menschenbild für unsere Überlegungen zur Selbst-Kompetenz anzubieten hat.

Den Überlegungen von Hans Thomae zu einer Persönlichkeitstheorie liegen nicht nur empirische Untersuchungen und langfristige Beobachtungen zugrunde; der Autor greift auch das gesamte "Studium des Individuums in der gegenwärtigen Persönlichkeitsforschung" auf. So kommt er ebenfalls zu einer schematischen Klassifizierung der bedeutendsten Persönlichkeitstheorien, wobei dieses Schema aber nicht statisch mißverstanden werden darf; es läßt sich vielmehr dynamisch interpretieren, so daß ein "Schubladendenken" verhindert wird.(38) Für unsere Überlegungen ist dabei von Bedeutung, daß - im Gegensatz zu den meisten anderen Theorien - eine Integration auch des bildungsgeschichtlichen Denkens erfolgt, und zwar insoweit, als eben der Begriff der "Person" immer nur als *Totalität* und als *Einmaligkeit* verstanden und beschrieben werden kann. Diese Grundlagen verweisen in der Denktradition zurück bis auf J.G. Herder und W. von Humboldt.

Hans Thomae geht von einer Begriffsbestimmung aus, die bisher wohl am meisten Akzeptanz gefunden hat. Danach wird der Begriff "Persönlichkeit" als eine "dynamische Organisation jener psychophysischen Systeme innerhalb des Individuums" beschrieben, "welche dessen einzigartige Anpassung an seine Umgebung bestimmen".(39)

Es ist zuzugeben, daß diese Definition eher wissenschaftlich abstrakt klingt, doch haben wir damit einen wichtigen Ausgangspunkt für das Verständnis von Selbst-Kompetenz gewonnen, der erst in unseren weiteren Überlegungen verständlicher werden mag. Mit diesen Ausführungen von Thomae werden nämlich auch die *Grenzen* wissenschaftlicher Erfaßbarkeit der Individualität des Menschen hervorgehoben, und die systematische Erforschung allgemeiner Aussagen über das Menschsein erhält so auch einen klar abgegrenzten Stellenwert innerhalb der Lebenswelt zugewiesen.
Die Begrenztheit wissenschaftlicher Aussagen über den Menschen ergibt sich nämlich durch die Tatsache, daß jedes menschliche Verhalten letztlich "sinngerichtet" ist und die Tatsache der "Subjektivität des Sinns" gleichzeitig die Einmaligkeit jedes Menschen als eines "weltoffenen Wesens" ausdrückt.(40) Über eine "Einmaligkeit" lassen sich jedoch keine allgemeingültigen "Gesetze" aufstellen.

Thomae folgert auch daraus, daß es deshalb niemals eine allgemeine Psychologie der Persönlichkeit geben kann, sondern nur eine solche "individueller Sinnwelten". Das "Individuum und seine Welt" stellen somit "die einzige Umschreibung des Gegenstandes einer Persönlichkeitsforschung" dar, die - nach Auffassung von Thomae - "diesen Namen zu Recht trägt".(41)
Jede unserer vielfältigen Erfahrungen in der Arbeitswelt oder in der Familie, daß ein bestimmtes "Tun, ein Leiden, eine Situa-

tion" für uns "sinnvoll" sind, stellt somit eine Grunddeterminante unseres Verhaltens dar, und kein Wissenschaftler, kein Entscheidungsträger in Wirtschaft, Kirche oder Politik kann uns dahingehend belehren, daß dies nicht so sei; alle Sinnfindung und alle Lebensgestaltung sind insoweit subjektiv.

Die Quintessenz dieser Grundaussage ist in ihrer Tragweite bisher kaum beachtet bzw. erkannt worden. So kann es entgegen vieler Auffassungen über Erziehung, Bildung und Weiterbildung nämlich niemals darum gehen, den Menschen ausschließlich unter gesellschaftlichen Normen zu betrachten oder ihn gar diesen zu unterwerfen. Vielmehr muß umgekehrt die wesentliche Aufgabe aller Erziehung wie aller persönlichkeitsbezogenen Weiterbildung darin gesehen werden, "die Gesellschaft >individuellen Welten< anzupassen".(42) Daß damit aber weder einem "Individualismus" noch einem "Egozentrismus" das Wort geredet wird, sollte nicht mehr zweifelhaft sein, bedarf aber noch vertiefter Begründung.
So theoretisch zunächst auch die hier dargestellte Position klingen mag, so sehr verweist manches aus unserer gesellschaftlichen Entwicklung tatsächlich bereits in diese Richtung. Heute sind z.B. Unternehmer offen für einen "Arbeitsplatz zu Hause", weil die individuelle Zeiteinteilung, ersparte Fahrzeiten und das selbstverantwortliche Planen der Arbeitseinteilung zusammen mit dem mikroelektronisch ermöglichten Datenkontakt zur Firma sich auch in verbesserter "Rentabilität" niederschlagen.
Dieses Beispiel steht auch für den zweiten jener o.a. Aspekte, mit dem der Begriff der "Arbeit" zu definieren ist: nämlich für das Vertrauen in die eigene Kreativität und Verantwortung; der erstgenannte Gesichtspunkt der "Existenzsicherung" ist natürlich immer mitzudenken. Der dritte von uns genannte Aspekt, jener der "Sinnerfüllung", findet nun im sozialwissenschaftlichen Denken ebenfalls eine empirisch fundierte Unterstützung, vor allem in Zusammenhang mit dem Trend zu mehr "Individualität".

Da alle Weiterbildung vorausschauend denken muß, tut man gut daran, sich auch mit dem Wandel im Weltverständnis von Jugendlichen zu befassen. Dabei läßt sich "unzweifelhaft ein Wandel im Bewußtsein und im Verhalten der Generationen in den letzten Jahrzehnten feststellen".(43) Und dieser Wandel verweist in die angedeutete Richtung. Eine solche Einstellungsänderung läßt sich nämlich an bestimmten "Typologien der Daseinsbewältigung" aufzeigen, also an Zielen oder Prinzipien der eigenen Lebensgestaltung. Als vorherrschendes Prinzip läßt sich dabei in Deutschland in den 50er Jahren, als noch ein rationalistisch geprägtes Weltbild vorherrschte, ein sog. *"Rationalitätsprinzip"* feststellen. Dieses wurde aber im folgenden Jahrzehnt bereits abgelöst von einem sog. *"Sozialprinzip"*. Von "Sozialprinzip" spricht man bei Jugendlichen dann, wenn die Lebensgestaltung mehr von Sinnmustern gemeinschaftlichen Zusammenlebens der Menschen getragen ist. Im siebten Jahrzehnt unseres Jahrhunderts veränderte sich die - empirisch erforschte - Grundhaltung der Jugendlichen nun hin zum sog. *"Personalitätsprinzip"*, das sich im Sinnmuster persönlicher Lebensgestaltung und individueller Selbstverwirklichung zum Ausdruck bringt.(44)

Die von Hans Thomae für erforderlich gehaltene Ausrichtung einer Persönlichkeitstheorie an "individuellen Sinnwelten" findet so also eine gewisse Bestätigung in der gesellschaftlichen Entwicklung selbst. Aber auch wenn man in Rechnung stellt, daß zwischen den Einstellungen von Jugendlichen und deren später gelebter Berufs- und Daseinsgestaltung manche Veränderung eintritt, so ergeben sich daraus doch einige gravierende Schlußfolgerungen. Eine dieser wesentlichen Feststellungen lautet, daß die vor allem im beruflichen Weiterbildungsbereich feststellbare Tendenz, insgesamt der Persönlichkeitsentwicklung mehr Stellenwert einzuräumen, offenbar tiefgreifende gesellschaftliche Ursachen hat. Diese Ursachen liegen hauptsächlich in einer Bewußtseinsveränderung begründet. Und eine solche Veränderung deutet an, daß jener immer noch dominierende "moderne okzidentale Rationalismus" offenbar heute nicht mehr als "ausschließliches Weltgestaltungsprinzip" angesehen werden kann.(45)
Alle rational fundierte Forschung, alle technologischen Entwicklungen, alle optimal gesteuerten Abläufe des Wirtschaftssystems funktionieren aber nicht nur nach diesem Rationalitätsprinzip; diese Subsysteme drücken auch eine bestimmte Weltanschauung aus und enthalten damit ebenso ein *nicht rational* bestimmbares Menschenbild. Jedes ausschließlich rational geprägte Bild bringt zwangsläufig nur eine einseitige Sicht vom Menschen zum Ausdruck. Schließlich

konnten all die Erfolge und Leistungen des Intellekts und alle noch so demokratisch gestalteten Gesellschaftsprozesse nicht vergessen machen, daß im Menschen Tiefenschichten für sein Verhalten bestimmend sind, die eben nicht rein "rational" erklärbar und erst recht nicht rein über den Verstand beeinflußbar sind.(46) - Damit ist eine erste Schlußfolgerung aus der sozialwissenschaftlichen Forschung zum Menschenbild der Gegenwart angebracht.

Unter Einbeziehung der Persönlichkeitstheorie von Hans Thomae - die auf die Bedeutsamkeit individueller Sinnwelten verweist - ergibt sich für die Frage nach den *Wachstumsstufen* der Persönlichkeit die Notwendigkeit, einen methodischen Weg zu wählen, der diese individuellen Sinnwelten beschreibbar macht. "Gemeinter Sinn" erschließt sich aber nur aus der Einheit der Psyche des Menschen, aus Wahrnehmung und Erfahrung, aus Handeln und Verhalten. Hierfür erscheint die tiefenpsychologische Methode äußerst hilfreich, weshalb wir diese auch in Anspruch nehmen werden, wenn wir den Weg der Selbstfindung des Menschen näher beschreiben.
Wir befragen die Sozialwissenschaften aber auch in bezug auf das *Menschenbild*, das uns für unsere Darstellung der Selbst-Kompetenz als Grundlage dienen kann. Auch hierfür bekommen wir einige Unterstützung, was die Bedeutsamkeit jeder individuellen menschlichen "Welt" betrifft. So läßt sich nämlich die o.a. Entwicklung hin zu einem *"Personalitätsprinzip"* noch aus einer weiteren sozialwissenschaftlichen Überlegung fundieren, die vor allem dazu beitragen kann, jene immer noch bestehende Kluft zwischen Wissenschaft und Lebenswelt zu verringern. Entstanden war diese Kluft ja hauptsächlich aus der Vorstellung, daß alle wissenschaftliche Erkenntnis "objektive Wahrheit" darstelle, alle Lebenserfahrung dagegen nur "subjektiv" verstanden werden kann. Von solchem Verständnis - das vor allem durch die Bedeutungszunahme der Sozialwissenschaften geprägt war - gingen auch die in den letzten Jahrzehnten diskutierten erziehungswissenschaftlichen Theorien aus, insbesondere jene weit verbreiteten Ansätze einer *"empirisch-analytischen"* und jene einer *"kritisch-dialektischen"* Richtung. Darin wurde versucht, alle Aussagen über den Menschen, über sein "Wesen", deshalb zu vermeiden, weil man sich von jeder metaphysischen Spekulation freimachen wollte; es galt vielmehr, nur rational nachprüfbare Aussagen gelten zu

lassen. Daß dies aber letztlich nicht möglich ist, war als Erkenntnis in der geisteswissenschaftlich orientierten Pädagogik nicht neu. Es herrschte dort hinsichtlich der Unausweichlichkeit einer weltanschaulichen Prägung jeder Theorie immer schon ein gewisser Konsens.(47) Erst in jüngster Zeit wurde diese Erkenntnis wieder neu in die wissenschaftliche Diskussion eingebracht. Das Wissen um diese Zusammenhänge stellt nun eine wichtige Grundlage dar, will man sich in Pädagogik, Sozial- oder Wirtschaftspädagogik mit der Frage nach einem tragenden Menschenbild befassen. Solches Wissen ist somit ebenfalls Grundlage einer Selbst-Kompetenz.

In der hier kurz vorzustellenden Arbeit von Eckhard Meinberg kommt dieser nämlich zu dem Ergebnis, daß auch im pädagogischen Denken nicht objektive wissenschaftliche Erkenntnis vorherrscht, sondern daß "sämtliche die moderne Erziehungswissenschaft beeinflussenden sozialwissenschaftlichen Theorien" mit einem ganz spezifischen Menschenbild operieren, so daß die *reklamierte wissenschaftliche Objektivität* nicht viel mehr darstellt als die *persönliche Weltanschauung der einzelnen Wissenschaftler.*(48) Damit wird aber jeder, der nach Orientierungshilfe sucht, noch tiefer auf sich selbst verwiesen, denn an welcher "Weltanschauung" soll er sich nun orientieren?
Diese Frage ist für das Studium von Pädagogik, Sozialpädagogik oder Andragogik von entscheidender Bedeutung; genauso wichtig ist sie aber auch für den Berufs- und Wirtschaftspädagogen, den Personalmanager oder den Trainer. Denn insbesondere diese bekommen mit solch kritischer Reflexion eine Orientierungshilfe, um populärwissenschaftliche Vereinfachungen - etwa psychologischer Theorien - besser zu verstehen und zu durchschauen.
E. Meinberg stellt gleichzeitig mit diesen Überlegungen zu den verschiedenen Theorien der Erziehungswissenschaft eine *Veränderung* der unterschiedlichen "Menschenbilder" im Laufe der Zeit fest. Hat nämlich in der sog. "empirisch-analytischen" Erziehungswissenschaft das Menschenbild vom *"Verstandesmenschen"* noch dominiert, erkennt der Autor im sog. "kritisch-dialektischen Wissenschaftsmodell" jenen Idealtypus des *"emanzipierten Menschen"*,(49) jenes Menschen also, der von gesellschaftlichen Zwängen befreit ist. Und die Schlußfolgerungen des Autors führen dann dazu, daß sich heute nur ein "ganzheitliches" Verständnis vom Menschen vertreten läßt. Das ent-

sprechende Leitbild der Person wird dabei als *"homo mundanus"* beschrieben, womit jener "Mensch" gemeint ist, der weltbezogen zu denken und zu handeln vermag. Mit dem Begriff der "Person" wird dabei dasjenige "Wesen" beschrieben, "das Subjekt seines Erlebens, seiner Wahrnehmung, seiner Aktion, seiner Initiative" ist.(50) - Diese Charakterisierung kann damit unserem Begriff der Selbst-Kompetenz ebenfalls als ergänzende Beschreibung dienen.

Die Betonung der eigenen Zuständigkeit für den Weg einer "Selbstfindung" wird in unseren weiteren Ausführungen zu vertiefen sein. Die nächste Frage besteht jedoch darin, wie die je individuelle Welt des Menschen zustande kommt - wie sich also Selbst-Kompetenz aufbaut - und in welchem Zusammenhang diese zur jeweiligen kulturellen Welt steht. Denn wir wollen ja auch Antwort darauf geben, wie sich die kulturell bedingte Zielsetzung eines Persönlichkeitswachstums darstellen läßt.

Dabei werden wir keinesfalls künftig auf wissenschaftliche Erkenntnisse über den Menschen verzichten, nur weil diese nicht so objektiv sind, wie wir vielleicht angenommen hatten. Uns wird es vielmehr darum zu tun sein, jeder Art von Erkenntnis ihren Stellenwert zuzuerkennen; jener Erkenntnisse der Wissenschaft wie jener des natürlichen Menschenverstandes. Das aber vermag der einzelne erst dann, wenn er gelernt hat, die "ihn umgebende und einbegreifende Welt" - also jene der Wissenschaft, der Wirtschaft oder Politik - auch kritisch zu hinterfragen. Allerdings wurde uns eine kritische Hinterfragung jener weit verbreiteten "Wissenschaftsgläubigkeit" in den letzten Jahrzehnten durch bestimmte Entwicklungen erschwert.

So hat sich etwa seit den 60er Jahren bei uns eine "positivistische Soziologie" etabliert, die letzten Endes "zum Träger des heutigen Weltbildes" avanciert ist. Denn soweit sich die auf diese Soziologie aufbauenden sozialwissenschaftlichen Richtungen als reine "Tatsachenwissenschaften" ausgegeben hatten, waren sie sich der eigenen eingeschränkten Perspektive nicht mehr bewußt. Das wäre nicht weiter schlimm, wenn es nicht dazu geführt hätte, daß in diesem von wissenschaftlicher Seite aufgebauten *Weltbild* im Grunde genommen "der Mensch als handelndes Wesen zugunsten von Gesellschaftsprozessen abgeschafft" war,(51) und zwar insoweit, als alle seelischen und geistigen Aspekte zugunsten der reinen Ratio eliminiert worden sind.

Der Wert des eigentlichen Beitrags der Sozialwissenschaften zum Menschenbild der Gegenwart wird durch solche Kritik nicht geringer; es wird vielleicht nur schwieriger, diesen Wert zu erkennen. Inzwischen haben sozialpsychologische Studien manches zum besseren Verständnis des Menschen - etwa über den Identitäts-Begriff - beigetragen. Die Richtung geht sicherlich dahin, daß jedes egozentrische Weltmodell westlicher Zivilisation relativiert werden muß. Dabei werden wir uns zugleich auch der "gesellschaftlichen und ökologischen Rahmenbedingungen" der Identitätsentwicklung des Menschen immer mehr bewußt.(52)
Die sozialwissenschaftlichen Aussagen zum Persönlichkeitsverständnis des Menschen sind also einerseits sehr kritisch zu betrachten, soweit darin implizit eine individuelle Weltanschauung zum Ausdruck kommt. Andererseits zeigen sie am Beispiel der "Typologien der Daseinsbewältigung" bei jungen Menschen oder über die differenzierten "Menschenbilder" in Theorieansätzen auf, daß ihr Beitrag zu einer integrativen Betrachtung des Menschen und seiner "individuellen Sinnwelt" nicht übergangen werden kann. Bringt man diese Gesichtspunkte in Zusammenhang mit den Grundbestandteilen des Phänomens der "Arbeit", dann lassen sich Parallelen in der Beschreibung unterschiedlicher Ebenen der menschlichen und gesellschaftlichen Wirklichkeit feststellen. Diese Parallelen sind in Abb.3 einander gegenübergestellt.

Typologien der Daseinsbewältigung	*Menschenbilder pädagogischer Theorien*	*Grundaspekte des Phänomens "Arbeit"*
Rationalitätsprinzip	Verstandesmensch	Existenzsicherung
Sozialprinzip	emanzipierter Mensch	Kreativität/ Verantwortung
Personalitätsprinzip	ganzheitlicher Mensch	Sinnerfüllung

Abb. 3: Persönlichkeitsverständnis in den Sozialwissenschaften

2.3 Grundzusammenhang von Individuum und Kultur

Vielschichtigkeit eines Begriffs: Unternehmenskultur

Wir haben mit Beginn dieses Kapitels auf die in unserer Gesellschaft zu beobachtende Tatsache einer Inflation des Kulturverständnisses hingewiesen. Unsere kritischen Überlegungen wurden dadurch erleichtert, daß wir im Verhaltensbereich des Menschen zwischen einer vorfindbaren "Trivialkultur", einer "Lebenskultur" und einer "Hochkultur" unterscheiden konnten. Das ermöglicht uns z.B., die unser gesellschaftliches Leben charakterisierende Schnell-Imbiß-Mentalität (fast-food) auf den ersten Blick als "Trivialkultur" (wenn nicht gar als Unkultur) zu beschreiben; freilich vermag eine solche ohne weiteres auch weiterentwickelt zu werden, so daß wir in unserer sehr mobilen Lebens- und Arbeitsweise daraus vielleicht auch einmal eine gewisse "Lebenskultur" zu entwickeln vermögen. Vergleichbares gilt für Fernsehgewohnheiten oder für unsere Verhaltensweisen bei Reisen in andere Länder. In der Tradition von Erziehung und Bildung des Menschen galt alles Bemühen im Grunde immer schon einer Integration dieser unterschiedlichen kulturellen Schichten in die Lebensgestaltung des einzelnen.

Wenn wir also im gesellschaftlichen Subsystem unserer Wirtschaft heute von *"Unternehmenskultur"* sprechen hören, so können wir davon ausgehen, daß auch hier zumeist von allen drei Schichten einer Gesamtkultur etwas mitklingt; die Frage in diesem Zusammenhang besteht dann hauptsächlich darin, inwieweit kulturelles Bedürfnis und kulturelles Verständnis lediglich als Mittel zum (Unternehmens-) Zweck mißbraucht werden oder aber ob diese dem arbeitenden Menschen als Selbstzweck menschlicher Sinnerfüllung zugestanden sind. Sinngemäß ist dabei der Begriff der "Unternehmenskultur" auch auf Verwaltungen oder Sozialorganisationen zu übertragen. In ihrer hierarchischen Strukturierung von Zusammenarbeit und Aufgabenverteilung sind sie in vielen Bereichen Wirtschaftsunternehmen ähnlich.

Unabhängig davon entwickelt jedes Unternehmen und jede Einrichtung auch eine spezifische "innerbetriebliche Kultur" der Zusammenarbeit, der Arbeitsplatzgestaltung oder der Kundeneinstellung. Aus meiner beruflichen Erfahrung ist anzumerken, daß in manchen Unternehmen heute eine zum Teil menschlichere "Lebenskultur" in der Zusammenarbeit vorzufinden ist, als in vielen jener wissenschaftlichen Einrichtungen oder sozialen Organisationen, die sich von Berufs wegen der Förderung menschlicher Bildung verschrieben haben. Das mag mit darin begründet liegen, daß im Weiterbildungsbereich der Unternehmen heute Themen und Schulungen (etwa zum Bereich der Kommunikation oder des Konfliktmanagements) angeboten und nachgefragt werden, die gegenüber einer andragogischen Weiterbildung in sozialen oder vergleichbaren Einrichtungen einen qualitativen Vorsprung haben.

In dieser Arbeit soll mit Schemata und Begriffen nicht eine Wirklichkeit *festgelegt*, sondern nur verständlicher *beschrieben* werden. Das gilt auch jetzt, wenn wir der grobschematischen Dreiteilung in Trivial-, Lebens- und Hochkultur beispielsweise eine Parallele auf der Ebene der Unternehmensstruktur zur Seite stellen. In den allgemeinen Zielen der Führungskräfte mittelständischer Unternehmen wird heute in der Diskussion unterschieden zwischen *betrieblichen* Zielen (Gewinn, Marktanteil, Produktqualität), *personalpolitischen* Zielen (Arbeitsplatzqualität, Sozialklima) und *persönlichen* Zielen (gesellschaftliche Stellung, Einkommen, Selbstverwirklichung).(53) Und ebenso wie in jedem dieser Ziele alle drei Kulturaspekte gelebt und angestrebt werden können, lassen sich diese und die Unternehmensziele auch miteinander vergleichen. Und dabei werden wir feststellen, daß auch eine gewisse Parallele zu den "Menschenbildern" sichtbar wird, wie wir diese im vorhergehenden Abschnitt kennengelernt haben. Das ergibt die Gegenüberstellung in Abb. 4.
Hieran wird anschaulich, daß letztlich *alle* diese Aspekte zu unserer Gesamtwirklichkeit gehören, aus Beschreibungsgründen und aus der Sichtweise unterschiedlicher Disziplinen aber die jeweils zu verfolgenden Schwerpunkte immer in eigenen Begriffen dargestellt werden, soweit ein bestimmter thematischer Zusammenhang zur Diskussion steht.

Schichten kulturellen Verhaltens	Unternehmensziele	Typologien der Daseinsbewältigung
Trivialkultur	betriebliche Ziele	Rationalitätsprinzip
Lebenskultur	personalpolitische Ziele	Sozialprinzip
Hochkultur	persönliche Ziele	Personalitätsprinzip

Abb. 4: Kulturverhalten - Zielsetzungen - Prinzipien

Eine solche begriffliche Differenzierung des menschlichen Aufgabenbereichs - wie diese am Beispiel mittelständischer Unternehmen aufgezeigt wurde - läßt sich ebenfalls in unserem o.a. Raum-Zeit-Schema integrieren. Und auch hier zeigt sich wieder die Ergänzungsbedürftigkeit; denn über eine bloße (lebens-) *zeitliche* und (betriebliche wie regionale) *räumliche* Existenzvorsorge hinaus spielt immer auch eine gewisse *geistige* (oder religiöse) Dimension eine nicht unwesentliche Rolle. Alle Fragen nach einer "Unternehmenskultur" werden um diesen Zusammenhang nicht herumkommen, und entscheidend wird immer sein, welcher unter den verschiedenen Aspekten dominant die Richtung der Entwicklung dieser Unternehmenskultur bestimmt!
Und um das an einem *Beispiel* zu demonstrieren, wird ein Spezialunternehmen in der Feuerwaffenproduktion irgendwann nicht umhin können, sich mit der Frage zu befassen, ob denn das betriebswirtschaftliche Ziel des Gewinns und das sozialpolitische Ziel der Arbeitsplatzsicherung von zweihundert Arbeitnehmern mit den möglicherweise bisher nicht aufgegriffenen Fragen einer sinn- und verantwortungserfüllten Arbeitsgestaltung zusammenstimmen. Solche Fragen tauchen unweigerlich beim Arbeitnehmer dieser Firma auf, wenn er in der Tagesschau aus den Krisenherden der Welt die "Produktqualität" der von ihm hergestellten Maschinengewehre und Granaten hautnah vermittelt bekommt.

An dieser beispielhaften Situation aus dem Wirtschaftssektor läßt sich eine gegenwärtig besonders diskutierte Fragestellung der Betriebspädagogik aufzeigen. In einer gewissen Konfrontation mit dem Begriff der *"Unternehmenskultur"* steht sie nämlich vor der Alternative, ob sie mit ihrem wissenschaftlichen Ansatz versuchen soll,

- ein "reibungsloses Zusammenleben" und -arbeiten im Sinne des Unternehmens zu fördern oder eher
- die "Entfaltung der Persönlichkeit" des einzelnen im Auge zu behalten.

Letzteres wäre ihr durch einen pädagogisch fundierten Bildungsbegriff eigentlich aufgegeben, weil schließlich alle Erziehung und Bildung des Menschen "ihren Zweck in der Mündigkeit des Subjekts" hat.(54) Ersteres jedoch ist im betriebswirtschaftlich orientierten Unternehmen eindeutig den betrieblichen Zielen (etwa von Gewinn, Marktposition usw.) untergeordnet.
Will nun die Betriebspädagogik an o.a. Beispiel demonstrieren, daß sie in ihrem Ansatz nicht hinter dem allgemeinen Diskussionsstand um den Bildungsgedanken zurückstehen kann, bleibt ihr nur der Schluß, daß sie in ihrem Grundverständnis immer "auf ganzheitliches Verstehen sowie berufsethische Reflexion verwiesen" ist.(55) Damit aber wird die Betriebspädagogik zwangsläufig auch auf den Begriff der "Unternehmenskultur" verwiesen, den sie in eine Wechselbeziehung zum Begriff der "Lernkultur" bringen muß. Und es erhebt sich die Frage, wo die gemeinsamen Bezugspunkte liegen können, wenn man "Unternehmenskultur" beschreibt als "die von allen Mitarbeitern >gemeinsam< gestaltete und interpretierte Wirklichkeit, wobei gerade die >nicht-ökonomischen< Werte, die das gemeinsame Arbeiten und das >Miteinander-Umgehen< bestimmen, die Unternehmenskultur >ausmachen<".(56)
Das Schlüsselwort dabei ist zweifellos der "Grad der Gemeinsamkeit" aller im Unternehmen Tätigen und es liegt der Verdacht nahe, daß Unternehmenskultur entweder als normativ bestimmtes Soll-Ziel oder als der "kleinste gemeinsame Nenner" aller verstanden wird. In die Breite gesehen ist in einem Unternehmen unter den gegenwärtigen Machtstrukturen und dem dominierenden Wirtschaftsprinzip mit weiter zunehmender Kapitalkonzentration dieser "kleinste gemeinsame Nenner" so verschwindend, daß man deshalb von der Verwirklichung

des "Persönlichkeitsprinzips" eines pädagogischen Bildungsverständnisses nur bei einigen wenigen Arbeitnehmern wird sprechen können. Die Weiterbildungspraxis bestätigt diese Auffassung bereits dadurch, daß sich alle an der sog. "humanistischen Orientierung" ausrichtenden Bildungsangebote überwiegend an die kleine Schicht der Führungskräfte richten und weniger als zehn Prozent der Facharbeiter und weniger als fünf Prozent der An- und Ungelernten überhaupt mit den sog. "ganzheitlichen" Ansätzen der Unternehmenskultur in Berührung kommen.(57)
Gleichwohl bleibt für die Betriebspädagogik - wie sich Rolf Arnold nur zustimmen läßt - die Frage nach der "persönlichen Kompetenz" des Pädagogen selbst dabei im Vordergrund. Ohne eine eindeutige Antwort in bezug auf die Bildungsintention bleibt jedoch alles berufs- und betriebspädagogische Weiterbildungsbemühen zumeist nur ein instrumentalistisches Unterfangen, das Technologien vermittelt zum besseren Funktionieren aller abhängig Beschäftigten.

In gleichem Maße, wie der Begriff der Unternehmenskultur vielschichtig ist, so daß wir Anlaß haben, ihm in einer vom rationalistischen Zweck des "Erfolgs" geprägten Wirtschaftsweise mit Skepsis zu begegnen, gilt dies auch für jenen Begriff einer *Wirtschafts- oder Unternehmensethik.* Wir nehmen bereits jetzt eine spätere Folgerung vorweg, wenn wir sagen, daß die "im Westen vorherrschende Ethik" im Grunde immer noch als eine *statische* zu bezeichnen ist, die sich mehr an feststehenden Rechten, als an einer sich verändernden individuellen Einstellung zur Verantwortung orientiert.(58) Deshalb wird jedes Verständnis von Selbst-Kompetenz sich dieser Vielschichtigkeit einer "Ethik" bewußt werden müssen. Darauf werden wir später noch zu sprechen kommen.
Wir haben mit den bisherigen Ausführungen also erkennen müssen, daß die Beiträge der Wissenschaften - als Repräsentanten jeder Hochkultur - zum Menschenbild der Gegenwart kritisch zu hinterfragen sind, soweit uns von dieser Seite eine *ausschließliche* Weltsicht oder Wirklichkeitsdeutung angeboten wird. Das gilt im gleichen Maße für jede andere dogmatische Haltung von Parteien, von Ideologien oder von Religionen. Das ist ein wesentlicher Grund dafür, daß sich unsere weitere Betrachtung zur individuellen Kompetenz nun dem einzelnen Menschen zuwenden muß in seiner "subjektiven" Lebensgestaltung.

Diese individuelle Sinn-Welt gilt es somit vertiefter zu erforschen, und es wird sich dabei zeigen, daß jeweils individuelle und kulturelle Entwicklung unabdingbar aufeinander verwiesen sind. Unser nächstes Ziel wird es sein, das Entsprechungsverhältnis zwischen Individuum und Kultur in übersichtlicher Weise darzustellen.

Persönlichkeitssystem und Kultursystem

Wir müssen uns zunächst wieder einige Gedanken in Erinnerung bringen, die wir im ersten Kapitel vorgestellt haben. Es ging dort um den Zusammenhang von wissenschaftlicher Diskussion und Persönlichkeitsentwicklung und um die Frage nach dem Menschenbild der Gegenwart. Dabei ergaben sich sehr unterschiedliche Sichtweisen vom Menschen. Bevor wir im dritten Kapitel die Wachstumsstufen der menschlichen Persönlichkeit in Verbindung mit einer kulturell bedingten Zielsetzung untersuchen können, müssen wir erst auf den Zusammenhang von Persönlichkeits- und Kulturentwicklung eingehen. Dazu dienen die folgenden Überlegungen.

> *Unabhängig davon, daß auch soziologisch der Begriff der "Kultur" entweder eng oder weit gefaßt werden kann,(59) scheint es naheliegend, sich den Aufbau einer Gesamtkultur modellhaft als ein "Mehrebenensystem" vorzustellen. Einzelne dieser Ebenen können dabei mehr oder weniger "selbstregulativ" sein; jedenfalls ist ein solches System "nach dem Prinzip der Subsidiarität organisiert, so daß die jeweils nächsthöhere Ebene erst eingeschaltet wird, wenn die untere Ebene zu keiner funktionssichernden Informationsverarbeitung und Problemlösung gekommen ist".(60)*

Berücksichtigen wir dabei, daß für alle Ebenen eines solchen Systems ein gewisser hierarchischer Aufbau gilt, dann können wir uns dies am Beispiel des demokratischen Staatswesens (z.B. bei Legislative, Exekutive und Judikative) ebenso vor Augen führen wie an einem modern organisierten Unternehmen. Unserem Ziel, nämlich die individuelle Welt des einzelnen analysierend darzustellen und zugleich auch die

Kultureingebundenheit zu berücksichtigen, können wir näher kommen, wenn wir einen Vergleich der biologischen Grundlagen des *Persönlichkeitssystems* mit den soziologischen Grundlagen des entsprechenden *Kultursystems* heranziehen.

"Die grundlegende Hierarchie, die allen anderen Hierarchien in der Informationsverarbeitung und Verhaltenskontrolle im Persönlichkeitssystem, in der sozialen Interaktion wie im Aufbau der Kulturleistungen zugrunde liegt, ist - auch wenn dies den Kulturtheoretikern bisher kaum bewußt war - die Hierarchie des menschlichen Gehirns, in der mindestens drei Ebenen und vier verschiedene Arbeitsweisen zu unterscheiden sind: nämlich das Retikularsystem, das limbische System und der Neokortex, der wiederum durch die Dominanz entweder der linken oder der rechten Hemisphäre bestimmt sein kann."(61)

Solch eine Vergleichsmöglichkeit unter Zugrundelegung des biologischen Systems ist aus evolutionstheoretischen Erkenntnissen heraus heute nahezu unstrittig. Hier erweist sich unsere wissenschaftstheoretische Vorgehensweise als äußerst hilfreich, in der wir die unterschiedlichen Ebenen von Wirklichkeit mit verschiedenen wissenschaftlichen Darstellungsebenen beschreiben.
Jedes System ist von einzelnen Rückkoppelungsschleifen durchdrungen, was wir alle aus dem Zusammenhang von (psychischem) Streß und (biologischer) Reaktion des Körpers nur allzugut kennen. Zudem sind im Menschen auch die Grundsysteme des Pflanzen- und Tierreichs noch sehr deutlich ausgeprägt, was wiederum gerade denjenigen Menschen am wenigsten bewußt ist, die in nicht unerheblichem Maße von diesen unbewußten Tiefenstrukturen verhaltensmäßig gesteuert werden.(62) - So sind es z.B. gerade die in den Tiefenschichten des Menschen ruhenden unbewußten Aggressionspotentiale, die für rechtsradikale Ausschreitungen ebenso Auslöser sein können wie für den Bürgerkrieg in Jugoslawien.
Parallel zum *biologischen* System kann aber auch das *psychische* System des Individuums zu einem Vergleich mit der Kulturentwicklung herangezogen werden. Denn auch in der phylogenetischen Entwicklung unseres Bewußtseins selbst sind unterschiedliche Ebenen entstanden, die heute noch unser gesamtes seelisches Verhalten mit be-

stimmen.(63) Hierzu hat uns die Tiefenpsychologie die wesentlichen Erkenntnisse geliefert, und jeder kann unschwer bei sich selbst nachvollziehen, wie die kulturellen Leistungen des Menschen z.B. auch mit Triebverzicht oder Triebsublimierung zusammenhängen.
Schließlich aber muß das gleiche Phänomen - das wir als eine Parallele zwischen Mensch und Kultur betrachten - auch aus *philosophischer* Perspektive beschreibbar sein. Beschreibbar etwa als eine "Evolution des Geistes", wie dies für unsere Arbeit durch die Grundlegung einer Strukturanthropologie (H. Rombach) darzustellen sein wird.
Und wenn man modernen Hypothesen der Naturwissenschaften zu folgen bereit ist, dann ergeben sich auch aus *naturwissenschaftlicher* Betrachtungsebene neue evolutionäre Zusammenhänge jenes "bewußten Selbst" im Menschen mit dem seelischen und dem biologischen "System". Begriffe wie "Materie" und "Geist" können danach wahrscheinlich kaum mehr als von einander getrennte "Objekte" betrachtet werden. So wird auch immer deutlicher, daß der Mensch nicht neutraler Beobachter einer "Innenwelt" und einer "Außenwelt" ist, sondern daß er eine Einheit mit allem bildet: er selbst ist die "ganze Welt".
Gehen wir nun auf eine solche Gegenüberstellung im Aufbau des menschlichen Persönlichkeitssystems und des jeweiligen Kultursystems näher ein, um weitere Zusammenhänge des menschlichen Verhaltens besser verstehen zu lernen. Dazu soll uns Abb. 5 als Gedankenstütze dienen.(64)

Wir haben ja bereits angesprochen, daß die unterschiedlichen biologischen Schichten im menschlichen Körper untereinander durch sog. Rückkoppelungsschleifen verbunden sind. Und so können wir uns vergegenwärtigen, daß etwa die Leistungen des Neokortex nur im Verbund mit den anderen Systemen möglich sind. Die relative Autonomie der unteren Ebenen (Atmen, Hormonhaushalt) ist dabei die Grundlage für die Funktion der oberen Ebenen, also zum Beispiel um ein Gespräch führen zu können. Und genau diese Rückkoppelungsschleifen machen sich "moderne" Methoden der Leistungs- oder Bewußtseinssteigerung zunutze, was für das "Neurolinguistische Programmieren" ebenso gilt wie für jene Methode der "silva mind control".(65)

Persönlichkeitssystem des Menschen	**Kultursystem**
Retikularsystem	*Trivialkultur*
- vegetative Funktion (Sensorik/ Motorik) - Nestbau - Rangordnungsverhalten - Territorialverhalten - Sexualität - Aggression	im Zusammenhang mit Instinkt und Antriebsbasis im Arbeitsalltag, bei Körperhygiene, im Verkehrswesen usw.
Limbisches System	*Lebenskultur*
- soziale Bindungen - funktionales Lernen - Gefühle u. Beziehungen - Konditionierung des Verhaltens	im Zusammenhang mit Tod, Krankheit, Genuß und Askese
Neokortex	*Hochkultur*
- als linke (analytische) und rechte (intuitive) Hemisphäre - methodisch geleitetes Denken - Bewußtsein - Selbstbewußtsein - Kreativität	im Zusammenhang mit Denken, Sprache, Kunst, usw.

Abb. 5 : Systemparallelen von Persönlichkeit und Kultur

Neben einer vorfindbaren instrumentalistischen Verkürzung zutreffender Grunderkenntnisse über solche Zusammenhänge treffen wir immer mehr aber auf ein neues *Gesamtverständnis*. So ist jene unselige abendländische "Zerstückelung" des Menschen in Körper, Seele und Geist für viele heute nicht mehr nachvollziehbar. Der für den "Körper" zuständige Arzt, der für Fragen des "Geistes" kompetente Psychiater oder Psychologe und der in Sachen "Seele" besorgte Geistliche sehen sich immer mehr mit Vorstellungen konfrontiert, die von einem "ganzheitlichen Heilen" des Menschen ausgehen.(66) Und jedem Laien ist heute bekannt, daß psychogene Faktoren für den Ausbruch einer Krankheit verantwortlich sein können, und daß die persönliche Einstellung des Menschen bei der Förderung von Selbstheilungsprozessen eine erhebliche Rolle spielt.

Auf das Persönlichkeitssystem bezogen zeigen die Zusammenhänge zwischen Mensch und Kultur, daß wir unter dem Oberbegriff einer "Trivialkultur" viele Verhaltensweisen entdecken, die auf unsere biologische Grundlegung im Retikularsystem verweisen. - Die Beobachtungen auf einem alltäglichen Campingplatz zeigen uns sowohl unseren Nestbauinstinkt wie die tief verankerte Struktur des Territorialverhaltens beim Abgrenzen vom Zeltnachbarn. Das Rangordnungsverhalten beobachten wir nicht nur in der Freizeit; es hat in jeder menschlichen Gruppe und Organisation bereits eine starke kulturelle Überformung erfahren. Das Sexual- und Aggressionsverhalten hat auf der Grundlage des Retikularsystems jeden Menschen bereits auf individuelle Weise geprägt, und gerade hier wird ersichtlich, wie alle kulturelle Leistung des Menschen in einer "Überformung" dieser Triebe besteht.
Die gleiche Rückbindung erfährt die Persönlichkeit des Menschen mit dem limbischen System. Hier können wir - was unsere Gefühle betrifft - sogar von einem *"sozialen Imperativ"* sprechen, d.h. von der Notwendigkeit, "daß ein antriebsmäßig angelegtes, aber noch ungerichtetes Verhalten durch die Interaktion (zunächst vor allem zwischen Mutter und Kind) so weit strukturiert und programmiert wird, daß das Überleben in einer Gemeinschaft gewährleistet ist".(67) Eine Vielzahl von Erkenntnissen (beispielsweise solche über das "Kindchenschema") tragen dazu die Verhaltenswissenschaften bei; und gerade mit deren Theorien erweist sich eine Mehr-Ebenen-Betrachtungsweise des Menschen als unausweichlich, will man ihn vor jener Reduktion auf den "nackten Affen" bewahren.

Und im gleichen Maße, in dem das biologische System des Neokortex die Grundlage für unsere Fähigkeit des analytischen und des intuitiven Denkens ist, steht der Mensch auch unter einem sog. *"kognitiven Imperativ"*; d.h. auch dieser Bereich ist darauf angewiesen, durch kreative Leistungen des einzelnen im Rahmen seiner Kultureingebundenheit überformt und umgestaltet zu werden. Kreativität ist das Schlagwort dafür, und alle Hochkultur ist entstanden aus dem Abbau des Tradierten durch Neuschaffung aus dem innersten Trieb des Menschen, den wir als Schaffenstrieb bezeichnen können. Diesen Trieb hat Friedrich von Schiller als den "Spieltrieb" im ursprünglichsten Sinn beschrieben.

Alle Aussagen von Philosophie oder Pädagogik über die "Bildung" des Menschen und die Notwendigkeit von Erziehung haben in diesem "kognitiven Imperativ" ihre Ausgangsbasis gefunden, wobei darunter aber niemals der Verstand *allein* zu verstehen war.

Unsere vorläufige Schlußfolgerung besteht in der Grundaussage, daß das jeweilige Kultursystem einer Gesellschaft mit dem Gesamtaufbau des menschlichen Persönlichkeitssystems in einem Entsprechungsverhältnis steht. Deshalb ist jede Gefährdung der Kultur als Symptom für eine Gefährdung des Menschen zu betrachten: insoweit nämlich, als dieser sich durch die Einseitigkeit der bewußten Reflexion und des diskursiven Denkens allzuleicht von der limbischen Tiefenstruktur (der Gefühlswelt) und der Struktur der retikularen Antriebsgrundlagen (etwa von Sexualität oder Aggression) ablöst. Die Vereinseitigung des rationalen Denkens im Abendland und der Verlust einer Rückbindung an die Tiefenstrukturen charakterisiert in der Gegenwart noch überwiegend unsere gesamte westliche Zivilisation.

Erst die Tiefenpsychologie hat uns wieder auf diesen Aspekt aufmerksam gemacht, indem sie zeigte, daß ebenso, wie die Träume des Menschen zur Persönlichkeitsentwicklung beitragen, jede Kultur eine mythische Rückbindung zum Transzendenten braucht, will sie nicht in der Seelenlosigkeit einer Computerwelt untergehen.

Und somit muß jeder Begriff von "Ganzheitlichkeit" in erster Linie dieses Verständnis der Einheit einer inneren Struktur des Menschen mit einbeziehen. Dann erst wird auch die zusammenhängende Struktur jeder Gesamtkultur nachvollziehbar sein. Und jede Art von "Unternehmenskultur" ist letztlich nur aus der Eingebundenheit von Mensch und Gesamtkultur heraus zu interpretieren.

Für unseren nächsten Schritt einer Erläuterung der Entstehung individueller Welten haben wir damit wesentliche Grundlagen aufgezeigt. Denn jeder einzelne ist durch diesen Aufbau der Grundprozesse von Sensorik und Motorik entsprechend der individuellen Struktur bestimmt; das gleiche gilt für jedes adaptive Lernen in Affekt und Kog-

nition. Noch entscheidender aber ist das Individuum durch seine "Selbstorganisation" charakteristisch geprägt, also durch die Art und Weise, wie der Mensch Werte integriert und neu erschafft.
Das Kennenlernen und Erfahren dieser je individuellen Grundstruktur bildet somit sowohl die Grundlage für die Erfahrung des eigenen Weltbildes wie auch die Voraussetzung jeder "Selbstfindung" des Menschen. Darauf sollen die nächsten beiden Kapitel Antworten geben.

Anmerkungen

1) So bietet sich mir z.B. "Das Peugeot 605 Kultur-Programm" an.

2) Herausgeber dieser Zeitschrift "high touch", Nr. 4/ 92, ist die Firma Telenorma GmbH, Frankfurt.

3) Eine Reklameschrift über 20 Seiten der Firma Loden-Frey aus München.

4) Vgl. hierzu die umfassende kultursoziologische Analyse bei: Bühl, Walter L.: Kulturwandel. Für eine dynamische Kultursoziologie, Darmstadt 1987; hier: S. 66 f.

5) Vgl. Bühl 1987, S. 67.

6) Vgl.: Nietzsche, Friedrich: Umwertung aller Werte. Aus dem Nachlaß zusammengestellt u. herausg. von Friedrich Würzbach, München 1969 (dtv), Bd.2, S. 455.

7) Maslow, Abraham H.: Motivation und Persönlichkeit, Olten 1977, S.74 ff. - Hier werden sieben Kategorien angesprochen, die von den physiologischen (Nahrung, Kleidung) bis zu den ästhetischen Bedürfnissen (Ordnung, Struktur) reichen. Eine Kritik an diesem Verständnis berührt immer die Frage, wie weit die Erfüllung "niederer" Bedürfnisse eine Voraussetzung für die Erfüllung der "höheren" darstellen wird, denn zu dieser Folgerung führt gern eine hierarchische Darstellung. Vgl. zur Kritik insbesondere: Jantsch 1984, S. 329.

8) Zur phänomenologischen Grundlegung dieser Thematik ist hinzuweisen auf: Heidegger, Martin: Sein und Zeit, Tübingen 1984. Bereits in diesem Zusammenhang erweist sich deutlich die Notwendigkeit, zu Fragen von Identität oder Selbst-Kompetenz eine vertiefte Erforschung der Phänomene zu leisten, weil sonst alles Gerede an der Oberfläche verbleibt. So hat Heidegger aufgezeigt, daß die uns prägende "Sorgestruktur" eine "Bedingung der Möglichkeit" unseres "existentiellen Seinkönnens" überhaupt darstellt und nicht etwa "gegen ein mögliches Ganzsein" des Menschen spricht (vgl. a.a.O., S. 317). Es ist somit völlig unhaltbar, wenn in einer mehr populärwissenschaftlich gehaltenen Darstellung Günter Zurhorst die Möglichkeit der Identitätsfindung (z.B. im Sinne der Humanistischen Psychologie) heute mit der Aussage in Frage stellt: "Solange also über der Menschheit das Damoklesschwert der atomaren Vernichtung schwebt, kann von gelingender Identität keine Rede sein." Vgl. dazu: Zurhorst, Günter: "Wir spielen die Rolle, wir selbst zu sein", in: Wir Selbstdarsteller, hg. v. d. Redaktion PSYCHOLOGIE HEUTE, Weinheim; Basel 1988, S. 7-24; hier: S. 18.

9) Meadows, Dennis u.a.: Die Grenzen des Wachstums. Bericht des Club of Rome zur Lage der Menschheit, Stuttgart 1972, S. 13.

10) Zur philosophischen Grundlegung dieser Frage vgl.: Krings, Hermann: Energie, Arbeit, Leistung. Die Frage nach dem Sinn, in: Schubert, Venanz (Hg.): Der Mensch und seine Arbeit, St. Ottilien 1986, S. 383-404; hier: vgl. S. 384.

11) Wenn man unter "Arbeit" im herkömmlichen Sinn jede manuelle und geistige Tätigkeit im Produktions- oder Dienstleistungsbereich versteht, dann wird sich, vor allem bedingt durch die Entwicklung der Mikroelektronik, ein neues Verständnis herausbilden müssen. Andere Formen der Tätigkeit oder Beschäftigung werden den Arbeitsbegriff ablösen und im Zusammenhang mit lebenslanger persönlicher Weiterbildung wird der Mensch seinen Lebensinhalt künftig in vielfältiger Weise selbst gestalten. Darauf hat vor einem Jahrzehnt bereits Adam Schaff hingewiesen. Vgl. dazu: Schaff, Adam: Beschäftigung contra Arbeit, in: Friedrichs, Günter/ Schaff, Adam (Hg.): Auf Gedeih und Verderb. Mikroelektronik und Gesellschaft. Bericht an den Club of Rome, Wien 1982, S. 353-366.

12) Vgl. dazu: Krings 1986, S. 397.

13) Büchele, Herwig/ Wohlgenannt, Lieselotte: Grundeinkommen ohne Arbeit. Auf dem Weg zu einer kommunikativen Gesellschaft, 2.Aufl., Wien 1985, S. 35. - Natürlich ist dieses Thema ein heißes Eisen, das vertiefter Überlegungen bedarf. Aber gerade im Zusammenhang mit der Forderung nach einem Grundeinkommen für alle sollte man sich die Tatsache vergegenwärtigen, daß ein großer Teil dessen, was einzelne heute als Entgelt für Leistungen oder als Gewinn im Unternehmen in unverhältnismäßig hohem Maß erwerben können, letztlich nur dadurch ermöglicht wird, daß die globale "Infrastruktur" der Gesellschaft die Voraussetzungen dafür schafft, sichert und fortschreibt; das gilt für jede Gebührenordnung der Freiberufler ebenso wie für die staatlichen Subventionen von Unternehmen in allen nur denkbaren Varianten. - Man vergleiche dazu auch die von Erich Fromm angestellten Überlegungen zu den "Wesenszügen einer neuen Gesellschaft", wo der Vorschlag zur Garantie eines jährlichen Mindesteinkommens aus anderer Perspektive diskutiert wird. Vgl.: Fromm, Erich: Haben oder Sein, Stuttgart 1976, S. 187.

14) Vgl. Rosenstiel u.a. 1988, S. 21 ff.

15) Der wissenschaftstheoretischen Verkürzung zugunsten einer leichteren Verstehbarkeit bin ich mir sehr wohl bewußt. Als einziges Argument für meine Vorgehensweise kann ich nur auf die Schwierigkeit einer Abgrenzung zwischen wissenschaftlicher Erkenntnis und menschlichem Selbstverständnis verweisen. Mein methodischer Weg zur Erschließung einer neuen Bewußtseinsstufe soll sich deshalb vorzüglich daran messen, ob die Aussagen "in Verstehen und Anwendung dem menschlichen Dasein, als einem menschlichen, förderlich sind". Vgl. dazu: Rombach, Heinrich (Hg.): Wissenschaftstheorie 2: Struktur und Methode der Wissenschaften, Freiburg 1974; hier: vgl. S. 12.

16) Vollends unbegreiflich muß es uns erscheinen, wenn wir erfahren, wie diese Menschen unter ihrem Genie auch leiden; Michelangelo drückte es in folgenden Worten aus: "In solcher Knechtschaft und so voll Verdruß - Mit falschem Plan, in dieser Seelennot - Ist Göttliches zu meißeln mir bestimmt." Zitiert bei: Riemann, Fritz: Lebenshilfe Astrologie. Gedanken und Erfahrungen, 12. Aufl., München 1990, S. 133.

17) Vgl. dazu: Freud, Sigmund: Abriß der Psychoanalyse. Das Unbehagen in der Kultur, Frankfurt (Fischer TB) 1972. In dem Aufsatz "Das Unbehagen in der Kultur" aus dem Jahr 1930 führt Freud dazu aus: "...ist es unmöglich zu übersehen, in welchem Ausmaß die Kultur auf Triebverzicht aufgebaut ist, wie sehr sie gerade die Nichtbefriedigung (Unterdrückung, Verdrängung oder sonst etwas?) von mächtigen Trieben zur Voraussetzung hat." A.a.O., S. 92.

18) Vgl. dazu: Dietrich 1975, S. 118.

19) Zitiert bei: Drewermann, Eugen: Lieb Schwesterlein, laß mich herein. Grimms Märchen tiefenpsychologisch gedeutet, München 1992(a), Anm. 54, S.420. - Wie tief diese Verunsicherung durch das bestehende Bildungswesen reicht, erkennt man an der kürzlich durchgeführten Untersuchung des Bamberger Schulpädagogen Heinz Rosenbusch. Der überwiegende Teil der befragten Lehrer an Grund- und Hauptschulen in Nordbayern leidet unter mangelnder "Selbst-Kompetenz" insoweit, als sie Angst vor dem Besuch des Schulrats haben. Wie wollen diese Lehrer den positiven Umgang mit Gefühlen den Kindern weitergeben, wenn sie selbst ihre Identität durch ein anachronistisches Kontrollsystem in Frage gestellt sehen?

20) Vgl. dazu: Schiller, Friedrich von: Über die ästhetische Erziehung des Menschen in einer Reihe von Briefen, in: ders.: Werke in drei Bänden. Bd. 2, München 1966/ 1982, S. 445 ff.

21) Vgl. im einzelnen dazu: Winkler, Wolfgang: Individuation und Andragogik. C.G. Jungs Denken als Grundlage ganzheitlicher Erwachsenenbildung, München 1989, S. 256 ff.

22) Das wird bei A.H. Maslow (1981) schon am Titel einer "Psychologie des Seins" deutlich. Hierbei geht es ihm nicht um eine philosophische Fundierung, sondern er bezeichnet selbst seine Arbeit als eine "normative Sozialpsychologie" (a.a.O. S. 219). Diese baut auf dem psychoanalytischen Grundverständnis nach Freud auf und kann somit auch den Begriff der "Selbstverwirklichung" nur aus dieser Sichtweise beschreiben. Eine geisteswissenschaftliche Fundierung gerade dieses Begriffs fehlt, und so kommt er auch zu einer - sehr fraglichen - Schlußfolgerung: "Obwohl im Prinzip Selbstverwirklichung leicht ist, wird sie praktisch sehr selten erreicht (nach meinen Kriterien sicherlich von weniger als einem Prozent der erwachsenen Bevölkerung)." (a.a.O., S. 203)

23) Bolte, Karl Martin/ Aschenbrenner, Katrin: Die gesellschaftliche Situation der Gegenwart. (...), 2. unv. Aufl., Opladen 1964, S. 34.

24) Vgl. dazu: Tschamler, Herbert: Arbeit und Bildung, in: Schubert, V.(Hg.): Der Mensch und seine Arbeit, St. Ottilien 1986, S. 257.

25) Vgl. dazu die zusammenfassende Darstellung bei: Winkler 1989, S. 256.

26) Vgl.: Rogers, Carl R.: Entwicklung der Persönlichkeit.(...), 4. Aufl., Stuttgart 1983, S. 48 bzw. S. 346.

27) Carl R. Rogers verweist nur auf wenige theoretische Grundlagen aus der europäischen Tradition. Hinweise z.B. auf S. Kierkegaard und M. Buber erfolgen im Zusammenhang mit einer Bestätigung seiner eigenen Ansichten; vgl. dazu: Rogers/ Rosenberg 1980, S. 48. - Abraham H. Maslow (1981) nimmt u.a. Bezug auf den Existentialismus und geht auch auf S. Freud oder C.G. Jung ein, doch fehlt eine kritische Reflexion über die wissenschaftstheoretischen Grundlagen auch bei ihm. Trotzdem stellt er die These auf, daß es bereits jetzt möglich ist, die neue "Sicht der menschlichen Natur als eines totalen, einzigen, umfassenden Systems der Psychologie zu skizzieren" (vgl. Maslow 1981, S. 189).

28) Vgl.: Fink, Eugen: Zur Bildungstheorie der technischen Bildung, in: Pleines, J.E. (Hg.): Bildungstheorien. Probleme und Positionen, Freiburg 1978, S. 40-54. - Eine solche Vorstellung beschreibt somit den lebenslangen Prozeß einer "Selbstverwirklichung", der den ganzen Menschen umfaßt und der "sinnstiftend" ist im Bezug zur Lebenswelt. Die Notwendigkeit der Aufhebung einer Entfremdung ist dabei ebenso angesprochen wie das Wissen um die letztliche Unplanbarkeit und die Unabdingbarkeit von Muße. Und damit bedarf jede Bildung auch eines fundierenden Wissens. Vgl. dazu: Tschamler 1986, S. 259 ff.

29) Mit der vereinseitigten Wertschätzung der Rationalität geht auch ein "funktionalistisches Denken" einher, das den Menschen in der Wirtschaftswelt überwiegend nur als eine "auswechselbare Arbeitskraft" verstehen läßt; dies steht zweifellos "diametral zu den Forderungen und Einsichten des Bildungsprozesses" selbst (vgl. Tschamler 1986, S. 275).

30) Solche "Anleitungen zum Glücklichsein" hat Annette Tretzel in: PSYCHOLOGIE HEUTE, 8/ 92, S. 30 ff., näher untersucht und dabei verschiedene Typen von Lebensmodellen (oder Menschenbildern) unterschieden.

31) Vgl. dazu den Aufsatz eines Psychotherapeuten zum Zeitgeist: Bopp, Jörg: Flucht in die Seelen-Technik. Kritische Anmerkungen zum Menschenbild der Psycho-Welle, in: Publik-Forum, Nr. 19, v. 26.9.86, S. 22.

32) Exemplarisch läßt sich dies aufzeigen bei: Crisand, Ekkehard: Psychologie der Persönlichkeit. Eine Einführung, 4.neu bearb. u. erw. Aufl., Heidelberg 1985. - Dieses Angebot aus der Reihe "Arbeitshefte zur Führungspsychologie" ist sehr pragmatisch aufgebaut, aber gerade dadurch besteht die Gefahr einer

Vereinfachung menschlicher Grundprobleme, die oft mehr schadet, als sie durch ihre Pragmatik an Hilfe verspricht.

33) Vgl. z.B.: Herrmann, Theo: Lehrbuch der empirischen Persönlichkeitsforschung, Göttingen 1969. - Herrmann, Th./ Lantermann, E.-D.(Hg.): Persönlichkeitspsychologie. Ein Handbuch in Schlüsselbegriffen, München 1985. - Brandstätter, H./ Schuler, H./ Stocker-Kreichgauer, G.: Psychologie der Person, Stuttgart 1974.

34) Pervin, Lawrence A.: Persönlichkeitstheorien (...), 2. neu bearb. Aufl., München 1987.

35) Schneewind, Klaus A.: Persönlichkeitstheorien I: Alltagspsychologie und mechanistische Ansätze, Darmstadt 1982. - Ders.: Persönlichkeitstheorien II: Organismische und dialektische Ansätze, Darmstadt 1984.

36) So lautet beispielweise die einleitende Feststellung bei: Pekrun, Reinhard: Emotion, Motivation und Persönlichkeit, München; Weinheim 1988, S. 1.

37) Thomae, Hans: Das Individuum und seine Welt. Eine Persönlichkeitstheorie, Göttingen 1968.

38) Vgl. a.a.O., S. 32 ff.

39) Vgl. a.a.O., S. 3.

40) Vgl. dazu insbesondere a.a.O., S. 586 ff.

41) Vgl. a.a.O., S. 19.

42) Vgl. a.a.O., S. 589.

43) Fend, Helmut: Sozialgeschichte des Aufwachsens. Bedingungen des Aufwachsens und Jugendgestalten im zwanzigsten Jahrhundert, Frankfurt 1988; hier: vgl. S. 287.

44) Vgl. a.a.O., S. 293.

45) Vgl. a.a.O., S. 290.

46) Daß sich auch die Wissenschaftler selbst mit dieser Frage befaßten, zeigt eine solche Publikation in zwei Bänden wie die von Duerr, Hans Peter (Hg.): Der Wissenschaftler und das Irrationale, Frankfurt 1981.

47) Daß hinter jedem Erkenntnisinteresse ein bestimmtes Weltbild steckt, liegt in der Tatsache begründet, "daß wissenschaftliches Denken mit seinen Grundvoraussetzungen an ein Wurzelgeflecht aus gesellschaftlichen, weltanschaulichen, religiösen oder metaphysischen Ansichten gebunden ist". Vgl. dazu: Lassahn, Rudolf: Einführung in die Pädagogik, 3. Aufl., Heidelberg 1978, S. 18.

48) Meinberg, Eckhard: Das Menschenbild der modernen Erziehungswissenschaft, Darmstadt 1988, S. XII.

49) Vgl. dazu a.a.O., S. 37 bzw. S. 55.

50) Vgl. dazu a.a.O., S. 256 ff. und S. 298.

51) Vgl. dazu insbesondere: Tenbruck, Friedrich H.: Die unbewältigten Sozialwissenschaften oder Die Abschaffung des Menschen, Graz 1984, S. 49.

52) Vgl. dazu: Keupp 1988, S. 131 ff.

53) Vgl. dazu: Gabele, Eduard: Ziele in mittelständischen Unternehmen Europas - eine empirische Untersuchung, in: Kemm, René/ Hiersbrunner, Daniel (Hg.): Entwicklungspotentiale: Erkennen und Nutzen.(...), Bern 1990, S. 89-101.

54) Vgl. dazu: Arnold, Rolf: Betriebspädagogik, Berlin 1990, S. 23 bzw. S. 29.

55) Vgl. a.a.O., S. 32.

56) Vgl. a.a.O., S. 74.

57) Vgl. a.a.O., S. 82.

58) Vgl. dazu: Jantsch 1984, S. 359.

59) Vgl. dazu: Bernsdorf, W.(Hg.): Wörterbuch der Soziologie. Bd. 2, Frankfurt 1972, S. 482 ff.

60) Vgl. Bühl 1987, S. 61.

61) Bühl 1987, S. 62.

62) Wir kommen auf diese Zusammenhänge mit den Tiefenstrukturen noch zu sprechen; soweit sich der Leser einen gut faßbaren Überblick zu dieser Thematik verschaffen will, sei er verwiesen auf den Aufsatz von Max Scheler: Die Stellung des Menschen im Kosmos, in: ders.: Ges. Werke, Bd. 9, Bern 1976, S. 7-71. Diese Schrift liegt als Taschenbuchausgabe vor in: 9.Aufl., Bern 1978.

63) Vgl. dazu: Neumann, Erich: Ursprungsgeschichte des Bewußtseins, 4.Aufl., Frankfurt 1984.

64) Vgl. im folgenden: Bühl 1987, S. 62 ff.

65) Vgl.: Silva, José/ Miele, Philip: silva mind control. Die universelle Methode zur Steigerung der Kreativität und Leistungsfähigkeit des menschlichen Geistes, 2. Aufl., Argenbühl-Eglofstal 1983. - Hierbei wird in marktgängiger Weise eine konzentrative Zählmethode vorgestellt, die uns beim Übergang vom "Theta-Bereich" (Schlafzustand) in den "Beta-Bereich" des Wachzustandes einen "Alpha-Zustand" ermöglichen soll; damit wären wir in der Lage, auf unsere Gesundheit, auf unsere Träume oder unsere Beziehungen positiven Einfluß zu nehmen.

66) Vgl. dazu etwa: Pelletier, Kenneth R.: Unser Wissen vom Bewußtsein. Von Psyche und Soma, Reinbek 1988, S. 33.

67) Vgl. Bühl 1987, S. 63.

"GEDANKEN-KARTE" zum 2. KAPITEL

Kapitel 3

Das Selbst oder: Jeder ist eine eigene Welt

Leitfragen:
Wie lassen sich verschiedene Ebenen der Wirklichkeit unterscheiden?
Welcher Zusammenhang besteht zwischen Identität und Erfahrung?
Was bedeutet das "Selbst" in Abgrenzung vom "Ich"?
Wie entwickelt sich das "Selbst" im Lebenslauf?

3.1 Der Aufbau der individuellen Welt

Alle Welterkenntnis ist in der Selbsterkenntnis des Menschen beschlossen. (Giordano Bruno)

Wirklichkeitsebenen des Autors und das Wertproblem

Die Unausweichlichkeit der Fragestellung nach "Selbst-Kompetenz" haben wir bisher hauptsächlich unter berufs- und sozialpädagogischen Gesichtspunkten ins Auge gefaßt; dies deshalb, weil die Antwort auf diese Frage das gesamte Berufsverständnis prägt. Das dynamische Verständnis dieses Begriffs kann vorerst als das einer "inneren Stimmigkeit" umschrieben werden, die mit dem Maße der sinnerfüllten Lebensgestaltung einhergeht. Die Fragestellung der "inneren Stimmigkeit" ist aber die jedes Menschen und stellt in gleichem Maße sogar eine (Über-)Lebensfrage der Gesellschaft dar. Das gilt es bei der Darstellung der vorfindbaren "Wirklichkeit" besonders kritisch zu betrachten.
So wie dem einzelnen eine innere Unstimmigkeit oft gar nicht so recht zum Bewußtsein gelangt, gilt das gleiche auch für eine Gesellschaft. Den psychosomatisch bedingten Magenbeschwerden und anderen Krankheitssymptomen des einzelnen entsprechen auf gesellschaftlicher Ebene etwa die "Unverdaulichkeit" des Abfallproblems oder die Bestechungsanfälligkeit von Großorganisationen. Hier wie dort erweist sich die Selbst-Kompetenz des Menschen letztlich als einzig tragfähige Basis für eine gedeihliche Zukunft. Mangelt es an

der Selbst-Kompetenz der Bürger, dürfen wir uns über die Unordnung im Staate nicht wundern.(1) Nun scheint zunächst die Rückbeziehung *aller* Probleme - also auch der gesellschaftlichen - auf die mangelnde Selbst-Kompetenz des einzelnen eine Überforderung des Menschen darzustellen; für was haben wir schließlich politische Sachwalter bestellt? Deshalb wird es im folgenden auch darum gehen, einem möglichen Mißverstehen dieser Aussage zu begegnen.

Zunächst darf man nicht verkennen, daß im Grunde alle Sozietät bestrebt ist, das Individuelle zu verdrängen, und daß die jede "moderne Gesellschaft beherrschende technische Rationalität" bereits deutlich Tendenzen zeigt, das die "Richtung bestimmende Subjekt" vollkommen überflüssig zu machen.(2) Solche Tendenzen sind überall dort aufzufinden, wo der einzelne mit seinen individuellen Ansprüchen als Störenfried erscheint, weil mit der Vergrößerung der Sozietät auch die Verallgemeinerungen in Gesetzgebung und Verwaltung zunehmen. Wir beobachten diese Erscheinung auch bei den Herrschaftstendenzen der politischen Parteien und den Vermarktungsprinzipien aller Massenprodukte, und selbst eine empirische Sozialforschung kann bei ihren statistischen Erhebungen mit der Individualität eigentlich nichts anfangen: für sie zählt nur der "Durchschnitt" oder der Mittelwert. Daß auch unser Schulwesen dem Normierungszwang bildungspolitischer Vorgaben und wirtschaftlich-technologischer Interessen unterliegt - bis hinein in die Lehrplangestaltung (3) - wird resignierend hingenommen. Wo bleibt hier das Vertrauen in die Selbstregulierungskräfte von Kleingruppen oder von einzelnen Menschen?

Verdeckt somit nicht alles Gerede von "Persönlichkeitsentfaltung" in Wirklichkeit nur eine zugestandene "Pseudoindividualität"? Aber selbst wenn dem nicht so wäre: erhebt sich darüber hinaus nicht allzuleicht der Verdacht, daß sich nur Menschen mit einem Mangel an "souveräner Autonomie" mit Fragen nach dem eigenen "Selbst" beschäftigen und sich im esoterischen Strudel der "Selbstfindung" verlieren? Sind es somit letztlich nicht bloß die "Schwächlinge" oder die Therapie-Bedürftigen, die von Persönlichkeitsentwicklung reden? Und müssen deshalb nicht der "von sich selbst" überzeugte Politiker, der zupackende Arbeiter oder clevere Manager solche "Selbstbespiegelung" als überflüssigen Luxus abtun? Ist schließlich nicht gerade bei uns vorrangig, daß zuerst die Wirtschaft funktioniert, das Bruttosozialprodukt wächst, Ordnung herrscht im Lande und niemand das Überkommene unnütz in Frage stellt? Was soll also dabei die Frage nach der persönlichen Befindsamkeit des einzelnen?

Viele Antworten sind auf diese Fragen möglich. Und gerade deshalb kann ich nur von meiner *persönlichen Antwort* ausgehen, da sie einerseits die Grundlage für diese Arbeit darstellt und gleichermaßen als wissenschaftlich fundierte Hypothese auch gesellschaftliche Relevanz enthält. - Im Laufe meines Studiums (ich selbst war damals bereits im mittleren Erwachsenenalter) begegnete ich einem Aufsatz, dessen Einleitungssatz mir bis heute unvergessen bleibt. Der Satz lautete: "Die Forderung, daß Auschwitz nicht noch einmal sei, ist die allererste an Erziehung". Und die Tatsache, daß das Ungeheuerliche des hier gemeinten Geschehens noch nicht in die Menschen eingedrungen ist, sah Th. W. Adorno - der Autor des Aufsatzes - als ein Symptom dafür an, "daß die Möglichkeit der Wiederholung, was den Bewußtseins- und Unbewußtseinsstand der Menschen anlangt, fortbesteht".(4)
Dieser Gedanke hat mich damals sehr betroffen gemacht, vielleicht auch weil mir die räumliche Nähe meines Geburtsortes zu jenem Ort des grausamen Geschehens auffiel. Nun aber - fünfzig Jahre später - führt mir die Entwicklung immer deutlicher vor Augen, daß nicht nur eine solche Möglichkeit zur Wiederholung besteht, sondern daß im Weltgeschehen der Jahre 1992 und 1993 fast überall die *Tatsächlichkeit* einer tendenziellen Wiederholung grausamsten Geschehens sichtbar und greifbar ist. Zwar sind wir als Bundesbürger meist nur noch indirekt daran beteiligt (- aus Produktion und Vermarktung von Giftgas, Raketen und Waffen profitieren wir schließlich alle über erhöhte Steuer- und Sozialeinnahmen -), doch sehe ich darin lediglich einen graduellen Unterschied der Tendenzen selbst.
Die generelle Fragestellung aber, ob für die *Erziehung des Menschen* aus solcher Erfahrung Konsequenzen gezogen wurden, sehe ich bis heute kaum ernstgenommen. Diese Auffassung wird durch alle programmatisch formulierten Erziehungsziele nur verstärkt, weil die eigentliche Bedeutung der Kindererziehung immer dann neu entdeckt wird, wenn die Gesellschaft mit sichtbar werdenden Problemen (innerlich) nicht mehr zurecht kommt. Für mich liegt das Tragische solcher Entwicklung darin, daß man überwiegend glaubt, es käme nur auf das Sozialisations- und Erziehungsgeschehen im frühen Kindes- oder im Schulalter an; die Tatsache aber, daß sich menschliche Psy-

che und menschlicher Geist über die *gesamte* Lebensspanne entwikkeln und verändern, wird auf gesellschaftlicher wie auch auf wissenschaftlicher Ebene nicht konsequent genug weitergedacht.
Und doch bleibt es zeitlebens eine Grundfrage jedes Menschen, wie weit all das, was an Geschehen "draußen" in der Welt bemängelt, kritisiert und verurteilt wird, auch mit einem eigenen "inneren" Anteil in Verbindung steht. Sind nur die anderen korrupt, rachsüchtig, geldgierig, machtversessen? Oder könnte ich auch bei mir selbst solche Tendenzen erkennen, zu deren Realisierung mir eben nur die Gelegenheit fehlt?

Es ist offensichtlich, daß unser Fehler allzuleicht in der Tatsache zu suchen ist, wie wir "Schuld und Unschuld" *dinghaft* verteilen, also jeweils an Personen, Ereignissen und Fakten festmachen. Die durch Sigmund Freud begründete Lehre vom Unbewußten hat aber unbestreitbar erwiesen, daß wir unbewußte Inhalte der eigenen Psyche allzugern auf andere "projizieren". Und dies geschieht umso mehr, je weniger wir von unserer eigenen Grundstruktur wissen.
Ereignisse wie die Gewaltakte gegenüber Asylanten in Rostock und an anderen Orten im Jahr 1992 demonstrieren solch eine Schuldverteilung. Denn selbst bei oberflächlicher Betrachtung müßte auffallen, daß auf der Seite der "Nichtschuldigen" - also etwa bei den Zuschauern, bei den Verantwortlichen in Politik und Verwaltung - viel Mitverursachung zu finden ist, und sei es "nur" durch das tatenlose Geschehenlassen. Die Grundproblematik des sich nicht "Verantwortlich-Fühlens" liegt dabei zweifellos in einem gewissen "Kollektivzusammenhang" des Unbewußten, den wir - zugegebenermaßen - persönlich und gesellschaftlich nur mit großer Anstrengung schrittweise zu durchschauen vermögen.

> *"Personalisierung der Schuld und Moralisierung des Problems erbringen zwar leicht überschaubare Vereinfachung: hier Recht, dort Unrecht, aber das Problem wird dadurch unlösbar, schaukelt sich weltgeschichtlich auf."(5)*

Jede Frage nach dem Verstehen von "Wirklichkeit" muß für mich deshalb dort ansetzen, wo die Zusammenhänge zwischen dem Individuellen der Person und dem Kollektiven des Miteinander beschreibbar und erklärbar nachvollziehbar sind. Hierzu finden wir in (fast) allen wissenschaftlichen Disziplinen hilfreiche Ansätze, auf die wir in unterschiedlichem Maße zurückgreifen können. Gleichwohl hat der "natürliche Menschenverstand" diesen Grundzusammenhang immer schon erkannt, so wie er auch in einem Aphorismus bei Schiller zum Ausdruck gebracht wird:

"Willst du dich selber erkennen, so sieh, wie die andern es treiben,
Willst du die andern verstehn, blick in dein eigenes Herz."(6)

Die Notwendigkeit einer Auseinandersetzung mit der Frage nach dem eigenen Selbst - jener "individuellen Welt" - liegt somit für mich in der menschlichen Grundstruktur begründet, die neben dem Bewußtsein des Verstandes auch unbewußte Anteile individueller und kollektiver Art umfaßt. Ausdruck findet diese Struktur in unserem Handeln und Verhalten, das jeweils "sinnhaft" ist. Diesen Sinn können wir zwar niemals wissenschaftlich exakt erfassen; aber er ist phänomenologisch ebenso beschreibbar, wie er dem einzelnen immer schon erfahrbar war und es auch heute ist. Das erfahrbare Grundbedürfnis nach sinnhafter (= menschlicher) Lebensgestaltung bezieht sich jedoch niemals nur auf sich selbst, sondern immer auf das Miteinander. Dabei ist "Sinnhaftigkeit" nicht (nur) durch Werte der Gesellschaft vorgegeben, sondern diese muß vom einzelnen im Laufe seines Lebens selbst gestaltet, also "erlebt" werden.
Insoweit - also zum Erlernen des Wertekanons einer Gesellschaft - ist Erziehung neben allem Sozialisationsgeschehen notwendig; doch macht jede Konfrontation mit äußeren Werthaltungen zugleich auch eine innere Auseinandersetzung erforderlich. Die Problematik von Wertkonflikten ist einer Gesellschaft ebenso wie dem einzelnen jeweils als "Entwicklungsaufgabe" aufgegeben. Und dies deshalb, weil Wertkonflikte bei allen Menschen "aus der Kompliziertheit unserer inneren und äußeren Lebensbedingungen erwachsen"(7). So weit finden wir heute in der "Persönlichkeitspsychologie" einen gewissen Konsens, auch wenn sich im methodischen Verständnis die Theorierichtungen scheinbar unversöhnlich gegenüberstehen.
Eine Annäherung an die Erfüllung solcher Aufgaben wie einer "Erziehung nach Auschwitz" oder einer ökologisch vertretbaren Wirtschaftsgestaltung oder einer friedlichen Gestaltung des Zusammenle-

bens mit Fremden führt somit - nach meiner Überzeugung - nur über den einzelnen selbst, über sein Welt- und Menschenbild und seine Art sinnhafter Lebensgestaltung. Und im Maße des Gelingens individueller Lebensführung gestaltet der einzelne dadurch gleichzeitig auch Gesellschaft mit. Wie diese individuelle Welt zustande kommt und welche Grundstruktur sie hat, ist Gegenstand dieses dritten Kapitels.

Die hier aufgezeigten Fragen, die auf eine individualpsychologische Begründung für die Beschäftigung mit "Selbst-Kompetenz" verweisen, stehen aber auch im Zusammenhang mit dem Phänomen einer "Kollektivpsyche" (auch "Gruppenbewußtsein" genannt), worauf uns die Tiefenpsychologie und speziell die Massenpsychologie aufmerksam gemacht haben. Das erweitert zwar die Problematik, verhilft aber m.E. zu besseren Lösungsansätzen. Denn selbst einige wenige Grunderkenntnisse herausgegriffen machen bereits deutlich, daß der einzelne Mensch sich in einer Masse verändert; er ist darin nämlich insoweit *ein anderer*, als er weniger "er selbst" ist. Das können wir sogar am hellen Tage an uns selbst beobachten, wenn wir bei einer Sportveranstaltung oder einer großen Parteiversammlung in einer "Masse" eintauchen.
Vier typische Merkmale für ein solch verändertes Verhalten finden wir charakterisiert in den Begriffen von

- Anonymität,
- Gefühlsbestimmtheit,
- Schwinden der Intelligenz und
- Schwinden der persönlichen Verantwortung.(8)

Deshalb werden für unsere Frage nach Selbst-Kompetenz auch die Überlegungen zur Kollektiv- und Massenpsyche mit zu bedenken sein, weil ja gerade durch diesen Aspekt unsere persönlichen Merkmale von Gefühl, Verstand und Verantwortung beeinflußt werden.

Zuvor jedoch ist bei der Verfolgung unserer Fragestellung erst einmal darzustellen, wie denn die "Wirklichkeit" des einzelnen überhaupt zustande kommt; erst dann wird zu verstehen sein, welchen entwicklungsbedingten Veränderungen die je individuelle Welt unterliegt.

Grundschema der Wirklichkeitsebenen individueller Welten

Unsere Alltagswirklichkeit erleben wir normalerweise als selbstverständlich vorgegeben, denn wir nehmen sie aus der Perspektive einer "relativ natürlichen Weltanschauung" (Max Scheler) heraus wahr. Diese Wirklichkeit ist für uns zumeist unzweideutig, und all unsere Bewußtseinsentwicklung dient dazu, bestmöglichst in diesem Leben mit seinen realen Anforderungen der Familie, des Berufes und der Gesellschaft dieser Wirklichkeit gerecht zu werden.
Bei jeder Irritation aber - etwa wenn sich Zeugenaussagen zu einem Verkehrsunfall widersprechen - werden wir hellhörig und fragen uns, wie es denn sein kann, daß zwei Personen, die das gleiche Geschehen beobachtet haben, eine völlig andere Darstellung eines Ereignisses geben können. Die Rechtsprechung versucht dann mit Hilfe verschiedener "Erklärungsweisen" der Wahrheit auf die Spur zu kommen und bedient sich dabei der Mithilfe von "Sachverständigen".
Ebenso wollen wir uns der Hilfe unterschiedlicher wissenschaftlicher "Erklärungsebenen" bedienen, wenn wir nachvollziehen wollen, wie die individuelle Welt des einzelnen zustande kommt. Zunächst werden wir auf die Verhaltensbiologie und die Neurophysiologie zurückgreifen, soweit sie uns über die Vorgänge im Gehirn Auskunft geben.(9) Gehen wir dabei von unserer Alltagswelt aus:

Fallbeispiel des Herrn Sch.:

Einer meiner Bekannten - ein etwa fünfzigjähriger Jurist im Verwaltungsdienst - beschreibt seine berufliche Arbeit als anstrengend und sehr zeitraubend. Wenn er am Abend müde und erschöpft nach Hause komme, finde er kaum Muße und Zeit, neue Bücher zu lesen. Das bedauere er sehr, aber nach der Pensionierung wolle er das alles nachholen. Sich gesellschaftlich zu engagieren, sei für ihn zeitlich völlig undenkbar, dazu sei er am Abend noch zu sehr mit den beruflichen Tagesproblemen beschäftigt. Außerdem komme er erst am Abend dazu, seine Literatursammlung auf dem laufenden zu halten, was ihm viel Vergnügen bereite. Wie ich aus verschiedenen Äußerungen heraushöre, ist er im Kollegenkreis oder gegenüber der vorgesetzten Behörde sehr auf Anpassung bedacht, auch wenn er anderer Meinung ist. Von einigen Kollegen höre ich, daß er in seiner Behörde als sehr gewissenhafter und dienstbeflissener Beamter gilt, mit einem Hang zur penibelsten Klärung jeden Rechtsproblems.
Gesundheitlich fühle er sich nicht besonders stabil, weshalb er gerade von einem Kuraufenthalt zurückkomme. Sich mit mir zu unterhalten sei für ihn sehr interessant, weil er sich gern mit Fragen der persönlichen Entwicklung des Menschen beschäftige.

Wollen wir uns ein Bild von der Wirklichkeit meines Bekannten machen, dann können wir - analytisch vorgehend - drei Ebenen unter-

scheiden. Da ist zunächst alles objektiv Beschreibbare, das ihn als Person umgibt und das ihm tagtäglich begegnet: die Ehefrau und die Wohnung, die U-Bahn und die Morgenzeitung, das Büro und die Kollegen, die Kakteen am Fenster und die Kantine, der Feierabend und das Wochenende, seine Erkältung und der Urlaub.
Das alles läßt sich als "Wirklichkeitsebene A" beschreiben, die das Gesamt der *"materiellen Objekte und Zustände"* umfaßt, d.h. alles, was als belebte und unbelebte Natur und als künstlich Geschaffenes meinen Bekannten umgibt. Hauptsächlich ist diese Wirklichkeitsebene durch den Beruf - oder besser: die Stellung - ausgefüllt, denn mein Bekannter meint von sich selbst, daß sein Beruf ihm auch Lebensinhalt sei.

Diese dominierende berufliche Wirklichkeit auf der "Ebene A" wird nun vor allem durch eine weitere "Ebene C" geprägt, mit der sich die Summe an Gesetzen und Verordnungen, Verwaltungsvorschriften und Rechtssystematik beschreiben läßt, die ja das "tägliche Brot" eines Juristen darstellt. Dieses *"verobjektivierte Wissen"*, oder das "Wissen in objektiver Form", prägt und bestimmt den Arbeitstag meines Bekannten, verschafft ihm Befriedigung beim Studieren und Archivieren sogar am Feierabend und stellt den Wissenshintergrund für seine Sachkompetenz dar, die er gegenüber seinen Kollegen gerne zum Ausdruck bringt. Diese "Wirklichkeitsebene C" mit Gesetzesgrundlagen und Präzedenzfällen nimmt auch den größten Teil der Lebensenergie meines Bekannten in Anspruch, doch verschafft gerade dies ihm eine besondere Befriedigung. Hierin liegt seine schaffende Kraft und seine Verantwortung: darin sieht er einen Lebenssinn.

Die entscheidende dritte "Wirklichkeitsebene B" betrifft nun die Person meines Bekannten selbst. Denn sind die meisten Aspekte der ersten beiden Ebenen vielen anderen - etwa den Kollegen - ebenso mitgegeben, so erweist sich Individualität tatsächlich erst durch die *"Bewußtseinszustände subjektiver Art"*, die wir aus anderer Sicht auch als die "Einheit des Psychischen" bezeichnen können.(10) Dabei sind ein "äußerer Sinn" (Licht-, Farb-, Gehör-, Geruchsempfindungen usw.) und ein "innerer Sinn" (Gedanken, Gefühle, Träume, Erinnerungen, Wollen, Vorstellungen, Absichten) zu unterscheiden.

An der Abbildung 6 läßt sich der Zusammenhang dieser Ebenen nachvollziehen, wobei wir von ständig ablaufenden Wechselwirkungsprozessen zwischen allen Ebenen auszugehen haben. Darüber nun, *wie* diese Bewußtseinszustände jeweils beschaffen sind, läßt sich natürlich von mir Außenstehendem wenig sagen, außer was ich an Lebensäußerungen meines Bekannten wahrnehmen oder was ich mitempfinden kann.

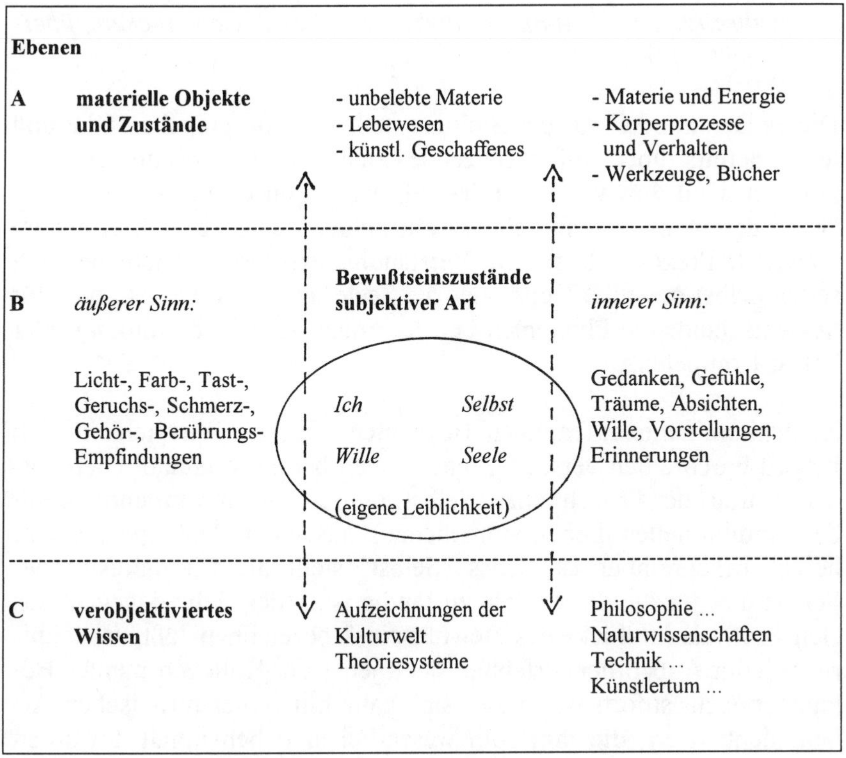

Abb. 6: Ebenen der Wirklichkeit individueller Welten

Die o.a. Bewußtseinszustände subjektiver Art kommen also aus einer "dualistischen Wechselwirkung" aller Ebenen im Gehirn zustande, und doch reicht diese Erklärung für John C. Eccles - den Vertreter dieses Modells - nicht aus. Denn für ihn besteht im Kern dieser Bewußtseinszustände letztlich noch das besondere Phänomen einer Art "Zentraleinheit", nämlich

> *"das Selbst oder das Ich, das die Grundlage der persönlichen Identität und Kontinuität darstellt, die jeder von uns sein ganzes Leben hindurch erfährt und das zum Beispiel auch die täglich während des Schlafs auftretenden Bewußtseinslücken überbrückt."(11)*

Dieses Denkmodell aus der Biologie stellt eine Ausgangsbasis dar und leitet bereits über auf ergänzende Sichtweisen aus anderen Disziplinen. Und dies vor allem deshalb, weil John C. Eccles in diesem "Kern des Selbst" mehr sieht als nur naturwissenschaftlich erfaßbare materielle Prozesse. In seinem Verständnis existiert nämlich "der sich seiner selbst bewußte Geist oder die Seele",(12) und das ist jenes für uns entscheidende Phänomen bei der Frage nach Selbstfindung oder Selbst-Kompetenz.

Zurückkommend auf meinen Bekannten, dessen "Wirklichkeit" ich hier zu beschreiben versuche, mag es jetzt bereits verständlicher werden, warum der Prozeß einer "Selbstfindung" im Zusammenhang mit dem individuellen Lebenssinn niemals aus einer Außenperspektive heraus beschreibbar ist. Jedes "Selbst" stellt die Einmaligkeit der Person dar, für die diese allein zuständig ist. Jedes "Ich" dagegen, das sich auch als "Subjekt des Bewußtseins" bezeichnen läßt, ist empirisch (vom Außen her) erfaßbar, denn jeder der Kollegen meines Bekannten sieht sofort, wie dieser sich ganz mit seiner juristischen Arbeit identifiziert, die ihm zum wesentlichen Lebensinhalt geworden ist.
Daß aber "Ich" und "Selbst" sich deutlich voneinander unterscheiden, werden wir im Alltagsleben nicht ohne weiteres einsehen wollen. Wenn mein Bekannter unter einigen beruflichen Anforderungen offenbar auch leidet - und seine etwas gebückte Haltung drückt sogar die zu tragende Last sichtbar aus -, dann habe ich im Gespräch mit

ihm den Eindruck, daß er sich dessen nicht voll bewußt ist. Zwar könnte er in sich hineinhören und sich fragen, *was* ihn in seiner Arbeit denn so belaste und ermüde, daß er abends erschöpft nach Hause komme; doch das würde bereits ein Bewußtsein der Differenz zwischen dem "Ich" und dem "inneren Kern seines Selbst" voraussetzen. Im Gespräch um eine ihn befriedigende und weniger erschöpfende Berufs- und Lebensgestaltung würde es darum gehen, diese Differenz in Erfahrung zu bringen. Und dabei kann ich als sein Gesprächspartner immer nur vom Begriff der "Selbst-Kompetenz" meines Bekannten ausgehen.

Weil das Maß dieser Selbst-Kompetenz jeweils mit dem Entwicklungsstand des Selbst-Kerns verbunden ist, hängt jede Frage einer gelingenden Selbstfindung beim einzelnen wiederum davon ab, wie weit der gesamte Wechselwirkungsprozeß der o.a. Wirklichkeitsebenen im Geiste dieses Menschen eine *innere Stimmigkeit* ergibt.

Stimmigkeit und Unstimmigkeit werden ja nicht nur an den großen "Lebenskonzepten" von Berufs- oder Partnerfindung im Gelingen wie im Scheitern sichtbar, sondern wirken sich in all unserem Erleben, Handeln und Verhalten aus. Unsere Art der Ausgeglichenheit im Beruf oder der Gereiztheit in der Partnerbeziehung, unsere Zielbestimmtheit im täglichen Handeln oder unsere Sorglosigkeit im Straßenverkehr: alles geschieht entsprechend einer individuellen inneren Grundstruktur und ihrer jeweiligen Gestimmtheit. Normalerweise leben und erleben wir diese Aspekte wie selbstverständlich ablaufend, wie in einem sich selbst regulierenden System. Als ein solches System ist ja auch unsere Psyche zu betrachten, die wie alle Lebensenergie auf Polarität gegründet ist.

Wir haben aber gerade im vorigen Abschnitt im Zusammenhang mit den "Wertkonflikten" festgestellt, daß jeder "natürliche Ablauf" des menschlichen Lebens (- wegen der Kompliziertheit der inneren und der äußeren Lebensbedingungen -) vielen Irritationen unterliegt. Was also letztlich die individuelle Wirklichkeit - etwa meines Bekannten - ausmacht, wird somit nicht allein durch die Wahrnehmungen über die "äußeren Sinne" bestimmt, *sondern in viel entscheidenderem Maße durch die Art der Wahrnehmungen des "inneren Sinns"*. So beeinflussen unbewußte Gefühle (etwa der Antipathie) auch das sachlichste Gespräch, und ebenso vermag ein Traum unseren Tagesablauf (vielleicht sogar ein ganzes Leben) zu verändern.

Hierbei kann uns die Reflexion des Bewußtseins zu einer besseren Integration jener drei o.a. "Wirklichkeitsebenen" verhelfen. Wir können etwa unsere inneren Widersprüchlichkeiten "anschauen" (z.B. über den Traum der letzten Nacht nachdenken) und zum Ausdruck zulassen und mit einem Gesprächspartner darüber reden. Und da zu den "Bewußtseinszuständen subjektiver Art" auch die Bedingungen der eigenen Leiblichkeit gehören, kann ich diesen Zusammenhängen bei entsprechender Gelassenheit "in mir" selbst nachgehen. Daß wir Menschen uns zudem auch von der Körperkonstitution her unterscheiden, kommt nicht nur in der uralten Charakterisierung von "Choleriker, Phlegmatiker, Sanguiniker und Melancholiker" bildhaft zum Ausdruck; mit der Konstitutionstypenlehre von Ernst Kretschmer ist dazu eine wesentliche Erweiterung erfolgt. Im Begriff der "Körpersprache" finden wir heute durch populärwissenschaftliche Darstellungen weitere Hinweise auf die psychosomatische Einheit von Körper, Seele und Geist, die als Grundlage einer inneren Stimmigkeit verstanden wird.
Noch immer aber vernachlässigt unsere gesamte "Erziehungswissenschaft" in ihren Theorien den Körper des Menschen und somit einen wesentlichen Aspekt der Bewußtseinszustände subjektiver Art. Sie hat dagegen "das Bild des rationalen, weitgehend leiblosen Selbst" so stark verfestigt, daß sie fast durchgehend "das Rationale als an sich schon gut" ausgeben konnte.(13) Diese Tatsache erfahren Erstklässler bei der Aufforderung zum "Stillsitzen" ebenso wie die Studierenden in einer Überbetonung der rationalen Aspekte des Studiums. Ja es ist heute sogar nur den wenigsten Wissenschaftlern selbst klar bewußt, daß die innere Grundstimmung der Person - also die innere Einstellung zur Außenwelt wie zur eigenen Innenwelt - Einfluß hat auf die bevorzugte theoretische Position, die sie "wissenschaftlich objektiv" vertreten.
Deshalb muß z.B. die gegenwärtige Angebotsvielfalt an Körpertherapien als ein deutliches Symptom für einen lang vernachlässigten Bereich angesehen werden. Sie alle verweisen ja wieder darauf, daß der leibliche Organismus eigentlich die Grundlage *aller* Lebensprozesse darstellt, also auch die der emotionalen und der geistigen.(14)

An diesen unterschiedlichen Aspekten mag deutlich werden, daß wir die Grundlagen eines interdisziplinär vertretbaren Menschenbildes

nur zu finden vermögen, wenn wir *allen* Wirklichkeitsebenen des o.a. Schemas gleichermaßen gerecht werden.
In einem weiteren Schritt muß nun eine Vertiefung im Verständnis dieser Wirklichkeitsebenen vorgenommen werden, indem wir den Zusammenhang von Außenwelt und Innenwelt durch den Gesichtspunkt der "Mitwelt" ergänzen. Denn dieser Gesichtspunkt des Zusammenlebens kommt bei dem o.a. Modell zweifellos zu kurz. Dazu ist aber an dieser Stelle nochmals auf den Unterschied hinzuweisen, den wir zwischen einer wissenschaftlichen Betrachtungsweise und jener Sicht aus der Lebenserfahrung beachten müssen:
All unsere *Lebenswelt* von Familie, Beruf oder Gesellschaft hat es immer mit Erfahrung von *Wirklichkeit* zu tun, während *Wissenschaft* jeweils nur auf Erklärung einzelner *Erscheinungsformen* dieser Wirklichkeit abzielt. Wissenschaftliche Erklärungen sind somit jeweils nur auf ihre *Richtigkeit,* und das heißt auf ihre logische Stimmigkeit hin zu überprüfen. Dagegen hat alles Leben als Wirklichkeitserfahrung immer mit *Wahrheit* im Sinne einer "inneren Stimmigkeit" zu tun. Wissenschaft ist somit - wie die übrigen gesellschaftlichen Subsysteme von Wirtschaft oder Politik - immer nur *ein Teil* der Lebenswelt, der ihre Arbeitsergebnisse dienstbar zu machen sind (vgl. Abb. 7). Diesen Gesichtspunkt gilt es im folgenden immer mitzubedenken, um die Lebensweltbezogenheit wissenschaftlicher Aussagen in ihrer Relativität zu erfassen.(15)

Leben(swelt)	**Wissenschaft**
Erfahren der Wirklichkeit	Erklärung der Erscheinungsformen von Wirklichkeit
Wahrheit leben	Richtigkeit der Erklärungen prüfen
(innere Stimmigkeit)	(logische Stimmigkeit)

Abb. 7: Lebenserfahrung und wissenschaftliches Denken

Der Mensch als Einheit von Außenwelt, Mitwelt und Innenwelt

Wir wollen an die im vorigen Abschnitt getroffene (biologisch fundierte) Feststellung anknüpfen, daß die Ausbildung dessen, was wir unser "Selbst" nennen, auf der Grundlage von Wechselwirkungsprozessen zwischen allen Ebenen der genannten "Wirklichkeiten" zustande kommt. Nun ist natürlich unzweifelhaft, daß aus entwicklungspsychologischer Sicht die Genese dieses "Selbst" sich in einer unendlichen Reihe von Einzelschritten des Erkenntnisaufbaus analysieren und beschreiben läßt. Dazu wurden bisher von Entwicklungs- und Sozialpsychologie, von Pädagogischer und Philosophischer Anthropologie unterschiedliche Modelle und Theorien erarbeitet. Für unsere Darstellung genügt es, wenn wir exemplarisch auf die Arbeiten von Jean Piaget zur Entwicklung der Intelligenz und des Denkens verweisen.

Piaget hat sich mit der kognitiven Entwicklung des Menschen beschäftigt und aufgezeigt, daß Erkenntnis *nicht "prädeterminiert"* (also im voraus festgelegt) ist, und zwar weder "in den inneren Strukturen des Subjekts" noch "in den gegebenen Eigenschaften des Objekts". Das, was wir als einen einzelnen Erkenntnisschritt bezeichnen, ist also gleichzeitig immer eine "Neuerarbeitung".(16) Diese läßt sich als ein Wechselwirkungsgeschehen im Aufbau der kognitiven Funktion des Menschen bezeichnen und als ein doppelter Vorgang darstellen: einmal als eine "Assimilation", d.h. als ein "In-sich-Aufnehmen von Umweltdaten" und zum anderen als eine "Akkomodation", d.h. als ein "nach außen gerichteter Prozeß" strukturierten Verhaltens unserer "Intelligenz".(17)

Wie immer auch von wissenschaftlicher Seite diese Vorgänge beschrieben und erklärt werden, für unser Ziel der Darstellung genügt es, sich auf die Grundprinzipien zu beschränken. Das bedeutet für den Wechselwirkungsprozeß im Aufbau von Erkenntnis wie auch im Aufbau des "Selbst", daß wir einmal die Welt *uns* anpassen (Assimilation) und daß wir uns andererseits auch *der Welt* anpassen (Akkomodation). Beide "Vorgänge" sind aber nur so zu verstehen, daß nicht jeweils der erkennende Mensch und die Außenwelt sich objektiv gegenüberstehen, sondern daß sich *beide* in diesem Prozeß erst herausbilden. (Wir kommen darauf noch zu sprechen!)

Über diese Erklärungsweise und über das o.a. Modell der drei Ebenen von Wirklichkeit (J. C. Eccles) hinausgehend erscheint es aber zweckmäßiger, auf eine weitere Perspektive zu verweisen, wenn wir uns die Entstehung unserer je individuellen Welt bewußt machen wollen. Hierfür wurden die wissenschaftlichen Grundlagen ebenfalls hauptsächlich im Denken der ersten Hälfte unseres Jahrhunderts formuliert. Dieses Denken soll insoweit aufgegriffen werden, als es unserem integrativen Ansatz zu dienen vermag.(18) Schließlich geht es uns hier hauptsächlich um ein in der Berufs- und Alltagswelt nachvollziehbares Grundverständnis.

Bleiben wir deshalb bei dem Beispiel meines Bekannten, von dessen Lebenswelt wir im vorigen Abschnitt einiges gehört haben. In dem Gespräch mit ihm zeigt sich mir, daß er mit dem Begriff von "Wirklichkeitsebenen" nicht allzuviel anfangen kann. Aber wenn ich von einer "Außenwelt" spreche, die uns umgibt, also von Dingen, von Gegenständen und von Lebewesen, denen wir auf Schritt und Tritt begegnen, dann ist ihm dieser Begriff verständlicher. Diese Außenwelt, die wir erleben, ist ja für jeden von uns ganz spezifisch und unterscheidet sich in vielen Einzelheiten, trotz mancher Gemeinsamkeiten. Diese "Außenwelt" ist vergleichbar der o.a. Wirklichkeitsebene A, zu der wir auch die gesamte Kulturwelt rechnen müssen.
Meine Lebenswelt und die meines Bekannten unterscheiden sich aber wesentlicher noch als in der "Außenwelt" durch das jeweilige Zusammenleben mit anderen Menschen. Ehepartner, Verwandte, Freunde und Kollegen bilden bei uns beiden eine völlig andere "Mitwelt". Diese "Mitwelt" entsteht und verändert sich zudem in allen zwischenmenschlichen Beziehungen im Laufe des Lebens (Phänomen der Intersubjektivität) und ist biographisch für jeden von uns ganz charakteristisch. Bereits hier wird deutlich, wie sehr sich der Aufbau des individuellen "Selbst" bei den Menschen unterscheiden muß. Hinzu kommt, daß wir uns ohne die jeweilige Bezogenheit auf andere Menschen selbst gar nicht entwickeln können; und das gilt nicht nur für die frühe Kindheit und die Urbeziehung von Mutter und Kind.
Die Unausweichlichkeit der Angewiesenheit auf den Anderen wurde von vielen Wissenschaftlern und Denkern vertieft und zumeist als Kernpunkt jeder Menschwerdung beschrieben. Der Religionsphilosoph Martin Buber formuliert für diese existentielle Grundlage allen

Daseins, daß der Mensch letztlich erst am "Du" zum "Ich" werden kann.(19)

Auch wenn ich nun im Gespräch mit meinem Bekannten viel von seiner "Mitwelt" erfahren kann, bleibt mir ein wesentlicher Teil davon trotzdem verschlossen. Die Art der Begegnung und sein Umgang mit Nachbarn, Freunden und Kollegen ist für mich aus seiner Perspektive sehr schwer nachvollziehbar, denn diese wird geprägt durch seine individuelle Grundstruktur, die sich (vereinfacht) hier als seine "Innenwelt" charakterisieren läßt. Dieser "Welt-Aspekt" bestimmt aber entscheidend die Lebenserfahrung des Menschen und wir können das im Alltag an jener Erfahrung nachvollziehen, daß nicht das "Was" des Erlebens bestimmend ist für unsere Wahrnehmung, sondern zuerst das "Wie" unserer inneren Einstellung. (Wir brauchen uns nur von zwei Personen nacheinander ein gemeinsam erlebtes Ereignis beschreiben zu lassen, um das zu erkennen.)
Es ist somit durchaus nachvollziehbar, wenn aus solcher Sichtweise der "weltoffene" Mensch als ein "Knotenpunkt von Außen-, Mit- und Innenwelt" beschrieben wird, da er - wie wir eben dargestellt haben - "in und aus einer dreifach strukturierten Welt aktiv ist".(20) Und natürlich sind diese drei "Welten" auch in solchem Verständnis nur begrifflich zu unterscheiden, um sie besser beschreiben zu können. Sie sind sogar manchmal auch in ihrer Dominanz "lokalisierbar", so z.B. wenn mein Bekannter im Büro arbeitet (Außenwelt), wenn er mit seiner Frau Urlaub macht (Mitwelt) oder wenn er durch ein Buch zu neuen Gedanken angeregt wird (Innenwelt).

Aber im Grunde ist eine solche soziologisch fundierte Aufteilung in verschiedene Welten nach einem Rollen- oder Interaktionsverständnis nur teilweise hilfreich für den Menschen in seinem Selbstverstehen; die gewählte soziologische Erklärungsebene erfaßt beispielsweise nicht die weiter oben ausgeführte "erkenntnistheoretische" Ebene, nach der sich zeigen läßt, daß der Mensch eigentlich niemals als "Subjekt" dem "Objekt Außenwelt" gegenübersteht, weil beides im Grunde eine Einheit bildet, die wir nur reflexiv - also im Nachdenken darüber - unterscheiden. Es ist deshalb naheliegend, nicht vom Menschen als einem "Knotenpunkt von Außen-, Mit- und Innenwelt" zu

sprechen, sondern es liegt näher, von der *Einheit einer individuellen Welt* auszugehen.
Mit diesem Verständnis können wir gleichzeitig an die bereits formulierte These einer Persönlichkeitspsychologie von Hans Thomae anknüpfen, insoweit dort die Notwendigkeit dargelegt wurde, den Menschen letztlich nur aus "individuellen Sinnwelten" heraus zu betrachten. Eine solche "Einheit" hat ihr beschreibbares Zentrum in jenem Begriff des "Selbst", dem wir uns im Zusammenhang mit der Frage nach Selbst-Kompetenz nähern wollen. Da sich aber alle Welterfahrung nur über "psychische Vorgänge" bewußt machen läßt und in diese Vorgänge nicht nur die Reize über unseren "äußeren Sinn" mit einfließen, ist alle Wahrnehmung viel entscheidender von unserem "inneren Sinn" her geprägt, da sich dieser ja entsprechend unserer lebenslangen Entwicklung zu einer "eigenen Welt" aufbaut.
Das jeweils erreichte Entwicklungsstadium des "Selbst" ist somit ein entscheidender Faktor für alle weiteren Betrachtungen zur Selbst-Kompetenz. Und so läßt sich bereits an dieser Stelle mit gutem Recht auf jene Überlegungen von Fritjof Capra zur ganzheitlichen Betrachtungsweise des Menschen verweisen, die ja vor allem aus naturwissenschaftlicher Sichtweise den menschlichen Geist zu erfassen versuchen:

> *"Unsere Reaktionen auf die Umwelt werden also nicht so sehr von den unmittelbaren Wirkungen externer Reize auf unser biologisches System bestimmt, sondern eher durch unsere früheren Erfahrungen, unsere Erwartungen, unsere Zielsetzungen, und die individuelle symbolische Interpretation unserer Sinneserfahrungen.(...) So sind also die innere und die äußere Welt im Funktionieren des menschlichen Organismus stets miteinander verbunden; sie wirken aufeinander ein und entwickeln sich gemeinsam."(21)*

Für die Überlegungen zur Selbst-Kompetenz bedeutet das, daß wir insbesondere im beruflichen Zusammenleben und dem Bemühen um gegenseitiges Verständnis auf die Tatsache der je individuellen symbolischen Interpretation unserer Sinneserfahrung zu achten haben; andernfalls ist ein Aneinandervorbeireden bereits "vorprogrammiert".

Somit läßt sich zusammenfassend festhalten:

Das Bild vom Menschen, das zu einem besseren Verständnis seiner Lebenswelt - und das heißt zum besseren Selbst- und Fremdverstehen - verhelfen kann, ist nur als das einer "Einheit" zu begreifen, in der alles, was wir "Außenwelt" oder "Innenwelt" oder "Mitwelt" nennen, integriert ist. Dabei erfaßt all unsere Wahrnehmung und unser Erleben von "Welt" zwangsläufig nicht nur die Aspekte des "Ich-Bewußtseins", sondern ebenso alle uns unbewußten Bereiche.
Die Gesamtheit des menschlichen Geistes, der diese bewußten und unbewußten Schichten des Erlebens einschließt, läßt sich - empirisch betrachtet - mit C.G. Jung als die "Psyche" des Menschen beschreiben. Wegen der Einheit der Psyche vermögen wir oft gar nicht zu unterscheiden, was von unserer "Erfahrung" im einzelnen auf äußere Wahrnehmung, auf Erinnertes oder auf Erhofftes zurückzuführen ist. Und deshalb muß die nächste Frage sein, wie solche Erfahrungen in uns zustande kommen, weil diese ja gleichzeitig wiederum strukturell alle künftigen mitbestimmen.

3.2 Identität - ein Status quo persönlicher Erfahrung

Das Bewußtsein und das Unbewußte

Wir haben in den letzten Abschnitten verschiedene Ebenen der Wirklichkeit unterschieden und auch von Außen-, von Mit- und Innenwelt gesprochen. Wir haben das als grobe Schematisierung zu bezeichnen, weil die wissenschaftlichen Einzelerkenntnisse aus den verschiedensten Disziplinen dazu bereits sehr differenzierte Aussagen machen können. Jede Differenzierung ist aber auch eine Verengung der lebensweltlichen, d.h. der natürlichen Betrachtungsweise. Und da unsere Intention auf die menschliche Persönlichkeit generell ausgerichtet ist, sprechen wir in einem integrativen Verfahren - unter Einbeziehung der jeweiligen Lebenserfahrung - besser von der "Einheit" einer je individuellen Welt.
Ausgangspunkt dafür ist die Tatsache, daß jeder Mensch "so etwas wie ein einheitliches Prinzip seines Seins" empfindet und daß er - auf dieser Erfahrung aufbauend - "seine eigene Weltanschauung und seinen eigenen Lebensstil" entwickelt.(22) Diese Vielfalt der Lebensformen begegnet uns am nächsten im Familien- und Verwandtenkreis, und wir brauchen uns nur einen dieser Menschen bildlich zu vergegenwärtigen, um von der Einmaligkeit jedes einzelnen überzeugt zu sein. Gleichzeitig ist es diese *individuelle Eigenart*, die den bewegenden Spannungsbogen allen Miteinanders der Menschen bestimmt.
Jede Lebensdarstellung in Erzählung, Roman und Film lebt von diesem durchgängigen inneren Prinzip in uns. Zwar können wir als Zuschauer diesen "roten Faden" nicht immer gleich sehen - wie es ja auch für unser eigenes Leben gilt -, weil wir uns zumeist als auf der Suche Befindliche erleben, vergleichbar jenem Mann namens "K." in Franz Kafkas Roman "Das Schloß". Auf dieser Suche entwickelt sich die Persönlichkeit des Menschen, und es sind gerade die "Krisen" aller Art, welche die Wandlungsprozesse dabei hervorrufen.(23)
Das von jedem erspürbare "einheitliche Prinzip des Seins" läßt sich zunächst auch als das "Selbst" beschreiben; dabei erscheint heute der Hinweis fast überflüssig, daß in dieses "Selbst" jedes Menschen sowohl die Leistungen seines Bewußtseins wie auch die des Unbewußten mit einfließen. Insoweit sind die Grunderkenntnisse von Freuds

"Abriß der Psychoanalyse" - jener knappen Darstellung seiner "epochemachenden Lehre" - zweifellos als elementarer Ausgangspunkt für jedes vertiefte Verständnis anzusehen.(24)

Somit müssen auch wir vom Menschen als einem *zunächst dominant triebbestimmten* Wesen ausgehen, das sich seiner selbst als Säugling noch völlig unbewußt ist. Im Laufe von Entwicklung und Reifung bildet sich durch Erziehung und Sozialisation das Bewußtsein aus, das wir auch als eine Art *"gerichtetes Denken"* (C.G. Jung) beschreiben können. Gerichtet ist dieses Denken auf Worte und Begriffe - etwa im Nachdenken oder beim Schreiben - und auf das Sprechen mit anderen. Das Zentrum dieses gerichteten Denkens läßt sich als das "Ich" bezeichnen, das so etwas wie das "Subjekt des Bewußtseins" darstellt.
Und dieses "Ich" erfährt - wenn es nach dem Schlaf wieder erwacht -, daß in seiner Erinnerung z.B. noch ein Traum vorhanden ist. Für das Bewußtsein stellt dieses Traumerleben von Bildern und Gefühlen eine Art *"ungerichtetes Denken"* dar, wie wir es auch beim Phantasieren im Wachzustand erleben können.(25) Und wenn wir im Traum Erlebnisreste aus der Kindheit oder aus erst kurz vergangener Zeit (sog. Vortagesreste) entdecken, dann zeigt uns das, daß in unserem Unbewußten viel von dem enthalten ist, was wir einmal gedacht, gefühlt, unterschwellig wahrgenommen, vergessen oder verdrängt haben. Der Traum ist jenes psychische Phänomen, in dem jede Trennung von innerem und äußerem Erleben aufgehoben ist.
Dieses uns "persönlich Unbewußte" gestaltet aber - wie wir auch am Wechselgeschehen zwischen allen Wirklichkeitsebenen gezeigt haben - in besonderem Maße unsere Innenwelt mit und beeinflußt so auch alle Wahrnehmung und alles Erleben der "Außenwelt". Deshalb kann uns ein nächtlicher Alptraum in den Tag hinein verfolgen und sein Nachwirken ließe sich oft gar nicht so schwer an manch überzogener Verhaltensweise erkennen. Viele Auseinandersetzungen im Beruf und in zwischenmenschlichen Beziehungen haben ihre eigentliche Ursache deshalb nicht in "objektiven Tatsachen", sondern viel mehr in einem solchen Erlebnis der "Innenwelt"; wir werden uns dieser Tatsache zumeist nur nicht ausreichend bewußt.(26)

Ein solches Beispiel über den Einfluß des Unbewußten verweist nun gleichzeitig auch auf eine bedeutsame Erkenntnis über den Zusammenhang von Erfahrung und Bewußtsein:
Nehmen wir an, ich bin solch ein Mensch, dessen Traumerleben noch gefühlsmäßig in den Berufsalltag nachwirkt. Im Büro gebe ich nach Durchsicht des Postausgangs verärgert der Mitarbeiterin im Sekretariat die geschriebenen Briefe zurück und mache mir - in Anbetracht der paar belanglosen Schreibfehler - maßlos überzogen Luft in einem Wutausbruch. (Etwa: "In diesem Laden wird doch überhaupt nur Mist gemacht ... .") Meine Erregung ist von Selbstgefälligkeit getragen, denn schon wieder habe ich erfahren müssen, daß eine Mitarbeiterin nicht sorgfältig arbeitet. Zu Hause erzähle ich dann von diesem Ärger im Büro. Und beim Erzählen wird mir deutlich, daß diese emotional bestimmte Erfahrung sich zunächst nicht als ein Vorgang "im Bewußtsein" ereignete, sondern daß ich es zunächst einfach "erlebt" habe. Meine Stimme muß sehr laut und aggressiv gewesen sein - wie mir ein befreundeter Kollege dann unter vier Augen sagte, als er zufällig das Zimmer betrat -, und außerdem hatte ich einen hochroten Kopf dabei bekommen.
Das Beispiel mag vielleicht trivial erscheinen, weil schließlich jeder Emotionen hat, und doch zeigt dieser Vorgang, daß das, was ich beim Nachdenken als "reflektierendes Bewußtsein" (oder als Geist, Intellekt und Intelligenz) bezeichne, im Grunde genommen nicht zuerst da war, sondern "ein innerer Wesenszug der Erfahrung" selbst ist.(27) Das heißt, es geht jeder Bewußtseinsentwicklung stets eine natürliche "Erfahrung" voraus.
Dieser Aspekt ist nun aber auch eine Begründung für unsere integrative Vorgehensweise bei der Betrachtung der Persönlichkeit, denn sie macht deutlich, daß jede bloß rationale wissenschaftliche Bewußtseinsleistung allein keine "wahre" Erkenntnis für mich bringen kann. "Sinnvoll" wird vielmehr eine solche nur, wenn sie mir zu neuer "Erfahrung" verhilft.
Somit muß in eine wie auch immer zu konzipierende "integrative Wissenschaft" die Beobachtung eingehen,

> *"daß an jeder Art wissenschaftlicher Forschung Intuition, Vermutungen und Gefühle beteiligt sind, auch wenn diese hochgradig subjektiven Prozesse bei der endgültigen Beschreibung einer*

wissenschaftlichen Untersuchung systematisch ausgeschlossen wurden".(28)

Nun sind aber alle hier genannten Aspekte von "Intuition, Vermutungen und Gefühlen" besondere Regungen des Unbewußten und bleiben solange dem Bewußtsein (Intellekt) unerkennbar und "wertlos", bis das "Ich" diese Regungen registriert, d.h. bis sie "psychische Inhalte" des Bewußtseins darstellen.(29) Und damit sie ins Bewußtsein gelangen, müssen diese Inhalte erst eine Art "Bewußtseinsschwelle" (J. F. Herbart) überschreiten.(30) Sind es für uns unangenehme psychische Inhalte, werden wir uns (innerlich) dagegen wehren, sie als unser Eigenstes wahrzunehmen und anzuerkennen. Es ist wie eine Instanz der Zensur, die das verhindert. Würde es mir gelingen, diese innere "Zensur" aufzuheben, könnte ich natürlich meinen "Ärger" über ein paar Schreibfehler im o.a. Beispiel dann auch nicht mehr auf einen anderen Menschen projizieren und an ihm "verdinglichen", sondern müßte ihn als mein eigenes Problem akzeptieren. Denn das Problem liegt insoweit an mir selbst, als ich solche Erfahrung (einer ärgerlichen Stimmung) nicht ausreichend ins eigene Bewußtsein zu integrieren vermag.

In unsere Erfahrungen fließen nun im Laufe des Lebens viele solcher unbewußten Vorgänge mit ein, und es sind nicht nur Launen oder Stimmungen, die wie Nebensächlichkeiten erscheinen. Unbewußte Vorgänge können sehr handfeste Formen annehmen, wie wir später noch sehen werden. Aber so notwendig es für die psychische Gesundheit sein kann, bestimmte Aspekte bewußt zu machen, so wenig besteht *immer* eine Notwendigkeit dafür; ja, manchmal wäre es sogar problematisch! Schließlich muß ich mich oft auch auf mein Gefühl verlassen können, so wie wir auch auf unsere seelischen Selbstheilungskräfte vertrauen dürfen. Zwischen dem Bewußtsein und dem Unbewußten besteht ja ein kompensatorisches Verhältnis, also ein natürlicher Regulationsprozeß zur Aufrechterhaltung unseres psychischen Gleichgewichts. Dabei machen sich die Einseitigkeiten des einen Pols immer als Gegenausschlag beim anderen Pol bemerkbar.
Eine Art von Ausgleich zwischen dem Bewußtsein - das sich ja immer bei einer Vielzahl von Möglichkeiten "auswählend" verhält - und den nicht ins Bewußtsein zugelassenen Regungen des Unbewußten

kann man ebenfalls bei vielen menschlichen - und meist allzu menschlichen - Erscheinungen des *Vergessens* und *Versprechens* sehen. Der "Freudsche Versprecher" ist ja bereits zum geflügelten Wort geworden und deshalb trägt Freuds "Psychopathologie des Alltagslebens" beim Lesen auch heute noch ebensoviel zur Erheiterung wie zur Selbsterkenntnis bei.(31) Wenn also jemand bei der Eröffnungsrede einer Tagung diese "hiermit für geschlossen" erklärt, kann man kaum noch unterstellen, daß es sich bloß um ein "zufälliges" Versprechen handelt; die innere Einstellung des Redners ("am Besten wäre es, die Sache wäre schon vorbei") dürfte doch ausschlaggebend sein. Natürlich bedarf es für jedes Selbsteingeständnis solcher "Leistungen" des Unbewußten einer gewissen Portion Selbstkritik und Humor; dann würden wir eher einsehen, daß die bewußte Absicht unserer "äußeren Persönlichkeit" (= das, was wir nach außen darstellen) etwas von sich geben will (soll), das mit der Grundauffassung der "inneren Persönlichkeit" nicht übereinstimmt. Denn diese greift - meist ohne daß wir es merken - korrigierend ein und stellt so unsere wirkliche "Wirklichkeit" wieder her.

Aber auch im Traum - also über eine besondere Form der Äußerungen des Unbewußten - können wir eine Korrektur unserer bewußten Lebenseinstellung erfahren, denn "der wesentliche Inhalt der Traumhandlung" ist "eine Art von fein abgestimmter Kompensation für eine gewisse Einseitigkeit, Irrtümlichkeit, Abweichung oder sonstige Störung des bewußten Standpunktes". - Aber gerade in solchem Zusammenhang mit der Traumpsychologie muß die generelle Warnung C.G. Jungs ernstgenommen werden, daß sich nämlich

> *"sehr leicht eine Überschätzung des Unbewußten einstellt, welche die bewußte Entschlußkraft beeinträchtigt. Das Unbewußte funktioniert aber nur befriedigend, wenn das Bewußtsein seine Aufgaben bis zum Rande der Möglichkeit erfüllt. Was dann noch fehlt, vermag vielleicht ein Traum zu ergänzen, oder er kann einem da weiterhelfen, wo auch das beste Bemühen versagt hat."(32)*

Daß darüber hinaus in unserem "Unbewußten" auch psychische Inhalte einer "archaischen Erbschaft" vorzufinden sind, die "weder aus dem reifen Leben noch aus der vergessenen Kindheit des Träumers stammen können" - wie Freud bereits feststellte -, ist in diesem Zusammenhang von besonderer Bedeutung und wird uns im folgenden noch intensiver beschäftigen.(33)

Anstelle einer zusammenfassenden Darstellung der Thematik vom Bewußtsein und dem Unbewußten (was bei der unüberschaubaren Fülle der hierzu vorliegenden Forschungsergebnisse und Theorien auch vermessen wäre) soll nun ein bestimmter Aspekt des *Zusammenwirkens von Bewußtsein und Unbewußtem* herausgestellt werden, der sich noch auf einer naturwissenschaftlich-biologischen Beschreibungsebene darstellen läßt. Die psychische (seelische) Erklärungsebene wird dann später ausführlich dargestellt werden. Damit die schrittweise Vertiefung des Themas der Selbst-Kompetenz besser nachvollziehbar wird, greife ich auf das "philosophische Testament" des berühmten Physikers und Nobelpreisträgers (1933) Erwin Schrödinger zurück. Für ein besseres Lebensverständnis erscheinen mir die persönlichen Stellungnahmen von anerkannten Naturwissenschaftlern deshalb als besonders ergiebig, weil wir ja oben bereits gezeigt haben, daß aller Intellekt nur eine Teilfunktion der Erfahrung des Wissenschaftlers darstellt. Insoweit erhalten wir über eine solche Darstellung sowohl wissenschaftliche Erkenntnisse wie auch - in der Person des Wissenschaftlers - die Interpretation einer individuellen "Sinnwelt".

Wir wissen, daß nicht alle unsere Gehirnvorgänge von Bewußtsein begleitet sind, daß also vieles selbsttätig abläuft, oder anders ausgedrückt, daß unser Gehirn auch ständig "mit sich selbst spricht". Andererseits wissen wir auch, daß jede mit Bewußtsein vollzogene Übung - also etwa das Erlernen des Autofahrens oder des Klavierspiels - "allmählich der Bewußtseinssphäre entsinkt".(34) Wir steuern das Auto wie automatisch durch den dichtesten Großstadtverkehr, unterhalten uns nebenbei mit unserer Begleiterin und denken plötzlich an die Nachmittagsbesprechung, weil uns der Fußgänger am Straßenrand an eine Ähnlichkeit mit dem späteren Gesprächspartner erinnert hat.

So haben wir also viele der im Laufe des Lebens gelernten Abläufe verinnerlicht und reagieren erst dann verunsichert, wenn wir plötzlich jemandem (bewußt) erläutern sollen, ob wir den Blinker im Auto mit der linken oder mit der rechten Hand bedienen.(?) Diese Einübung ins "Körper- oder Muskelgedächtnis" durch Wiederholung (Mneme) ist ein organismischer Prozeß, der unsere gesamte individuelle Entwicklung vom Säugling bis zum Greisenalter charakterisiert. Ohne solche "Verinnerlichung" wären wir im Alltag nahezu hilflos. Schon beim Binden der Schnürsenkel merken wir, wie vorteilhaft es ist, diese "Arbeit" nicht jeden Tag neu erlernen zu müssen. Und alles was so an bewußten Reaktionen im Laufe des Lebens neu hinzukommt, "werkelt sich gleichfalls ein" und sinkt wieder unter die Bewußtseinsschwelle. Alle Handgriffe beim Autofahren wiederholen wir unbewußt, und unser Bewußtsein hat dabei viele "Schüler", die bereits gelernt haben, "selbständig" zu arbeiten:

> *"Bewußtsein ist, so können wir bildlich sagen, der Instruktor, welcher die Ausbildung der lebendigen Substanz überwacht, welcher zur Hilfe gerufen wird, sooft neue Probleme sich darbieten, und die Schüler bei allen den Aufgaben sich selbst überläßt, wo er sie hinreichend geübt weiß."(35)*

Dieses "Bewußtseins-Ich" aber dürfen wir uns - wie Erwin Schrödinger ausdrücklich ermahnt - auf diese Weise nur *bildlich* vorstellen. Und unter diesem Bild können wir als eine "Eigenschaft des organischen Geschehens überhaupt" festhalten, *daß alles mit Bewußtsein verknüpft ist, "sofern es neu ist".*(36)

Doch nun zum Fazit dieser abschließenden Überlegungen. Rechnen wir zum Gesamt des Unbewußten alle o.a. unter die Bewußtseinsschwelle abgesunkenen "Erfahrungen", alle Triebregungen, alle archaischen Anteile, alles Vergessene und Verdrängte usw., dann erleben wir dies alles oder Teile davon als ein oft unbestimmtes, oft aber sehr bestimmtes *"Wollen"*, das Friedrich Schiller als den "sinnlichen Trieb" oder den "Stofftrieb" umschrieben hat. In unserem Alltagsverhalten neigen wir aber allzuleicht dazu, dieses "Wollen" oder dieses "Ich-kann-nicht-anders" als naturgegeben anzusehen und uns gleichzeitig zu "rechtfertigen":

> *"Ich bin nun einmal so, wie ich bin. Platz meiner Individualität! Freie Entwicklung den mir von der Natur eingepflanzten Trie-*

ben! Selbstbeherrschung, Selbstverleugnung ist Unsinn, Pfaffentrug. Gott ist Natur, und Natur wird mich wohl so gebildet haben, wie es ihr recht ist, wie ich sein soll, jedes andere Soll ist Blödsinn."(37)

In unserer Lebenserfahrung stellen wir fest, daß viele Menschen zu solcher Auffassung neigen. Dem steht aber eine andere Erfahrung gegenüber, die wir früher bereits als jenen "kognitiven Imperativ" in uns beschrieben haben; es ist der gleiche Begriff, den Friedrich Schiller als den "Form- oder Gestalttrieb" des Menschen bezeichnet hat. Dieser äußerst kreative Aspekt unseres Geistes erscheint uns oft als eine Art "innere Stimme", und diese erlaubt sich den *Zweifel* an manchen unserer als "natürlich" bezeichneten Lebensimpulse.
Können wir so weit mit Erwin Schrödinger einig gehen, stellen wir fest, daß alles das, was wir als "natürlich" bezeichnen, letztlich nichts anderes ist als die Summe der individuell erlebten Erfahrungen, die wir auf der Basis ererbter Strukturen gemacht haben. Diese Strukturen aber sind nichts anderes als das "Bewußtseinskorrelat des körperlichen Vermächtnisses unserer Ahnen, was wir bis heute phylogenetisch geworden sind".(38)
Um diese Aussage zu erläutern, verweise ich auf das o.a. Beispiel meines Ärgers bzw. meines "Wutausbruchs" im Büro. Wenn ich daraus den Schluß ziehe, mich künftig besser zu beherrschen, bedeutet das im Grunde, daß es sich bei solcher Art von Selbstbeherrschung um eine "Überwindung ererbter Ahnencharaktere handelt".(39) Daß solche strukturellen Grundlagen in mir vorhanden sind, läßt sich nun am biologischen Grundaufbau des Persönlichkeitssystems (vgl. Abbildung 5) unschwer nachvollziehen. Denn was als aggressive Reaktion auf einer früheren Entwicklungsstufe (etwa im Steinzeitalter) lebensrettend sein konnte, wird mir heute - gegenüber einer Mitarbeiterin im Büro - nur noch als beschämendes Relikt mangelhafter Entwicklung zum Bewußtsein kommen.

Und wir sehen daran, daß sich Entwicklung vollzieht als ein Austragen eines inneren Zwiespalts zwischen dem Unbewußten und dem Bewußtsein. Alle Kulturaufgabe des Menschen besteht somit nicht in einer "Überwindung" oder Verleugnung oder Verdrängung dieser uns mitgegebenen Grundstruktur des Un-

bewußten, sondern vielmehr in einer Neu- und Umgestaltung durch das Bewußtsein. Wir bauen dabei immer auf "uralten ererbten Engrammen" auf, und wenn wir solche Gedanken weiterdenken und als Synthese in unser eigenes Leben zu integrieren vermögen, marschieren wir gewissermaßen "an der Spitze der Generationen. Wir entwickeln uns. An uns vollzieht sich an jedem Tag unseres Lebens ein Stück der noch in vollem Gang befindlichen Evolution unserer Art." Das aber bedeutet auch, daß wir mit jedem Schritt "die Form, die wir eben noch besaßen, abändern, überwinden, zerstören". Und insoweit läßt sich sogar rein organismisch von einer beständigen "Selbstüberwindung" sprechen.(40)

Das evolutionäre Prinzip einer ständigen Aufforderung zur "Gestaltung und Umgestaltung" (= Entwicklung) durch unser Bewußtsein bedeutet auch, daß "Bewußtsein im menschlichen Soma *deshalb* ausschließlich den Gehirnvorgängen zukommt, *weil* das Gehirn (oder Teile desselben) *das* in Ausbildung begriffene Organ des Menschen, sozusagen der Angriffspunkt der Evolution in ihm ist". Nur von diesem Verständnis einer Bewußtseinsentwicklung her können wir ausgehen, wenn wir von einer Erweiterung der Selbst-Kompetenz sprechen.

Und so wird auch nachvollziehbar, daß alle Wahrnehmung und alle Erfahrung und somit jeder Aufbau einer individuellen Welt vom Maße des Bewußtseinsfortschritts abhängen: "Bewußtsein ist ein Phänomen der Evolutionszone. Diese Welt erscheint sich selbst nur dort, wo und nur insofern als sie sich entwickelt, neue Formen gebiert. Stellen des Stillstands entgleiten dem Lichte des Bewußtseins, petrifizieren, erscheinen nur mehr mittelbar durch Wechselwirkung mit Stellen der Evolution."(41)

Weil aber jedes bildliche Verständnis der Bewußtseinsvorgänge Gefahr läuft, dinglich (= materialistisch) mißverstanden zu werden, ist hier auf jene philosophische Sichtweise hinzuweisen, die das evolutionäre Geschehen als ein *"Leben des Geistes"* begreift.(42) Nach allem, was wir heute sagen können, gehört also das, was wir Bewußtsein oder Geist nennen, zum evolutionären Prozeß dazu. Damit sind aber Wahrheit und Erkenntnis nicht an einer bestimmten Menschheitsepoche festzumachen, vielmehr drückt jede Epoche immer nur *das ihr gemäße Verständnis von Wahrheit* aus.

Für das uns interessierende Thema der Selbst-Kompetenz des Menschen haben wir damit eine neue Perspektive des Zusammenhangs von Bewußtsein und Unbewußtem gewonnen, die uns hilfreich durch alle weiteren Erklärungsebenen begleiten wird. Diese Perspektive basiert auf der Grundaussage, daß menschliches Leben nur dann ein sich entwickelndes Leben ist, solange eine *"innere Auseinandersetzung"* zwischen den Strebungen des Unbewußten und den Einsichten des Bewußtseins zugelassen wird. Und nur in einem solchen dynamischen Verständnis können wir den Begriff des "Selbst" umschreiben, wenn wir von einer "Selbstfindung" des Menschen sprechen!
Wohl oder übel werden wir dabei lernen einzusehen, "daß *Bewußtsein* und *Zwiespalt mit sich selbst* unzertrennlich verbunden sein müssen".(43) Innerer Zwiespalt ist somit kein krankhafter, sondern ein lebensimmanenter Zustand unseres Daseins. Und der Zweifel stellt individuell wie kollektiv den entscheidenden Anstoß zu jeder Weiterentwicklung dar.
Die Folgerungen daraus sind so weitgreifend, daß sie nur schrittweise erarbeitet werden können. So heißt das z.B., daß alles, was wir als "Verstand" bezeichnen und aus Büchern heraus anderen weitervermitteln, niemals etwas absolut Vorgegebenes sein kann; vorgegeben durch Eltern oder Lehrer, durch Wissenschaft, durch Dogmen oder durch eine Ideologie. Niemand "besitzt" ihn ein für allemal. Verstand ist, wie alles sich Entwickelnde, etwas uns "Aufgegebenes". Dem müßte im pädagogischen Bemühen ebenso Rechnung getragen werden wie in der Auseinandersetzung der Generationen, in der gesellschaftlich-politischen Diskussion ebenso wie im Bereich des Wirtschaftssystems. Denn nur aus einem offenen Zwiegespräch der unterschiedlichen Auffassungen ist der nächstmögliche Entwicklungsschritt optimal zu erreichen. Und gerade weil wir gar nicht immer wissen können, welcher Schritt der bessere ist, bedarf es des Gesprächs aller. Jede eigentliche Entwicklung aber muß stagnieren, wenn rein parteiisch die jeweils eigene Sichtweise als die allein "vernünftige" verstanden und vertreten wird.

Nur unter diesem Verständnis läßt sich in allen Lebensbereichen der Tatsache Rechnung tragen, daß das Unbewußte im Menschen auch den Aspekt der Kreativität umfaßt, der uns aus unseren Tiefenschichten heraus etwas zur Gestaltung bringen läßt, das sich in allem künstlerischen Schaffen am eindrucksvollsten zeigt. Darüber hinaus aber ist Kreativität ein Grundvermögen jedes Menschen und stellt letztlich die Grundlage für den Prozeß einer Selbstfindung dar.

Wie kommen Erfahrung und Erkenntnis zustande?

Um den Denkzusammenhang unserer Arbeit weiterzuführen, wollen wir nochmals an einige Schritte erinnern, die wir bisher auf dem Weg zur Darstellung von Selbst-Kompetenz gegangen sind. Wir haben beim Aufbau der individuellen Welt verschiedene Wirklichkeitsebenen kennengelernt und sind auf das "Selbst" als den Kern der Innenwelt zu sprechen gekommen. Wir haben weiter gesehen, daß zum Aufbau dieses "sich seiner selbst bewußten Geistes" (J. C. Eccles) neben dem sich entwickelnden Bewußtsein in nicht unbedeutendem Umfang auch das Unbewußte im Menschen beiträgt. Dieses "Unbewußte" ist ja nicht erst eine Entdeckung unseres Jahrhunderts, doch kommt es nicht von ungefähr, wenn es in unserer Zeit wiederentdeckt und vertieft erforscht wird.(44) Es scheint fast, als ob es sich von selbst ins Gespräch gebracht hätte, weil es von der rationalen Seite unseres Bewußtseins so lange vernachlässigt worden ist. Wir betrachten dabei in unserer Arbeit das Unbewußte nicht nur vor dem Horizont einer psychologischen Perspektive, sondern versuchen, weitere Horizonte aufzuzeigen (z.B. biologische oder soziologische), wie sie uns für die Darstellung menschlicher Erfahrung notwendig erscheinen.

Eine solche Darstellung ist deshalb angezeigt, weil sich aus unserer Erfahrung - über Bewußtsein und Erkenntnis - gewissermaßen unsere Identität aufbaut, die wiederum einen wichtigen Aspekt darstellt für das Verständnis des Begriffs der Selbstfindung oder der Selbst-Kompetenz. Unser nächster Schritt muß deshalb aufzeigen, was wir unter "Erfahrung" überhaupt verstehen.

Ist Erfahrung nicht etwas, was allen Menschen in *gleichem Maße* möglich ist oder doch möglich sein könnte, wenn wir von einem bestimmten Kulturkreis ausgehen? Aber wenn wir an unser multifunktionales Gesellschaftssystem denken, an die unterschiedlichen Generationen, Berufe und Erwerbszweige, wird sofort klar, daß sich Erfahrung heute immer mehr "spezialisiert", sich also jeweils auf Spezialisten verteilt. Gibt es aber nicht trotzdem Grunderfahrungen, die (fast) allen gemeinsam sind, wie etwa die Liebe, den Tod, das Glück, die Arbeitsfreude, die Krankheit oder die Hoffnungslosigkeit? Wie aber unterscheidet sich die "gleiche" Grunderfahrung, die wir doch scheinbar dann gemeinsam haben, wenn wir alle "das Gleiche" erleben: alle ein bestimmtes Buch lesen, einen bestimmten Film anschauen oder in einer Ausflugsgruppe gemeinsam den berühmten Sonnenuntergang bei Capri bewundern?

Bleiben wir bei dem Alltagserlebnis einer Urlaubergruppe in Capri, um die Entstehungsgeschichte von Erfahrung gedanklich nachzuvollziehen:(45)
Wir sehen die Sonne, wie sie den Horizont gerade berührt, mit unseren Augen, nehmen also über einen "äußeren Sinn" etwas wahr. Die Sonne ist gewissermaßen das "Materiale" der Erfahrung, und wir können diesen Vorgang als *"Empfindung"* oder als "Anschauung" bezeichnen, oder mit dem Fremdwort der Perzeption charakterisieren. Ohne auf den Vorgang der Reizaufnahme dieser Sinnesqualitäten weiter einzugehen, ist jedoch zu erwähnen, daß dabei die "formale Qualität des Raums" eine Rolle spielt, wozu wir bereits ein bestimmtes Anschauungsvermögen ausgebildet haben müssen, über das z. B. der Säugling - den eine junge Mutter bei dem Ausflug auf dem Arm trägt - noch nicht verfügt.
Erleben wir bei unserem Ausflug nun, wie die Sonne zunächst noch ganz, dann halb und schließlich gar nicht mehr zu sehen ist, so haben wir durch die Gesamtheit verschiedener "Empfindungen" in uns eine *"Wahrnehmung"* (oder Apperzeption) ausgebildet. Wir haben dabei über einen "inneren Sinn" eine "Ablaufkette von Eindrücken" registriert, die sich uns als Vorgang einer Sonnenbewegung einprägen kann. Die Grundform dieses Vorgangs ist mit dem Zeitbegriff verbunden, was uns beispielsweise an der Möglichkeit einer (zeitlichen) Vorauserwartung des nächsten Sonnenuntergangs deutlich wird.

Dieser Aspekt ist deshalb von Bedeutung, weil wir auch "innere Empfindungen" haben, die sich uns entweder *nur* als Zeitgebilde (wie etwa die Langeweile) oder *nur* als Raumgebilde (wie etwa ein Traum) darstellen. Wenn einem der Ausflugsteilnehmer z.B. langweilig ist, wird er die Bewegung der Sonne gar nicht "wahrnehmen", auch wenn er die Sonne "sieht". Vielleicht fällt ihm plötzlich auf, daß es dunkler geworden ist; dann aber beginnt seine Wahrnehmung erst mit dieser Feststellung.
Die Möglichkeit einer Vorauserwartung des Sonnenuntergangs am nächsten Abend an der gleichen Stelle verweist uns auf das Phänomen der "Einbildungskraft", ein sog. "Strebevermögen", über das jeder Mensch verfügt. Kraft dieses Vermögens ist es uns auch möglich, eine Erinnerung abzurufen. Zudem können wir durch diese Einbildungskraft bestimmte, sich wiederholende Wahrnehmungen als Bilder so tief verinnerlichen, daß wir uns manchmal tatsächlich "einbilden", etwas zu sehen, das aber "in Wirklichkeit" gar nicht zu sehen ist. - Man denke nur an die vielen Geschichten von den "Ufos", die Menschen immer wieder "sehen", oder man denke an beschworene Zeugenaussagen, die nachweislich unzutreffend sind.

Im Laufe unseres Urlaubs auf Capri werden wir so aus vielen solcher Wahrnehmungen in uns eine *"Vorstellung"* von jenem farbenprächtigen Schauspiel entwickeln, das wir dann natürlich als Foto vom "Sonnenuntergang bei Capri" festhalten. Das allerdings setzt voraus, daß wir unseren Wahrnehmungen auch mit einem inneren "Interesse" begegnen, was wir ja nicht von jedem Teilnehmer der Touristengruppe erwarten werden. Dieses "Interesse" beschreibt eine weitere grundlegende Tatsache unseres menschlichen Wesens, die uns veranlaßt, "alle begegnenden Phänomene auf Nützlichkeit oder Schädlichkeit, Erfreulichkeit oder Betrüblichkeit, Lust oder Unlust hin" zu betrachten.

> *Alle Wahrnehmung ist also letztlich abhängig von einer gewissen Aufnahmebereitschaft, als einer besonderen Bewußtseinsleistung des Menschen, und nur "wo solche (vital-egoistische) Interessensspannung besteht, ist die Offenheit für sinnliche Eindrücke da".(46)*

Ohne dieses grundlegende Interesse - was ja im Grunde ein "Dabeisein" bedeutet - fehlt uns somit auch die Möglichkeit, weitere Vorstellungen zu entwickeln. Wir verharren dann in überkommenen Schablonen. Das ist insoweit verständlich, weil jede innere Öffnung, jedes "Interesse zeigen", auch eine gewisse Verunsicherung der eigenen Position aus bereits gebildeten Vorstellungen mit sich bringen kann.
Insoweit hat "jedes wahrgenommene Ding auch einen subjektiven Wertaspekt", und wir können bereits jetzt erkennen, wie tief alle unsere Vorstellungen durch diesen subjektiven Wertaspekt unserer individuellen Welt geprägt sind.
Für die Sozialisation des Menschen ist nun von entscheidender Bedeutung, daß sich im Laufe des Lebens bestimmte Grundmuster (*"Schemata"*) von Vorstellungen entwickeln (wie etwa lieb und böse oder gut und schlecht), die wiederum eine Grundlage für die Wahrnehmung bestimmter "Gestaltqualitäten" darstellen. Als solch eine "Gestaltqualität" kann jener bekannte "Auslöser" für Zuneigung bezeichnet werden, der uns im Fall des "Kindchen-Schemas" ein Fürsorgeverhalten gegenüber jungen Lebewesen nahelegt, gegenüber einem Säugling ebenso wie gegenüber einem jungen Dackel.
Die Psychologie hat solche Gestaltwahrnehmung in den bekannten Wechselbildern aufgezeigt, wo sich zudem unsere Betrachtungsperspektive jeweils von einem "Bild" auf das andere verschieben kann, indem ein ruckartiger Umschlag der jeweiligen Gestaltwahrnehmung erfolgt (vgl. dazu Abb. 8).

Bereits eine solche einfache Erfahrung des Perspektivenwechsels sollte uns Anlaß genug sein, unsere Schemata bei der Beurteilung anderer Menschen dann zu überprüfen, wenn wir über keine größere Variationsbreite verfügen als etwa über das Schema von "Gut und Böse" oder von "Schwarz und Weiß".
Durch die Entwicklung von Schemata aufgrund subjektiver Wertsetzung entstehen in unseren Vorstellungen sog. "Vorbilder, Denkmuster, Motivationsfiguren u. dgl.", die gleichzeitig auch eine Konditionierbarkeit von bestimmten Vorstellungen ermöglichen; die Grundlagen dafür liegen im limbischen System (vgl. Abbildung 5). Diese Tatsache ist beim dressierten Tier ebenso zu beobachten wie bei dem auf Belohnung und Strafe reagierenden Kind.

Konditionierung ist zunächst wertneutral zu betrachten; sie gibt uns auch bestimmte Sicherheit im Verhaltensbereich. Trotzdem wäre es interessant, einmal näher zu erforschen, *wieviele* unserer Verhaltensweisen - wie etwa das Bedürfnis zum Fotografieren eines Sonnenuntergangs - nur einem Akt reiner Konditionierung durch entsprechende "Vor-Bilder" zu verdanken sind. Denn es leuchtet ein, daß solch ein massenhaft beobachtbares Phänomen des "Festhaltenwollens" auf Bild und Video noch überhaupt nichts mit der wirklichen "Erfahrung" eines Sonnenuntergangs zu tun haben muß. Alle Werbung demonstriert uns ja eine solche "Konditionierbarkeit von Vorstellungen", ohne entsprechende eigene Erfahrungen jemals gemacht zu haben. - Wieviele Raucher sind wohl wirklich wegen einer Zigarette "meilenweit" gegangen?

Abb. 8: Umschlag der Gestaltwahrnehmung

Quelle: (47)

Natürlich wissen wir, daß Denkmuster oder Vorbilder eine Hilfe für unser Vorstellungsvermögen darstellen, wozu z.B. auch die in dieser Arbeit verwendeten Grafiken und Schemata beitragen sollen! Letztlich aber - und darauf zielt ja diese Arbeit im Grunde ab - können alle Vorstellungen *anderer* nur ein Anstoß zum Aufbau *eigener* Erfahrung sein! Und erst wenn wir mehrere Wahrnehmungen und Vorstellungen - die sich eigentlich nur auf bloße "Dinge" beziehen - miteinander zu einem "Dingzusammenhang" verbinden, kommen wir zu dem, was wir schließlich eigene *"Erfahrung"* nennen. So bringt jeder Leser beim Betrachten von Denkschemata anderer bereits einen eigenen Denkzusammenhang mit, mit dessen Hilfe er die anderen Vorstellungen zunächst einordnet, also kategorisiert. Deshalb sprechen wir hier auch von dem begrifflichen Hilfsmittel der "Kategorien"; und als solche kategorischen Hilfsmittel bieten sich beim Aufbau unseres Bewußtseins z.B. die Erfahrungen eines "Ursache-Wirkungs-Zusammenhangs" oder die einer "Ziel-Zweck-Beziehung" an.
Es besteht somit ein erheblicher Unterschied darin, aus welchem Bewußtseinsstand wir einer bestimmten Arbeit nachgehen: ist sie vom Ziel des "Viel-Geld-Verdienens" bestimmt mit dem Zweck, sich "alles leisten" zu können, oder ist sie mehr das Ergebnis einer inneren Notwendigkeit, etwa Musik zu machen, etwas zu konstruieren oder Menschen zu heilen.

Wenn in der beruflichen Weiterbildung, in Managementseminaren oder im Studium als sog. Schlüsselqualifikation heute "Kommunikationsfähigkeit" gefordert wird, dann wäre zuerst einmal herauszustellen, daß der Erwerb bestimmter Verhaltenstechniken in der Gesprächsführung nicht ausreicht, um dieses Phänomen ganz zu verstehen. Deshalb ist zunächst deutlich zu machen, daß damit immer eine *Erweiterung unseres Bewußtseins* zur Disposition steht. Das gilt vor allem auch für alle sozialpädagogische Beziehung im Berufsfeld, und wenn wir im Zusammenhang mit der Zukunftsproblematik von der Notwendigkeit eines "neuen Bewußtseins" reden, hat dies nur insoweit seine Berechtigung, wenn unter *Kommunikation* jenes Vermögen verstanden wird, die *"Teilnahmefähigkeit am intersubjektiven Erfahrungsaustausch"* auszubilden. Diese Fähigkeit beruht auf einer erweiterten Selbst-Kompetenz, die es dem Menschen in erster Linie ermöglicht, mit sich selbst im Gespräch zu bleiben. In der menschlichen Kommunikation geht es nur oberflächlich um den Austausch von Nachrichten, die man mit Hilfe eines "Sender-Empfänger-Modells" verstehen lernen kann. Darauf wurde inzwischen in der Soziologie und in der Allgemeinen Psychologie sehr lebensnah aufmerksam gemacht, so daß gerade für die Andragogik hilfreiche Ansätze vorliegen.(48)

Aufbau	**Stichwort**	**Begriffs-System**
Empfindung (äußerer Sinn)	Perzeption	Raumaspekt
Wahrnehmung (innerer Sinn)	Apperzeption	Zeitaspekt
Vorstellung	Interesse	Schemata
Erfahrung	Identität	Kategorien

aus Erfahrung ...

... folgt Bewußtsein;

daraus folgt Erkenntnis und Wissen

Abb. 9 Aufbau von Erfahrung; Zustandekommen von Wissen

Darüber hinaus aber lassen sich weitere "Tiefenschichten" dieses menschlichen Phänomens beschreiben, denn Kommunikation berührt den Menschen existentiell, und das heißt bis in den tiefsten Grund seines "Selbst". Und es ist ganz wesentlich herauszustellen, daß ein gelingendes Gespräch die innere Bereitschaft des Menschen voraussetzt, weil *jede Bewußtseinserweiterung letztlich nur aus der Offenheit für neue Erfahrung entsteht*. Meine Bereitschaft, mich auf Neues einzulassen, hängt jedoch gleichzeitig auch von meiner Mitwelt und meiner Umwelt ab, also von der gesellschaftlichen Infrastruktur, die mir dazu die sichernden Mindestvoraussetzungen schafft. Hierzu sei zurückverwiesen auf jene Überlegungen zur "Raum-Zeit-Perspektive menschlicher Existenz", wie diese in Abbildung 2 bildlich dargestellt ist. Denn nur im Maße einer Mitgestaltungsmöglichkeit an diesen Grundlagen unserer Um- und Mitwelt - etwa an unseren Arbeitsbedingungen - wird sich auch unsere Fähigkeit zur Kommunikation ausbilden können. Das gilt es in jeder Teamarbeit und in jeder beruflichen und gesellschaftlichen Zusammenarbeit zu berücksichtigen. Gemeinsame Gestaltung im Austausch mit anderen ist die wesentlichste Voraussetzung dafür, daß sich der einzelne auch mit der gestalteten Sache verbunden fühlen kann.

Fassen wir die bisherigen Überlegungen zusammen und bedienen uns dabei des Vorstellungsschemas in Abbildung 9:
Wir kommen also über die Erfahrung zu Bewußtsein und über reflektierte Erfahrung somit zu Erkenntnis. Und da es nicht eine Erkenntnis "an sich" gibt, sondern nur "Erkenntnis von ..." oder "Erkenntnis des ...", sind verschiedene Erkenntnisebenen und -horizonte zu unterscheiden. Solche Erkenntnis kann ich dann - wie es in diesem Satz geschieht - als ein Wissen im Sinne einer Art "Erkenntnisspeicherung" festhalten. Erkenntnis kann ich "empirisch" gewinnen, entweder auf dem Wege wissenschaftlichen Arbeitens oder durch Erfahrung von "Versuch und Irrtum" im Leben. Da aber bei jeder empirisch fundierten Erkenntnis die Gefahr einer "eingefahrenen" Sichtweise besteht - und wir neigen aus vielerlei Gründen dazu -, bedarf es immer einer zusätzlichen Bewußtmachung des jeweiligen Erkenntnishorizonts bzw. Erkenntnisinteresses.
Deshalb wird auch der Begriff der "Kommunikationsfähigkeit" im Rahmen innerbetrieblicher Weiterbildung zunächst anders strukturiert sein, als jener in einem philosophischen Seminar. Denn alles "Wissen" - das ich für weitere Erkenntnisse speichere - ist ja niemals zweckfrei zu sehen, sondern es unterliegt ebenso einer Intention oder einem Interesse wie alle meine Wahrnehmung und Erfahrung. Der gesamte Erfahrungsvorgang besagt im Grunde, daß es letztlich kein "zweckfreies Wissen" gibt, weil alles Wissen einem "Anders-werden" dessen dient, der Erfahrungen macht.(49)

So können wir den Begriff des *"Wissens"* kurz als ein *"Handlungsvermögen der Erkenntnis"* bezeichen.(50) Nur in dem Grade, in dem meine Handlungsfähigkeit auch erweitert ist, kann von eigentlichem Wissen gesprochen werden. Und an solchem Begriffsverständnis muß sich letztlich alles nur auswendig gelernte "schulische Wissen" messen lassen. - In der betrieblichen Weiterbildung hat man inzwischen erkannt, daß alles im Seminar angeeignete "Wissen" nur bedingt als solches brauchbar ist, weshalb man immer mehr dazu übergeht, Weiterbildung mit der praktischen Umsetzung am Arbeitsplatz (training on the job) zu verbinden.

Vielheit von Identitäten

Die Mannigfaltigkeit individueller Erfahrungen im Laufe des Lebens bildet eine "Identität" im Menschen aus, die nicht nur für andere eine "Identifizierung" der Person erlaubt, sondern die eine Identifikation mit dem eigenen "Selbst" ermöglicht. Nun hat Erfahrung aber - als Erfahrung der äußeren wie der inneren Welt - mit *allen* Dimensionen unseres "Selbst" zu tun. Und da mir niemals alle Aspekte dieses "Selbst" bewußt sind, ergeben sich manche Zweifel an der eigenen Identität. Etwa: "Das soll ich letzte Woche wirklich gesagt haben? Daran kann ich mich nicht mehr erinnern!" Und wenn mir andere in einem für meine Person wichtigen Aspekt das Gegenteil nachweisen können, dann irritiert mich das trotz aller Gewißheit einer Identität.

> *Denn im allgemeinen verstehen wir unter "Identität" das, "was einen glauben läßt, man sei an diesem Ort und zu diesem Zeitpunkt derselbe wie an jenem Ort zu jenem Zeitpunkt, in der Vergangenheit oder in der Zukunft; sie ist all das, womit man identifiziert wird."(51)*

Mit vielen Erfahrungen meiner Vergangenheit - zu denen ich zwar heute noch stehe - fühle ich mich aber nicht mehr identisch. Es hat sich somit etwas in mir verändert. Das ist ebenso selbstverständlich wie die Tatsache, daß sich mein "Ich" im beruflichen Kollegenkreis anders gibt als zu Hause in der Familie. Und wenn mir jemand im

Straßenverkehr die Vorfahrt nimmt, dann kann es sogar passieren, daß ich ganz "außer mir" gerate und mich ernstlich frage, ob ich mit diesem "unbeherrschten Menschen" überhaupt etwas gemein habe.
Da ich mich natürlich auch als höflichen und freundlichen Menschen kenne, liegt die Frage nach dem Charakter der Persönlichkeit nahe oder aber zunächst die Überlegung, wie weit wir von einer uns durch das Leben begleitenden "Identität" überhaupt reden können. Dabei scheint sich die Frage nach solcher "Ganzheitlichkeit" der Person - bei der gegenwärtigen Inflation dieses Begriffes - auch besser für theoretische Abhandlungen zu eignen, als für das Leben selbst.

Tatsächlich haben sich die Human- und Sozialwissenschaften in unserem Jahrhundert intensiv mit dem Identitäts-Begriff beschäftigt, insbesondere im Zusammenhang mit der Entwicklung und Erziehung des Menschen. Das geschah vor allem vor dem Hintergrund eines alten Streitpunktes, nämlich der Frage, ob und inwieweit die Umwelt den Menschen in der Entwicklung prägt, oder ob es mehr die Anteile individueller Vererbung, Veranlagung und Lebensgestaltung sind. Viele Erziehungstheorien lassen sich auch nach dieser "Entweder-Oder-Frage" unterscheiden, auch wenn immer mehr versucht wird, beiden Aspekten theoretisch gerecht zu werden. Deshalb bedarf es auch eines kurzen Blicks auf die wissenschaftlich fundierten Überlegungen zum Identitätsbegriff, bevor wir unsere bisherige Gedankenführung zur Bedeutung individueller Erfahrung wieder aufgreifen.
Fragen wir zunächst nach den Erkenntnissen in der Sozialpsychologie, also jener Disziplin, die sowohl auf Forschungen soziologischer wie auch persönlichkeits- und entwicklungspsychologischer Ansätze zurückgreift. Ende der achtziger Jahre dieses Jahrhunderts kommt dabei Heiner Keupp zu folgendem Ergebnis:

> *"Die Suche nach Identität ist ein Thema mit einer beeindruckenden und geschichtsmächtigen Karriere, das auf seine alten Tage noch einmal einen Höhepunkt feiern kann. Oder ist es der Abgesang? Es ist ein Thema, das sich nicht nur in einschlägigen Fachkreisen größter Beliebtheit erfreut (...), sondern längst einen bemerkenswerten Stellenwert auch im literarischen und politischen Diskurs erlangt hat (...). Der auffälligste Zug dieses neuerwachten Identitätsinteresses ist seine Widersprüchlichkeit*

selbst. Auf dem Markt der gedanklichen Möglichkeiten werden extrem unterschiedliche, sich gegenseitig ausschließende Konzeptionen vertreten. Konsens zeichnet sich nicht ab, er wäre ja auch ein Wunder angesichts der Konkurrenz von Deutungsalternativen, die vom >Tod des Individuums< oder der >Liquidation des Subjekts< bis zu einer emphatischen Besetzung einer befreiten Identität oder dem >wahren Selbst< reicht."(52)

Wie überall in den Wissenschaften vom Menschen begegnen wir also einer Vielzahl von Sichtweisen und für den Bereich der Erwachsenenbildung stelle ich mir immer die Frage, nach welchen Kriterien wohl der Sozialpädagoge, die Erzieherin oder der Berufspädagoge sich daraus das "brauchbar" Erscheinende für ihr Alltagshandeln aussuchen. Wie lebensnah sind zudem wissenschaftliche Erkenntnisse, wenn Vertreter einer einzigen Disziplin bereits so charakterisiert werden wie im o.a. Zitat?

Nun lassen sich in der Diskussion um den Identitätsbegriff eindeutig zwei Perspektiven unterscheiden, die den Entwicklungsprozeß des Menschen einmal überwiegend

- als Sozialisationsgeschehen (gesellschaftlicher Aspekt)
- bzw. als Individuationsgeschehen (individueller Aspekt)

betrachten.(53) Inzwischen ist man in den meisten Lehrbüchern der "modernen Entwicklungspsychologie" bestrebt, das "Wesentliche der verschiedenen Richtungen" zu vereinen.(54) Auch wenn manche Wissenschaftler solch eine Vorgehensweise der Theorieverknüpfung ablehnen, so finden sich für integrative Ansätze gute Gründe in der Wissenssoziologie selbst.

Denn menschliche Identität wird einerseits zweifelsfrei in "gesellschaftlichen Prozessen" gestaltet und wird wiederum "durch gesellschaftliche Beziehungen bewahrt, verändert oder sogar neu geformt". Und bei diesem Geschehen spielt die jeweilige Gesellschaftsstruktur natürlich eine entscheidende Rolle - das können wir bei jedem Urlaub in fremden Ländern bis in die alltäglichsten Gewohnheiten und Verhaltensweisen nachvollziehen.

Aber gleichzeitig gilt, daß unsere "Identität" - die ja "durch das Zusammenwirken von Organismus, individuellem Bewußtsein und Gesellschaftsstruktur" zustande kommt - umgekehrt auch auf die "vorhandende Struktur" wirkt, sie bewahrt, sie verändert oder sogar neu gestaltet.(55) Damit ist wiederum jenes Wechselwirkungsverhältnis beschrieben, das wir bereits aus entwicklungspsychologischer Sicht als Vorgang der "Assimilation" und der "Akkomodation" kennengelernt haben.

In unserem Lebenslauf, also über die gesamten Wachstums- und Reifungsprozesse, erfahren wir aber auch Entwicklungsschritte, die unseren jeweils erreichten Status einer "Identität" immer wieder krisenhaft in Frage stellen; sei es durch einen inneren Wertkonflikt oder sei es durch äußere Konfrontation mit nicht akzeptierbaren gesellschaftlichen Normen und Werten. Daß sich die Identität des Menschen im Laufe des Lebens durch die Bewältigung solcher Krisen erst formt, hat in der wissenschaftlichen Diskussion der Beitrag von Erik H. Erikson sicherlich mit am deutlichsten aufgezeigt.
Erikson geht in seinem Aufsatz über "Wachstum und Krisen der gesunden Persönlichkeit"(56) der Frage nach, von welchen Faktoren eine gelingende Identitätsbildung abhängig ist, wobei er solch ein Gelingen jeweils als einen *"Fortschritt autonomen Handelns"* begreift. Zwar gilt es, die Kritik an Eriksons Phasenmodell ernstzunehmen,(57) doch wird davon die Stimmigkeit einiger seiner Grundaussagen zum Entwicklungsgeschehen nicht berührt.
Deshalb sollen zwei Phasen dieses Modells besonders herausgestellt werden, da sie zudem in ihrem psychoanalytischen Erklärungsansatz ebenso gesichert sind, wie wir diese Phasen auch aus unserer eigenen Lebenserfahrung heraus nachzuvollziehen vermögen.
Die eine Phase, die in das erste Lebensjahr des Kindes fällt, bezeichnet Erikson als Konfrontation von "Ur-Vertrauen gegen Ur-Mißtrauen". In dieser Zeit der "Einverleibung" (oder "Oralität" nach S. Freud) werden die Triebwünsche des Kindes innerhalb des jeweiligen kulturellen Rahmens befriedigt. Voraussetzung für einen gelingenden Identitätsaufbau ist dabei das zu fördernde Grundgefühl des Kindes eines "Sich-Verlassen-Dürfens", das nach Erikson auch als "Eckstein der gesunden Persönlichkeit" bezeichnet werden kann.(58) Wie bedeutsam dieses Ur-Vertrauen für alle menschliche Entwicklung ist, hat ja die sog. Hospitalismus-Forschung (René Spitz) aufgezeigt, und viele pädagogischen Ansätze haben inzwischen dazu umfassende Erkenntnisse beigetragen.(59)

Die andere Phase, die hier aus der Perspektive unserer Arbeit zur Selbstfindung als bedeutsam herauszustellen ist, beschreibt die Zeit der Pubertät, also die Phase der physischen Geschlechtsreife in der Adoleszenz. Alle dieser Phase vorausgegangenen Stufen mit den jeweils entwickelten "Werten" münden in diese Phase der Ausbildung von "Ich-Identität". Damit bezeichnet Erikson das Vertrauen des Menschen darauf, "daß der Einheitlichkeit und Kontinuität, die man in den Augen anderer hat, eine Fähigkeit entspricht, eine innere Einheitlichkeit und Kontinuität (...) aufrechtzuerhalten".(60)

Soweit aber der Aufbau einer solchen "vertrauenden Haltung" nicht gelingt, besteht die Gefahr der "Identitätsdiffusion", was sich wiederum auf das gesamte spätere Leben auswirkt. Wir müssen uns vergegenwärtigen, daß in dieser Zeit auch die Ablösung von den Eltern zu erfolgen hat, ohne deren Gelingen alle Entwicklung zur Selbständigkeit eigener Lebensgestaltung beeinträchtigt wird. Die Schwierigkeiten auf dieser Stufe der Identitätsfindung verfolgen auch den erwachsenen Menschen oft noch über das ganze Leben.(61)

Insbesondere für Sozialpädagogik und Sozialmanagement gilt es, diesen besonderen Aspekt der Identitätsfindung des einzelnen und seiner Reflexion auch als berufsspezifische Voraussetzung selbst zu erkennen. Bisher wurde nämlich jene Tatsache einer Vater- oder Mutterbindung nur im therapeutischen Bereich aufgearbeitet. Im Grunde aber betrifft diese Problematik die ganz "normale" Entwicklung jedes Menschen. Uns selbst fällt es sehr schwer, die Notwendigkeit einer Aufarbeitung z.B. einer Sohn-Mutter-Bindung einzusehen. Einfacher ist es da schon, sich über Loriots Film vom "Ödipussi" zu amüsieren, der uns die kindliche Abhängigkeit des erwachsenen Sohnes, eines selbständigen Unternehmers (!), vorführt.
Zur Herausbildung einer befriedigenden beruflichen Identität gilt es deshalb in allen Sozialberufen - wie überhaupt in den Berufszweigen, die mit Menschenführung befaßt sind -, zu beachten, daß die "professionalisierte Bearbeitung von Biographie und Identität"(62) eine wesentliche Voraussetzung des beruflichen Selbstverständnisses darstellt.

Verlassen wir jetzt den sozialpsychologischen Erklärungshorizont, der uns mit den dargestellten Modellen durchaus hilfreich ist, und wenden wir uns wieder unserer Perspektive zu, die den Prozeß der Selbstfindung mehr von der Erfahrbarkeit des Lebensalltags her aufzugreifen sucht. Und gerade die Aussage, daß in bestimmten Lebensphasen bestimmte Entwicklungsschritte (meist verbunden mit Krisen) bewältigt werden müssen, damit "Ich-Identität" gefestigt wird, steht andererseits scheinbar in einem Widerspruch zu einer weiteren Lebenserfahrung.
Wie soll man "Ich-Identität" als ein ganzheitliches Merkmal der Person verstehen, wenn mein "Ich" im Berufsalltag offenbar nicht identisch ist mit meinem "Ich", das im Fußballstadion mit anderen zusammen begeistert aufschreit oder das in einer religiösen Feier in Andacht versunken ist? Was ist in diesen drei Lebensbereichen von mir wirklich identisch?
Um darauf eine Antwort zu geben, erscheint es notwendig, sich einer Erklärungsebene der philosophischen Phänomenologie zu bedienen. Diese Ebene ist umfassender, weil sie auch eine soziologische Dimension und teilweise auch eine psychologische Perspektive mit enthält. Das soll mit zwei Grundaussagen verbunden werden.
Einmal ist solch ein "Wechsel der Ichform" - wie eben beschrieben - im Menschen nicht nur möglich, sondern auch notwendig, um verschiedenen Menschen und auch Situationen *ihrer Eigenheit* gemäß begegnen zu können. Wie könnten wir sonst die anderen verstehen? Zum anderen ist diese "Struktur verschiedener Ichkomponenten"(63) niemals statisch zu verstehen, sondern immer nur in einem dynamischen und das heißt in einem evolutionären Sinne; so zu verstehen also, wie wir das "Bewußtsein" überhaupt zu verstehen haben.(64) Und deshalb haben wir die Fähigkeit zur Kommunikation als eine "Teilnahmefähigkeit am intersubjektiven Erfahrungsaustausch" beschrieben.

Der Wechsel einer Ichform ist ja nichts anderes als eine "Änderung des Bewußtseins",(65) nämlich dahingehend, daß jeweils eine andere im Menschen selbst entstehende Gesprächsposition sich im Gespräch neu "öffnet". Wir haben ja auch bereits bei der naturwissenschaftlichen Betrachtung des Bewußtseins erfahren, daß mit "Bewußtsein" nur verknüpft ist, was "neu" ist. Dieses evolutionär fundierte Prinzip

bedeutet somit, daß der Begriff der Identität niemals nur statisch, sondern vielschichtig und gleichzeitig auch dynamisch zu verstehen ist. Identität bildet sich also entsprechend der Offenheit für einen Perspektivenwechsel jeweils neu heraus.
Jedes "Gesprächs-Ich" bildet sich somit erst *in dem Wahrnehmungserlebnis dieses Gesprächs* heraus. Damit wird gleichzeitig auch deutlich, daß der Mensch zur Entwicklung einer Ich-Identität jeweils auf den anderen und das Gespräch mit ihm angewiesen ist. Und damit mag aus einer anderen Perspektive verständlich werden, wenn Martin Buber von der "Ich-Werdung" des Menschen am "Du" spricht.

In der überkommenen Vorstellung eines naturwissenschaftlichen Denkens ging man bisher davon aus, daß der Mensch als ein in sich abgeschlossenes "Subjekt" (i.S. einer fertigen Ich-Identität) jeweils wiederum anderen in sich abgeschlossenen "Objekten" (auch i.S. fertiger Ich-Identitäten) gegenübertritt. Erst die moderne Physik hat auch die Humanwissenschaften wieder darauf aufmerksam gemacht, daß es diese "Subjekt-Objekt-Trennung" gar nicht gibt und man nur von einer wechselseitigen Verbundenheit beider Aspekte ausgehen darf.
Für das Verständnis des menschlichen Zusammenlebens und dessen Entwicklung müssen die Konsequenzen daraus erst noch erkannt und gelebt werden. So bedeutet das vor allem, daß bei der Begegnung von Lehrenden und Lernenden der anzustrebende "Bildungsprozeß" immer *beide Seiten* berührt und daß sich erst im Öffnen für die jeweilige Situation menschliche Persönlichkeit auf beiden Seiten entwickelt. Vor allem bei allen Weiterbildungsansätzen Erwachsener ist diese Aussage von entscheidender Bedeutung.
Nicht mein "Ich" und dasjenige des Seminarteilnehmers stehen sich im Lernprozeß gegenüber und "machen" Erfahrungen. Vielmehr gilt es nochmals herauszustellen: *"Das Ich kommt in den Wahrnehmungserlebnissen vor, nicht die Wahrnehmungserlebnisse im Ich."*(66)
Was hier manchem als reine Gedankenspielerei erscheinen mag, hat in Wirklichkeit einen sehr bedeutsamen Bezug zu unserer Lebenswelt. Wir haben bereits an anderer Stelle die Aussage herausgestellt, daß "Bewußtsein und Zwiespalt mit sich selbst unzertrennlich verbunden sein müssen". (E. Schrödinger) Was hier als Zwiespalt bezeichnet wird, ist letztlich aber nur der Unterschied zwischen verschieden erlebten "Ich-Identitäten" in mir selbst.

Mein "Ich" im beruflichen Gespräch muß zwangsläufig ein anderes sein als jenes im Familienkreis, und es wird auch jeweils ein anderes "Ich" in mir angesprochen bzw. bildet sich erst heraus. Das hat mit den verschiedenen "Rollen" des Lehrers und des Familienvaters nur auf der soziologischen Erklärungsebene etwas zu tun, weil Rollen die gesellschaftlichen Zuschreibungen darstellen, die ich akzeptieren oder ablehnen kann. Unabhängig von verschiedenen Rollen besteht aber eine Vielzahl von "Ichen" in mir, und wir haben im Laufe des Lebens gelernt, die Perspektiven auch spielerisch zu wechseln. Das formelle "Auf Wiedersehen" zu meinem Chef kann spontan an der nächsten Straßenecke wechseln zum "Servus" gegenüber dem Clubkameraden. Wird der Chef überraschend Mitglied in diesem Club, werde ich anfangs einiges an Zwiespalt in mir erfahren in bezug auf die Anrede: Welches "Ich" will sich jetzt wohl melden und welches will (soll) den neuen Clubkameraden ansprechen?

Alle unsere "Identitäten" entstehen mit fortschreitender Lebenserfahrung jeweils nur aus einem Komplementärverhältnis zu anderen. Das gilt für jede Art von Identität, die wir sowohl als "gelingende" oder als "mißlingende" bezeichnen. So kann die *fachliche Identität* als Chirurg im Krankenhaus einerseits von allen Kollegen bestätigt werden, während gleichzeitig die *soziale Identität* der gleichen Person äußerst fraglich erscheint, wenn dieser Chirurg beim Kaufhausdiebstahl ertappt wird.
Bei jeder Beurteilung der Gesamtpersönlichkeit eines Menschen kommt es entscheidend auf dieses Verständnis einer Vielfalt von Identitäten an, denn wir wissen, daß "sozial abweichendes Verhalten" beim Menschen auch ein (innerlich notwendiger) Protest auf dem Wege der Selbst-Findung sein kann. Aus tiefenpsychologischer Erkenntnis wissen wir, daß diese Tatsache nicht nur eine Erscheinung des Pubertätsalters ist, sondern auch in anderen Lebensphasen auftreten kann. So sind viele Verhaltensweisen in der "Krise der Lebensmitte" auf ähnliche seelische Vorgänge zurückzuführen.
Wenn wir im gesellschaftlichen und im beruflichen Lebensbereich ein gegenseitiges Verständnis fördern wollen, dann ergeben sich aus dem bisher Ausgeführten erhebliche Konsequenzen in der gegenseitigen Einschätzung. So können wir z.B. nicht von einem "Rechtsradikalen" oder von einem "Wirtschaftskriminellen" *an sich* sprechen, weil jeder

Mensch in sich verschiedene Identitäten umfaßt. Im einen Fall kann die politische Identität als radikale Einstellung übermäßig stark ausgeprägt sein; das schließt aber nicht aus, daß der so charakterisierte Mensch zweifellos auch sozial akzeptable Seiten besitzt. Im anderen Fall kann die berufliche Identität des Wirtschaftskriminellen in der Öffentlichkeit voll anerkannt sein, während seine soziale Identität im Aufbau mißlungen ist.

Mit dieser Modellvorstellung einer *Vielheit von Identitäten* haben wir ein sehr brauchbares Erklärungsinstrument für menschliche Verhaltensweisen und das heißt vor allem zum besseren Selbstverständnis gewonnen. Natürlich sehen wir den "Splitter" im Auge des anderen viel deutlicher als den "Balken" im eigenen Auge, weshalb sich auch andere Menschen besser zum Exempel eignen. Und wenn wir fragen, was ist der "Subventionsbetrüger" für ein Mensch, was der "Waffenexporteur", was der "Bankräuber" und was der "Steuerhinterzieher", dann merken wir sehr schnell, daß eine so grobe Einteilung der Menschen wie in "Gut und Böse" nicht mehr ausreicht. Schließlich müssen wir uns - wenn wir ehrlich sind - mit manchen dieser unakzeptablen Verhaltensweisen selbst identifizieren.

Aus der vor einigen Jahren in der Bundesrepublik aufgedeckten Parteispendenaffäre könnte man sonst nur den Schluß ziehen, daß der überwiegende Teil aller Politiker "Betrüger" und "Verbrecher" sind, weil sie zweierlei Rechts- bzw. Unrechtsbewußtsein in sich entwickelt haben. Denn diese alle sind *für* eine Bestrafung des Ladendiebes und verdrängen gleichzeitig ihren Diebstahl am Volksvermögen, wobei sie natürlich dafür "lautere" Gründe angeben. - Gehen wir aber von unserer Modellvorstellung aus, dann liegt es nahe, anzunehmen, daß eben die politische, die demokratische, die soziale oder die moralische Identität der betreffenden Personen sehr unterschiedlich ausgeprägt und entwickelt ist. Zur Selbst-Kompetenz in der Persönlichkeitsentwicklung gehört es aber, solche inneren Zwiespältigkeiten zu erkennen und eine Integration anzustreben; andernfalls kann der einzelne Mensch niemals im öffentlichen Leben glaubwürdig sein. Und irgendwie haben wir alle ein Gespür für die Unglaubwürdigkeit einer Persönlichkeit.

Ein entscheidender Faktor ist noch darin zu sehen, daß sich jede Identität nur aus einem Komplementärverhältnis zu anderen entwikkelt. Wenn heute ganz aktuell von einer "Politikverdrossenheit" des

Bürgers geredet wird, dann beruht dies immer auch darauf, daß sich solch eine "Identität" im Bürger erst an einem Gegenüber - also dem Politiker - herausbildet. Und ebenso gilt dies auch für die in der Politik handelnden Menschen, weil sich deren politische Identität am Maße der Grundstimmung ihrer Wähler bestimmt.

Für unser Thema der Selbst-Kompetenz im Zusammenhang mit Führungsverhalten in Berufs- und Sozialpädagogik haben wir mit der Vorstellung einer Vielheit von Identitäten im Menschen einen entscheidenden Schritt getan, auch wenn es im Einzelfall jetzt erst konkreter Vertiefung und Interpretation bedarf. Die Wechselbedingtheit im Aufbau unserer Identitäten stellt sicherlich eine Herausforderung an unser Akzeptanzvermögen dar. Vielleicht wird das einsichtiger an der Formulierung, die Ronald D. Laing dazu gewählt hat:

> *"Eine Frau kann ohne Kind nicht Mutter sein. Sie braucht ein Kind, das ihr die Identität einer Mutter gibt. Ein Mann braucht erst eine Frau, um ein Ehemann zu sein. Ein Liebhaber ohne Geliebte ist nur ein Möchte-gern-Liebhaber. Tragödie oder Komödie, je nach Standpunkt. Alle >Identitäten< erfordern einen Anderen: einen Anderen in einer und durch eine Beziehung, mit der sich Selbst-Identität verwirklichen läßt. Der Andere kann einem durch seine Aktionen eine ungewollte Identität aufdrängen. Dem gehörnten Ehemann kann diese Identität gegen seinen Willen aufgedrängt worden sein."(67)*

Was aber, so wäre abschließend zu fragen, bleibt dann in mir so konstant, daß es mich tatsächlich durch das ganze Leben trägt, wenn sich Identitäten immer neu entsprechend unserer Bewußtseinsentwicklung aufbauen und verändern und wir sogar von verschiedenen Ich-Identitäten sprechen?
Dieser Frage werden wir im nächsten Abschnitt nachgehen, wenn wir uns mit dem Begriff des "Selbst" befassen. Zumindest mag nachvollziehbar geworden sein, warum wir eine solch deutliche begriffliche Trennung zwischen einem "Ich" und einem "Selbst" vornehmen müssen.

3.3 Das Selbst als der Kern jeder Individualität

Eigentlich bin ich ganz anders,
ich komme nur so selten dazu.
(Ödön von Horvath)

Selbst-Bewußtsein

Psychologische Betrachtungsweise der Thematik:
Wir haben mit unseren Überlegungen zur Identität des Menschen zuletzt darauf hingewiesen, daß es sehr viel näher liegt, sich diesen Begriff nicht als ein starres Gebilde vorzustellen, sondern daß uns die Modellvorstellung einer "Vielheit von Identitäten" menschliches Verhalten besser verstehen läßt.
Den Aufbau dieser unterschiedlichen Identitäten konnten wir als ein wechselbedingtes Geschehen des menschlichen Zusammenlebens darstellen, weil nur durch eine Beziehung zu anderen (im weitesten Sinne) die Selbstvergewisserung einer Identität möglich ist.
Was aber dieses Selbst für ein Begriff ist und wie wir ihn umschreiben können, ist im folgenden erst zu untersuchen. In unserem Alltagsverständnis - wie auch in der Persönlichkeitspsychologie selbst(68) - besteht wiederum kaum ein Zweifel daran, daß in jedem von uns solch ein sich entwickelnder "Wesenskern" der Person auszumachen ist. Wir können uns das am Beispiel von genial begabten Menschen leichter vor Augen führen. Von Thomas Mann (1875-1955) wird gesagt, daß er die Grundthemen seines dichterischen Schaffens - also alles das, was ihn innerlich bewegte - etwa bis zum fünfundzwanzigsten Lebensjahr "gefunden" hatte (1901 erschien der Roman "Buddenbrooks"); das restliche halbe Jahrhundert seines Lebens habe er dann für die Darstellung und Ausgestaltung aller jener Grundthemen benötigt. Psychologisch betrachtet heißt das, daß sich in dieser Zeit sein "Selbst" entwickelt hat.
Wenn wir in unseren Überlegungen zur Selbst-Kompetenz eine Antwort auf die Frage nach dem Wesen dieses "Selbst" suchen, müssen wir uns an dieser Stelle nochmals des wissenschaftlichen Betrachtungsstandpunktes vergewissern, den wir einnehmen können, um über eine Sichtweise der Lebenswelt hinaus auch wirklich einen Beitrag zu leisten für einen integrativen Ansatz in Sozial- und Berufspädagogik.

Im gleichen Maße, wie dies gelingt, ist damit aber auch eine brauchbare Grundlage für das berufliche Handeln im Lebensalltag geschaffen.
Wir haben bei der Beschreibung der Wirklichkeitsebenen individueller Welten (vgl. Abb. 6) zunächst einen naturwissenschaftlichen Standpunkt dargestellt; dieser geht davon aus, daß im Zentrum unserer Innenwelt ein Phänomen auszumachen ist, das man als "Ich", als "Selbst" oder als "Seele" bezeichnen kann. John C. Eccles haben wir dann mit seiner zweifellos subjektiven Auffassung zitiert, wonach für ihn in diesem "Kern des Selbst" *mehr* anzunehmen ist, als bloße mechanistisch erfaßbare materielle Prozesse. Er sprach deshalb von einem "sich seiner selbst bewußten Geist", um gleichzeitig auch die Grenzen objektiv wissenschaftlicher Erkenntnis deutlich zu machen.
Später haben wir dann im Zusammenhang mit den Begriffen von Bewußtsein und Unbewußtem eine andere naturwissenschaftlich fundierte Theorie des Physikers Erwin Schrödinger aufgegriffen, weil er den evolutionären Prozeß der Entwicklung des Bewußtseins als einen organismisch angelegten Vorgang beschreibt, in dem eine beständige "Selbstüberwindung" überkommener Strukturen im Gehirn des Menschen vonstatten geht. Danach nimmt der Mensch nur insoweit "Neues" in sich auf, als diese Vorgänge mit Bewußtsein verbunden sind. Eine noch so umfangreiche Wissensaneignung - etwa in der Schule - bleibt im Grunde nur ein "vorhandenes Wissen", wenn es nicht durch eine eigene Bewußtseinsleistung zu einem "zuhandenen Wissen", d.h. zu einer wirklichen Erkenntnis wird.
Nun gibt es gerade in der Psychologie viele theoretische Positionen (wie etwa den Behaviorismus), die alle Gehirnvorgänge, also auch alles zwischenmenschliche Geschehen und so auch die Entwicklung der menschlichen Identität(en) auf rein physikalische Weise über Speicherungsprozesse der Gedächtnisinhalte im Gehirn erklären. Die meisten "empirisch" arbeitenden Wissenschaftler vertreten solch eine Position einer "mechanistischen Theorie". Doch ist diese Haltung nicht nur für wissenschaftliche Theorien kennzeichnend, sondern charakterisiert auch eine in der Gegenwart verbreitete Weltanschauung.

Die rationalistische Grundhaltung der westlichen Zivilisation ist insgesamt von diesem mechanistischen Gedanken geprägt, sonst würde sie nicht die Lösung der Gegenwarts- und Zukunftspro-

bleme in immer weiterreichenden technologischen Projekten suchen. Gentechnologie und medizinisches Apparateverständnis sind nur zwei Ausdrucksweisen dafür.

Für eine solche Einstellung - von Wissenschaftlern wie auch von politischen Entscheidungsträgern - wird die mechanistisch-naturwissenschaftliche Begründung aber inzwischen immer fragwürdiger. Ja es läßt sich mit größerer Überzeugungskraft die These vertreten, daß sich menschliches Verhalten niemals "vollständig in physikalischen Begriffen" beschreiben läßt, und zwar deshalb nicht, weil jede Physik "das Bewußtsein des Betrachters voraussetzt".(69)
Dem Bewußtsein geht jedoch menschliche "Erfahrung" voraus und diese - so haben wir bisher gezeigt - ist notwendigerweise subjektiv. Zwar haben die meisten psychologischen Richtungen inzwischen "die subjektive Erfahrung als vorrangige Größe akzeptiert",(70) doch liegt vielen davon immer noch ein rein mechanistisches Verständnis der Biologie zugrunde. Das gilt vor allem auch für Freuds Position selber, die alle Erscheinungen auf bestimmte Ursachen zurückführte und so noch einem positivistisch-materialistischen Denken verhaftet war.(71)
Dieses überkommene Denken vom Wesen des menschlichen Bewußtseins ist aber nicht plausibler als ein wie immer geartetes Verständnis vom menschlichen "Geist" oder als jene "interaktionistische Theorie" von Rupert Sheldrake, wonach vergangene mentale Zustände (also z.B. Gedanken, die ich mir gestern gemacht habe) direkt auch gegenwärtige Zustände zu beeinflussen vermögen, ohne daß diese Vorgänge mit den herkömmlichen physikalischen Theorien erklärbar wären.

Was aber bedeutet das alles schließlich für unsere Überlegungen zur Selbst-Kompetenz des Menschen? Sehr viel, und zwar zur theoretischen Begründung der Darstellung wie auch zur praktischen Schlußfolgerung in der Lebenswelt.

Die für unsere Arbeit entscheidende Schlußfolgerung lautet, daß ein "bewußtes Selbst" im Menschen der entscheidende Faktor für seine Entwicklung und für alle Verhaltensänderungen im Lebenslauf ist. Dieses "Selbst" ist jedoch nicht als ein irgendwie geartetes "geistiges" Phänomen verstehbar, das neben die "körperlichen" Phänomene zu stellen wäre; vielmehr dürfte die über-

kommene Vorstellung von Materie und Geist viel eher zu ersetzen sein durch eine Vorstellung von "Ganzheitlichkeit", die unsere abendländische Dreiteilung in Körper, Seele und Geist nicht mehr haltbar erscheinen läßt.

Die Strukturen des Bewußtseins in diesem Verständnis sind also nicht mehr losgelöst vom "biologischen Körper" zu betrachten. Es läßt sich mit R. Sheldrake viel eher sagen, daß auch nach dem "gesunden Menschenverstand" bewußtes Selbst und Körper zusammenwirken.(72)

Und des weiteren ergibt sich daraus die Folgerung, daß nicht nur unser menschlicher Körper eine Entwicklungsgeschichte enthält (vgl. das Retikularsystem und das limbische System), sondern daß auch unser "Geist" oder unsere "Psyche" ähnlich entwicklungsgeschichtlich strukturiert sind.
Denn ebenso, wie die Struktur unseres Körpers "auf dem allgemeinen anatomischen Muster des Säugetiers beruht", hat auch der menschliche Geist eine ähnliche Entwicklungsgeschichte, und wir finden deshalb in unserer Psyche vergleichbare Relikte einer "geistigen" Stammesentwicklung.(73)

Ohne die Stimmigkeit dieser Grundaussage wären viele von Freuds theoretischen Positionen (z.B. der sog. Ödipus-Komplex) nicht haltbar. Im übrigen finden wir den Zusammenhang von Bewußtsein und Unbewußtem im biologischen Entsprechungsverhältnis der linken und der rechten Gehirnhälfte bereits deutlich vorgeprägt.

Damit aber ist jener Begründungsansatz vertieft, wonach wir neben einer naturwissenschaftlichen Erklärung des Zusammenhangs von Bewußtsein und Unbewußtem auch eine (tiefen-)psychologische Betrachtungsebene stellen müssen. Ohne diese wären wir auch nicht in der Lage, eine alltagsnahe Hilfestellung daraus für unsere Lebensgestaltung zu bekommen. Allerdings müssen wir uns hierzu noch einen wesentlichen Aspekt vor Augen führen:
Zwischen dem, was wir Bewußtsein nennen ("... ich bin mir dessen bewußt, daß ..."), und dem, was wir als unser Unbewußtes bezeichnen (etwa die Bilder eines Traumes), ist eine krasse Trennung nicht möglich. Darin sind sich die tiefenpsychologischen Schulen und auch ei-

nige grundlegende philosophischen Ansätze sicherlich einig. Und gerade deshalb hat jede Psychologie in ihren Forschungsansätzen mitzubedenken, daß auch "dem Unbewußten im Bewußtsein und dem Bewußten im Unbewußten" ernsthaft Rechnung getragen wird.(74) - Viele Träume verweisen auf solche Zusammenhänge, wie umgekehrt auch unser Tagesbewußtsein von unbewußten Ahnungen oft durchdrungen ist.

Eine abschließende Bemerkung zu einem *geisteswissenschaftlichen Denkansatz in der Pädagogik* soll uns nun wieder zurückführen zum Thema der individuellen Person und ihrem Selbst, denn die zuletzt aufgezeigten Zusammenhänge sind im Grunde keine neuen Erkenntnisse.

In den Anfängen des neuzeitlichen wissenschaftlichen Denkens über Pädagogik hat bereits Johann Friedrich Herbart (1776-1841) unsere o.a. wissenschaftstheoretische Position begründet dargestellt. Er zeigte nämlich auf, daß eine ausschließlich "empirische wissenschaftliche Psychologie" und Pädagogik gar nicht möglich ist. Denn auch für ihn stand fest, daß jeder Mensch nur von der Wahrnehmung seiner "Innenwelt" ausgehen kann, alle Erkenntnis - auch die der Außenwelt - somit auf der "inneren Wahrnehmung" aufbaut. Und da diese von ebenso vielen unbewußten Anteilen durchdrungen ist, kann von vornherein *keine Objektivität* für eine solche Erkenntnis beansprucht werden.

Das ist solange für unseren Erkenntnisprozeß unproblematisch, als wir uns dessen nur ausreichend bewußt sind. Und diese Auffassung führt auch nicht - wie viele meinen - zu einem reinen "Subjektivismus" oder einem individualistischen Egoismus, der die sozialen, kulturellen und gesellschaftlichen Aspekte unserer Gewordenheit ausklammert. Sie führt im Gegenteil zu einer größeren Wertschätzung des Individuums, weil es unter einem solchen Verständnis die "Einheit eines Bewußtseins" der individuellen Person ist, in der nicht nur eigenes (persönliches) Wissen, sondern "die Einheit allen Wissens zur Präsenz gelangen kann".(75)

Unter Hinweis auf unser Schema in Abb. 6 bedeutet das, daß alles "verobjektivierte Wissen" (in der Wirklichkeitsebene C) sich im Selbst-Kern der Person niederschlägt. Und den Prozeß, mit dem solch eine "Einheit allen Wissens" sich im einzelnen ausbilden kann, nannte

Herbart die *Bildung* des Menschen. Denn nur so spiegelt jeder auf individuelle Weise das Ganze der jeweiligen Kultur wider. Bildung ist nicht voraussetzungslos anzustreben, weshalb sich in unserer Gesellschaft auch ein eigenes Erziehungs- und Bildungssystem entwickelt hat. Und ebenso selbstverständlich ist, daß "Bildung" niemals ein abschließbarer Vorgang ist, sondern als ein lebenslanger Prozeß zu betrachten ist, den wir hier als die "Selbst-Werdung" des Menschen bezeichnen. Im Unterschied zum gegenwärtig immer noch vorherrschenden Bildungs(miß)verständnis ist aber durch unsere Überlegungen eindeutig festgehalten, daß sich dieser Prozeß eben *niemals allein auf die rationalen Aspekte des Bewußtseins beschränken kann.*

> *Selbst-Kompetenz ist somit als jene Fähigkeit zu bezeichnen, eine eigene Verantwortung für den Prozeß der Selbst-Werdung zu übernehmen, wobei alle Bewußtseinsentwicklung die notwendige Integration des Unbewußten im Menschen voraussetzt, weil sonst eine psychische Gesundheit nicht erreichbar ist.*

Und deshalb kann die Erforschung des Menschen - also die Frage nach einem tragbaren Menschenbild - nicht auf *einer* Erklärungsebene allein erfolgen, darf also weder rein biologisch, rein soziologisch noch rein psychologisch fundiert sein, sondern bedarf der Interpretation unterschiedlicher Wirklichkeitsebenen. Und wenn wir von jenem "inneren Kern" des Menschen sprechen wollen, der uns unverwechselbar über die gesamte Lebensspanne trägt, werden wir deshalb auch die unterschiedlichsten Begriffe in Kauf nehmen müssen, wie etwa: "Seele", "Selbstkonzept", "Selbst-Kern" oder "Selbst". Das jeweils damit Gemeinte ist - weil in logisch "ein-deutigen" Begriffen nicht faßbar - nur *symbolisch* darstellbar. Aber über alle Disziplinen hinaus ist in der Lebenserfahrung damit immer die *Ganzheit der Person als autonome Persönlichkeit* gemeint.

> *Die Bedeutung dieses "Selbst" für die Persönlichkeitsentwicklung des Menschen in der Gegenwart besteht darin, daß nur eine autonome Persönlichkeit in der Lage ist, sich der notwendigen sozialen Integration zu stellen und das Wechselwirkungsverhältnis zur Umwelt (sprich: Betrieb, Gesellschaft, Privatleben) dynamisch in den individuellen Lebensprozeß zu integrieren.(76)*

Um die "Ganzheit der Person" darzustellen ist es somit zuerst erforderlich, die "Einheit der Psyche" des Menschen zu beschreiben. Dabei hilft uns der tiefenpsychologische Erklärungsansatz weiter, der auf den Erkenntnissen von Sigmund Freud aufbaut und der vor allem von C.G. Jung weiterentwickelt wurde.(77) Jung war mit einer der ersten Wissenschaftler, der nicht nur neue Theorien entwickelt, sondern der sich auch darüber Gedanken gemacht hat, warum zwei Wissenschaftler zum gleichen "Objekt" zwei völlig gegensätzliche Theorien vertreten. Geht man allzugern davon aus, daß eben die eine Theorie "falsch" und die andere "richtig" sein müsse, so erklärte Jung diese Tatsache mit den unterschiedlichen Einstellungen, die jeweils in der *Person des Wissenschaftlers* selbst liegen. Für Jungs psychologischen Ansatz zeigt somit jede Theorie letztlich nur einen der möglichen Betrachtungsstandpunkte auf, die aber einer Integration im Menschen selber bedürfen.

Der pragmatische Aspekt der Thematik:
Wenn somit der Bewußtseinsentwicklung des einzelnen allein die entscheidende Bedeutung zukommt - und zwar nicht nur für die individuelle Selbst-Werdung, sondern dadurch auch für jede Gemeinschafts-Werdung -, dann muß hier der gesamte Umdenkungsprozeß ansetzen. Und das berührt jede gesellschaftliche Problemstellung; seien es Umweltschutzmaßnahmen oder das Gesundheitssystem, die Politikverdrossenheit oder die Bekämpfung der Verbrechensentwicklung, sei es die zunehmende Gewaltanwendung bei Heranwachsenden oder seien es die rassistischen Tendenzen überhaupt.
Der heute zum vielgelesenen Autor avancierte Unternehmensberater Rudolf Mann befaßt sich aus betriebswirtschaftlicher Perspektive mit einer vergleichbaren Thematik, wenn er z.B. die Lösbarkeit der Umweltschutz-Probleme in der Wirtschaft nicht mehr auf der *technologischen Ebene des Machbarkeitsdenkens* sucht, sondern *im Menschen selbst*. So fordert er ganz realistisch, daß staatliche Subventionen für einen Umweltschutz nicht mehr "auf die Finanzierung von Investitionen und den kostenmäßigen Ausgleich von eventuellen Nachteilen" für die Unternehmen gerichtet werden dürfen, *"sondern auf die Veränderung unseres Bewußtseins."*(78)

Wie wenige der sog. Bildungsexperten in Wissenschaft oder Politik haben bisher solch eine Forderung nicht nur erhoben, sondern haben ökonomisches Denken sowohl auf die volkswirtschaftliche als auch auf die pädagogische Perspektive ausgeweitet! R. Mann jedenfalls postuliert, daß der Ansatz beim Bewußtsein der Menschen allein "ursachengerecht, wirkungsvoll und mit Sicherheit auch wesentlich billiger" ist, als alle sonstigen staatlichen Maßnahmen.

Es läßt sich deshalb so lange keine Veränderung des gesellschaftlichen Zusammenlebens hin zu einem menschlicheren erwarten, wie die Einseitigkeit der Bewußtseinsentwicklung in ihrem rational-technologischen Aspekt vorherrscht. Wenn die Unterordnung des Bildungssystems - das sich ja für die Entwicklung von Selbst-Bewußtsein im Menschen zuständig fühlen sollte - unter das Wirtschaftssystem und dessen Weisungsempfänger im politischen System anhält, bleibt auch jede sozialpädagogische Arbeit nur ein "Reparaturbetrieb" für "Rationalisierungsverlierer" oder "ökonomisch Unproduktive" in der Gesellschaft. Dann bleiben auch alle Ansprüche von Bildung in der Berufspädagogik und jedes Postulat einer Unternehmenskultur oder Wirtschaftsethik nur der Füllstoff für Sonntagsreden.
Wenn die acht Spitzenverbände der Wirtschaft in der Bundesrepublik bei ihren Aussagen zur Bildungspolitik im Januar 1992 vorgeben, das *gesamte* Bildungssystem im Auge zu haben, dann läßt sich leicht nachweisen, daß dabei nur ein "instrumentelles Verständnis von Bildung" zugrunde liegt, das also unter Bildung - wie Gerhard Strunk aufzeigt - lediglich die "Sicherung des wirtschaftlichen und technologisch induzierten Qualifikationsbedarfs" versteht.(79)
Daß so jede "soziale, kulturelle und personale Dimension von Bildung" vollständig auf der Strecke bleibt und jede Sorge um die Erhaltung der Umwelt zur blasphemischen Farce verkommt, kann sich jeder kritische Zeitungsleser in unseren Tagen vor Augen führen. So wurde beispielsweise die Forderung zur Einführung eines Tempolimits auf Autobahnen (was u.a. weniger Benzinverbrauch und weniger Verkehrstote bedeutet) von der Regierungspartei eines Bundeslandes hauptsächlich deshalb als indiskutabel abgelehnt, weil der Vorstand eines Automobilkonzerns - der seine Gewinne durch die Herstellung

schneller Autos erzielt - ganz massiv seinen Einfluß geltend gemacht hat.(80)

Warum wird diese gesellschaftspolitische Dimension hier angesprochen? Weder aus dem Drang nach politischer Stellungnahme noch aus dem Schuldzuweisungszwang einer Suche nach dem Sündenbock. Es geht allein um die Darstellung einer Systemimmanenz, wie sie sich aus einem falsch verstandenen Menschenbild heraus entwickelt hat. Und wenn beim o.a. Beispiel des Tempolimits keine der christlichen Kirchen ihren Einfluß zum Schutz von Mensch und "Gottes Natur" geltend gemacht hat, dann ebenfalls sicher nicht aus abgrundtiefer Bösartigkeit, sondern weil das *einseitig* rationalistisch ausgelegte abendländische Menschenbild durch das Christentum mitgeprägt wurde. Die "gnadenlosen Folgen des Christentums" hat Carl Amery bereits vor zwanzig Jahren aufgezeigt(81), und wir stellen dazu heute fest, daß weder im christlichen noch im politischen noch im bildungswissenschaftlichen Denken darauf eingegangen wurde.
Mit unserer Situationsbeschreibung soll also nur demonstriert werden, daß sich die Entwicklung des menschlichen Selbst-Bewußtseins nicht einseitig auf sog. rationale Aspekte beschränken darf. Werden nämlich die unbewußten Anteile unserer Psyche verdrängt oder unterdrückt, tritt in der Individualpsyche wie auch in der Kollektivpsyche jener von der Tiefenpsychologie beschriebene Vorgang der "Regression" ein. Und das bedeutet, daß bestimmte Phasen einer bereits durchlaufenen menschlichen Entwicklungsstufe wieder in den Vordergrund treten und die Oberhand gewinnen können. Das dürfte heute die wesentliche Ursache für die meisten der gegenwärtigen Zivilisationsprobleme sein. Rassismus, Drogenmißbrauch, Gewaltanwendung, Gewaltdarstellung und Machtstreben sind Ausdruck solchen Regredierens auf eine frühere (noch weniger bewußte) Entwicklungsstufe.
Der Grund für deren vermehrtes Auftreten in der Gegenwart ist wahrscheinlich darin zu suchen, daß durch die einseitig rationale Entwicklung des Bewußtseins die ebenso notwendige Entwicklung des Unbewußten im Menschen *vernachlässigt* worden ist.

> *"Das Tempo der Bewußtseinsentwicklung in Wissenschaft und Technik war zu rasch und hat das Unbewußte, das nicht mehr*

Schritt halten konnte, weit hinter sich zurückgelassen und dadurch in eine Abwehrstellung gedrängt, die sich in einem allgemeinen Zerstörungswillen kundgibt."(82) - Entscheidend an dieser These ist die Aussage, daß sich in keiner Gesellschaft dieses Problem kollektiv lösen läßt, also durch mehr Gesetze, mehr Verbote, bessere Organisation, strengere Erziehung! Denn die Gesellschaft wird niemals geändert, wenn sich nicht der einzelne verändert.

Gerade deshalb muß heute die Forderung erhoben werden, daß nicht noch mehr Forschungsgelder für neue technologische Lösungsversuche ausgegeben werden, sondern daß jetzt sozial- und berufspädagogische Forschungen verstärkt unterstützt werden müßten, um in Verbindung mit solchen der Psychologie und Soziologie, der Pädagogik und Andragogik an der Bewußtseins-Problematik des einzelnen ansetzen zu können. Verantwortung ist immer eine existentiale Entscheidung des einzelnen, auf die hin alles Erziehungs- und Bildungsbemühen ausgerichtet sein muß, und deshalb bedarf es gleichzeitig der Unterstützung des Selbst-Bewußtseins von Pädagogen, Lehrern, Sozialarbeitern und Erzieherinnen und der entsprechenden sozialadministrativen Hilfestellung. *Stärkung der Selbst-Kompetenz* muß Priorität besitzen vor jeder einseitig technologisch verstandenen Wissensausbildung, wollen wir uns auch nur die geringste Chance zur Gestaltung einer menschlicheren Zukunft bewahren.

Wir wollen dazu abschließend vier Prinzipien vorstellen, die unseren weiteren Überlegungen zugrunde gelegt werden können; formuliert hat diese der Psychoanalytiker Horst-Eberhard Richter als seine eigene Orientierungsgrundlage:

- Lebensaufgabe des Menschen ist, "überhaupt ein persönliches Selbst zu entwickeln";
- "Persönliche Identität kann nur wachsen, wenn man seine Innenseite ernst nimmt", und zwar im Sinne einer "Logik des Herzens";
- Wachsamkeit ist angebracht gegenüber Angeboten und Neigungen, die "Anstrengung zur Selbstfindung zugunsten kollektivistischer Uniformierung aufzugeben";
- "Selbstfindung und Mitmenschlichkeit gehören zusammen".(83)

In besonderem Maße gelten solche Überlegungen für alle Führungspersonen und Entscheidungsträger in der Gesellschaft. Denn diese schaffen mit die für solche Entwicklung erforderliche Infrastruktur. Doch welcher Politiker, welcher Manager, welcher Leiter einer Sozialeinrichtung und welcher Ministerialbeamte könnte zugestehen, daß unsere Überlegungen zu einem anderen Verständnis von Selbst-Bewußtsein auch ihn als Individuum betreffen? Der Unternehmensberater Wolfgang Looss stellt in der Praxis jedenfalls fest, daß die Idee des persönlichen Wachstums "die gesellschaftliche Gruppe der Führungskräfte erst sehr allmählich auf dem Wege der kommunikativen Diffusion von Wertorientierungen" erreicht.(84)

Äußere und innere Persönlichkeit

Aus unserer bisherigen Darstellung zum "Selbst" geht hervor, daß sich das, was wir darunter verstehen, vom "Ich" des Bewußtseins zunächst dadurch unterscheidet, daß es eben mehr enthält, als uns im allgemeinen bewußt ist.

> *Darüber hinaus läßt sich jener "Selbst-Kern" im Sinne eines erahnten Persönlichkeitszentrums auch mit einer Energiequelle vergleichen, mit einem "beinahe unwiderstehlichen Zwang und Drang, das zu werden, was man ist, wie jeder Organismus annähernd jene Gestalt, die ihm wesenseigentümlich ist, unter allen Umständen annehmen muß. Dieses Zentrum ist nicht gefühlt oder gedacht als das Ich, sondern, wenn man so sagen darf, als das Selbst."(85)*

Bleiben wir bei dieser tiefenpsychologischen Betrachtungsweise, wie sie C.G. Jung für die empirische Erfassung psychischer Vorgänge sehr differenziert entwickelt hat, und sind wir uns gleichzeitig auch dessen bewußt, daß dieser methodische Weg insoweit einseitig ist, als er viele soziale Bezüge im Aufbau dieses "Selbst" ebenso vernachlässigt, wie wir auch andere Ansätze zur Erforschung der menschlichen Persönlichkeit beiseite lassen müssen.(86)
Eine solche Einseitigkeit bringt auch Gewinn, und wir erfahren diesen unmittelbar für uns selbst, wenn wir einmal unsere eigene Persönlich-

keit mit etwas Abstand betrachten. Dann fallen uns gewisse menschliche Schwächen auf, die wir im allgemeinen zu verdecken suchen. Wir sagen etwa in einem Gespräch nicht gerade die Unwahrheit, aber wir sagen auch nicht, was sich wahrheitsgemäß zugetragen hat; wir gebrauchen die Ausrede, "daß wir damit nichts zu tun haben"; wir verdecken fehlende Qualitäten, indem wir die Aufmerksamkeit der anderen auf "besser Vorzeigbares" lenken usw.
Warum tun wir das? Gehen wir dazu wieder auf den Lebensalltag ein.

Das Fallbeispiel des Herrn G.:

Bei einem Abendessen mit Freunden, die sehr musikalisch sind, treffe ich gelegentlich auf einen Bekannten mittleren Alters. Er ist zwar weder besonders musikalisch noch hat er ein sonderlich gutes Gedächtnis für Komponisten, ihre Werke und die jeweilige Epoche, trotzdem aber beteiligt er sich gern an solchen Gesprächen.
Dabei redet er von Mozarts "Forellenquintett", das er so gerne höre, und wenn dann von den (sehr einfühlsamen) Gastgebern beiläufig Franz Schubert als Komponist dieses Werkes erwähnt wird, ist es diesem Bekannten nicht möglich, seinen Irrtum einzugestehen oder auch zuzugeben, daß es ihm im Grunde gleichgültig ist, wer dieses Werk komponiert hat. Er windet sich geschickt mit den verschiedensten Erklärungen für diese "Verwechslung" und versucht, sich dann mit dem "Klarinettenquintett" herauszureden, mit dem er es - rein sprachlich - verwechselt habe. Aber natürlich wiederholt sich solche "Fehlleistung" immer wieder und alle anderen wissen das inzwischen.

Zur Selbstdarstellung dieses Bekannten gehört es jedenfalls, als musikalisch interessiert zu gelten, und kein Mißerfolg kann ihn von dieser Darstellung abbringen. Selbst wenn wir in diesem Beispiel nur eine harmlose Marotte erblicken, zeigt es doch, daß wir manchmal über einen blinden Fleck verfügen, der unsere gesamte Situationswahrnehmung einschränkt. Wir wollen als etwas Besonderes erscheinen, und die anderen haben uns längst "durchschaut".

Sich selbst etwas vormachen, fehlende Eigenschaften verdecken, Ausreden finden oder ganz massiv lügen, sind besondere Kommunikationsphänomene, die mit dem eigenen Selbstbild zu tun haben; aber dieses bezieht sich mehr auf das, was wir sein möchten, und weniger auf das, was wir wirklich sind. Als eine Glanzleistung auf diesem Gebiet ist zweifellos jene kürzlich in der Presse dargestellte Aussage eines Bundesministers anzusehen. Dieser hatte nicht etwa gelogen, als man ihm den unwiderleglichen Beweis dazu lieferte, nein, er sei viel-

mehr lediglich von einer "unrichtigen Tatsachenbehauptung" ausgegangen.
Warum aber verhalten wir uns so, abgesehen von der oft naheliegenden Absicht, uns dadurch gewisse Vorteile zu verschaffen?
Eine erste Antwort läßt sich aus der Beschreibung eines "Persönlichkeitsbildes" ableiten, auf das sich unsere Gegenwartsgesellschaft und unser Kulturkreis stillschweigend verständigt haben. Zur Begriffsklärung hilft uns dabei (wenn auch gegen ihren Willen) eine Forschungsrichtung der Persönlichkeitspsychologie weiter, die sich mit Führungseigenschaften im Managementbereich beschäftigt. Dort beschränkt man sich ausdrücklich darauf, das, was "Persönlichkeit" ausmacht, aus der "Perspektive des Beobachters" zu definieren und geht deshalb von dem "Ruf einer Person" aus und von der "Art und Weise, wie sie von Gleichgestellten, Kollegen, von Familie oder Freunden beschrieben und betrachtet wird". Unter dieser Perspektive gilt "Persönlichkeit" somit als "öffentlich, beobachtbar, objektiv und zuverlässig definiert im Hinblick auf die Einstufung des Beobachters".(87)
Wenn wir jetzt auf die Frage zurückkommen, warum wir uns oft gegen besseres Wissen anders verhalten, dann heißt eine erste Antwort, weil wir genau dem entsprechen wollen, was die Gesellschaft - also die anderen - als Leitbild einer "Persönlichkeit" vorgegeben haben. Wir streben also nach einem kollektiv vorhandenen Bild und unser Ich-Bewußtsein hält sogar dieses Bild für einen ganz individuellen Ausdruck unserer Persönlichkeit; tatsächlich aber entspricht dieses Bild nur einem "mehr oder weniger willkürlichen Ausschnitt aus der Kollektivpsyche", wie es C.G. Jung genannt hat. Mit dem Grad der Identifikation unserer Einstellung mit diesem Bild entwickeln wir eine "äußere Persönlichkeit" und täuschen damit zumeist die anderen und oft auch uns selbst über den wirklichen Charakter. Wir tragen also eine "Charaktermaske", und deshalb bezeichnete Jung diese als "Persona", so wie die Maske des antiken Schauspielers genannt wurde.(88)

Mit dem "wirklichen Charakter" ist dabei das gemeint, was wir hier als die "innere Persönlichkeit" bezeichnen wollen. Und gerade weil überwiegend in unserer Gesellschaft eine Diskrepanz zwischen innerer und äußerer Persönlichkeit nicht wahrgenommen wird und nicht werden will, ist es wiederum überraschend, daß im Berufsalltag der

Unternehmensberatung (Coaching) der Mut zu solcher Einsicht aufgebracht wird, wie sie im therapeutischen Bereich und bei Supervision als unabdingbar anzusehen ist. Die widersprüchliche Berufsrolle einer Führungskraft könnte in einem Einzelfall etwa durch folgende Begriffe charakterisiert werden: (89)

äußere Persönlichkeit	**innere Persönlichkeit**
unerschütterliche Leistungsfähigkeit	persönliche Handlungsunsicherheit
Fähigkeit zur strategischen Kommunikation	Gefühl der Manipulation der Mitarbeiter
Tatkraft, Fitness, Gesundheit	Magen- oder Kopfbeschwerden usw.
Anerkennung nur einer organisch-manifesten Krankheit	Gefühl einer seelischen Krise (z.B. in der Lebensmitte)
Alleskönner	zeitweilige Ratlosigkeit.

Nun kann sich kaum ein Mensch einer gewissen Identifikation mit dieser "Funktion" einer äußeren Persönlichkeit entziehen, weil diese Identifikation über das ganze Leben aufgebaut wird. Deshalb läßt sich die "Persona" auch als ein ganzer "Funktionskomplex" bezeichnen. Dieser kommt "aus Gründen der Anpassung oder der notwendigen Bequemlichkeit" im Laufe des Lebens zustande. Er bezieht sich aber ausschließlich auf das "Verhältnis zu den Objekten" (wie Beruf, Politik, Gesellschaft) und ist - und darin liegt die Kernaussage - *nicht identisch mit der Individualität des Menschen.*
Die so beschriebene Anpassung des Ichs an die Außenwelt ist Teil unseres Sozialisationsgeschehens und zweifellos äußerst hilfreich zur Sicherung unserer äußeren Existenz, besonders während der ersten Lebenshälfte. In unserer Gesellschaft werden wir zudem noch immer in diese kollektive Charaktermaske des Amtes und des Titels "hineingedrängt", wollen wir überhaupt bei anderen eine Anerkennung finden.

Die tiefenpsychologisch aufweisbare Problematik im Leben des einzelnen beginnt jedoch in dem Augenblick sichtbar zu werden, in dem er selbst seine Individualität mit dieser "äußeren Persönlichkeit" zu

identifizieren beginnt. Denn analog zu unseren bisherigen Ausführungen läßt sich bereits unschwer nachvollziehen, daß wir neben der Anpassung an die Außenwelt auch einer Anpassung an unsere Innenwelt bedürfen, wollen wir unsere "seelische Gesundheit" einigermaßen aufrecht erhalten. Und gerade weil alle kulturbedingte Sozialisation und alle Erziehung durch öffentliche Einrichtungen und alles staatliche Bildungsbestreben an kollektiv orientierten "bewußten" Werten und Normen ausgerichtet sind, ja sogar sein müssen, erspart es uns niemals individuelle Werthaltung und Eigenverantwortlichkeit; und diese entsteht nur auf der Grundlage der Erfahrung unserer uns großenteils unbewußten "Innenwelt".
Durch die zwangsläufige gesellschaftliche Anpassung der Bewußtseinsentwicklung wird zumeist eine seelische Differenzierung der "inneren Person" vernachlässigt bzw. verdrängt. Das macht sich zwar im Leben eines Menschen durch vielfältige Äußerungen des Unbewußten bemerkbar (z.B. durch Hemmungen, Launen, Stimmungen oder durch vage Gefühle), wird aber für den Menschen selbst und das Kollektiv erst dann problematisch, wenn sich die bewußte Einstellung des einzelnen - die "immer zum mindesten eine Art Weltanschauung, wenn nicht geradezu eine Religion" ist - zu "unbedingten Ideen" verdichtet.(90)

Solche "unbedingten Ideen" unserer bewußten Überzeugung können im leidenschaftlichen Engagement für einen Fahrrad- oder Briefmarkenclub noch recht harmlos kanalisiert sein. Sie können aber in politische Dimensionen ausarten (NS-Zeit: "... am deutschen Wesen soll die Welt genesen") oder in den religiösen Wahn verfallen (- von der Hexenverbrennung bis zum Mordaufruf des Ajatollah Chomeini gegen den Schriftsteller Salman Rushdie -) und zu Fackeln für einen Weltenbrand werden.
Das vorherrschende psychische Grundprinzip ist in allen Dimensionen das Gleiche: unsere durch Sozialisation ausgeprägte "Persona" vermag die edelsten Werte (wie Nächstenliebe oder Seelenheil) und die rationalsten wissenschaftlichen Argumente im Dienste der "besten Sache" (etwa Fortschritt oder Gleichheit und Brüderlichkeit) zu vertreten und muß doch ins Gegenteil des willentlich Intendierten führen, wenn die "Wertigkeit" des gewollten Bewußtseinsinhalts nicht mit der

"Wertigkeit" des (unbewußt) Ungewollten im seelischen Gleichgewicht ist. Letzteres stammt zumeist aus verdrängten Triebenergien.
Alle Struktur des Seelischen - also unserer Psyche - ist antinomisch, wie C.G. Jung dargelegt hat,(91) und diese Widersprüchlichkeit ist entsprechend unserer biologischen und psychischen Gewordenheit wie ein "selbstregulierendes System" zu verstehen. Diese Selbstregulation bewirkt, daß eine Werteeinseitigkeit (z.B. der bewußten Ideale) eine ebensolche Wertevereinseitigung im Unbewußten hin zum Gegenteil mit sich bringt; es entsteht eine Art "Schatten" dieses zu stark "beleuchteten" Idealwerts. - So haben alle großen geistigen Führer der Menschheit mit dieser "Schattenseite" in sich zu kämpfen gehabt.
Eine krankhafte Störung der Psyche des Menschen in Form einer Neurose oder Psychose erfolgt dabei aber nur dann, wenn die beiden polaren Prinzipien nicht als Phänomene *einer* menschlichen Psyche erfahren werden, sondern wenn sich das Bewußtseins-Ich des Menschen als Ganzes (irrtümlicherweise) allein mit den idealen Werten identifiziert, während es den polaren Gegensatz des Unwertes nach außen projiziert.

> *"Ein Neurotiker, meinte S. Freud, kenne zwar die Realität, aber er wolle von ihr aufgrund seiner Gehemmtheiten nichts wissen; der Psychotiker hingegen ersetze die ihm unerträgliche Wirklichkeit durch seinen Traum."(92)*

Das ist sicher nicht leicht nachzuvollziehen und muß im folgenden noch erhellt werden. Aber bedenken wir doch einmal die geschichtlichen Ereignisse: waren nicht im Mittelalter auch sehr "kluge" Menschen, Theologen, Staatsmänner oder Wissenschaftler, von der moralischen Rechtfertigung der Hexen- und der Ketzerverbrennung überzeugt? Wer möchte abstreiten, daß viele unter ihnen mit vollem Bewußtsein für das "Gute" gekämpft haben? Hat nicht eine kirchliche Einrichtung den Philosophen Giordano Bruno im Jahr 1600 sogar "im Namen Christi" verbrannt? Und haben nicht im Deutschland der Jahre von 1933 bis 1945 namhafte Theologen und Ärzte, anerkannte Techniker, Juristen und Philosophen, redliche Arbeiter und Beamte direkt und indirekt bei der schändlichsten Vernichtung anderer Menschen mitgewirkt, weil sie an "höhere Ziele" glaubten?

Welche Erklärung können wir sonst dafür finden, wenn wir nicht annehmen wollen und können, daß diese Menschen allesamt das "personifizierte Böse" dargestellt haben? Zudem hatte die Gesellschaft nach 1945 keine allzugroßen Skrupel, die "Unbedenklichkeit" vieler Verhaltensweisen sogar zu bestätigen.
Solange wir in einer "Erziehung nach Auschwitz" (Adorno) noch kaum einen Schritt weiter gekommen sind, müssen wir *allen* Ansätzen nachgehen, die uns aussichtsvoll erscheinen. Der tiefenpsychologische Erklärungsansatz zeigt uns dabei *einen* Weg über die Grundauffassung von der menschlichen Psyche an. Ein erster Schritt dazu ist die Einsicht in die Gegebenheit einer "äußeren" und einer "inneren" Persönlichkeit des Menschen. Ein zweiter Schritt kann uns deutlich machen, daß die unterschiedlichen psychischen Funktionen - über die alle Menschen verfügen - ebenso dem polaren Prinzip der Bewußtheit und der Unbewußtheit unterliegen.
Und um zum Schluß dieses Abschnittes nochmals auf den Bekannten zurückzukommen, der sich so gern als im Musischen "besonders gebildet" darstellen möchte. Er ist von Beruf ein fachlich äußerst begabter Tiefbauingenieur, von dem man in allen technischen Fragen des Arbeitsgebietes und darüber hinaus eine kompetente Antwort bekommt. Trotz hoher rationaler Ausbildung seines Bewußtseins will es ihm aber nicht gelingen einzusehen, daß er sein äußeres Persönlichkeitsbild völlig unbewußt mit "Leistungen" aufwerten möchte, die er sich nur "einbildet". Sein Wunschbild einer Kompetenz auch auf andern Gebieten verführt ihn immer wieder zu den erwähnten Fehlleistungen.
Wie es dazu kommt, ist in einem nächsten Schritt darzustellen, wobei uns die Überlegungen zur typologischen Betrachtungsweise menschlichen Verhaltens weiterhelfen.

Typologie der Persönlichkeit - Widerspruch oder hilfreicher Weg zur Selbsterkenntnis?

Mit einem gesunden Maß an Selbstkritik werden wir bestimmte Formen einer Selbstüberschätzung oder auch Unterschätzung eigener Fähigkeiten unschwer an uns selbst beobachten können; meist erfahren wir das über besondere Symptome von Fehlleistungen oder aber auch

über unsere Träume. Diese Tatsache steht in einem engen Zusammenhang mit den *tatsächlichen* "Stärken" unserer Persönlichkeit, über die jeder verfügt und die wir auf der Grundlage genetischer Vorgaben im Laufe unserer biologischen, seelischen und geistigen Entwicklung ausgebildet haben.
Wenn wir uns mit der bequemen Ausrede des "Ich bin nun mal so" nicht zufrieden geben wollen, weil wir im Grunde genau spüren, wann wir mit uns selbst (d.h. unserem Selbst) nicht im reinen sind, liegt die Frage nach der Struktur der eigenen Persönlichkeit nahe, also etwa: wie bin ich denn wirklich? Weil der Begriff der Persönlichkeit die Unverwechselbarkeit des einzelnen zum Ausdruck bringt, erscheint es zunächst wie ein Widerspruch, wenn man gleichzeitig von einem Typus redet. Eine "idealtypische" empirische Erfaßbarkeit einer "häufigen Erscheinung in einem Bedeutungszusammenhang" ist aber - nach Max Weber - die Voraussetzung für sozialwissenschaftlich fundierte Beschreibung, Erklärung und Voraussage menschlichen Verhaltens.
Deshalb ist verständlich, daß sich an jedweder Form der Typologisierung menschlicher Persönlichkeit die (wissenschaftlichen) Geister scheiden und nur unter großem Vorbehalt zu empirischen Aussagen gelangen. Dagegen nimmt im umgekehrten Verhältnis zu dieser Abstinenz das allgemeine Interesse an einer Typenbeschreibung zu.

> *"Sind Sie eher gesellig oder aggressiv, sensibel oder exzentrisch, lässig oder gewissenhaft, selbstbewußt oder anhänglich? Haben Sie einen Hang zu romantischen Abenteuern oder dramatischen Auftritten? Oder opfern Sie sich häufig für andere auf? Möglicherweise sind Sie aber auch so wachsam, daß Ihrer Aufmerksamkeit nichts, aber auch gar nichts von dem entgeht, was sich in Ihrer Umgebung abspielt?"(93)*

Die Vielfalt von "Tests" zur Persönlichkeit, wie sie mit den zitierten Fragen in Illustrierten oder Büchern zur "Lebenshilfe" oft in sehr vereinfachter Art angeboten wird, macht die Zurückhaltung der wissenschaftlichen Psychologie verständlich. Und dies auch dann noch, wenn sich hinsichtlich einer Theorie zur Persönlichkeit immerhin als ein gewisser Konsens festhalten läßt, daß sich in jedem Menschen "eine angeborene Struktur der Grundtendenzen" vorfindet, die eine *"recht verläßliche Basis für die Voraussage später auftretender Formen der psychologischen Funktion"* bildet.(94)

Für unsere Darstellung haben wir nun durch die Ausführungen über Innenwelt und Außenwelt menschlicher Wirklichkeit, über Bewußtes und Unbewußtes der Erfahrung und über die Charakterisierung einer inneren und äußeren Persönlichkeit ein Fundament erreicht, das die theoretische Position C.G. Jungs zur Selbst-Werdung des Menschen verständlicher macht.
Wir können jetzt das menschliche Bewußtsein dadurch kennzeichnen, daß es grundsätzlich über "zwei Weltbilder" verfügt:

- über ein "äußeres Weltbild" der Sinne, mit denen wir physikalische und physiologische Kräfte als "naturgesetzlich" bewußt registrieren
- und über ein "inneres Weltbild" der Intuition, mit dem wir die Wirkungen geistiger Vorgänge "mythologischer Natur" unbewußt wahrnehmen.

Alle menschliche Problematik der Entwicklung unserer Persönlichkeit liegt dabei in folgender Feststellung begründet:

> *"Die beiden Weltbilder ertragen einander nicht, und es gibt keine Logik, die sie vereinigen könnte: das eine Bild beleidigt unser Gefühl, das andere den Verstand. Doch hat die Menschheit von jeher das Bedürfnis empfunden, die beiden Weltbilder irgendwie zu vereinigen. An dieser Aufgabe haben Philosophen, Religionsstifter und Künstler gearbeitet."(95)*

In seiner umfangreichen Arbeit "Psychologische Typen"(96) aus dem Jahr 1921 weist Jung an praktischem Erfahrungsmaterial auf, daß die durchschnittliche psychische Einstellung und die psychischen Funktionen jeweils durch charakteristische "Gegensatzpaare" gekennzeichnet sind. Entsprechend unserem philosophischen Erkenntnisvermögen gilt seit Heraklit (etwa 500 v.Chr.), daß alles Sein durch den "Gegensatz" gekennzeichnet ist, und daß das "Wesen allen Sinnes" (logos) im "Einssein der Gegensätze" besteht.(97) Diese Gesetzmäßigkeit muß nach Jung auch für die menschliche Psyche gelten, und so hat er *vier Hauptfunktionen* als Gegensatzpaare unterschieden.
Mit der Wahrnehmung durch die Sinnesorgane, *Empfindung* genannt, erfassen wir die "reale" oder "objektive" äußere Welt und erhalten so

Auskunft über das "Wie" der Dinge (z.B. hart, warm, rund, rot, sauer). Im Gegensatz dazu steht eine zweite Funktion, von Jung als Ahnen oder *Intuition* bezeichnet, die jene Wahrnehmung auf unbewußtem Wege oder unbewußter Inhalte der geistigen Vorgänge beschreibt. Es ist eine Art instinktiven Erfassens von Außen oder Innen. Als weiterer Funktion spricht Jung vom *Denken*, das zur logischen Schlußbildung dient und uns ein rationales Urteil z.B. über richtig und falsch ermöglicht. Dem steht mit dem *Fühlen* eine Funktion gegenüber, die unserer subjektiven Wertung dient, wenn wir etwas z.B. als angenehm oder unangenehm, als annehmbar oder als unannehmbar beurteilen.

> *"Empfinden und Ahnen* (d.h. Intuition, Anm. W.W.) *bezeichne ich als irrationale Funktionen, indem sich beide auf das schlechthin Vorkommende und Gegebene richten. Denken und Fühlen hingegen sind als Urteilsfunktionen rational."(98)*

Beide Paare psychischer Funktionen stehen sich als Gegensätze insoweit gegenüber, als wir in einem bestimmten Augenblick jeweils entweder denkend *oder* fühlend urteilen können und andererseits entweder empfindend *oder* intuitiv wahrzunehmen vermögen. Das läßt sich schematisch darstellen, wobei wir auch die amerikanischen Begriffe und den international gebräuchlichen Buchstabencode des darauf aufbauenden MBTI - Tests mit angeben.

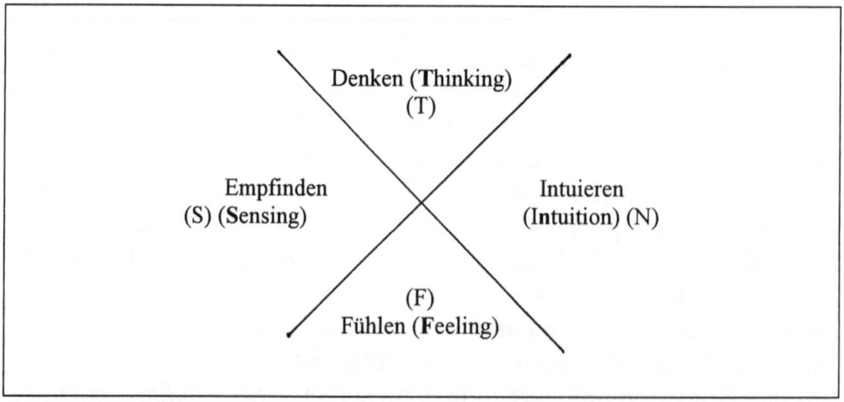

Abb. 10: Psychische Funktionen

Für Jung war die *praktische Brauchbarkeit* einer solchen begrifflichen Formulierung in der therapeutischen Beratung ausschlaggebend, nicht jedoch eine wissenschaftlich exakte Definition. Für unsere Arbeit ergibt sich zweifellos eine Parallele zu jenen Begriffen, die wir beim Aufbau des Bewußtseins in Abb. 9 dargestellt haben; ein Entsprechungsverhältnis kann dabei in folgender Reihenfolge angenommen werden: Empfindung (analog zu S), Wahrnehmung (analog zu N), Vorstellung (analog zu T) und Erfahrung (analog zu F).
Inzwischen hat sich die Stimmigkeit der Typologie in jahrzehntelanger Praxis des Beratungsalltags erwiesen,(99) und wir werden im nächsten Kapitel genauer darauf eingehen.

An dieser Stelle unserer Überlegungen soll der Leser nun an die bisherigen Darstellungen anknüpfen können. Insbesondere gilt es zu erläutern, warum für jeden Menschen nicht nur eine Unterscheidung zwischen innerer und äußerer Persönlichkeit möglich ist, sondern warum bei jedem von uns eine bestimmte typologisch erfaßbare Ausprägung zustande kommt. Zudem wollen wir auch erklären können, wie bestimmte menschliche Fehlleistungen und Einseitigkeiten mit einer Art von psychischer Gesetzmäßigkeit der Persönlichkeitsstruktur im Zusammenhang stehen. Greifen wir dazu wieder auf ein Beispiel aus einer Beratungspraxis zurück.

Das Fallbeispiel des Herrn A.:

Es handelt sich hier um einen etwa 45jährigen Mann, der im mittleren Management eines Großbetriebs eine gute Position einnimmt. Auftreten und gesellschaftliche Anerkennung entsprechen dem in unserer Leistungsgesellschaft propagierten Bild. Können und Perfektion im technisch ausgerichteten Beruf stehen bei ihm auch in einem direkten Verhältnis zu seinen logischen Fähigkeiten.
Sein Auftreten spiegelt auch im Freundes- und Bekanntenkreis die beruflichen und intellektuellen Fähigkeiten seiner gesamten äußeren Persönlichkeit wider. Alle Äußerungen und Selbstdarstellungen nehmen sich aus wie die eines Meisters im "positiven Denken" amerikanischer Prägung: Ich kann alles, wenn ich nur will. Gerade im näheren Freundeskreis und besonders aus Sicht seiner Frau erweist sich aber auch das Vorhandensein eines Persönlichkeitsaspekts, den dieser Mann niemals zuzugeben bereit ist. Das sind einmal gewisse persönliche Eigenheiten (z.B. daß er eigene Schwächen nicht zugeben kann), und das ist zum anderen sein zwölfjähriger Sohn, der durch eine gewisse Schwächung des Knochenbaus und der Muskulatur nicht so leistungsfähig ist, wie andere Kinder in diesem Alter. Körperliche Geschicklichkeit geht ihm - im Gegensatz zum Vater - somit fast ganz ab.
Das Verhalten des Herrn A. aber zeigt eindeutig, daß er diese Tatsache verdrängt und gegenüber Lehrern und Bekannten sich so verhält, als sei das alles nur eine Frage der Übung, des Wollens oder der Entwicklung.

An dieser grob skizzierten Falldarstellung können wir jetzt die Grundkonzeption von C.G. Jungs Typologie beschreiben.
Danach verfügt jeder Mensch über eine besonders ausgeprägte Orientierungsfunktion, die hier leicht als das analytische Denken (T) auszumachen ist. Sie wurde im Laufe der Entwicklung von diesem Menschen deshalb zur "Hauptfunktion" ausgebildet, weil sie ihm in seiner Bewußtseinsentwicklung (Erziehung, schulische und berufliche Sozialisation) am meisten dienlich war. Wir haben zudem auch bereits darauf verwiesen, daß unsere gesamte Gesellschaft diese Bewußtseinsleistung besonders fördert und prämiert.
Für Jung war nun feststellbar, daß der entsprechenden Gegensatzfunktion - hier also dem Fühlen (F) - eine solchermaßen bevorzugte Orientierung der Psyche aber mangelt, weshalb sie auch unterentwickelt (inferior) bleibt und zwangsläufig großenteils unbewußt ist. In unserem Fall fällt es Herrn A. schwer, unangenehme Aspekte des Gefühlsbereichs gegenüber seinem Sohn überhaupt wahrzunehmen und z.B. bewußt auch mit anderen darüber zu sprechen.
Deshalb wird dem Bild der äußeren Persönlichkeit (Persona) auch nur das hinzugefügt, was aus dem Gefühlsbereich privater Dinge als "vorzeigbar" gelten kann. So wird von Herrn A. selbst gegenüber guten Bekannten natürlich nur von der *herrlichen* Urlaubsreise nach Korsika, dem *schönen* Weihnachtsfest in der Familie oder der *ausgezeichneten* Lateinnote des Sohnes erzählt, obwohl - nach der Erzählung seiner Ehefrau - alle drei Ereignisse auch anders zu schildern wären.
Die restlichen beiden psychischen Funktionen sind nach Jung der Hauptfunktion als erste und zweite Nebenfunktion zugeordnet; sie nehmen eine Art Mittelstellung ein. In unserem Beispiel läßt sich als Sekundärfunktion das Empfinden (S) als relativ bewußt und als Tertiärfunktion das Intuieren (N) feststellen. Durch die erwähnte Gegensatzstruktur ist in unserem Fall ein (relativ bewußter) ST-Typus beschreibbar, dessen NF-Funktionen relativ unbewußt verbleiben (vgl. dazu Abb. 11).

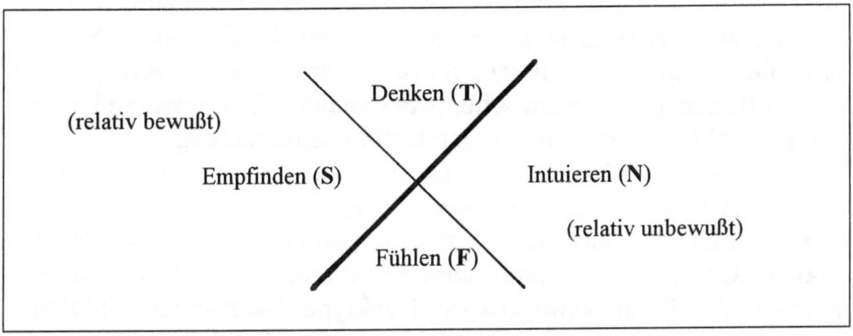

Abb. 11: Beispiel für bewußte und unbewußte Funktionen

Die Bedeutsamkeit dieser typologischen Kennzeichnung wird aber erst nachvollziehbar, wenn wir unsere bisherigen Ausführungen zur Innenwelt bzw. zur inneren Persönlichkeit, wie auch zur Außenwelt bzw. zur äußeren Persönlichkeit, mitbedenken. Jung konnte überzeugend nachweisen, daß die in unserer Psyche jeweils dominant ausgeprägte Orientierungsfunktion des Bewußtseins ihr "Interesse" entweder in einer mehr *"objektiven Art"* auf die Außenwelt oder in einer mehr *"subjektiven Art"* auf die Innenwelt richtet. Diese Grundorientierung ist dem Menschen im wesentlichen wie eine bestimmte Konstitution vorgegeben. Wir verfügen also jeweils über einen "apriorischen Wertakzent", den Jung im ersten Fall als *Extraversion* (E) und im zweiten Fall als *Introversion* (I) bezeichnet hat. Dadurch ist zusätzlich zu den o.a. vier Funktionen eine Charakterisierung der Einstellung mitgegeben, die somit acht Grundtypen ergibt, weil jede Hauptfunktion in beiden Einstellungsarten der Extraversion/ Introversion möglich ist.

> *"Die von C.G. Jung durchaus intuitiv vorgenommene Differenzierung des >extravertierten< und >introvertierten< läßt sich in variierter Form in den meisten übrigen Typologien wiederfinden."(100)*

In dem geschilderten Fall läßt sich relativ leicht feststellen, daß eine habituelle Extraversion (E) vorliegt, weil alles, was jener Mann denkt und fühlt und wonach er handelt, in einer deutlich erkennbaren Weise

in bezug auf das "Objekt" ausgerichtet ist. Der Bezugsrahmen seines analytischen Urteilens in der bewußten Einstellung ist also überwiegend an realen Verhältnissen, objektiv darstellbaren Sachverhalten und aufweisbaren Dingen orientiert. Subjektive Wertvorstellungen und persönliche Vertrautheit treten kaum in Erscheinung.
Letzteres aber ergibt sich zwangsläufig aus einer weiteren These Jungs, nach der jeweils der *innere Gegentypus* "relativ unbewußt bleibt. Dadurch ist auch dessen relative Minderwertigkeit sowie sein automatisches, d.h. unwillkürliches Funktionieren gegeben."(101) Da in unserem Fall ein "extravertierter Denktypus" mit sekundärer Empfindungsfunktion vorliegt (EST), bedeutet das, daß die "introvertierte Fühlfunktion" diesem Mann relativ unbewußt bleibt. So wird verständlich, daß alles, was den subjektiven Aspekt des Fühlens betrifft, in der äußeren Persönlichkeit dieses Menschen nur in objektivierten Formen in Erscheinung tritt, wenn es nicht gar - weil überwiegend unbewußt - aus dem Leben ganz ausgeklammert, also verdrängt wird.
Würden wir den Mann aus unserem Beispiel nach dem "schönen Weihnachtsfest" befragen, so könnte er vielleicht antworten, daß der Christbaum heuer erstmals mit mundgeblasenen Glaskugeln geschmückt war, daß sie sich das Essen am Ersten Feiertag von einem Feinkostgeschäft haben bringen lassen, und daß er sein Lieblingskonzert von einer neu eingespielten CD hören konnte. Von subjektiven Gefühlen - etwa einer Erinnerung an Weihnachten in seiner Kindheit oder seiner Wut über die zerbrochene Flasche Wein - würden wir nichts hören, weil er so was nicht für erwähnenswert hält, oder weil er es nicht zugeben könnte.

Damit wollen wir die Darstellungen dieses Abschnitts beenden. Es darf als selbstverständlich vorausgesetzt werden, daß kein einziger Mensch einem wie immer auch gearteten Typus vollständig entspricht. Ebenso muß immer davon ausgegangen werden, daß jeder Mensch über alle Funktionen verfügt und sich sowohl einmal mehr extravertiert als auch mehr introvertiert verhalten kann. Die Grundaussage des bisher Dargestellten besteht jedoch darin, daß sich bei allen Menschen bestimmte typische Einstellungsweisen wie auch besonders ausgeprägte psychische Funktionen feststellen lassen, weil die Entwicklung unseres Unbewußten zumeist nicht in gleichem Maße

mit der des Bewußtseins, das wir im allgemeinen in unserer Sozialisation einseitig fördern, Schritt hält.
Wir werden noch auf weitere Differenzierungen zu sprechen kommen, vor allem aber auf die These Jungs, daß wir uns im Verlaufe unseres Lebens darum bemühen müssen, *alle* Funktionen zu differenzieren und einer mehr oder weniger bewußten Gestaltung zugänglich zu machen. Besonders gilt dies für den Prozeß einer Selbst-Werdung (Individuation) in der zweiten Lebenshälfte.

Ausgangspunkt für die Überlegungen Jungs um das Jahr 1916 war übrigens die Auseinandersetzung mit den Theorien von Sigmund Freud und Alfred Adler. In beiden Auffassungen über die Ursachen neurotischer Erkrankung erkannte er nämlich "bedeutende Wahrheiten". Auf die Frage, woher wohl die unterschiedlichen und gegensätzlichen Auffassungen kommen, meinte er:

> *"Das kommt wohl daher, daß vermöge ihrer psychologischen Eigenart die beiden Forscher gerade das an der Neurose am ehesten sehen, was ihrer Eigenart entspricht." Denn "bei Adler liegt die Betonung auf einem Subjekt, das sich sichert und Überlegenheit sucht über gleichgültig was für Objekte; bei Freud hingegen liegt die Betonung ganz auf Objekten, die wegen ihrer bestimmten Eigenart dem Lustbegehren des Subjekts förderlich oder hinderlich sind".(102)*

Diese Auffassung über die introvertierte Einstellung bei Adler und die extravertierte Einstellung bei Freud verweist somit nicht nur auf eine bessere Verstehensmöglichkeit unterschiedlicher wissenschaftlicher Theorien, sondern zeigt, daß eine solche Unterscheidung bedeutsam ist für Kommunikation und zwischenmenschliches Verstehen.

Selbst-Erfahrung

Der menschliche Erfahrungsschatz über Wege zu sich selbst ist unüberschaubar, und auch in unserer Gegenwart sind die Ansätze zu einer Selbstfindung so vielfältig, daß notwendigerweise die Frage auftauchen muß, warum gerade *dieser* Ansatz vertreten wird. Wir kommen damit gleichzeitig auch an einen Punkt, wo wir auf die Grenzen der weiteren Darstellung verweisen müssen. Diese ergeben sich ja bereits aus den bisherigen Ausführungen, weil bestimmte Grunderfahrungen zwar beschreibbar, aber niemals in solch eindeutigen Begriffen darstellbar sind, daß sie der Bewußtseinsfunktion des Denkens voll und ganz genügen. So wird etwa niemand bestreiten, daß es die Grunderfahrung des "Göttlichen", der "Liebe" oder des "Hasses" gibt, und daß diese Erfahrungen allen Menschheitskulturen gemeinsam sind. Und ebenso unbestreitbar ist, daß solche "irrationalen" Erfahrungen ein "symbolisches Wissen" darstellen, das sich rational-wissenschaftlicher Definition entzieht. Leben überhaupt und alle Selbst-Erfahrung im besonderen sind schon deshalb nicht definierbar, weil sie einzig als etwas dem Menschen "Aufgegebenes" zu verstehen sind.

Der tiefenpsychologische Ansatz nach Jung wurde in meiner Arbeit deshalb gewählt, weil ich ihn zum einen selbst als hilfreich erfahren habe, und weil er zum anderen weitere psychologische Grunderkenntnisse nicht ausschließt, sondern mit wissenschaftstheoretischer Fundierung im Denken zu integrieren vermag. Insbesondere liefert er uns eine einleuchtende Erklärung des *emotionalen Wertes* psychischer Funktionen und Einstellungen, wie sie uns bisher über ein Wissen vom persönlichen und kollektiven Unbewußten kaum in diesem Maße vorliegt. Gleichzeitig ist es für jeden Menschen erfahrbar und deshalb nachvollziehbar. Es ist jenes "Wissen" des "kollektiven Unbewußten" der Menschheit, das über jedes rationale Wissen insoweit hinausgeht, als es im Grunde den gesamten Erfahrungsschatz der Menschheit symbolisch darstellt.(103) Daß dieser Erfahrungsschatz - wenn auch immer in individueller Ausprägung - *jedem einzelnen Menschen* zugänglich ist, stellt die Basis für Selbst-Kompetenz dar.

> *Was nun die emotionale Wertigkeit betrifft, so ist zuerst hervorzuheben, daß wir eben nicht nur Triebe (als Antriebe), Wünsche, Ängste und Hoffnungen haben, daß wir nicht nur Abwehrmechanismen und Projektionen entwickeln, sondern daß diese Erscheinungen im Menschen immer mit einer emotionalen Wertigkeit verbunden sind. Ist die Angst des einen kaum merklich, kann die des anderen dagegen lebensbedrohend sein. Wir verfügen so auch nicht über einen ursächlich im biologischen System wert-*

mäßig festgelegten Sexualtrieb - wie Freud den Libido-Begriff verstand -, sondern wir spüren in uns eine Art "Lebensenergie", die in unterschiedlicher Wertigkeit "zielgerichtet" erscheint. Jung erweiterte deshalb das Verständnis der Libido zu einem "Begriff des Intendierens überhaupt", also zu jenem Energiewert, "welcher sich irgendeinem Gebiet, der Macht, dem Hunger, dem Haß, der Sexualität, der Religion usw. mitteilen kann, ohne daß er je ein spezifischer Trieb wäre".(104)

Und so, wie jemand dem Hunger oder der Macht oder der Religion weniger oder mehr Bedeutung und Intensität der Lebensenergie zumißt, so können sich auch die psychischen Funktionen in einer unterschiedlichen Wertigkeit entwickeln. Die in unserer Kultur z.B. ausgeprägte Wertschätzung des analytischen Denkens darf nicht darüber hinwegtäuschen, daß auch das Gefühlsurteil gleichberechtigt vertreten werden kann.

Diese Grunderfahrung der emotionalen Wertigkeit gilt aber auch für das Phänomen der Angst. Denn es läßt sich zeigen, daß es im Grunde niemals die "Dinge", die "Tatsachen" oder die "Ereignisse" sind, die unserem Leben als bedrohlich erscheinen, sondern daß das Maß der Bedrohung allein von der Bedeutung bestimmt wird, die wir diesen Erscheinungen meist unbewußt beimessen.
Und deshalb neigen wir auch dazu, tagtäglich die Wahrnehmung unserer Wirklichkeit in ihrer "Be-Wertung" zu vereinfachen und zu reduzieren, weil uns sonst eine einzige Tagesschau an "Gott und der Welt" verzweifeln lassen könnte. Wir blenden auch den Tod eines nahen Angehörigen, die Ehescheidung oder den Arbeitsplatzverlust aus unserer *inneren Wahrnehmung* aus, weil wir uns überfordert fühlen, dem tatsächlich empfundenen Schmerz bewußt zu begegnen. Wir verschieben somit unsere Wertigkeiten der einzelnen psychischen Funktionen, ohne zumeist den tatsächlichen Grund dafür zu kennen.
Wahrscheinlich steht hinter all diesen Formen jeweils eine bestimmte "Grundform der Angst", die wir intuitiv spüren, die uns aber in den wenigsten Fällen ausreichend bewußt ist. Allein an diesem Phänomen können wir den energetischen Zusammenhang zwischen Bewußtsein und dem Unbewußten erkennen. Angst ist als psychische Reaktion

sowohl eine Warnung bei Gefahren, wie sie auch einen bestimmten Aufforderungscharakter enthält, etwas zu überwinden.

> *"Das Annehmen und das Meistern der Angst bedeutet einen Entwicklungsschritt, läßt uns ein Stück reifen. Das Ausweichen vor ihr und vor der Auseinandersetzung mit ihr, läßt uns dagegen stagnieren; es hemmt unsere Weiterentwicklung und läßt uns dort kindlich bleiben, wo wir die Angstschranke nicht überwinden."(105)*

Nun ist das Thema der Angst für unsere weiteren Ausführungen zur Selbst-Kompetenz des Menschen deshalb so bedeutsam, weil hinsichtlich dieses Entwicklungsaspekts ein in allen Lebensbereichen vorherrschendes Miß- und Unverständnis festzustellen ist. Denn diese Aussage zur Angstüberwindung hat nicht nur Gültigkeit für die Phase des menschlichen Heranwachsens; sie hat insbesondere Bedeutung für die gesamte Lebensspanne des Menschen, wenn auch beim Erwachsenen mehr für den Entwicklungsprozeß jener "inneren Persönlichkeit".

Eine kausale Erklärungsweise der Psychoanalyse nach Freud kann uns helfen, frühkindliche Verursachung für einzelne Fehlformen des erwachsenen Verhaltens zu erkennen und zu beheben. So dürfte z.B. nachvollziehbar sein, daß die Verlagerung der menschlichen Hauptenergie "auf den Besitz, das Sparen und Horten von Geld und materiellen Dingen ebenso wie von Gefühlen, Gesten, Worten" mit einer bestimmten kindlichen Entwicklungsphase (der "analerotischen") zusammenhängt, wie dies Erich Fromm als wesentliche Ursache für das Besitzenwollen, also den "Habenmodus" unserer Existenz, beschrieben hat.(106)
Aber über die verursachende Prägung unseres Lebens hinaus ist eine "finale Erklärungsweise" für menschliches Verhalten auch empirisch nicht mehr von der Hand zu weisen, wie dies etwa Jung für den Selbstregulationsprozeß der Psyche zwischen innerer und äußerer Persönlichkeit aufgezeigt hat. Dieser Prozeß zielt als eine gerichtete Entwicklungsaufgabe auf das "Selbst", das Jung als "die Einheit und Ganzheit der Gesamtpersönlichkeit" bezeichnet hat.(107)
Das unabweisbare Bedürfnis jedes Menschen nach solch einem "paradiesischen Zustand" des Einsseins läßt sich tatsächlich nicht mehr al-

lein mit der vorgeburtlichen und frühkindlichen Entwicklung des Individuums erklären, wie dies noch eine rein reduktionistische Psychoanalyse darzustellen versucht.

Vielmehr muß man annehmen, "daß jeder Mensch die Disposition in sich trägt, ein solches Urbild der Einheit, wie das Bild vom Paradies, auszuprägen, und daß in jedem Menschen eine solche Sehnsucht nach Einheit wohnt". Hierin drückt sich archetypisch eine Grunderfahrung in allen menschlichen Kulturen aus und diese erweist sich letztlich "als ein Verlangen nach Einheit mit den Ursprüngen, den Quellen des eigenen psychischen Lebens, als Ausdruck der Einheit mit sich selbst".(108)

Die individuelle Erfahrbarkeit dieses inneren Entwicklungsweges ist kein mystisches Geschehen und keine esoterische Geheimniskrämerei; sie kann beispielhaft verständlich gemacht werden, wobei es sich an dieser Stelle und im Rahmen unserer Arbeit um eine grob vereinfachte Skizze handeln muß, die gleichwohl das Grundprinzip aufzeigt.

Dabei muß sich der Leser noch vor jenem möglichen Vorurteil hüten, daß dies alles doch bloß "das Private" eines Menschen betreffe, also nur am Rande mit Gesellschaft und Beruf, mit Position und Führungsaufgaben zu tun habe. Wir erinnern vielmehr an unser Ausgangsverständnis, wonach jedes Fremdverstehen zunächst das eigene Selbstverstehen voraussetzt. Darüber hinaus haben wir bisher auch deutlich gemacht, daß der Mensch zwar rein funktional zwischen beruflicher Arbeit, gesellschaftlichem Leben und persönlichen Belangen zu trennen vermag, daß diese Trennung aber letztlich dem abendländischen Denkirrtum entspricht, zwischen Subjekt und Objekt, zwischen Materie und Geist, zwischen Körper und Psyche nur im Sinne von "entweder - oder" zu unterscheiden. Eine Vorstellung des "sowohl als auch" mit Berücksichtigung des Betrachterstandpunktes könnte uns hier weiterhelfen.
Stellen wir vor dem nun folgenden Fallbeispiel zum besseren Verständnis einige thesenartige Kernsätze zusammen. Die Sätze sind einerseits eine Zusammenfassung des Bisherigen und zum anderen teilweise ein Vorgriff auf erst später zu vertiefende Aussagen.

Kernsätze einer Selbst-Erfahrung:

- Ganzheit des Menschen umfaßt Bewußtsein und Unbewußtes;
- Persönliches Unbewußtes enthält sog. "bewußtseinsfähiges Material" (wie Vergessenes oder Verdrängtes), aber auch Vorstellungsmöglichkeiten, die sich archetypisch aus dem kollektiven Unbewußten bilden, z.B. in Träumen, in Symbolen von Sprache und Bildgestaltung;
- Im Laufe der Bewußtseinsentwicklung bildet sich eine Art "äußere Persönlichkeit" (Persona) heraus, die meist mehr einer Persönlichkeitsformung durch das Kollektiv (als Rolle, Amt, Position) als einer individuellen Prägung entspricht;
- Hierbei entwickelt sich in jedem Menschen eine ihm für die Außenwelt dienliche psychische Hauptfunktion (Denken oder Fühlen, Empfinden oder Intuieren). Die dieser differenzierten und meist sehr bewußten Hauptfunktion gegenüberliegende Funktion verbleibt dabei meist unterentwickelt (inferior oder minderwertig), weil sie relativ unbewußt ist;
- Die Hauptfunktion ist in ihrer Einstellung entweder mehr an den Dingen und Objekten der Außenwelt orientiert (= extravertiert) oder mehr an subjektiven Gesichtspunkten der Innenwelt ausgerichtet (= introvertiert);
- Psychische Entwicklung des Menschen besteht in der Bewußtmachung und somit Integration der unbewußten Anteile (Triebkräfte, Verdrängungen, Projektionen), soweit diese die psychische Gesundheit beeinträchtigen. Integration bedeutet Wandlung als jenen Prozeß, der "die Verhaftung des Menschen an das Unbewußte löst";(109)
- Der Weg der Selbst-Werdung (Individuation) ist zwar durch kollektive Gesetzmäßigkeiten geprägt (und nur symbolisch erfahrbar), ist aber niemals vorhersagbar, da er vom einzelnen "gelebt" werden muß;
- Dieser Weg ist nur an individuellen Beispielen beschreibbar oder z.B. über die Symbolsprache von Künstlern, Kunstwerken, Sagen, Mythen, Märchen, an archetypischen Bildern empirisch aufweisbar. Es ist davon dem anderen somit nur "eine Anschauung der tatsächlichen Erfahrungsmöglichkeiten zu vermitteln. Niemand kann diese Dinge wirklich begreifen, der sie nicht selber erfahren hat."(110)

Was mit dem Schlußsatz angesprochen ist, wiederholt im Grunde nur die Weisheitslehren aller Kulturen und konfrontiert uns höchstens mit unserer Bewußtseinseuphorie, wonach alles im Leben "machbar" sei. Selbst-Erfahrung als Lebensweg ist aber nicht nach Plan zu gestalten, da er auch nicht auf ein dinghaftes Ziel ausgerichtet sein kann, etwa im Sinne von "Vollkommenheit" oder "Weisheit" oder "Bildung"; wenn hier somit vom Bestreben der "Ganzheit" gesprochen wird, beschreibt dies tatsächlich "nur" das alltägliche Bemühen um menschliches Wohlbefinden im Verständnis eines sinnerfüllten Lebens und gemeinschaftlichen Zusammenlebens.

Das Fallbeispiel der Frau N.:

Frau N. ist nach längerer Unterbrechung (Familie mit zwei Kindern) wieder im Beruf integriert als Leiterin einer Einrichtung der beruflichen Weiterbildung. Sie hatte früher Betriebswirtschaft studiert und hat nun über selbstorganisierte Maßnahmen ihre berufliche Neuorientierung mit einer guten Position abgeschlossen. Sie ist etwa fünfzig Jahre alt, wohnt mit der erwachsenen Tochter (Studium) noch zusammen und lebt etwa seit fünf Jahren auch getrennt von ihrem Mann, bei gutem Einvernehmen. Grundbesitz beider wird gemeinsam verwaltet und auch der Kontakt mit den Kindern wird von beiden gleichermaßen gepflegt. Als sich beide Partner nun entschlossen hatten, formell die Scheidung nach fünfundzwanzigjähriger Ehe zu beantragen, hat Frau N. wenige Tage vor dem Termin folgenden Traum:
Ich bin mit meinem Mann verlobt, wir wohnen in X, und mir wird bewußt - es ist acht Tage vor der Hochzeit -, daß ich ihn nicht heiraten will. Alle Gäste sind schon eingeladen, das Hochzeitskleid ist fertig, aber mein Mann ist gerade in Y, wo er zusammen mit seinem Vater ein neues Geschäft eröffnen will. Ich will ihn aber unbedingt erreichen, um ihm noch rechtzeitig meinen Entschluß mitzuteilen. Wegen der ganzen Umorganisation bin ich sehr nervös; ich finde die Telefonnummer von ihm in Y nicht, kann sie auch nicht von seiner Sekretärin erfahren. Alle Versuche scheitern, und er ist praktisch unerreichbar. Ich suche lange vergeblich nach Flug- und Zugverbindungen, bis es mir endlich gelingt, einen passenden Zug herauszufinden. Ich bin ganz erschöpft, will nur schlafen ...werde dabei wach ... schlafe wieder ein und träume weiter: endlich bin ich bei meinem Verlobten im Büro in Y und habe Angst davor, ihm alles zu sagen. Er aber ist gar nicht entsetzt, erzählt vielmehr, daß er jetzt doch das Geschäft mit seinem Vater eröffnen werde, weil man in Y nur 9% Steuern zu zahlen brauche. Ich werde wütend, daß er vom Geschäft redet und nicht von uns. Plötzlich aber fällt mir auf, daß er jünger aussieht als sonst und blonde Haare hat. Irgendwie paßt jetzt alles zusammen ...

Die Lebensdaten von Frau N. sind hier geringfügig abgeändert, der Traum jedoch entspricht ganz ihrer Erzählung. Da wir keine vollständige Trauminterpretation vornehmen wollen, sollen hier nur einzelne Gesichtspunkte aus den Erläuterungen zu den eigenen Einfällen von Frau N. aufgegriffen werden.

Frau N. erkennt sich selbst in ihrer typologischen Einstellung durch die Hauptfunktion der "Intuition" (N) geprägt und nimmt deshalb meist mehr die Möglichkeiten wahr, die in Dingen und Gegebenheiten liegen, als deren tatsächliche Beschaffenheit. Sie verläßt sich eher auf ihre Inspiration als auf die Erfahrung von Fakten. Ihre Empfindungsfunktion (S) ist somit wenig ausgeprägt, so daß sie sich selbst rückblickend als nicht immer "mit beiden Beinen fest auf dem Boden stehend" charakterisiert. Zwar hat ihre unbewußte Wahrnehmung von Strukturen und Zukunftschancen mit ihrer beruflichen Ausbildung gut harmoniert, aber da ihre Sekundärfunktion eindeutig als das "Fühlen" (F) auszumachen ist und erst als Tertiärfunktion das "Denken" (T) gelten kann, ist ihr Urteilsvermögen mehr gefühlsbestimmt als durch rationale Überlegungen geprägt. Ihrer jetzt leicht dominanten extravertierten Einstellung (E) stand vermutlich eine introvertierte Einstellung in ihrer ersten Lebenshälfte gegenüber.
Was können wir nun aus dem feststellbaren Grundtypus (hier: ENF) in Verbindung mit ihrem sehr eindrucksvollen Traum für unsere Erläuterungen zur Selbst-Erfahrung gewinnen?

Zunächst demonstriert dieser Traum die Sprache des Unbewußten, die als eine Art "ungerichteten Denkens" jede Unterscheidung von innerem und äußerem Erleben aufhebt. Dem Innenweltaspekt hatte Frau N. bisher nicht allzuviel Aufmerksamkeit geschenkt, weshalb sie auch im Gespräch über den Traum erst allmählich auf die mögliche Bedeutung seines Inhalts aufmerksam wird. Wenn sie jetzt zurückblicke, dann erscheine ihr die Beziehung zu ihrem Mann tatsächlich so, als ob sie ihn praktisch niemals hätte mit dem erreichen können, was ihr wirklich wichtig war. Spontan fällt ihr noch ein, daß ihr Mann zeitlebens stark von seinem Vater abhängig war und sich selbst im Grunde mit seiner "äußeren Persönlichkeit" (Persona) von beruflicher Rolle und gesellschaftlicher Position identifiziert habe.
Auch sie selbst habe sich zunächst ganz selbstverständlich in der Rolle der Ehefrau, Hausfrau und Mutter, der Partnerin beim Existenzaufbau und bei der Kindererziehung aufgehoben gefühlt. Seit mehr als einem Jahrzehnt aber habe sie diese Sicherheit verloren, was dann auch zum Getrenntleben (im guten Einvernehmen) führte.
Warum macht sich aber das Unbewußte von Frau N. zu einem Zeitpunkt bemerkbar, an dem mit der beabsichtigten offiziellen Trennung

doch nur noch eine faktische Wirklichkeit formal nachvollzogen wird? - Ich komprimiere jetzt das, was normalerweise erst in einem längeren (oft Jahre dauernden) Bewußtwerdungsprozeß erfahrbar werden kann; schließlich ist auch die Lebensfülle von fünfundzwanzig Ehejahren nicht in ein paar Sätzen auf dem Papier darstellbar. Der Traum allerdings vermag so etwas in wenigen Bildern aufzuzeigen. Er ist vergleichbar dem "Lebensfilm", der in extremen Krisensituationen (z.B. in Todesgefahr) vor unserem inneren Auge ablaufen kann.
Ausgelöst wurde der Traum von Frau N. offensichtlich durch die Tatsache, daß dem äußeren, kaum noch bedeutungsvollen Ereignis des Gerichtstermins, eine ganz hohe "Wertigkeit" in der inneren Einstellung gegenübersteht. Von seiten des Bewußtseins war die Entwicklung der Beziehung mehr oder weniger abgeschlossen. Vom Unbewußten aber war offenbar noch etwas nachzuholen, und so wird Frau N. um drei Jahrzehnte zurückversetzt. Was ihr damals nicht "zum Bewußtsein" kam, wird jetzt nachgeholt, indem sie sagen muß: "Ich kann dich nicht heiraten!" Es hat auch lange gedauert, bis sie ihren Verlobten überhaupt "ausfindig" machen konnte, und bis sie "zum Zuge kam", es ihm zu sagen. Das hat ihre Kräfte ganz erschöpft. Und als sie es dann doch geschafft hat, ihn - in Geschäften mit seinem Vater eingebunden - in seinem Büro aufzusuchen, da hat sie Angst vor diesem mutigen Schritt. Aber zu ihrer Enttäuschung stellt sich heraus, daß die Angst nur ihr eigenes Problem war, weil sich ihr Verlobter tatsächlich mehr an geschäftlichen Dingen als an der Beziehung interessiert zeigt. Da wird sie wütend und plötzlich verändert sich ihr "Bild" von ihm.

Erinnern wir uns, was C.G. Jung über den Traum gesagt hat, nämlich er sei "eine Art von fein abgestimmter Kompensation für eine gewisse Einseitigkeit, Irrtümlichkeit, Abweichung oder sonstige Störung des bewußten Standpunktes".(111) Alle psychische Entwicklung durch den Einfluß des Unbewußten arbeitet somit an der "Korrektur" des bewußten Standpunktes, wenn dieser sich als einseitig erweist. Jeder Einwurf, daß es sich dabei doch "nur um Gefühle" handle, verkennt die komplexe Verbundenheit des Wertepotentials unserer Psyche. Im hier dargestellten Beispiel steht die große Bedeutung des Trauminhalts für Frau N. ganz außer Zweifel; aber selbst bei scheinbar völlig unwichtigen Kindheitserlebnissen oder Vortagesresten eines Traumes

kommt zum Ausdruck, daß eine wertmäßige Besetzung des Inhalts gegeben ist, sonst würden wir nicht davon träumen.
Im Selbstregulationsprozeß der Psyche wird für Frau N. sichtbar, daß ihre dominant ausgeprägte Bewußtseinsfunktion (die Intuition = N), die ihr Leben mehr durch eine Erwartungshaltung gegenüber den Möglichkeiten in der Beziehung geprägt hat, korrigiert wird durch die unterentwickelt gebliebene Empfindungsfunktion (S). Die Wahrnehmung von Tatsachen, von Details, von realistischen und konkreten Dingen, insbesondere was die Beziehung betraf, führte tatsächlich bisher ein "Schattendasein" im Leben von Frau N. Dazu können zusätzlich noch bewußt vorgestellte und gelebte "Ideale" (z.B. Familie, Anstand, guter Ruf) beigetragen haben, weil diese uns noch mehr dazu verleiten, uns mit unserer "Persona" und den Kollektivwerten zu identifizieren und dabei den unbewußten inneren Lebensbereich als "minder-wertig" auszuklammern.

Jung hat alle jene Aspekte, die *auch* zu unserer Person gehören, die wir aber nicht bewußt anschauen wollen oder können, als "Schatten" bezeichnet. Und es fällt uns allen im Leben schwer, uns mit Eigenschaften anzufreunden, die wir an uns selbst nicht mögen, die aber nichtsdestoweniger auch zu uns gehören.

> *"Überfällt uns z.B. ein Zornausbruch, beginnen wir plötzlich zu fluchen oder uns rücksichtslos und roh zu verhalten, gehen wir, oft ganz gegen unseren Willen, unsozial vor oder sind wir geizig, kleinlich, nörgelnd, feige oder frech, taktlos und unverschämt, so verraten wir dadurch Eigenschaften, die wir unter gewöhnlichen Umständen sorgfältig unterdrücken und verbergen und von deren Existenz wir zumeist selber kaum eine Ahnung haben."(112)*

Auch wenn unsere weniger differenzierte Funktion somit zum Schattenaspekt gehört, heißt das nicht, daß wir diese gar nicht zu gebrauchen vermögen. Nur ist die Art des Umgangs mit ihr - aufgrund weitgehender Unbewußtheit - oft durch eine Unverhältnismäßigkeit in der Wertschätzung des Objekts oder auch der subjektiven Meinung geprägt. Das zeigt sich am Beispiel einer anderen Frau von knapp vierzig Jahren, die ebenfalls durch ihre intuitive Hauptfunktion geprägt ist, wenn sie einerseits alle nicht lebensnotwendigen Dinge und Objekte des täglichen Lebens aus innerer Überzeugung als Luxus ablehnt, gleichzeitig aber manchmal einem panischen Kaufzwang bei Kleidung und sonstigem Zubehör ausgeliefert ist, der ihre Grundeinstellung Lügen straft.

Neben solchen persönlichen Schattenanteilen der Psyche nehmen wir auch innere Bilder einer kollektiven Erscheinungsform des Schattens in unterschiedlicher Gestalt wahr. In Mythologie und Dichtung wird diese Form als "Versucher", als Wegbegleiter oder als Gegenpart dargestellt, um die innere Auseinandersetzung, den Zwiespalt, in einer sichtbaren Form darzustellen. Diese Rolle hat z.B. Mephisto in Goethes "Faust".

> *"Unter dem individuellen Aspekt steht der Schatten für das >persönliche Dunkel<, als die Personifikation der während unseres Lebens nicht zugelassenen, verworfenen, verdrängten Inhalte unserer Psyche, die unter Umständen auch einen positiven Charakter haben können, unter dem kollektiven Aspekt für die allgemein-menschliche Seite in uns, für die jedem Menschen innewohnende strukturelle Bereitschaft zum Minderwertigen und Dunkeln."(113)*

Die unausweichliche Konfrontation mit dem Schatten in uns gehört nach Jung zum *ersten wesentlichen Schritt* auf dem Wege zu sich selbst. Das ist aber mit einer mühsamen moralischen Anstrengung verbunden, weshalb wir auch viel eher geneigt sind, den Schattenaspekt mit Vorliebe an anderen zu erkennen und mit besonderem Eifer zu tadeln.(114) Man besuche nur mal eine Parteiveranstaltung vor einer Wahl, um zu erkennen, wie sich dieses jahrtausendealte Verfahren eingespielt hat und sich immer noch bestens "bewährt".

In unserem Traum-Beispiel ist aber noch ein *zweiter* wesentlicher innerer Erfahrungsbereich angesprochen. Diese Erfahrung hängt ursächlich mit dem zusammen, was wir als Persona bereits mehrfach angesprochen haben, weshalb wir darauf nochmals kurz eingehen müssen. Die Persona ist nicht nur ein sehr hilfreicher Schutz zur Abgrenzung, sondern auch "ein kompliziertes Beziehungssystem zwischen dem individuellen Bewußtsein und der Sozietät", die ja von jedem Individuum erwarten muß, "daß es die ihm zugedachte Rolle möglichst vollkommen spielt".(115) Um das kollektiv vorgegebene ideale Bild zu erreichen, muß aber der einzelne viel allgemein Menschliches "opfern", und das heißt, verdrängen oder unterdrücken. Wir wissen heute, daß alle sog. psychosomatischen Krankheiten darin ihre Ursache haben. Spielt der einzelne jedoch die von ihm erwartete Rolle nicht mehr mit - etwa als moderner "Aussteiger" -, macht er sich gegenüber der Gesellschaft verdächtig.

Frau N. hat lange Jahre dieser Erwartungshaltung der Gesellschaft an eine Hausfrau, Mutter und Ehepartnerin entsprochen, bis sie selbst merkte, daß dieses äußere Persönlichkeitsbild nicht mehr mit ihrer wirklichen Person übereinstimmte. Sie versuchte anders zu leben, was aber nun nicht mehr in Einklang mit den Vorstellungen ihres Mannes zu bringen war. Frau N. ist auch der Meinung, daß dieser Mann noch heute davon überzeugt ist, auch innerlich genau das zu sein, was er im äußeren Charakter darstellt. - In einem solchen Fall darf man dem Ehepartner meist ein realistischeres Bild vom tatsächlichen Charakter des anderen zutrauen.
Wie nun aber die Persona ein *bewußtes Bild der äußeren Einstellung* des Menschen ist, sind jedem auch "innere Bilder" als psychologische Bereitschaft eingeboren, die der *tatsächlichen "inneren Einstellung"* entsprechen. Jung bezeichnete diese innere Einstellung als "Seele" oder als Anima und nannte das daraus resultierende Bild ursprünglich das "Seelenbild". Ein solches Bild wird vom Unbewußten zumeist durch bestimmte Personen verkörpert, "welche die der Seele entsprechenden Eigenschaften besitzen". Und da männliches und weibliches Bewußtsein auch spezifische Entwicklungsschritte durchlaufen, wird bei Männern "die Seele vom Unbewußten in der Regel als weibliche Person dargestellt" und "bei Frauen als männliche Person".(116) Deshalb spricht Jung einmal von Animus und einmal von Anima, obwohl die innere Einstellung generell ebenfalls als Anima bezeichnet wird, weil das "Seelenbild" auch gleichgeschlechtlichen Charakter annehmen kann. Deshalb stellt jede Anima-Gestalt im Grunde symbolisch das an uns zu Liebende, also das Wertvolle an uns selbst dar.

Nun ist wichtig zu wissen, daß in "allen jenen Fällen, wo eine Identität mit der Persona vorliegt, und daher die Seele unbewußt ist", das Seelenbild in eine "reale Person" verlegt wird. "Diese Person ist der Gegenstand einer intensiven Liebe oder eines ebenso intensiven Hasses (oder auch der Furcht)."(117)

Unter einer solchen hypothetischen Annahme läßt sich religiöser Persönlichkeitskult ebenso erklären wie die vielfältigen Formen der Liebe, des Hasses und der Verachtung in allen zwischenmenschlichen Beziehungen.
Für Frau N. jedenfalls war eine solche reale Person zweifellos ihr früherer Mann. Aber in dem Augenblick, in dem sie aus dem Unbewußten - über den Traum - sich ihrer inneren Einstellung (= Seele) bewußt wird, ist das entsprechende Bild nicht mehr an diese reale Person gebunden. Ihr Verlobter sieht im Traum plötzlich jünger aus und hat blondes Haar. Sie hat somit ein Bild ihrer eigenen Innenwelt wahrgenommen und zwar in Form einer Animusgestalt.

Mit diesem Beispiel ist ein Bewußtwerdungsprozeß beschrieben, wie er notwendig zu jeder seelischen Entwicklung gehört, und wie er auch "natürlicherweise" ohne bewußtes Dazutun durchlaufen wird. Aber unsere natürliche Entwicklung ist durch vielfache zivilisatorische Einflüsse gestört, wie wir überdeutlich an der Problematik unseres Trieblebens erfahren. Da nun aber alles uns Unbewußte - persönlicher wie kollektiver Natur - projiziert erscheint, ist es in unserer westlichen Zivilisation grundsätzlich wichtig, solche Projektionen durchschauen zu lernen. Das führt bei Mann und Frau aber zu unterschiedlichen Aufgaben, denn das Maskuline des Menschen ist entwicklungsgeschichtlich bedingt mehr an Abstraktion und Unterscheidung orientiert, während das Feminine im Menschen mehr als Prinzip der Verbundenheit zu sehen ist.(118) Allerdings ist dabei von jenem Verständnis der psychischen Prinzipien in den Geschlechtern auszugehen, wonach das Feminine weder auf die Frauen, noch das Maskuline auf die Männer allein beschränkt bleibt.
Durch die einseitige gesellschaftliche Bevorzugung der Bewußtseinsleistungen des Menschen ist nun wahrscheinlich auch die Verhaftung des Mannes an seine "Persona" stärker als die der Frau. Die dadurch aber zwangsläufige größere "seelische Unbewußtheit" begünstigt im Manne die Anima-Projektionen, die unsere ganze Gesellschaft prägen: vom Auto als einem Anima-Symbol, das gepflegt und gestreichelt

wird, bis zur Pin-up-girl-Dominanz in der gesamten Bildreklame reichen diese Projektionen eines eigentlich wertvollen inneren seelischen Anteils im Menschen. Und besonders schwierig gestaltet sich deshalb beim Mann auch die Ablösung von der Mutter, da diese wahrscheinlich die erste Trägerin des innerseelischen Bildes darstellt. Dazu jedoch mehr im nächsten Abschnitt.

Ein letzter Gesichtspunkt im Zusammenhang mit dem geschilderten Traum-Beispiel soll nun den wichtigen Entwicklungsschritt zum individuellen "Selbst" andeuten, den wir ebenfalls erst im folgenden Abschnitt vertiefen.

Selbst-Erfahrung oder Individuation hat zunächst den Zweck, "das Selbst aus den falschen Hüllen der Persona einerseits und der Suggestivgewalt unbewußter Bilder andererseits zu befreien".(119) Eine solche Befreiung ist aber auch mit einer Befreiung von Ängsten verbunden, denn Angst macht uns immer das, was einerseits wertmäßig stark besetzt und gleichzeitig noch nicht ausreichend bewußt ist. Das müssen nicht nur "negative" Aspekte sein, sondern auch positive Entwicklungsschritte sind mit Ängsten besetzt. So etwa die Loslösung des Kindes von den Eltern, der Weg in die eigene berufliche Selbständigkeit oder ein öffentliches Auftreten in der Gesellschaft.

Wenn nun Frau N. in ihrem Traum erlebt, daß sie Angst hat, ihrem Verlobten die Wahrheit zu sagen, dann ist es im Grunde nicht die Angst vor einem anderen Menschen, von dem sie - wie sie sagt - niemals etwas zu fürchten gehabt hätte. Es kann also nur die Angst davor sein, zu sich selbst zu stehen, zu den eigenen Gefühlen und zur ganz individuellen Wahrheit. Daß dem auch tatsächlich so ist, zeigt der Traum sehr deutlich auf, denn ihr Verlobter reagiert praktisch gar nicht auf ihre Mitteilung, sondern redet ganz einfach von seinen Geschäften.

Was wir also zumeist als Angst empfinden, mag vermutlich immer mit dem innersten Kern unseres Selbst zu tun haben. Wir ahnen diesen Kern manchmal mit großer Sicherheit, aber unserem Bewußtsein ist er das Unbekannte schlechthin. Wir erfahren diesen Kern oft als jene "innere Stimme", die uns im Grunde den Weg vorzeigt, aber es gehört eine große Kraft und innere Freiheit dazu, gegen alle Außenwelt und gegen alle Abhängigkeiten von unserer eigenen sinnlichen Natur dieser Stimme zu folgen. Jung sagte einmal vom Menschen, der den Weg zu sich selbst geht, daß dieser dabei auch die Begegnung mit sich selbst - also seinem Selbst - riskiert.

Selbst-Erfahrung umfaßt somit die bewußt zu gestaltende Aufgabe, sich den eigenen Schattenanteilen zu stellen, sie anzunehmen und diese in das eigene Leben so zu integrieren, daß sie weder uns selbst noch anderen schaden. Dabei können wir uns fragen: Welche Funktionen in mir habe ich bisher vernachlässigt? Welche Trieb- oder Angstproblematik habe ich zu wenig gesehen?
Weiterhin gehört dazu, das in sich selbst Wertvolle (d.h. die Seele) zu entdecken, zu ordnen und zu einer "Erziehung der Gefühle" (Drewermann) umzugestalten, was eine Versöhnung von "Trieb und Intellekt" bedeutet. Auch hierzu können Fragen an sich selbst hilfreich sein: Was ist wertvoll an mir? Was ist als wesentlich in meinem Leben anzusehen? Was bin ich selbst für ein Mensch?
Und Selbst-Erfahrung bedeutet unter einem dritten Gesichtspunkt die Erfahrung des eigenen "Sinnes" im Verständnis des Weges (Tao), den wir zu gehen haben. Dazu "muß man gegen die Hektik der Angst und gegen den Zwang des ständigen Selbstbeweisens denken können: Es genügt, da zu sein, und was ich wirklich bin, ist unendlich viel wichtiger, als was ich tue".(120)

Auf diesem Weg aber muß jeder Mensch seine Kräfte mit einem festen Auftrag verbinden, und auch die Kraft des Denkens muß "auf eine wirkliche Aufgabe gerichtet werden, bei deren Erfüllung die Seele, die Leidenschaft des Gefühls und die Klarheit des Intellekts zusammenwachsen können".
Diese "wirkliche Aufgabe" ist der Lebensweg des Menschen in Familie und Beruf, in Gesellschaft und Menschheitsgemeinschaft. Wie eine Realisierung im täglichen Leben aussieht, zeigt eindrucksvoll ein Ausschnitt aus einer Fernsehsendung dieser Tage.(121) Darin erzählte ein Werbefachmann, der jahrelang unter Kopfschmerzen gelitten hatte, wie er über eine "Gestaltungstherapie" sich von diesem Symptom befreien konnte. Allerdings mußte er dazu jenen mühsamen Weg der Bewußtwerdung gehen, der ihn seine berufliche Streß-Situation, seine persönliche Beziehungssituation und seine Schattenaspekte

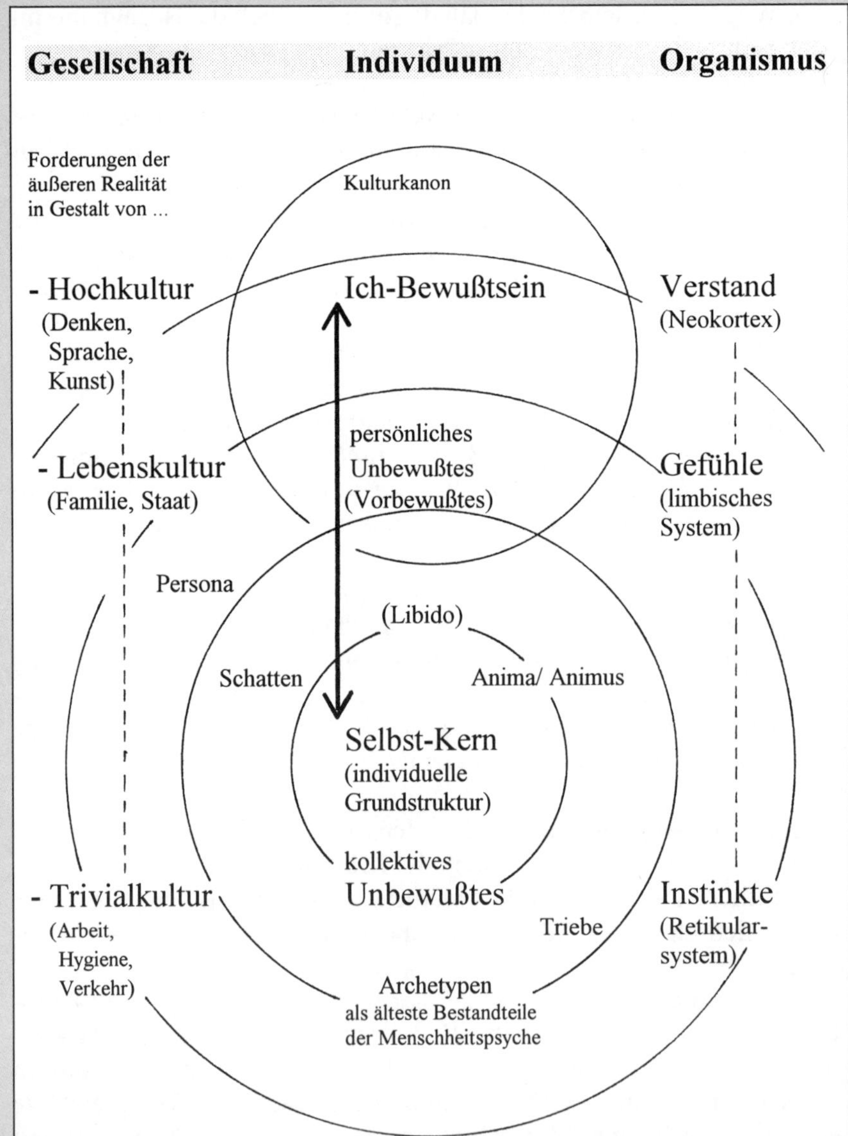

Abb. 12: Strukturen der menschlichen Psyche und Parallelen zu Organismus und Gesellschaft

erkennen ließ. Erst dann konnte er seine inneren Kräfte zu einer Veränderung einiger Lebenssituationen mobilisieren, was dann zwangsläufig mit sich brachte, daß er heute vom Kopfschmerz befreit ist. Dieses Beispiel zeigt lebensnah auf, was wir bisher als Ziel einer Einheit von Körper, Seele und Geist umschrieben haben.
Um zu den bisherigen Ausführungen und den folgenden sich den Zusammenhang von Organismus, Individuum und Gesellschaft besser vergegenwärtigen zu können, sei als gedankliche Stütze auf die schematische Darstellung in Abb. 12 verwiesen.

Das Aufzeigen von personalen Faktoren (persönliches Unbewußtes) und transpersonalen Faktoren (Archetypen) bedeutet, daß der "individualisierte Bewußtseinsmensch", bezogen auf die Menschheitsgeschichte, "kollektiv wie individuell erst ein spätes Produkt der Entwicklung" ist. Das aber bedeutet, "daß erst die Zusammenschau der kollektiven Entwicklungsschicht der Menschheit mit der individuellen Entwicklungsschicht des Bewußtseins ein Verständnis der seelischen Entwicklung im ganzen und der Individualentwicklung im einzelnen ermöglicht".(122)

3.4 Das Selbst im Lebenslauf

Die bisherige Darstellung zur Selbst-Kompetenz des Menschen entspricht natürlich auch einer gewissen Art von Weltanschauung mit einem ganz bestimmten Weltbild, was nicht deutlich genug herausgestellt werden kann. Darauf muß vor allem bei der Darstellung meiner Überlegungen zum Lebenslauf wieder hingewiesen werden, weil zudem auch pragmatische Wege aufgezeigt werden sollen. Solche Wege hat aber der einzelne immer erst in seine Sprache und in sein Weltbild zu "übersetzen", und dabei ist ganz natürlich, daß sich auch unterschiedliche Weltanschauungshaltungen begegnen werden. Sich dessen bewußt zu sein, muß somit vorausgesetzt werden.(123)

Durch eine wissenschaftstheoretisch fundierte Arbeit ist es uns aber möglich, die Darstellung gewisser Erkenntniszusammenhänge über unterschiedliche Disziplinen hinweg vorzunehmen, um so gewisse "Gesetzmäßigkeiten" im menschlichen Entwicklungsverlauf aufzuzeigen, ohne allzusehr die eigene Position zu vereinseitigen. Wir achten also jeweils auf die Grenzen der relativen Gültigkeit einer Theorie, um so für den gedanklichen Nachvollzug ein einigermaßen verbindendes Fundament zu erhalten.

Für jede Art von pädagogischem oder andragogischem Bemühen ist es notwendig zu wissen, *worauf* sich die eigene Weltanschauung gründet und *was man damit anfängt*, d. h. wie man daraus sein Leben und seinen Beruf gestaltet. Das gilt in der Berufspädagogik mit dem starken Einfluß des wirtschaftlichen Subsystems ebenso wie in der Sozialpädagogik, wo uns die unterschiedlichsten Träger mit ihrer Weltanschauung konfrontieren. Und deshalb werden die folgenden Ausführungen noch mehr als bisher an die eigenen Erfahrungen gebunden sein. Wenn wir aber bisher aufzeigen konnten, daß sich jeder Mensch als eine "individuelle Welt" erfährt und im Grunde selbst einen "Kosmos" darstellt, kann es bei der Frage nach Selbst-Kompetenz im Lebenslauf eigentlich nur darum gehen, das Maß der eigenen Verantwortung für diese "Welt" in Erfahrung zu bringen. Erst wenn der einzelne diese Verantwortung für sich und sein Leben erkannt hat, kann er sich mit seinem "Arbeitgeber", mit gesellschaftlichen Gruppen und staatlichen Institutionen arrangieren und auseinandersetzen. Natürlich setzt das Offenheit und Bereitschaft von beiden Seiten vor-

aus, ebenso wie auch ein gewisses Verständnis für den evolutionären Charakter aller Strukturen.
Als methodischen Weg für die hier entworfene Darstellung haben wir den tiefenpsychologischen Ansatz gewählt, weil alles das, was uns überhaupt erfahrbar werden kann, den "Zugang" zu uns nur über unsere "Psyche" findet. Daß nun dieser psychologische Zugangsweg heute auch mit neueren (und manchmal uralten) naturwissenschaftlichen Erkenntnissen in Einklang zu bringen ist, war ein zweiter Schritt bei der Darlegung der eigenen Position. Das mindeste, was wir daraus für das Verständnis menschlichen Verhaltens lernen, sind z.B. alle Aussagen über die Dynamik "natürlicher Systeme". Es liegt in der Natur eines solchen Systems - und auch der Mensch zählt dazu -, daß es eben nicht nur "durch die Summe von Einzeleigenschaften beschrieben werden kann".(124) Und obwohl das dem natürlichen Menschenverstand einleuchtet und jede genaue Beobachtung eines Ameisenhaufens uns von der Richtigkeit überzeugen kann, versuchen die meisten wissenschaftlichen Disziplinen immer noch, durch möglichst exakte Erforschung von Einzeleigenschaften Aussagen über das Ganze des menschlichen Verhaltens machen zu können. So etwa, wenn heute amerikanische "Wissenschaftler" das Phänomen der Liebe zwischen zwei Menschen auf einige Formeln für chemische Prozesse im Körper zurückführen (wollen).
Fast selbstverständlich setzen wir auch voraus, daß soziologische und sozialpsychologische Erkenntnisse bei unserer Vorgehensweise ihren eigenen Erkenntniswert behalten und integrierbar sein müssen, soweit sie sich selbst der Grenzen des jeweiligen Theorieansatzes bewußt sind.
Um gegen Vereinseitigung und intellektuelle Verirrungen gewappnet zu sein, müssen wir als weiteren Schritt zur methodischen Darstellung menschlicher Selbst-Kompetenz einen *umfassenderen Beschreibungs- und Darstellungshorizont* wählen, als ihn Psychologie und Naturwissenschaften bieten können. Dazu bedarf es eines philosophischen Denkansatzes, weil nur ein solcher das dynamische Verständnis vom menschlichen "Selbst" als "Sinn" ermöglicht. Wir hatten eingangs ja festgestellt, daß eine Persönlichkeitspsychologie überhaupt nur darstellbar ist, wenn sie als eine solche "individueller Sinnwelten" (Hans Thomae) verstanden wird. Jede Erfahrung von Sinn ist aber nur in

ganz konkreten Lebenssituationen möglich, also in der täglichen Gestaltung des Lebenslaufs.
Dabei erfahren wir Sinnhaftigkeit niemals als etwas "von außen" kommendes, als Gesetz, als Lehre, als Rolle, als Beruf, als Rat oder als Dogma, sonst gäbe es in unserer Gesellschaft keine Verbrechen, keine Korruption, keine Ausbeutung und keinen Haß mehr; schließlich ist jeder schon mal - zumindest sinngemäß - mit den zehn Geboten "belehrt" worden. Was wir mit dem Aufzeigen von Wegen zur Selbst-Kompetenz einzig darstellen wollen und können ist eben die Erkenntnis, daß sich "Sinn" im Menschen jeweils nur im Rahmen seiner individuellen Gesamtstruktur konstituiert. Er strukturiert sich gleichsam (d.h. er entsteht jeweils von neuem) in jeder "Situation". So kann es heute für mich sinnvoll sein, eine Existenz aufzubauen und Geschäfte zu machen, einen Job anzunehmen und Geld zu verdienen; und es kann sich morgen für mich als sinnhaft herausstellen, eine Position aufzugeben oder den Beruf zu wechseln. In der hier angedeuteten Grundsatzthese der Strukturanthropologie nach Heinrich Rombach(125) ist enthalten, daß deshalb "Sinnhaftigkeit" im Lebensvollzug erst gefunden werden muß und sich immer wieder als "stimmig" zu erweisen hat. Eine solche Position bestärkt uns darin, daß sich menschliches Verhalten also niemals aus "Anlagen, aus Trieben und Kräften" erklärt, über die jeder verfügt. Verhalten ist nur erklärbar aus der je individuell zu findenden Gesamtstruktur - also dem Selbst -, denn diese Struktur allein ermöglicht es den Trieben und Kräften, im je "individuellen Gesamtzusammenhang" eine bestimmte Funktion zu übernehmen.
In solchem Verständnis treffen sich heute Erklärungsweisen philosophischer und naturwissenschaftlicher Art.(126) Ausgangspunkt dieses Denkens sind die Studien über selbstorganisierende Systeme, bei denen drei Beschreibungsebenen unterschieden werden, nämlich

- Struktur,
- Funktion und
- Fluktuation.

Die Grundaussagen dieser Ebenen sind auffindbar sowohl in biologischen Systemen (bei der Erklärung von Gesundheit und Krankheit im menschlichen Körper), in soziobiologischen Systemen (bei der Beschreibung eines Bienenvolkes oder Heuschreckenschwarmes), in ökologischen Systemen (etwa im Ökosystem der Weltwirtschaft) und

in soziokulturellen Systemen (z.B. einer Stadtentwicklungsplanung). Erkenntnisse aus der zugrundeliegenden "Theorie dissipativer Strukturen" (auf die hier nicht weiter einzugehen ist) ergeben aber auch qualitative Hinweise auf solche Phänomene wie die *"Persönlichkeitsentwicklung"*. Bei der Persönlichkeit des Menschen handelt es sich nämlich auch um ein "offenes System fern vom Gleichgewichtszustand", das durch "Fluktuationen" über viele Instabilitätsschwellen getrieben wird und das in jeweils neue "koordinierte Phasen ihrer Evolution" eintritt.(127) Das, was wir dabei "Geist" nennen, ist also nicht irgendetwas zusätzlich Vorhandenes, sondern ist als der Prozeß selbst zu begreifen.
Wie der einzelne seinen Hunger stillt, wie er mit seinen Aggressionen umgeht, wie er sein musikalisches Talent verwirklicht, mit welcher Verantwortung er seinen Beruf ausübt, das alles ist weder anlagemäßig noch umweltmäßig festgelegt, noch ist es völlig in unser eigenes (Bewußtseins-) Vermögen gestellt; es unterliegt allein individueller Gestaltungsaufgabe im sich Einlassen auf die "Findung" des Selbst. Nur bei einem "Mechanismus" kennt man das Resultat im voraus.
"Persönlichkeit" ist somit immer gekennzeichnet durch selbstgestalteten Lebensvollzug in eigener Verantwortung. Dazu ist Freiheit erforderlich, Lebensmut, auch Liebe und Vertrauen, weil allein auf das Bewußtsein gestützt und auf die darauf aufbauenden Errungenschaften von Wissenschaft, Technik, Wirtschaft und Planung, der Mensch bloß mit noch tieferen Ängsten konfrontiert wird. Oder hat je eine technische Errungenschaft den Menschen von der Existenz-Angst befreit?

Die philosophische Erklärungskraft unseres Ansatzes hängt auch von der Stimmigkeit dessen ab, was wir bisher über die Erfahrung des Selbst aus naturwissenschaftlicher und tiefenpsychologischer Sicht gezeigt haben. Diese Darlegung umfaßte zum einen
- die Grundstruktur von Wirklichkeiten und jenen Bezug von Außenwelt - Innenwelt mit bestimmten psychischen Inhalten (Persona, Schatten);
- die Funktionen der menschlichen Psyche und die Wirkungen der Inhalte (Kompensation zwischen Bewußtsein und Unbewußtem);
- die Fluktuation, vergleichbar der Progression und Regression im Lebenslauf (evolutive Dynamik der Individuation).

Wir werden dazu nun in sechs Schritten *die für uns wesentlichsten Aspekte im Lebenslauf eines Menschen* zusammenfassend darstellen, wie sie über unsere Psyche erfahrbar und damit beschreibbar sind und wie sich diese Erfahrung auch philosophisch stimmig fundieren läßt.

Psychisches Grundverständnis zur Individualität

Die grundlegende Vorstellung von der Libido als einer dominant sexuellen Kraft wird im Verständnis von C.G. Jung erweitert als eine dem Menschen eigene "Kraft des Begehrens und Strebens", wie sie seine gesamte Entwicklung im Lebenslauf prägt. Aus psychologischer Perspektive kann man sagen, daß alle menschlichen Triebe im Laufe der Phylogenese jeweils kulturbedingt überformt werden. Welchem Gebiet der menschlichen Grundbedürfnisse (Hunger, Macht, Aggression, Sexualität) sich diese "psychische Kraft" also mitteilt, ist durch den jeweiligen Kulturkanon und die soziologische Struktur der Gesellschaft vorgeprägt; darüber hinaus unterliegt sie der individuellen Gestaltung (Ontogenese), wobei sie dem "Ich" und seinen Bewußtseinsaspekten nur teilweise zur freien Verfügung steht. Viele der Bedürfnisbereiche werden vielmehr durch uns unbewußte Aspekte der Libido bestimmt oder beeinflußt.
Dieses Gestaltungsprinzip der Libido umfaßt im menschlichen Entwicklungsprozeß zwei ständig alternierende Phasen, vergleichbar dem Ein- und Ausatmen des Körpers:
- Die Phase der "Progression" - als Bezeichnung für das "tägliche Weiterschreiten des psychologischen Anpassungsprozesses" - wird durch die notwendige Orientierung an den Umweltbedingungen erzwungen.
- Die Phase der "Regression" ist alternierend dazu aufzufassen und stellt die notwendige "Anpassung an die Bedingungen der eigenen Innenwelt" dar.(128)

Von einer relativ stabilen Ich-Identität läßt sich dann sprechen, wenn sich die Anpassung an (bzw. der) Außenwelt und die Anpassung an (bzw. der) Innenwelt in einem dynamischen Prozeß befinden. Dieser *Wechselwirkungsprozeß* charakterisiert sowohl Einzelphasen (analog zum Wachen und Schlafen oder zu den Körperrhythmen) ebenso wie die Phasen einer ersten und zweiten Lebenshälfte des Menschen.

In Freuds Verständnis der Entwicklungsphasen vom Es zum Ich und zum Über-Ich läßt sich ein vergleichbares Wechselwirkungsverhältnis nachvollziehen, wenn die ins Somatische reichenden Triebkräfte (Es) vom sich entwickelnden Ich mit der Außenwelt vermittelt werden, wodurch eine schrittweise Internalisierung der Außenweltforderungen in der Instanz des Über-Ich (als Ausbildung des Gewissens) erfolgt.

Entwicklung, Reifung und Grundtypus

Über eine *kausale* psychoanalytische Erklärungsweise hinaus verhilft uns eine *finale* Deutung der Libido zum besseren Verständnis der Entwicklungsschritte des "Ich" in Kindheit und Jugend. Die Ausbildung der Bewußtseinsleistungen des einzelnen wird in Sozialisation und Erziehung (durch Eltern und Kollektiveinrichtungen) ermöglicht und gefördert. Hier ist in der Verlängerung der *Jugendzeit* - die in entwickelten Gesellschaften bis weit in die zwanziger Lebensjahre reicht - die "wichtigste Grundbedingung für die menschliche Kultur und ihre Tradierung" zu sehen.(129)
Alle menschliche Entwicklung ist dabei von einer Tendenz zur "Ganzheit" oder zur "Zentroversion" (E. Neumann) geprägt, die als eine "Übereinstimmung mit sich selber" umschrieben werden kann. Zu Beginn dieser Entwicklung müssen wir das erste Lebensjahr noch zur (nachgeburtlichen) Embryonalzeit rechnen, weil hier die Urbeziehung von Mutter - Kind als jenes Stadium zu gelten hat, in dem die Ureinheit des zunächst völlig unbewußten "Selbst" noch eingeschlossen ist. Diese "Einheitswirklichkeit" ist für den Menschen in den ersten Monaten noch als "paradiesisch" zu bezeichnen, weil ein "Minimum von Unlust und Spannung mit einem Maximum an Lust und Geborgenheit" gegeben ist, was auch einer Einheit von Ich und Du, von Selbst und Welt entspricht.(130)
Aus diesem "unbewußten Selbst" entwickelt sich nach und nach ein "Ich" als das Zentrum des Bewußtseins. Das Kindheits-Ich macht dabei seine "Welterfahrung" zunächst "am Körper und in der Symbolik des Körpers" (Jean Piaget), weshalb auch die Welt-Erfahrung des Kindes über Atmen, Schreien, Saugen, Schlucken, Urinieren usw. niemals nur biologisch und physiologisch, sondern immer auch symbolisch erfolgt.(131)

Entscheidend für die ganze erste Lebenshälfte ist nun, daß sich in dem sich immer weiter ausbildenden Ich die *gesamte Persönlichkeit des Menschen* gleichsam zentriert und zwar dermaßen, daß das Ich als das Zentralorgan dieses Prozesses "nichts von seiner Abhängigkeit von der Ganzheit" weiß.(132) Dieses Nichtwissen führt z.B. dazu, daß das Ich das eigene Selbst zuerst sogar immer über das "Du" erfährt, und normalerweise besteht noch bis zur Pubertät eine "partielle unbewußte Verbundenheit zwischen dem Kind und den Eltern, besonders aber der Mutter".(133)

> *Wegen dieser unbewußten Verbundenheit besteht auch die erste Erziehungsaufgabe der Eltern darin, sich im eigenen Leben "nichts vorzumachen", sich also der eigenen Lebensproblematik zu stellen. Andernfalls, also bei einer Verdrängung, wird die indirekte Beeinflussung des Kindes forciert. Die Lebenserfahrung vieler Eltern zeigt nämlich, daß jeder Versuch, persönliche Probleme vor den Kindern (in bester Absicht) zu verbergen, im Grunde zum Gegenteil des Beabsichtigten führt. Kinder werden dadurch nicht "bewahrt" vor realen Problemen (Beruf, Existenz, Partnerbeziehung), sondern erleiden die Problematik unbewußt und unbearbeitet mit, weil sie ein nahezu seismographisches Gespür haben für psychische Ungereimtheiten der Erwachsenen.*

Mit der Konzentration der ganzen Persönlichkeit im Ich und mit dem wachsenden Ich-Bewußtsein steigert sich gleichzeitig auch die unbewußte "Übertragung der Libido" auf die reale Außenwelt (Objektbesetzung). Dabei treten alle Projektionen "dem Bewußtsein nun als die Außenwelt belebende Bilder gegenüber, und das Ich erfährt sie als Weltinhalt".(134) Besonders deutlich wird das in der Zeit der Pubertät, wobei die "verstärkte Wirksamkeit des kollektiven Unbewußten" weit über die "Belebung der Sexualsphäre" hinausgeht. Deshalb begegnet der Mensch in dieser Zeit nicht nur der "ersten Liebe" und den "Idealbildern" des Gegengeschlechts (z.B. in der Fan-Verehrung, im Film- oder Musik-Idol), sondern er erfährt ebenso auch das lebendige Interesse "für alles Überpersönliche, Allgemeine und Ideeliche". Es ist die Zeit, alle großen Fragen nach "Gott und der Welt" aufzugreifen.

Die unabdingbare Übernahme der (meisten) Kollektivwerte im Laufe von Sozialisation und Erziehung erbringt zwar beim Heranwachsenden die notwendige Bewußtseinsstärkung, erzwingt jedoch gleichzeitig auch einen Ausschluß der "störenden" Kräfte des Unbewußten, die aber mehr sind als bloße Triebkräfte. Die Folge davon ist entweder eine *Verdrängung* oder eine *Unterdrückung* (oder beides) von grundlegenden emotionalen Komponenten der Libido, wobei das Ausmaß der möglicherweise dadurch entstehenden individuellen Problematik vom Entwicklungsstadium der Ich-Identität abhängt. Über diesen Zusammenhang von Identität und Lebenszyklus gibt die Stadientheorie von Erik H. Erikson aufschlußreiche Erklärungen.(135)
Für die individuelle Entwicklung bedeutet die Anpassung an Kollektivwerte und Außenwelt, daß dabei eine je spezifische "gerichtete Funktion" der Psyche gefördert wird und zwar jene, mittels derer der einzelne bestmöglichst seine kollektive Anerkennung erreicht. Der hauptsächliche Kanon dieser Kollektivakzeptanz kommt im Bildungssystem einer Gesellschaft zum Ausdruck; in der abendländischen Zivilisation erreicht die psychische Funktion des "analytischen Denkens" dabei bis heute die meiste Akzeptanz. Und auf diese Weise haben auch die rationalen Aspekte in der Wissenschaft und die rationale Organisation in Wirtschaft und Technik ihre *Vereinseitigung* in unserer Kultur erfahren.(136)
Jede einseitige Ausbildung einer psychischen Funktion läßt zwangsläufig einen bestimmten *Grundtypus* im Menschen entstehen, der in unserem Kulturbereich zudem auch unzweifelhaft mehr an einer *Außenweltorientierung* (Extraversion) ausgerichtet ist. Die zwangsläufige Folge für den Entwicklungsverlauf der meisten Menschen ist nun, daß die weniger differenzierten Funktionen (wie etwa das Fühlen) als minderwertig gelten und zumeist im Unbewußten verbleiben, daß also die ebenso notwendige "Innenweltorientierung" (Introversion) verdrängt oder unterdrückt wird. Diese besondere Prägung der abendländischen seelischen Struktur schließt dabei durch die Ausbildung des Bewußtseins "von vornherein Konflikt und Opfer" mit ein, und nur so ist auch die zweifellos hohe Bewußtseinsleistung des abendländischen Menschen zu erklären.

Eine Ganzheitlichkeit im Sinne einer "Übereinstimmung mit sich selbst" ist aber nur zu erreichen, wenn *alle* wertbesetzten Funktionen im Lebenslauf entwickelt und die Bereiche des individuellen und kollektiven Unbewußten *entwicklungsgemäß* integriert werden. Normalerweise wird diese Integration auch störungsfrei durchlebt, doch bietet jede Zivilisation genügend Anlässe für eine Störung dieser Prozesse, was bis heute aus unterschiedlichsten Ansätzen heraus in der Entwicklungspsychologie erforscht wurde.

Ängste und Konflikte im Entwicklungsprozeß

Progression und Regression im psychischen Prozeß bringen es also mit sich, daß das ganze menschliche Leben von Veränderung geprägt ist. Jeder Schritt in neue Phasen kann zu Verunsicherungen führen, die lustvoll oder angstvoll erlebt werden können. So gehören Ängste und die Bewältigung von Konflikten unausweichlich zu jeder Entwicklung, wie dies Erik H. Erikson in seinem Modell der Identitätsentwicklung beschrieben hat.
Zu den Angstursachen finden wir verschiedene Erklärungsweisen vor. Man kann z.B. mit Freud eine individuelle Ich-Schwäche verantwortlich machen für die *Realangst* vor der Außenwelt, die *Gewissensangst* vor dem Über-Ich oder die *neurotische Angst* vor den Leidenschaften des Es. Man kann aber auch - wie Fritz Riemann dies dargestellt hat - gewisse "Grundformen der Angst" als zu jedem Leben gehörend annehmen, die entweder eine Warnung oder ein "Signal" mit Aufforderungscharakter darstellen. Hierbei wird der positive Charakter mehr betont, weil Ängste sowohl in Zusammenhang mit körperlichen, mit seelischen und sozialen Entwicklungsschritten auftreten, also immer dann, wenn wir uns einer Situation (noch) nicht gewachsen fühlen. Vier solcher angstdisponierter Grundsituationen des Lebens lassen sich dafür anführen: einmal sollen wir als *Einzelwesen* unsere Ganzheitlichkeit erreichen, andererseits aber auch eine vertrauende *Hingabe* an andere entwickeln; dann sollen wir sowohl *Dauer und Beständigkeit* anstreben, wie gleichzeitig auch die Bereitschaft zum *Wandel* erreichen.(137)

Über diese Sichtweisen hinaus dürfte für unsere Darstellung einer ganzheitlichen Entwicklung des Menschen hin zur Selbst-Kompetenz der Verweis auf phylogenetisch grundgelegte Ur-Ängste einen besonderen Erklärungswert enthalten. Es läßt sich nämlich der philosophische Begriff der "Daseinsangst" auf "fünf empirisch belegbare Urängste" zurückführen,(138) wie sie uns allen durch unsere organismische Struktur mitgegeben sind. Jeder individuelle Weg der Selbst-Werdung dürfte deshalb auch mit den folgende Formen von Angstursachen konfrontiert sein:

- *Verarmungs- und Verhungerungsangst*: eine solche archaische Angst vor Nahrungsverlust kann zu depressiven Formen der Selbstwahrnehmung führen, so daß wir z.B. nur noch unseren körperlichen Alterungsprozeß wahrnehmen und nicht mehr den seelischen Reifungsprozeß.
- *Segregationsangst*: eine solche Angst der Verlorenheit ist dem Freudschen Objektverlust oder Ichverlust vergleichbar. Das Gefühl, verlassen und allein zu sein ("mich versteht niemand, keiner interessiert sich für mich!"), kann zum völligen Kontaktverlust des Menschen führen.
- *Schuldangst*: es handelt sich um eine introjizierte Form sozialer Angst, die bereits beim Tier feststellbar ist. Das Gefühl, mit dem eigenen Sein oder Verhalten "anstößig" zu wirken, in der Gesellschaft gleichsam "am Pranger" zu stehen, läßt sich mit einer "oraldepressiven Gestimmtheit" vergleichen.
- *Angst der Ausweglosigkeit*: hierbei handelt es sich sicherlich um den Kern des depressiven Erlebens, dessen Bedeutung für unsere ganze Gegenwartsgesellschaft darin liegt, daß diese Angst "objektiv" gar nicht bestehen muß! Aufgrund der "subjektiven Erlebnisvoraussetzungen" kann eine Situation für den Menschen "den Eindruck der Ausweglosigkeit annehmen, und allein dies entscheidet über die Art der Reaktion des Subjekts".(139)
- *Hypochondrische Angst*: Die ins Körperliche gewendete Verarmungsangst übertreibt gewissermaßen maßlos "die Realität des fortschreitenden körperlichen Verfalls" und verweist uns so auf die Frage nach dem Tod. Die Angst vor dem Tod steht aber mit einer Entwicklungsaufgabe in Zusammenhang, die zweifellos "nichtbiologischer Natur" ist.

Die in die "religiöse Dimension" verweisende Angst vor dem Tod bestimmt über das Unbewußte aber nicht nur unsere Wahrnehmung und unser Verhalten mit, sondern prägt unsere gesamte Lebensgestaltung. Daß die Auswirkungen davon bis in die gesellschaftlichen Subsysteme durchdringen - sowohl in den Bildungsbereich wie in die Wirtschaft, in die Politik wie in die Religionen und Utopien - und somit in differenziertem Maße auch jedes Führungsverhalten im Beruf berühren, sollte nach den bisherigen Darstellungen nicht mehr so abwegig erscheinen.(140)
Die Tatsache einer nicht mehr zu leugnenden Daseinsangst in unserer Gesellschaft - trotz eines kaum überbietbaren Lebensstandards - verweist darauf, daß dieses Phänomen *nicht mit Realursachen* zu erklären ist. Das gilt sowohl für die Angst des Schülers vor schlechten Noten, wie für die Angst des Lehrers vor dem Besuch des Schulrates, wie auch für die Angst des Reichen vor der Verarmung. Auch die Angst des Abgeordneten vor seinem Gewissen (Fraktionszwang!) ist wie die übrigen Erscheinungsformen nur *ein Symptom für die jeweilige Grundbefindlichkeit des Menschen.*
Diese "Befindlichkeit" als Kennzeichen der Gesamtstruktur der Person ist nicht von bestimmten Inhalten abhängig, auch wenn in jeder Persönlichkeitsstruktur eine andere Form der Angst sich manifestieren kann. Kaum sind nämlich die scheinbar angstauslösenden "Inhalte" überwunden (der Schüler wurde versetzt; der Lehrer wurde befördert), finden sich umgehend neue Inhalte. Für Angst - ebenso wie für Mut - braucht es nämlich keine konkreten Ursachen, weil diese niemals "außen", sondern in der *"situativen Verfaßtheit des ganzen Daseins"* eines jeden Menschen liegen. Entscheidend ist die jeweilige Grundgestimmtheit (einer ist ängstlicher als ein anderer), die eine Einheit bildet aus Außenweltbezug und Innenweltbezogenheit, also das Seelische schlechthin darstellt. Alles ist somit abhängig von der situativen Bezogenheit vielfältiger Perspektiven.
So gibt es nicht "die" Situation der Arbeitslosigkeit als reine äußere Betroffenheit, die für alle gegenwärtig vier Millionen Menschen in der BRD gleichgelagert wäre. Und es gibt auch nicht "das" innere Betroffensein, das alle gleichermaßen empfinden. Ebenso nämlich, wie dem einen die Arbeitslosigkeit gerade gelegen kommt und dem anderen dagegen (etwa in den neuen Bundesländern) die äußeren Existenz-

grundlagen entzogen sind, kann die innere Betroffenheit neue Kräfte erwecken oder aber die Daseinsangst bis zum Suizid eskalieren.
Wir können somit nur von einer gesamten Situationsbezogenheit im Erleben des je einzelnen Menschen sprechen, also von seiner Grundbefindlichkeit insgesamt. Angst ist deshalb jene Betroffenheit in einer Situation, in der eine Identifikation mit dieser Situation "verabsolutiert" wird. Angst kann sich deshalb selbst steigern und zur Auslöschung jeder Selbstidentität führen. Für den Außenstehenden hat sich z.B. an der Situation eines Betroffenen scheinbar nichts verändert, während für den Betroffenen selbst der totale Ich-Verlust drohen kann!(141)

Das Selbst und die erste Lebenshälfte des Menschen

Manche Ansätze in der Entwicklungspsychologie betrachten nun die Entwicklung des Selbst mehr aus dem Zusammenhang bzw. dem Wechselspiel von *"soziokulturellen Entwicklungsnormen"* (z.B. der Schulreife) und der je *"individuellen Leistungsfähigkeit"* (z.B. bei der Hürde des Numerus clausus).(142) Die jeweiligen Anforderungen an das Ich des Menschen bestehen dann darin, kulturelle Normen zu erfüllen bzw. in eigener Selbstgestaltung die "Leistungsaufgabe" zu bestimmen, wie etwa den später nachzuholenden Schul- oder Berufsabschluß. Dabei muß der einzelne ein gegenüber der Norm abweichendes Verhalten vertreten lernen.
In einem anderen Ansatz wird die Selbst-Entwicklung an *vorherrschenden Tendenzen* innerhalb *bestimmter Altersphasen* dargestellt, wie diese sich für den einzelnen aus dem sozialen Zusammenleben ergeben. So unterscheidet Charlotte Bühler nach Abschluß der Adoleszenzphase ein

- frühes Erwachsenenalter (18 - 25/ 30 J.) mit einer "tentativen Selbst-Bestimmung" der Rolle in der Gesellschaft;
- Erwachsenenalter (25/ 30 - 45/ 50 J.), das eine "definitive Selbst-Verwirklichung" in Beruf, Ehe und eigener Familie umfaßt;
- fortgeschrittenes Erwachsenenalter (45/ 50 - 60/ 65 J.), als einem "Höhepunkt kritischer Selbst-Bewertung";
- reifes Erwachsenenalter (ab 60/ 65 J.), das auf Selbst-Erfüllung ausgerichtet ist.(143)

Die Einteilung des menschlichen Lebens in bestimmte Phasen ist ebenso umstritten, wie die Phasenabschnitte und -bezeichnungen vielfältig sind und zugleich aus den unterschiedlichsten Weltbildern heraus zustande kommen.(144) Den meisten Ansätzen gemeinsam ist in etwa die Bedeutungszumessung der Pubertät als jenem Abschnitt, mit dem das Ich des Menschen "endgültig zum Träger der Individualität" wird.(145) In vergleichbarer Übereinstimmung wird die dominierende Außenweltorientierung des Menschen in der Entwicklung seines Bewußtseins bis zu einer Phase der "Lebensmitte" hervorgehoben. Diese Charakterisierung der Lebenszeit um das 35. oder 40. Lebensjahr findet man ebenfalls in einigen Darstellungen; bei der daran anschließenden "zweiten Lebenshälfte" wird sehr oft von einer mehr auf Selbstbesinnung ausgerichteten Phase des mittleren Lebensalters gesprochen.(146)

In unserer tiefenpsychologisch fundierten Beschreibung der Dynamik einer sich entwickelnden Persönlichkeit werden wir den *innerpsychischen Aspekt* hervorheben, der sich von der Urbeziehung zwischen Mutter und Kind bis hin zur Lebenswende und zur Selbst-Werdung in der zweiten Lebenshälfte erstreckt.
Dabei steht die Bedeutsamkeit *sozialer und gesellschaftlicher Faktoren* für die Ich-Entwicklung in der ersten Lebenshälfte außer Frage; hierbei ist immer auf sozialwissenschaftliche Forschungen zurückzugreifen. Das gilt auch für die Lernzeit einer Kulturerziehung, bei der die Kollektivwerte übernommen werden müssen, und das gilt gleichfalls für die Differenzierung des Bewußtseins, womit die Anpassung des einzelnen an die Welt und das Kollektiv gefördert wird.

> *In der ersten Lebenshälfte muß sich "das unpersönliche und unbewußte kindliche Dasein zu einem persönlichen Leben des Erwachsenen weiterbilden, der seinen Ichbezirk bei aller Bewährung im und am Kollektiv in den Mittelpunkt stellen muß".(147)*

Betrachten wir nun aber das schematische Hilfsmittel von Abb. 12, dann läßt sich für die erste Lebenshälfte des Menschen formulieren, daß auf der innerpsychischen "Ich-Selbst-Achse" eine klare Bedeutungsverlagerung hin zum Pol des Ich-Bewußtseins erfolgt. Das dient vor allem auch der Ausbildung der Willensfunktion und des Trainings

disziplinierter Aktionen, wie wir dies von den intellektuellen Höchstleistungen kennen.(148)
Unsere Arbeit stellt nun auf den Bedeutungsaspekt der *seelischen Entwicklung* des Menschen ab, wie ein solcher bisher weder in der wissenschaftlichen Diskussion noch im Lebensalltag von Bildung, Wirtschaft und Politik ausreichende Beachtung fand. Diese Mißachtung steht im umgekehrten Verhältnis zu seiner Bedeutung für das persönliche Leben des einzelnen wie auch für die Entwicklung des Kollektivs und einer Gesellschaft der Zukunft.
Eine *erste entscheidende Folgerung* aus der o.a. Bewußtseinsentwicklung ist zu ziehen. Mit der Verlagerung der Wertigkeit aller psychischen Energie auf das *bewußte Ich* wird nämlich dem Individuum der Zugang zu seinem *tatsächlichen Selbst* erschwert, und der Mensch hat Probleme damit, seine wirkliche innere Einstellung (das Seelische schlechthin) kennenzulernen, eben weil das Seelische im Menschen nicht rational erkennbar ist. Wir werden anschließend am Beispiel des Lebens von Ludwig Thoma diese Aussage erläutern. Gerade das Beispiel eines schöpferischen Menschen zeigt uns, daß alle Erfahrbarkeit des eigentlichen Selbst *nur in symbolischer Gestaltung* zum Ausdruck zu bringen ist, wofür die Grundlegung aber *in jedem Menschen* in den archetypischen Strukturen seiner Psyche vorliegt.
Eine symbolische Gestaltung seelischer Grundsituationen aus der gesamten Menschheitspsyche enthalten die Märchen. Die darin zum Ausdruck gebrachte universelle Problem- und Lösungsdarstellung hat *deshalb* Bedeutung für die seelische Entwicklung des Kindes, weil im wiederholten Hören und Lesen sich mittels freier und unbewußter Assoziationen die ganz individuelle Aussage "von selbst" erschließt. Und dies ist nur deshalb möglich, weil jedes Kind, jeder Mensch, *in sich* die gleiche universelle Problematik (der Ablösung von der Mutter, des Heldenkampfes mit dem Vater, der Findung des seelischen Selbst) archetypisch grundgelegt findet und trotzdem für sich ganz allein wieder von neuem zu bewältigen hat.(149) Das Kind hört dabei solange das gleiche Märchen, solange der Konflikt in ihm noch lebendig ist, d.h. solange ein neuer innerer Strukturaufbau noch nicht abgeschlossen ist.
Das gleiche Prinzip seelischer Strukturierung als "Wachstumsprozeß" gilt nun analog für die Entwicklung der psychischen Ganzheit des

Erwachsenen. (Anders lassen sich die "großen Themen der Weltliteratur" - etwa das Romeo-und-Julia-Thema - in ihrer Bedeutung für die Identitätsentwicklung des einzelnen gar nicht verstehen.) Wir haben in unserer Darstellung hauptsächlich auf *drei wesentliche Inhalte* der psychischen Struktur hingewiesen, die als ganze "Funktionskomplexe" im Leben jedes Menschen wirksam sind und jeweils in ihrer erfolgreichen Bearbeitung gleichsam einem "Entwicklungssprung" in der ersten Lebenshälfte gleichkommen.

- Durch die forcierte Ausbildung des Ich-Bewußtseins an den Kultur- und Zivilisationswerten entwickelt sich zunächst eine äußerlich sichtbare Grundeinstellung der Person, der "Außenaspekt" der Persönlichkeit, hier als *Persona* bezeichnet. Diese entspricht sowohl den bewußten Absichten des Individuums wie auch der Erwartungshaltung des Kollektivs. Durch eine Identifikation mit dieser Persona (als Amt, Titel, Rolle) wird es aber dem einzelnen erschwert, seine *wirkliche* innere Einstellung in Erfahrung zu bringen. (Als "wirklich" ist dabei alles das zu bezeichnen, was tatsächlich "wirkt".) Die Ausbildung und Förderung dieser Persona - im realen Leben vertreten durch das Ich-Bewußtsein - koppelt somit gleichzeitig die Persönlichkeit von den sie tragenden Grundlagen der eigenen Innenwelt - dargestellt im Selbst - ab.
  Unsere Lebensaufgabe dabei heißt: Nicht Gefahr laufen, die *äußere* Persönlichkeit mit der tatsächlichen *Gesamtheit* der Persönlichkeit zu verwechseln und gleichzusetzen.

- Ein zweiter Aspekt ist für die Entwicklung des Menschen in der ersten Lebenshälfte bedeutsam. Durch die Kollektivanpassung des Gewissens entsteht zwangsläufig auch im Menschen eine "dunkle Seite" der Persönlichkeit, ein *"Schatten"*, der durch seine Unbewußtheit wie ein "leerer Innenaspekt" erscheint. Zu diesem Schatten gehört unsere "Primitivseite", wie sie über das limbische System und das Retikularsystem im Organismus wirksam ist; dazu gehören die verdrängten emotionalen Strebungen, die das Ich aus Rücksicht auf die Gesellschaft (das "man") nicht akzeptieren konnte; und dazu gehören auch die weniger differenzierten psychischen Funktionen. Der Schatten ist somit die *jeweils andere Seite*

in uns, die dem Ich aber zumeist als das Negative erscheint, "das mit den absoluten Werten nicht übereinstimmt".(150)
Unsere Aufgabe dazu heißt im Leben: Die Projektionen des eigenen Schattens auf die Außenwelt, auf Dinge und Menschen zu erkennen, um sich so vor ethischer Scheinhaltung, vor Illusionen und vor Heuchelei zu bewahren.

- Als ein dritter Aspekt ist eine weitere Folge der Kollektivanpassung zu bedenken, der sich auf unsere naturgegebene physische und psychische Doppelgeschlechtlichkeit (Chromosomenstruktur!) auswirkt. Die irrtümliche Gleichsetzung von "Mann" mit maskulin und "Frau" mit feminin in der gesellschaftlichen Erziehung der Gegenwart (Buben weinen nicht; Mädchen sind keine Cowboys), die dazu führt, daß nur das äußerlich erkennbare Geschlecht zur bewußten Identifikation der Persönlichkeit herangezogen wird, hat drastische Folgen für jede ganzheitliche Entwicklung des Menschen. Auf diese Weise wird nämlich die innerpsychische Einstellung (d.h. das eigene "Seelenbild") zwangsläufig vereinseitigt, und so muß das unbewußte Selbst jeweils den gegengeschlechtlichen Aspekt enthalten: beim Mann also mehr den weiblichen Anteil (Anima) und bei der Frau den männlichen Anteil (Animus). Die Konstellation des gegengeschlechtlichen Anteils beherrscht aber nun auf unbewußte Weise unsere gesamten zwischenmenschlichen Beziehungen.
  Die Aufgabe im Leben des Menschen ist: Die Projektionen des eigenen seelischen (gegengeschlechtlichen) Anteils in Form von Anima bzw. Animus auf Dinge (z.B. Auto als Libido-Objekt) und Personen (die erträumte Frau oder der ideale Mann) usw. durchschauen zu lernen.

Die kaum zu überschätzende Bedeutung dieser Funktionskomplexe in der psychischen Struktur liegt in ihrer Polarisierung, die als ein "dualistisches Gegensatzprinzip" mißverstanden wird, das die seelische Entwicklung des Menschen in der ersten Lebenshälfte behindert.

> *"Die Bildung aller dieser Instanzen fördert die Ich-, Bewußtseins- und Willensstärkung und führt mit der relativen Absperrung der Instinktseite zu einer verstärkten innerpersonalen*

Spannung. Durch die Identifizierung des Ich mit dem Bewußtsein verliert es den Kontakt zum Unbewußten und damit zur seelischen Ganzheit. Das Bewußtsein behauptet zwar jetzt, die Einheit darzustellen, diese Einheit ist aber nur eine relative Einheit des Bewußtseins und nicht eine der Persönlichkeit. Die seelische Ganzheit ist verlorengegangen und abgelöst durch das dualistische Gegensatzprinzip, das die Konstellation Bewußtsein - Unbewußtes beherrscht."(151)

Zum letztgenannten Funktionskomplex von Anima und Animus gehört nun die in unserer Kulturwelt bedeutungsvolle Beziehung des Kindes zu den Eltern, besonders aber zur Mutter, wobei die Beziehung des erwachsenen Mannes zur Mutter in besonderer Verbindung mit seiner Identitätsentwicklung steht. Denn die Mutter dürfte wahrscheinlich die "erste Trägerin des inneren Bildes" sein, eine erste Projektionsmöglichkeit, wie es später dann die Frauen sind, die in besonderem Maße das Gefühl des Mannes erregen. Generell dürfte deshalb die "Ablösung von der Mutter" eines der "wichtigsten und heikelsten Probleme der Persönlichkeitswerdung, vor allem des Mannes" sein, weil uns jene Riten zum Übergang ins Erwachsenenalter ("Männerweihen" der Primitiven) fehlen.(152) Die Ablösung der Frau von der Mutter führt wahrscheinlich zu einer weniger gravierenden Problematik, bedürfte aber vertiefter eigenständiger Untersuchungen.

Der Schwierigkeiten beim gedanklichen Nachvollzug dieser Darstellung bin ich mir sehr wohl bewußt, weil ich insbesondere in der wissenschaftlichen Diskussion immer wieder die Grenzen erfahren mußte, die einer nur symbolisch faßbaren und erlebbaren Wirklichkeit im Denken gesetzt sind. In der Lebenswelt fällt es erfahrungsgemäß dem Menschen oft leichter, weil auch alle Volksweisheit in kräftigen Bildern spricht. Deshalb verweise ich hier ergänzend auf die gut faßliche Darstellung "Der Mensch und seine Symbole"(153), in der ein umfangreiches Bildmaterial jeweils auch individuelle Erfahrungen des Lesers zu erschließen vermag.
Auch über die Darstellung von Fallbeispielen wird ein besseres Verständnis ermöglicht, weshalb im folgenden skizzenhaft einige der hauptsächlichen Funktionskomplexe der ersten Lebenshälfte an Bei-

spielen erläutert werden sollen. In unseren Fällen haben Dichter, als besonders schöpferische Menschen, ihre individuelle Lebensproblematik symbolhaft bearbeitet, ohne sich dessen wahrscheinlich (ganz) bewußt zu sein.

Skizze: Fallbeispiel Ludwig Thoma zur Persona-Problematik und zur Schattenprojektion(154)

Der Vertreter des Naturalismus, der Satiriker gesellschaftlicher Zustände und der anonyme Polemiker rechtsradikaler Tendenzen zeigt sich in verschiedensten Identitäten, wobei sich zudem eine erhebliche Diskrepanz zwischen der inneren und der äußeren Persönlichkeit erweist. "Lebenslang hat Ludwig Thoma sorgsam an der Figur gefeilt, die er der Öffentlichkeit zeigen wollte."
Aus Briefen, "Erinnerungen" und literarischer Darstellung wird uns ein Mensch geschildert, der in behüteter Kindheit und von der Mutter geliebt und angenommen (trotz seiner Lausbubenstreiche) aufwächst und sich bereits früh gegen eine "verlogene Außenwelt" wehren muß. Der Erwachsene tritt als konservativer Rechtsanwalt für die Menschen ein, geißelt als Satiriker im "Simplicissimus" das Spießertum und "entlarvt" in seinem Theaterstück "Moral" aus dem Jahre 1908 die sexuelle Heuchelei und moralische Doppelbödigkeit einer Gesellschaft. - Soweit reicht skizzenhaft das Bild der Persona, das noch um eine bajuwarische Abart des Sprichworts von dem "weichen Kern in einer rauhen Schale" erweitert werden kann.
Wie sieht dagegen die "innere Persönlichkeit" des Menschen Ludwig Thoma aus, die diesem sicherlich weniger bewußt war? Seine Kindheit war - nach dem Verlust des Vaters im siebten Lebensjahr - weniger idyllisch; zu Verwandten gebracht, wuchs er in der Fremde auf, war scheu, unsicher und verletzlich. Briefe der Mutter an den älteren Bruder Ludwigs noch um das 18. Lebensjahr zeigen das gestörte Verhältnis der beiden: "Ein Bursche, der lügt, nascht und roh ist, taugt ja nirgend etwas". Gerade die problematische Mutterbeziehung wirkt negativ auf die Identitätsentwicklung, und der Autor in Ludwig Thoma versucht noch im Alter von 38 Jahren die zwangsläufig unbewußte Kompensation in den "Lausbubengeschichten" (1905), die ihm ein Mutterbild voll "duldender Liebe und Milde" ermöglicht.
Das aber nun tatsächlich nach außen wirkende Verhalten in Satire und Polemik ist zweifellos nicht von einem "stabilisierten Selbstwertgefühl" geprägt. Auch in seinem Gedicht "An die Sittlichkeitsprediger in Köln am Rheine" - für das er gesellschaftlich mit einer Haftstrafe büßen mußte - fehlt jeder Versuch, sich argumentativ mit der Scheinheiligkeit auseinanderzusetzen. Sein Verhalten zeigt vielmehr eine grenzenlose Aggressivität in Form und Inhalt der Darstellung. Auch ist seine Neigung belegbar, selbst "über sogenannte gute Freunde und Kollegen in unflätiger, persönlich disqualifizierender Weise herzuziehen", meist ohne sachlichen Hintergrund. Vollends zeigt dann sein politisch-journalistisches Engagement im "Miesbacher Anzeiger", daß hier ein Musterbeispiel von "Schatten-Projektion" nachvollziehbar ist. Dies zeigt sich immer daran, daß die - inhaltlich vertretbare - andere Sicht von der Wirklichkeit nicht argumentativ vorgetragen und dargestellt wird, sondern völlig emotional das Bewußtseins-Ich überschwemmt. So wird dann der verlorene Krieg (1918) einer bestimmten Schicht "bedenkenloser, heimatloser Linker, Juden und Schmarotzer" in die Schuhe geschoben.
Zudem sind die Schwierigkeiten Thomas mit seiner jungen und "lebenslustigen" Frau zweifellos in Zusammenhang mit seinem "inneren Bild" der Frau (Anima) zu sehen, doch soll darauf nicht weiter eingegangen werden.

Wir wollen die Skizze beenden und anmerken, daß es uns nicht um eine pharisäerhafte Schilderung zu tun ist. Eher weist uns eine Einfühlung in die Lebensproblematik dieses Menschen auf eigene Diskrepanzen zwischen unserer *Persona* - der idealen Persönlichkeit, die wir alle gern sein wollen - und unserer tatsächlichen inneren seelischen Struktur hin. Jede selbst erfahrene Identitätsproblematik in der persönlichen Entwicklung läßt uns eher einsehen, wie schwierig es selbst bei einer gelingenden Bewußtmachung immer noch ist, eigenes Verhalten zu ändern.

Die Lebensmitte als Lebenswende begreifen

Die Psychologie hat heute tatsächlich das mittlere Lebensalter des Menschen wieder entdeckt. Hat in den letzten Jahrzehnten das Schlagwort von der "midlife crisis" in der populärwissenschaftlichen Literatur für Aufsehen gesorgt, wird derzeit eher der zweiten Lebenshälfte des Menschen mehr Aufmerksamkeit geschenkt. "Der lange Nachmittag des Lebens" heißt beispielsweise ein zentrales Thema in einer psychologischen Zeitschrift.(155)
Und es zeugt sicherlich auch von der Bedeutsamkeit des Ansatzes von C.G. Jung in der Psychologie, wenn für ihn das Thema von der "Lebenswende" schon im Jahre 1930 einen entscheidenden Faktor in der Betrachtung der seelischen Gesundheit des Menschen bedeutete. Auch das damals bereits in den USA beobachtete Phänomen eines häufig auftretenden "nervösen Zusammenbruchs" von solchen Menschen um das 40. Lebensjahr, die im Geschäftsleben standen, wurde von ihm registriert und gedeutet.(156)
Für unsere Darstellung werden wir uns nur auf einige Aspekte dieser Problematik beschränken, weil hier die gesellschaftliche und demographische Entwicklung den gesamten Bildungsbereich zu vertiefter Erforschung dieser Altersphase zwingen wird; der Anteil der davon Betroffenen in der Gesamtbevölkerung steigt immer mehr an. Die Frage nach einer sinnerfüllten Gestaltung dieser Lebensphase ist heute bereits aktueller denn je, denn die bewußte Auseinandersetzung mit der Frage nach dem Ziel aller Persönlichkeitsentwicklung läßt sich nicht mehr mit bloßer "Leistungssteigerung" oder mit "Konsum" oder mit "Lebensgenuß" beantworten.

Wir haben bereits dargestellt, daß die Phasen der Progression und der Regression *alle Lebensrhythmen* bestimmen. So ist auch die erste Lebenshälfte des Menschen eher als progressiv nach außen orientiert zu umschreiben und die der zweiten Lebenshälfte mehr als regressiv auf die Innenwelt ausgerichtet. Jung spricht bei dem Beginn dieser zweiten Phase von einer einsetzenden "Umwertung aller Werte". Was für die Jugend galt, was als Naturzweck zu erfüllen war - etwa "Gelderwerb, soziale Existenz, Familie, Nachkommenschaft" -, muß nun durch ein kulturelles "Zweckverständnis" abgelöst werden, weil sonst nicht einzusehen wäre, warum das Leben des Menschen bis zum 70. und 80. Jahr währt.(157)
Das menschliche Alter um das 35. oder 40. Lebensjahr stellt also nicht nur physiologisch einen Wendepunkt dar (Klimakterium), sondern ist vor allem als seelische Entwicklungsphase zu begreifen. Jung vergleicht den Lebenslauf des Menschen mit dem 180-Grad-Bogen des täglich sichtbaren Sonnenlaufs und nimmt dabei vier Segmente an. Der (vollständige) Abschluß der Kindheit reicht dabei etwa bis zum 20. Jahr, der Abschluß der Jugendzeit bis zum 40. Jahr; das Erwachsenenalter somit bis zum 60. Jahr und damit kann dann - individuell verschieden - vom beginnenden Greisenalter gesprochen werden. Dieses Grobschema sollte nur als Prinzip, also nicht wörtlich verstanden werden; schließlich gibt es auch 40jährige "Greise".

> *Nun ist für uns bedeutsam, daß ein wesentliches Charakteristikum der Probleme des Jugendalters darin zu sehen ist, daß etwas in uns "Kind bleiben möchte". Festzustellen ist ein "mehr oder weniger deutliches Festhalten an der Bewußtseinsstufe der Kindheit, ein Sträuben gegen die Schicksalsmächte in uns und um uns, die uns in die Welt verwickeln wollen". Der dabei spürbare Widerstand "richtet sich gegen die Erweiterung des Lebens".(158) Diese Erweiterung ist aber nun nicht mehr nach außen gerichtet, sondern nach innen.*

Problematik und Gefahr dieser Tendenz bestehen darin, daß wir uns dagegen wehren, weil wir uns vor dem "Neuen" schützen wollen und dabei *"zum Vergangenen regredieren"*. Wir sind versucht, die "Psychologie der Jugendphase" hinüberzuretten. Das Schwärmen von

Jugend und Kindheit, die Erzählungen damaliger Heldentaten, sind ein im Lebensalltag oft feststellbarer Ausdruck dafür.
Psychologisch betrachtet bedeutet diese Phase, daß entgegen der ständigen Ausweitung der Bewußtseinsentwicklung in der ersten Lebenshälfte nun das Unbewußte deutlicher in den Vordergrund tritt.(159) Und entsprechend der bisherigen Lebensgeschichte kommt es jetzt dazu, daß bisher abgespaltene oder "noch niemals angeschlossene Persönlichkeitsteile" mit dem Bewußtsein verbunden werden, so daß eine starke "Belebung der emotionalen Komponenten" erfolgen kann. Wie solch ein Aufgreifen einer bisher nicht bewältigten Lebensthematik aussieht, soll an folgendem Beispiel einer dichterischen Gestaltung sichtbar gemacht werden.

Skizze: Fallbeispiel Antoine de Saint-Exupéry zur Identitätsentwicklung, zur Anima-Projektion und zum regressiven Aufgreifen der Mutterbindung(160)

Der Schriftsteller Antoine de Saint-Exupéry hat mit dem "Kleinen Prinzen" wahrscheinlich das schönste Märchen des 20. Jahrhunderts geschrieben, weshalb es wenige aus der jüngeren Generation gibt, die es nicht kennen. Dagegen spricht auch nicht eine psychologische Sicht, die in diesem Werk der Weltliteratur eine idealtypische Verkörperung der "sehnsuchtsvollen Inhalte eines nie gelebten Lebens" sieht. Im Alter von etwa vierzig Jahren schreibt der Autor dieses Werk, und die autobiographischen Bezüge sind auf tiefenpsychologischer Erklärungsebene unübersehbar: Es ist eine symbolische Auseinandersetzung mit der letztlich ungelösten "Mutter-Kind-Einheit", mit der Problematik von Schuldgefühlen, Ängsten und Selbstvorwürfen.
Wie soll eine Identitätsentwicklung gelingen, wenn ein Kind - wie in diesem Beispiel - aus einer "Überbehütung" heraus sich niemals dem Einflußbereich der "nur das Beste" beabsichtigenden Mutter entziehen kann. Und wenn der 28jährige noch an seine Mutter schreibt: "Wenn Du willst, heirate ich ..." oder der 44jährige - kurz vor seinem Tod - in kindlicher Verbundenheit an sie denkt, dann ist aus allem herauszuspüren, daß er als Kind durch das mütterliche Verhalten überfordert war; genauso, wie letztlich der Kleine Prinz gegenüber den launenhaften Ansprüchen der "Rose" auf seinem Planeten.
Nachdem Antoine de Saint-Exupéry mit vier Jahren bereits den Vater verloren hatte, wurde er früh in eine Erwachsenenrolle gedrängt, die sich zum Partnerersatz der Mutter verstärkte. Die tiefgreifendste Erfahrung dabei war sicher die, daß ein sensibles Kind den direkten oder indirekten Vorwurf erfährt, es könnte "durch mangelhaftes Betragen schuldig am möglichen Tod seiner Mutter" werden. Darin spricht sich von seiten der Mutter ein maßloser Anspruch auf uneingeschränkte Liebe aus. Und um gegen die starke "Anima-Besetzung" durch die Mutter - gegen die Tatsache des Muttersöhnchens - etwas entgegenzusetzen, wird er ein wagemutiger Flieger und demonstriert in vielen Bereichen eine "heroische Auffassung vom Menschen". Aber auch dadurch kann die nicht gelungene Ablösung von der Mutter nicht aufgehoben werden. Eine Stabilisierung der Persönlichkeit für die zweite Lebenshälfte wird damit erschwert, und der nächste Entwicklungsschritt muß zum Problem werden.

Antoine de Saint-Exupéry steckt zu dieser Zeit in einer tiefen Lebenskrise, er fühlt sich tatsächlich wie in einer "Wüste" abgestürzt.(161) Die biographische Wirklichkeit sieht so aus, daß er von einem Aufklärungsflug (von Korsika aus) am 31. 7. 1944 nicht mehr zurückkehrt. Seine eigentliche Botschaft aber kann der Autor der Welt vermitteln: gegen die "wahnsinnige Zwangswelt" der "großen Leute" - also der sog. Erwachsenen - anzugehen, indem dieser "eine Welt des Bemühens und der Verantwortung um- und füreinander" als einzig lebenswerte entgegengehalten wird. Gegen die technische Kälte der Welt ist Verbundenheit in Liebe und Freundschaft das hohe und ideale Ziel, das der Verfasser im Kleinen Prinzen in symbolischer Gestaltung zum Ausdruck bringt.

Verlassen wir auch dieses Beispiel nach einer stichwortartigen Skizzierung. Auch bei Antoine de Saint-Exupéry sehen wir deutlich, wie er zu einer "Aufarbeitung" der frühen Kindheit in einer Regressionsphase zur Zeit der Lebenswende innerlich "genötigt" ist; ähnlich wie bei Ludwig Thoma, der sich im 38. Lebensjahr mit seiner späten Kindheit (Lausbubengeschichten) gestalterisch auseinanderzusetzen hat.

An diesen Beispielen wird sichtbar, daß die Regressionsphase zwar spürbar wird, daß diese den Menschen aber nur dann in der seelischen Entwicklung weiterführt, *wenn er sich dadurch dem Wagnis des Neuen, des Kommenden nicht verschließt.* Deshalb müssen wir lernen, Abschied zu nehmen vom reinen (äußerlichen) Leistungs- und Nützlichkeitsdenken, weil alle seelische Entwicklung nunmehr auf den alleinigen Maßstab einer "kulturellen Entwicklung" verweist.

Nicht bloße Regression ist angebracht und auch nicht Resignation; ebensowenig aber auch die Illusion, das Leben könnte jetzt insoweit noch einmal "neu" begonnen werden, als ein zweiter Anlauf des Jugendalters versucht wird (nach dem Motto: das kann doch nicht alles gewesen sein!). Allzuleicht werden wir in dieser Phase dazu verführt, mit einem neuen Partner (anstelle des alten), mit dem gleichen Leistungsgedanken wie in der Jugend, das Leben jetzt erst "richtig" zu leben.

Das zu lösende Problem lautet vielmehr: das uns durch unsere eigene Vergangenheit Gegebene "an die Möglichkeiten und Forderungen des Kommenden" anzupassen.(162) Jetzt steht aber nicht mehr eine Anpassung an die Außenwelt im Vordergrund, sondern die Anpassung an das Innen. Diese muß auch gegen die Neigung angehen, an bisher vertretenen Idealen und Prinzipien festzuhalten und diese für ewig gültig auszugeben. Eine solche Versteifung, die sich gegen alle neuen Einsichten wehrt, steigert sich leicht bis hin zum Fanatismus. In diesem Sinne läßt sich wahrscheinlich auch der politische Fanatismus bei Ludwig Thoma erklären, der gerade nach der Zeit der Lebenswende bei ihm erschreckende Ausmaße annahm; seine äußere Persönlichkeit als Rechtsanwalt, als Literat, als Autor und Redakteur war gleichsam "überschwemmt" von Strebungen und Mächten des Unbewußten.

Alle Schwierigkeit dieser Lebensphase liegt darin, daß diese bedeutsame Veränderung der menschlichen Seele *unbewußt* einsetzt und alles uns Unbewußte zunächst projiziert erscheint. Und darauf sind die meisten Menschen im Grunde nicht vorbereitet; sie suchen Veränderung und Konfrontation außen statt innen.

> *So wie der Jugendabschnitt nur durch die "weitgehende Anerkennung der Triebnatur gewinnen kann, z.B. durch die Anerkennung der Sexualität", so ist für den erwachsenen Menschen der zweiten Lebenshälfte "die beständige Erweiterung des Lebens offenkundig nicht mehr das richtige Prinzip, denn der Abstieg am Nachmittag des Lebens verlangt Vereinfachung, Einschränkung und Verinnerlichung, d.h. also individuelle Kultur". Daß an dieser Phase des energetischen "Übergangs aus der biologischen Sphäre in die Kultursphäre" nicht wenige scheitern, führte Jung schon um 1930 darauf zurück, daß der Mensch nicht dazu angeleitet wurde, auf die seelischen Entwicklungsprozesse in sich zu achten.(163)*

In der Sprache der Tiefenpsychologie heißt das, daß sich der polare Schwerpunkt auf der "Ich-Selbst-Achse" (vgl. Abb. 12) ab der Lebensmitte weg vom Ich und hin zum Selbst verlagert. Dabei erfolgt gleichsam eine "Konstellation des Selbst als des psychischen Ganzheitszentrums, das nun nicht nur unbewußt wirksam ist, sondern auch bewußt erfahren wird".(164) Wir können uns z.B. der unbearbeiteten Elternabhängigkeit bewußter werden; wir können lernen, unsere bisher zu wenig differenzierten psychischen Funktionen anzuschauen; wir können lernen, die eigenen Schatten-Anteile am bisherigen Leben nicht mehr nur in der Außenwelt dinghaft festzumachen.

Alles Ziel dieser Entwicklung ist die psychische Gesundheit des Menschen, die er nur dann erreicht, wenn er sich der zentralen Werte und der neuen Leitmotive bewußt wird, die ihn *im weiteren Lebensweg* begleiten sollen.

Die zentrale Stellung des Ich in der ersten Lebenshälfte war notwendig, um sich an der Außenwelt zu bewähren. Es mußte die eigene Position in der Welt (in Beruf, Familie und Staat) vertreten werden (in der Persona), es mußte vom Ich aus eine Auseinandersetzung mit den Schattenanteilen der eigenen Psyche erfolgen (also, was verdrängt oder unterdrückt war), und es galt, die Begegnung mit dem Gegengeschlecht zu erfahren und sich mit ihm auch äußerlich zu verbinden (in Freundschaft, Ehe und Familie). Die ganzheitliche Tendenz der menschlichen Psyche konzentrierte sich dabei - unterstützt durch Instinkte und Triebe - auf die *Ausweitung und Stärkung des Ich-Bewußtseins* und die Differenzierung des ganzen psychischen Systems, wozu auch die Auseinandersetzung des Bewußtseins-Ich mit dem persönlichen Unbewußten gehört. Das alles geschieht natürlicherweise wie "von selbst" durch die unbewußte Steuerung des individuellen Selbst-Kerns.
In der zweiten Lebenshälfte, die mit einer Krise um die Lebensmitte als beginnende Persönlichkeitsumwandlung erfahren wird, erfolgt ebenfalls eine Erweiterung des Bewußtseins, aber nicht mehr hin auf eine Ich-Stärkung des Selbst-Kerns, sondern in Richtung auf eine *"Selbst-Besinnung des Ich"*(165)
Das Ich des Menschen tritt dabei "aus der Monomanie seiner Ich-Besessenheit" der ersten Lebenshälfte heraus und wird (wieder) "zum Träger der Ganzheitsfunktion". Die Wirksamkeit des Selbst wird uns somit immer bewußter, und die Aufgabe der Selbst-Werdung (Individuation) besteht darin, sich nunmehr der "inneren Dialektik" zwischen dem Ich und dem kollektiven Unbewußten zu stellen. Was bisher als Antinomie (d.h. als eine Art gesetzmäßiger Widerspruch) von Bewußtsein und Unbewußtem empfunden wurde, bedarf einer Integration, "bei der die Bewußtseinserweiterung und -entwicklung nun in neuer Richtung" fortgeführt wird. Nach diesem Prinzip wird durch die Selbstregulation der Psyche praktisch die "Entwicklung jeder Persönlichkeitsreifung" bestimmt, und so gelangt "das Ich zum Bewußtsein des Selbst". In diesem Prozeß werden jetzt "außer- und überpersönliche Inhalte" der Menschheitspsyche assimiliert, was - bildlich gesprochen - zur *"Verschiebung des Zentrums vom persön-*

lichen Ich als Bewußtseinsmittelpunkt zum Selbst als Zentrum der totalen Psyche führt".(166)

Was in der ersten Lebenshälfte an psychischen Urbildern (der Ur-Eltern, der Anima, des Animus, des Schattens) ganz *persönlich* erfahren und erlebt werden mußte (etwa in der Auseinandersetzung zwischen Vater und Sohn, der Begegnung mit dem Geliebten, der Konfrontation mit verdrängten Sexualtrieben), wird nun unter Belebung der emotionalen Komponenten in archetypischen Formen der Menschheitspsyche von einem gefestigten Ich aus erfahren.(167)
Was hier als innerpsychischer Reifungsprozeß der Individuation von C.G. Jung beschrieben wurde, stellt die zunehmende Integration von Bewußtsein und Unbewußtem dar. Diese Integration kann erfahren werden als Synthese in Gestalt eines "vereinigenden Symbols", das "jeden ernst ausgetragenen Konflikt in einem schöpferischen Prozeß heilt und ihn zum Ausgangspunkt einer Erweiterung der Gesamtpersönlichkeit macht".(168) Was Jung unter dem Begriff der "transzendenten Funktion" beschrieben hat, entspricht praktisch der "schöpferischen Komponente der Psyche", die "eine vom Bewußtsein her nicht lösbare Konfliktsituation durch die Erzeugung eines neuen Weges, Wertes oder Bildes überwindet".

> *Die Aktualität und Wirklichkeitsbezogenheit dieses seelischen Prozesses im Menschen wird in der Gegenwart ebenfalls kaum erahnt, weil alle Zukunftsgestaltung immer nur auf das Technologische und Planbare abgestellt ist. Gelingt es aber dem einzelnen in dieser Lebensphase, in sich eine Aussöhnung mit sich selbst zu erreichen, mit alten Lebensträumen und Lebenshoffnungen, dann wird dieser Mensch auch in seiner beruflichen Rolle z.B. als Führungskraft die innere Ruhe nach außen auf die Mitarbeiter ausstrahlen. Er kann zum ruhenden Pol in der Sozialeinrichtung oder in der Firma werden, während die "Macher" ständig zwischen der Euphorie des Konjunkturhochs und dem Tief der Rezession hin- und hergeworfen werden.*

So mag auch psychologisch verständlich werden, was auf naturwissenschaftlicher Beschreibungsebene als ein ständiger Akt der "Selbstüberwindung" des Bewußtseins zu dessen Erweiterung bei Erwin Schrödinger beschrieben wurde oder was wir unter dem Begriff der "Fluktuation" bei Erich Jantsch aufgezeigt haben.

Aus psychologischer Sicht ist die Konstitution des Selbst immer nur individuell als eigenes Selbst zu erfahren und ist als der Reifungsprozeß der Persönlichkeit im Sinne einer "sich lebendig erneuernden Struktur" zu verstehen. "Der Reife entspricht hier, wie überall, eine Verwandlung quantitativ stärkerer potentialer Spannungen in qualitativ höhere und stabilere Strukturen."(169)

Was in der ersten Lebenshälfte als Gegensätze von Außen und Innen, Geist und Leben, Individuum und Kollektiv, erfahren und bewältigt werden mußte, vereinigt sich nun in der "Mitte" des Menschen als eine Einheit. Der Kulturaspekt aller Selbst-Werdung des einzelnen ist dabei darin zu sehen, daß auch die "Menschheit im ganzen" die gleiche Aufgabe zu erfüllen hat wie der einzelne, nämlich die, "sich zu verwirklichen als eine Einheit". Das bedeutet - über jeden Nationalismus hinweg - eine Integration von Rassen, Völkern, Stämmen und Gruppen *"in einer neuen Synthese"*, weil anders die gegenseitige Bekämpfung, der gegenseitige Haß und die maßlose Konkurrenz auf allen Gebieten, und endlich die einseitige Güterverteilung innerhalb einer Gesellschaft und zwischen den Nationen niemals überwunden werden können. Auf den Kulturaspekt einer Selbst-Werdung kommen wir im letzten Kapitel noch zu sprechen.

Wir konnten bisher diesen seelischen Aspekt der zweiten Lebenshälfte nur stichwortartig darstellen, weshalb es für den einzelnen - für seine Erfahrungen - wie auch für die Folgerungen in der Berufs- und Sozialpädagogik jeweils der Konkretisierung bedarf. Darin liegt die große Bildungsaufgabe der Zukunft für die Selbstbildung des Menschen und für die Andragogik bei deren Unterstützung. Noch aber sträubt sich alles in uns gegen solche Thesen. Denn wir sind als Erwachsene und "fertige" Menschen nicht sensibilisiert, uns noch als "geistig Werdende" begreifen zu lernen. Und wer zudem eine gesellschaftliche Position einnimmt - als Lehrer an einer Hochschule, als Leiter einer Sozialeinrichtung, als Manager und Führungskraft im Unternehmen, gar noch als Politiker -, kann nicht ohne weiteres nach außen eine "innere Entwicklungsbedürftigkeit" zugestehen, die ihn vielleicht

dazu bringen würde, seine Meinungen zu ändern, neue Perspektiven anzuerkennen und sich selbst als "auf dem Wege befindlich" zu begreifen.
Aber gerade die meisten Menschen, die in Wirtschaft und Sozialbereich, in Wissenschaft und Politik heute "das Sagen" haben (- auch wenn sie oft nichts zu sagen haben -), stehen als Individuen in dieser Lebensphase. Können sich solche Menschen in ihrer Systemeingebundenheit eigentlich den Spiegel der seelischen Entwicklung vorhalten und es wagen, hineinzuschauen? Gerechterweise müssen wir dazu auf zwei Problembereiche hinweisen, die den einzelnen an solchem Wagemut allzuleicht hindern.

- Dagegen steht einmal unsere totale gesellschaftliche Eingebundenheit in das jeweilige System. Die politische Partei will den Funktionär und Abgeordneten total, und nicht als eine sich entwickelnde Persönlichkeit; das Unternehmen braucht den Abteilungsleiter total oder aber - wie in der Rezession - überhaupt nicht; der weltanschaulich fixierte Träger einer Sozialeinrichtung verfügt über die Schulleiterin total und indoktriniert sie weltanschaulich bis zur Konsequenz des gespaltenen Bewußtseins; und auch die Wissenschaft zwingt den einzelnen in ihr totales theoretisches Denksystem und bestraft den Außenseiter, Querdenker und alles was "menschlich" angehaucht ist mit Nichtzurkenntnisnahme oder Ablehnung.(170)

- Und zum zweiten steht gegen den Mut, sich der "dritten Individuation" (nach früher Kindheit und Pubertät) zu stellen, daß es sich um einen schmerzlichen und tiefgreifenden Prozeß handelt, der von Gefühlen der Traurigkeit und von Depressionen begleitet ist, wie jeder innerlich zu bestehende Kampf. Wir können tatsächlich von einem Kampf sprechen, weil dabei der weitere Entwicklungsweg meist "den Zusammenbruch der bewußten Einstellung" mit sich bringt. Die Bewußtseinseinstellung brachte uns in der ersten Lebenshälfte nämlich bei, was "man sollte"; jetzt aber geht es um die Besinnung darüber, was "man *kann* und was man *muß*".

Mit dem biblischen Gleichnis der Sintflut läßt sich der Umbruch in der seelischen Grundeinstellung der Menschen dieser Phase

vielleicht am eindrucksvollsten beschreiben. Doch gilt dieser Vergleich nicht nur für die neurotische Erkrankung, sondern ebenso auch für den "normalen" Menschen, der die Krise des Bewußtseins mit etwas Sensibilität erlebt und erleidet.
"Das besorgte Gefühl herrscht, nicht mehr weiter zu können. Eine große Traurigkeit greift um sich, alles bisher falsch gemacht zu haben. Selbst die Erfolge von ehedem erscheinen als nutzlos, ja vom Übel. Zweifel melden sich, ob überhaupt bislang jemals etwas richtig war, ob man überhaupt gelebt hat, wozu man eigentlich dagewesen ist - als wäre alles vertan, alles hohl, alles umsonst, alles ohne Sinn und Zukunft."(171)

Um der Anschaulichkeit willen sollen nun einige menschliche Grundhaltungen beschrieben werden, die das Verharren und die Verfestigung der Bewußtseinseinstellung aus der ersten Lebenshälfte demonstrieren. Schließlich muß sich die Stimmigkeit unserer theoretisch dargestellten Position im Lebensalltag unserer Gegenwartsgesellschaft erweisen. So mag es auch dem einzelnen leichter fallen, sich ein Bild von all jenen Faktoren zu machen, die einer Individuation oder Selbstwerdung als hinderlich im Wege stehen.
Und weil vielleicht manche Leser die Bezugnahme auf Märchen im allgemeinen als nicht realitätsbezogen empfinden, greife ich nochmals auf den "Kleinen Prinzen" von Antoine des Saint-Exupéry zurück, um für diese eine neue Perspektive anzubieten. Wir müssen uns allen Ernstes fragen, ob wir Erwachsenen mit unseren so "wichtigen Geschäften" nicht letztlich oft wie spielende große Kinder sind? Wir "spielen mit Autos" (in der Autoindustrie), wir "spielen Soldaten" (in jeder Hierarchie, wie z.B. im Militär), wir "spielen Rechthaben" (in der Politik) und wir "spielen Sein-Wie-Gott" (in der Wissenschaft oder der Gentechnologie). Sollten wir uns nicht deshalb auch von den Kindern befragen lassen? Der Kleine Prinz begegnet - bevor er auf die Erde kommt - einigen "Typen von Erwachsenen", die alle noch in der Ich-Haftigkeit ihres Bewußtseins (also noch in der Aufgabenstellung der ersten Lebenshälfte) verfangen und deshalb einsam sind und die je einen eigenen Asteroiden bewohnen, d.h. eine individualistisch abgekapselte Welt.(172)

- Da ist zuerst einer, für den sind alle anderen Menschen, die ihm begegnen, von vornherein als Untertanen festgelegt. Über diese hat er natürlich sein Urteil parat (etwa: lauter Drückeberger), und seine "Macht" kann Individualität anderer nicht zulassen, weil diese im Grunde nur dafür da sind, sich entsprechend seinen Befehlen zu verhalten. Geleitet ist er von den "fiktiven Machtinteressen" einer abstrakten Vernunft, die seine Dialogunfähigkeit verschleiert. Banausen und Pragmatiker eignen sich ihm bestens als Diener, denn seine einsichtslosen Phrasen dienen nur dazu, seine objektive Ohnmacht zu verbergen. Er selbst spürt allerdings nicht, daß er in einem "narzißtischen Ghetto" lebt, von den Mitmenschen seelisch isoliert, so daß jeder deswegen vollzogene Kontaktabbruch anderer von solchen "Idealtypen" noch "als Triumph ihrer überragenden Bedeutung" interpretiert wird. Es sind die "*Königsmenschen*", die stolz sind auf Rang, Amt und Rolle in der Gesellschaft.

- Auf dem nächsten Asteroiden begegnet der Kleine Prinz einem, der ebenfalls alle anderen Menschen nur als Bewunderer seiner eigenen Person und als Claqueure (- also als Beifallsspender -) braucht. Er ist ein Vertreter jener "großen Menschen", die sich selber nur als die Größten ertragen. Solche haben ein egozentrisches Verlangen nach Lob und Ehre und jeder, dem sie begegnen, wird zum bloßen Spiegel "seiner gefälligen Selbstbetrachtung erniedrigt". Eine Zeitlang sind diese Menschen vielleicht sogar ganz amüsant, doch aus ihrer "gnadenlosen Einsamkeit" heraus können sie - die *"Eitlen"* - keinerlei Interesse für andere Menschen aufbringen, so daß man solch einem Menschen gerade das, "wonach er am meisten hungert, am wenigsten zuteil werden" lassen kann: nämlich Wertschätzung und Anerkennung.

- Sucht der "Eitle" - wenn auch vergeblich - noch nach einer Form menschlicher Beziehung, so hat der nächste "Sucht-Typus", dem man als kindhaft Fragender begegnen kann, sich selbst bereits aufgegeben. "Er ist, wenn man so will, die zusammengebrochene Eitelkeit, ein Mann, der seinen eigenen Anblick nicht mehr erträgt und, statt an sich zu arbeiten und den Gründen seines Selbsthasses nachzugehen, es vorzieht, sich selber zu vergessen." Es ist der *"Säufer"*, der an die Stelle menschlichen Kontaktes den "Selbstgenuß des Rausches" treten läßt und die ganze Welt "inhalieren" möchte, "nur um sich selbst um den Verstand zu bringen". Die individuelle und die gesellschaftliche Problematik besteht dann darin, daß sich ein Teufelskreis schließt und "aus dem Hilfsmittel gegen die eigene Selbstverachtung wird nach und nach die Hauptursache immer größerer Abhängigkeiten": Drogenkonsum, Geldbeschaffung, Kriminalität, Verlust der gesellschaftlichen Identität, körperlicher Leistungsverfall. Dabei ist der Teufelskreis, der sich aus den "legalisierten Drogen" (z.B. Alkohol) ergibt, zumeist hinter dem Schutzschild der "Persona" versteckt (man kommt seinen beruflichen Verpflichtungen als Stadtrechtsdirektor oder als Lehrer oder als Angestellter nach), während die "innere Persönlichkeit" nach und nach verkommt.

- Eine verwandte Form dieser Sucht des "Inhalierens" ist die Habgier, "die scheinbar so scharfsinnige und in Wahrheit so absurde Verwandlung der gesamten Welt in ein Geschäfts- und Warenhaus, bis hin zum durchaus möglichen Ruin dieses Planeten".(173) Hierin manifestiert sich die zwanghafte Neigung des westlichen Menschen, alles auf der Welt in "Eigentum" und in "zahlbares und zählbares Geld zu verwandeln: Berge, Seen, Wälder und Wüsten". Die Verwandtschaft zum "Säufer" ist darin zu sehen, daß der "Geldsüchtige" letztlich "die ganze Welt in das Rauschmittel seiner Sucht" verwandelt. Das Schwierige beim Erkennen dieses Typus besteht mit darin, daß solch ein *"Geschäftsmann"* eben nicht nur unter "Geschäftsleuten" zu finden ist, sondern auch unter den Wissenschaftlern (Gutachtertätigkeit, oder: "andere für sich arbeiten lassen"), unter den Freiberuflern (Ausnutzen der Gebührenordnung), unter den Angestellten und Arbeitern (Schwarzarbeit oder Leistungsverweigerung) und ebenso unter jedem von uns, der noch aus dem kleinsten Schadensfall gegenüber der Versicherung ein "Geschäft" machen will.

Diesen "Typus in uns" mit Kinderaugen (oder denen der Weisen) zu betrachten fällt deshalb besonders schwer, weil die Weltanschauung der westlichen Welt mit Unterstützung konservativer christlicher Kirchen in ihrem gesamten Wachstumsdenken auf dieser kapitalistischen Logik aufbaut. Und wiederum "prämiert" unser Kollektiv alles, was sich konform verhält: prämiert mit Einkommen und Vermögen, mit Status und Prestige, mit Orden und mit kirchlichem Segen.(174)

Die besondere Tragik liegt aber noch darin, daß dieser "Geschäftsmann" etwas gefährlicheres an sich hat als der Säufer, problematischeres als der Königsmensch und verführerischeres als der Eitle. Er verleiht nämlich dem Geld, das er ja nicht nur zum eigenen Lebensbedarf und -genuß verwendet, eine Art religiösen Charakter, er "beseelt" es, denn sein wahrer Wert besteht darin, daß Geld aus sich noch mehr Geld macht. In der Wirtschaftswelt heißt das: "es arbeitet", wobei damit verdeckt wird, daß es in Wirklichkeit Menschen für sich "arbeiten läßt". Damit hat Geld die Bedeutung als bloßes Tauschmittel (z.B. gegen eine zur Verfügung gestellte Arbeitskraft oder Dienstleistung) verloren, denn "von nun an beherrscht es als das einzige Bedeutende das gesamte menschliche Handeln; es vermehrt sich selber auf den Banken, es regiert in den Parlamenten, es designiert Kaiser, Päpste und Könige, es ist unendlich mächtiger als alle Mächtigen - nichts ist, was nicht Eigentum des Geldes wäre".(175)

Die individuelle wie kollektive *Werteproblematik*, die daraus entsteht, hat inzwischen das gesamte demokratische Grundverständnis infiziert und ausgehöhlt. Die dieser Weltanschauungshaltung zugrunde liegende "Zweckrationalität" hat nämlich bereits jedes "Verhältnis zu Werten und Normen in das Utilitaristisch-Kalkulative befördert: *Als Wert zählt nur das, was bezahlt wird.*"(176) Und jeder Wert (z.B. gesunde Umwelt) ist dabei nur solange wichtig, wie man sich diesen leisten zu können glaubt.

- Demgegenüber erscheint der nächste Menschentyp der "Asteroiden-Welt", dem der Kleine Prinz begegnet, zunächst fast harmlos, denn er verrichtet seine Aufgabe als *"Laternenanzünder"* streng nach Weisung. Seine ihm vom Kollektiv vorgegebene Dienstvorschrift hält er korrekt und blindlings ein, sie möge besagen, was sie auch wolle. Und wenn sich auch die Welt um ihn herum schneller dreht, so hindert das diesen Funktionalisten nicht daran, seinen Dienst zu verrichten, auch wenn die Dienstanweisung inzwischen hoffnungslos veraltet ist: "Dienst ist Dienst". Pflichterfüllung heißt sein Leben, und es ist ihm nicht möglich, seinen Willen und sein Tun in Übereinstimmung zu bringen. In Wirklichkeit beklagt er,

was er tun muß und bejammert sein Schicksal, weil er sich immer als "Opfer der Umstände" betrachtet.
Gerade an diesem Typus sehen wir, daß wir alle davon etwas in uns haben; damit mag auch verständlicher werden, daß die vielen "funktionierenden Rädchen" im Getriebe der Zeit zwischen 1933 und 1945 in ihrer Grundstruktur nicht anders waren, als wir in der heutigen Industriegesellschaft. Wir tun eigentlich auch beruflich nichts "Schlechtes" oder "Böses", aber wir *handeln* auch nicht, wenn wir nicht mehr hinter dem stehen können, was wir machen oder was wir zulassen, indem es andere für uns übernehmen.

- Und zuletzt können wir einem Menschen begegnen, der als der "verfeierlichte Robenträger und Tintentheoretiker" die rationalistisch verstandene Aufklärung in der Wissenschaft vertritt; er ist charakterisiert als der "*Geograph*" oder der "Weltverzeichner". Er spaltet alles auf in eine "Welt des Denkens" und in eine "Welt der Erfahrung". Das wirkliche Leben draußen "gilt ihm für hohle Zeitverschwendung, für müßiges Herumgelaufe", während er seine ganze Energie darauf verwendet, "die Erfahrungen anderer zu beurteilen". Ja, das "verlangt er sich ab", ausschließlich "die Kunst der Beurteilung zu pflegen. Der moralische Wert eines Menschen - er weiß ihn; was gültig ist und ungültig - er weist es zu; was wissenswert und wissensunwert - er weist es an."(177) So gilt dem Theologen nicht die Gotteserfahrung, sondern die Gottesgelehrsamkeit, dem Psychologen nicht die Selbst-Erfahrung, sondern die Persönlichkeitstheorie und dem Pädagogen gilt das Erforschen der Kindheit mehr als die eigene Erfahrung der gesamten gesellschaftlichen Wirklichkeit, in der heute Kinder und Jugendliche aufwachsen.

Wir können mit dieser Charakterisierung menschlicher Verhaltensweisen unsere Überlegungen abschließen, weil wir uns mit dem nächsten Kapitel den möglichen Wegen einer Selbsterfahrung zuwenden wollen. Es konnte ja nicht das Ziel sein, andere mit einer Typologisierung in Denk-Schubladen zu verteilen oder gar den "Splitter im Auge des Nächsten" mit dem Vergrößerungsglas zu betrachten. Das Grundanliegen der bisherigen Ausführungen war vielmehr, aufzuzeigen, daß *in jedem von uns* unterschiedliche Ich-Identitäten auffindbar sind, unter denen wir alle jene eben skizzierten Charaktere entdecken können, wenn auch sicherlich in unterschiedlicher Ausprägung.

Dann aber kommt es allein darauf an, die Gründe zu verstehen, aus denen heraus wir "Erwachsenen" uns in unserer jeweiligen Situation "gefangen" sehen, warum wir also Angst davor haben, uns mit unserem eigentlichen Selbst zu konfrontieren. Für den Menschen der zweiten Lebenshälfte, der dem sich nähernden Lebensende anders gegenüberstehen sollte, ist der Weg zum eigenen Selbst nicht nur mit der Frage nach dem Sinn *seines* Lebens verbunden, sondern er ist gleichzeitig auch verbunden mit der Verantwortung für die Zukunft der Gesellschaft, für die Entwicklung der Kultur und für die Situation der Menschheit. Und dies deshalb, weil innere und äußere Wirklichkeit des Menschen eine Einheit bilden und diese Einheit sich nur unter einem neuen "Selbst-Verständnis" zu entwickeln vermag. Gerade gegenüber den "Experten" von Gegenwartsanalyse und Zukunftsprojektion - nämlich den wissenschaftlichen Empirikern - ist dieses neue Selbstverständnis zu vertreten. Ihnen ist vorzuhalten, daß alle kausale Erklärung und alle Voraussagen künftigen Verhaltens - also alle Berechenbarkeit der Entwicklung - jeweils von der "Fruchtbarkeit des Unerwarteten" spielend überholt werden. Das ist trostvoll, ermutigt zur Hoffnung und belebt geistige Spontaneität. Menschliche Zukunft ist nicht planbar, sondern nur im verantwortlichen Handeln aus dem Selbst heraus auffindbar. Über das individuelle Selbst hinaus vollzieht sich dies aber immer in einer "Gemeinschaftsgenese".(178)

Anmerkungen

1) Diese Tatsache des Beklagens einer Unordnung zieht sich immer wieder durch alle Kulturen der Menschheit; sie wird uns für unsere Zeit in journalistischer Kürze in einem Leitartikel der SZ (vom 29./ 30.8.92, Nr. 199, S.4) als ein "gefährlicher Mangel an Erziehung" vor Augen geführt, wobei insbesondere bei Politikern beklagt wird: "Lüge, Großsprecherei, mangelnde Zuverlässigkeit, hemmungslose Gewinnsucht, übertriebenes Geltungsbedürfnis, fehlende Distanz, Egoismus" usw. Dem werden dann natürlich ebensolche "Erziehungsmängel" auf der Seite der Bevölkerung gegenübergestellt wie: "Undankbarkeit, überzogenes Anspruchsdenken, Egoismus, Mißgunst" usw.

2) Vgl. dazu: Keupp, Heiner: Riskante Chancen. Das Subjekt zwischen Psychokultur und Selbstorganisation. Sozialpsychologische Studien, Heidelberg 1988, S. 135.

An dieser Thematik läßt sich gleichzeitig unsere methodische Vorgehensweise erläutern. Denn dieser mehr soziologisch fundierten Erklärung von Heiner Keupp läßt sich auf einer tiefenpsychologischen Erklärungsebene bei C.G. Jung eine weitere Hypothese zur Seite stellen, die das Problem verdeutlicht. Aus dem Zusammenhang von Individualpsyche und Gruppenbewußtsein ergibt sich, daß jede Sozietät "automatisch die kollektiven Qualitäten betont", was immer eine gewisse "Mittelmäßigkeit" mit sich bringt. Gleichzeitig wird "das Individuelle an die Wand gedrückt". (Vgl. dazu: Jung, Carl Gustav: Die Beziehungen zwischen dem Ich und dem Unbewußten, 2. Aufl., Zürich 1935, S. 56.) - Und dieser Prozeß reicht von der Schule über die Universität bis in das gesellschaftliche Leben hinein.

3) Der Zusammenhang zwischen Schule und Beschäftigungssystem zeigt sich z.B. an den Begriffen der "Bildungsökonomen" vom "social demand approach" - womit die zu erwartende "Nachfrage der Haushalte nach Schul- und Ausbildungsplätzen" analysiert wird - und dem Ansatz des "manpower approach", der "den zahlenmäßigen Bedarf der Wirtschaft an ausgebildeten Arbeitskräften bestimmt". - Vgl. dazu: Kaiser, Arnim/ Kaiser, Ruth: Studienbuch Pädagogik. Grund- und Prüfungswissen, 3. Aufl., Frankfurt 1987, S. 168.

4) Adorno, Theodor W.: Erziehung nach Auschwitz. - Stichworte. Kritische Modelle. 2, Frankfurt 1969, S. 85 ff.

5) Rombach 1977(b), S. 250.

6) Schiller, Friedrich von: Werke in drei Bänden. Bd.2, München 1966/ 1982, S. 730.

7) Vgl. dazu: Bühler, Charlotte: Die Rolle der Werte in der Entwicklung der Persönlichkeit in der Psychotherapie.(...), Stuttgart 1975, S. 125.

8) Vgl. dazu: Ortega y Gasset, José: Der Aufstand der Massen, Hamburg 1956, S. 144.

9) Im folgenden beziehe ich mich auf eine Theorie über "die Beziehungen zwischen Gehirn und Geist", wie sie von John C. Eccles unter Bezugnahme auf Karl Popper (1972) beschrieben wurde. Vgl. dazu: Eccles, John C./ Zeier, Hans: Gehirn und Geist. Biologische Erkenntnisse über Vorgeschichte, Wesen und Zukunft des Menschen, Frankfurt 1984, S. 125 ff.

10) Der Begriff der "Psyche" bedeutet hier die alle Aspekte des Geistigen, Seelischen und Intellektuellen umfassende Totalität von Bewußtsein und Unbewußtem. Vgl. dazu: Jacobi, Jolande: Die Psychologie von C.G. Jung. Eine Einführung in das Gesamtwerk mit einem Geleitwort von C.G. Jung, Frankfurt (Fischer TB) 1978, S. 17 ff.

11) Eccles/ Zeier 1984, S. 127.

12) "In allen materialistischen Philosophien, einschließlich aller Varianten des Parallelismus, ist der sich seiner selbst bewußte Geist oder die Seele nichts weiter als ein durch die Evolution geschaffener Emporkömmling aus dem hochentwickelten Gehirn. Demgegenüber bin ich, als Vertreter des dualistischen Interaktionismus, der Überzeugung, daß meine persönliche Einzigartigkeit, d.h. das von mir erlebte Bewußtsein meines Selbst sowie dessen Entstehung, sich nicht auf diese Weise erklären läßt. (...) Infolgedessen bekenne ich mich zu der Überzeugung, daß es etwas gibt, was ich den übernatürlichen Ursprung meines einmaligen, sich seiner selbst bewußten Geistes oder meiner einmaligen Individualität oder Seele nennen möchte." (Eccles/ Zeier 1984, S. 190 f.)

13) Vgl. Meinberg 1988, S. 316 f.

14) Für ein vertieftes Verständnis dieser Zusammenhänge kann hier insbesondere auf die Arbeit von: Petzold, Hilarion G.(Hg.): Die neuen Körpertherapien, München 1992, verwiesen werden, die in überarbeiteter Neuauflage einen guten Überblick über diesen Therapiebereich vermittelt.

15) Vgl. zur wissenschaftstheoretischen Fundierung dieser Aussagen insbesondere: Rombach, Heinrich (Hg.): Wissenschaftstheorie. 2. Struktur und Methode der Wissenschaften, Freiburg 1974. - Ein Blick in die erziehungswissenschaftliche Diskussion der Gegenwart beweist, daß auch ein sog. "konstruktivistischer Ansatz" das Verhältnis von "Erziehungstheorie und Erziehungspraxis" im Grunde nicht anders zu beurteilen vermag. "Auch im Rahmen des Konstruktivismus geht man davon aus, daß Wissenschaftler es nicht primär mit der Wirklichkeit als vielmehr mit ihren eigenen Aussagen zu tun ha-

ben." Vgl.: Heyting, Frieda: Pädagogischer Relativismus als Antwort auf die Moderne? (...), in: Z.f.Päd., Jg. 1992, Nr. 2, S. 281.

16) Vgl.: Piaget, Jean: Abriß der genetischen Epistemologie, Olten; Freiburg 1974, S. 23.

17) Vgl. dazu: Piaget, Jean: Einführung in die genetische Erkenntnistheorie, 2. Aufl., Frankfurt 1981, S. 96 f.

Wie sich in diesem Zusammenhang das "Weltbild des Kindes" aufbaut, hat der Autor theoretisch in einer Arbeit mit diesem Titel (München 1988) dargestellt.

18) Als hauptsächliche Disziplinen sind dafür zu nennen die "Verstehende Soziologie" (z.B. Alfred Schütz), die Phänomenologie (z.B. Edmund Husserl) und die Philosophische Anthropologie (z.B. Helmut Plessner).

19) Vgl.: Buber, Martin: Ich und Du, 9.Aufl., Heidelberg 1977.

20) Vgl. dazu: Meinberg 1988, S. 298, wobei dieser Gedanke im Zusammenhang mit einem Verweis auf Helmut Plessner a.a.O. weiter ausgeführt wird.

21) Capra, Fritjof: Wendezeit. Bausteine für ein neues Weltbild, München 1988, S. 328.

22) Vgl. Pelletier 1988, S. 155.

23) Jede gelingende oder mißlingende "innere" Wandlung durch eine Krise manifestiert sich auch äußerlich. Das symbolisiert Franz Kafka in seiner Erzählung "Die Verwandlung" im Erlebnis des Handelsvertreters Gregor Samsa. Die äußere Verwandlung in einen riesigen Käfer drückt gleichsam die innere Erstarrung einer Existenz aus, also die Tatsache, daß sich das "Selbst" nicht mehr weiterentwickelt. - Die biographischen Bezüge in Kafkas gesamtem Werk geben uns dabei aus heutiger Sicht einen erschütternden Einblick in die Psyche dieses Dichters. Vgl. dazu: W. Emrich, in: Kafka, Franz: Brief an den Vater, Frankfurt 1975, S. 80.

24) Vgl. dazu: Freud, Sigmund: Abriß der Psychoanalse, G.W., Bd.17, S.63, bzw. ders.: Frankfurt (Fischer TB) 1972.

25) Vgl. dazu: Jung, Carl Gustav: Über die zwei Arten des Denkens, in: GW V, bzw. in: Grundwerk in neun Bänden, Bd. 7, 2.Aufl., Olten 1987, S. 18-41.

26) Alfred Adler - der Begründer der Individualpsychologie - hat aus seinem Leben ein eindrucksvolles Beispiel dazu erzählt. Er erinnerte sich an seinen frühesten Schulweg und an die Angst vor einem Friedhof, an dem er jeden Tag vorbei mußte. Erst als Erwachsener hat er im Gespräch mit einem früheren Schulkameraden entdecken müssen, daß der Friedhof auf seinem Schulweg niemals existiert hatte. Alles war nur eine "Tatsache der inneren Welt" des Kindes. Vgl. dazu auch: Sperber, Manès: Alfred Adler oder das Elend der Psychologie, 2. Aufl., Wien 1970, S. 33.

27) Vgl. Rombach 1974, S. 42. - Im Alltagsleben handelt es sich dabei immer um das Problem einer mangelnden Bewußtmachung, die ja oft die (Mit-) Ursache für Konflikte und gegenseitige Entfremdung darstellt. Unsere Wahrnehmung geschieht dabei nicht nur selektiv, sondern wird zudem durch Emotionen unterschiedlichster Art beeinflußt, wie dies das Beispiel in Anmerkung 26 auch zeigt. Franz Kafka hat dies wiederum eindringlich seinem Vater mitteilen wollen. Dessen Zornesausbrüche standen nämlich für ihn meist in keinem richtigenVerhältnis zur Sache selbst, sondern es erschien dem Sohn, daß der Zorn "in seiner ganzen Größe von vornherein vorhanden war und nur zufällig gerade diese Sache als Anlaß zum Losbrechen genommen habe". Vgl. Kafka 1975, S. 24.

28) Pelletier 1988, S. 26.

29) Vgl. dazu: Jung, C.G.: Psychologische Typen, GW VI, Kap. XI: "Definitionen", Stichwort: Bewußtsein.

30) Vgl. Blaß 1972, S. 233 ff.

31) Vgl. dazu: Freud, Sigmund: G.W., Bd. 4, (Fischer) Frankfurt, bzw. (Fischer TB) Frankfurt 1954.

32) Jung, Carl Gustav: Vom Wesen der Träume, 4. Aufl. d. Studienausgabe, Olten 1983, S. 163; vgl. auch in: ders.: GW VIII.

33) Vgl.: Freud, Sigmund: Abriß der Psychoanalyse, Frankfurt 1972, S. 26.

34) Vgl. dazu und im folgenden: Schrödinger, Erwin: Mein Leben meine Weltansicht, Zürich 1989, S. 101 ff.

35) Schrödinger 1989, S. 105.

36) Vgl. Schrödinger 1989, S. 108. - Da alles Neue immer auch im Zusammenhang mit bestimmten Körperfunktionen aufgenommen wird, ist hierbei auch auf die Arbeit "Bewußtheit durch Bewegung" von Moshé Feldenkrais (Frankfurt 1978) hinzuweisen.

37) Schrödinger 1989, S. 111.

38) Vgl.: Schrödinger 1989, S. 112. - Hierzu liegt der Hinweis nahe, daß auch C.G. Jung mit seiner Hypothese des "kollektiven Unbewußten" und der Archetypenlehre in der wissenschaftlichen Psychologie immer noch ignoriert wird. Für ihn aber war aus seiner psychologisch-empirischen Sicht heraus klar: "Das kollektive Unbewußte entwickelt sich nicht individuell, sondern wird ererbt. Es besteht aus präexistenten Formen, Archetypen, die erst sekundär bewußt werden können und den Inhalten des Bewußtseins festumrissene Form verleihen." Vgl. dazu: Jung, C.G.: Der Begriff des kollektiven Unbewußten, in: ders.: Grundwerk, Bd. 2, Olten 1984, S. 115. - Daß inzwischen Jungs Auffassung immer mehr auch von den Naturwissenschaften untermauert wird, kann der Inter-

essierte nachlesen bei: Obrist, Willy: Archetypen. Natur- und Kulturwissenschaften bestätigen C.G. Jung, Olten 1990.

39) Vgl. Schrödinger 1989, S. 115.

40) Vgl. Schrödinger 1989, S. 112.

41) Schrödinger 1989, S. 113 f.

42) Vgl. dazu: Rombach, Heinrich: Leben des Geistes. Ein Buch der Bilder zur Fundamentalgeschichte der Menschheit, Freiburg 1977(b). - Der Titel dieses Werkes drückt bereits vollständig den Inhalt aus, dem man sich beim Lesen sowohl "rational denkend" wie auch rein "anschauend" nähern kann.

43) Schrödinger 1989, S. 114. - Aber - so könnte man mit dem Soziologen Ulrich Beck fragen - raubt denn der Zweifel nicht jedem Handeln die Basis? Und es fällt nicht schwer zu antworten, daß das Gegenteil der Fall ist.

"Das politische Programm der radikalen Moderne ist der Skeptizismus! Das industrielle Großprojekt bedarf eben genau jener Sicherheiten, die mit dem Zweifel der Moderne obsolet werden. Der durchgesetzte Zweifel erfordert eine andere Machtverteilung, andere Entscheidungsstrukturen, eine andere Architektur von Institutionen, ein anderes Technikverständnis, eine andere Wissenschaft, andere Lernzirkel und Revidierbarkeiten von Entscheidungen. Alles ein paar Nummern kleiner, langsamer, offener für das Gegenteil, die Widerlegung, wie es sich für den selbstsicher gewordenen Zweifel gehört." Vgl. Beck, Ulrich: Der Zweifel - eine Lebenskunst. Plädoyer für ein aufklärerisches Prinzip der modernen Gesellschaft, in SZ, Nr. 21, v. 27.1.93, S. 13.

44) Einen Überblick über den geistesgeschichtlichen Zusammenhang wie auch zu den Grundaussagen des Unbewußten findet man bei: Jung, C. G.: Theoretische Überlegungen zum Wesen des Psychischen, in: ders.: GW VIII und: Grundwerk, Bd. 2, Olten 1984.

45) Unsere Darstellung folgt in den Grundzügen der Arbeit von: Rombach 1974, S. 36-52. Damit ist eine erkenntnistheoretische Fundierung angestrebt, die es uns später erlaubt, weitere Überlegungen aus anderen Disziplinen zu integrieren.

46) Rombach 1974, S. 38. - Es ist in diesem Zusammenhang wichtig zu betonen, daß alle Wahrnehmung des Unbewußten eine besondere Bewußtseinsleistung darstellt, die z.B. darin bestehen kann, daß wir durch Übung zu erreichen versuchen, uns aller rationalen Denkvorgänge zu enthalten, d.h. daß wir das Nicht-Denken üben.

47) Wehner, E.G.: Einführung in die empirische Psychologie, Stuttgart 1980, S. 92.

48) Vgl. hierzu insbesondere: Watzlawick u.a. 1974, sowie für eine weiterführende Vertiefung: Schulz von Thun, Friedemann: Miteinander reden.1: Störungen und Klärungen. Allgemeine Psychologie der Kommunikation, Reinbek 1992.

49) Vgl. dazu: Scheler, Max: Die Formen des Wissens und die Bildung, in: ders.: Ges. Werke, Bd. 9, Bern 1976, S. 113.

50) Vgl. Rombach 1974, S. 49.

51) Laing, Ronald D.: Das Selbst und die Anderen, Reinbek 1977, S. 66.

52) Keupp 1988, S. 131 f.

53) So spricht man auch soziologisch von einer "persönlichen" und einer "sozialen" Identität und demzufolge auch von einem "fortlaufenden Prozeß der Herstellung von Gleichgewicht" zwischen beiden "Identitäten". (Vgl. dazu: Oerter, Rolf: Moderne Entwicklungspsychologie, 16. Aufl., Donauwörth 1976, S. 71 ff.)

54) Vgl. dazu: Schraml, Walter J.: Einführung in die moderne Entwicklungspsychologie für Pädagogen und Sozialpädagogen, 5. Aufl., Stuttgart 1980, S. 41.

55) Vgl. dazu: Berger, Peter L./ Luckmann, Thomas: Die gesellschaftliche Konstruktion der Wirklichkeit.(...), Frankfurt 1969, S. 185.

56) Vgl.: Erikson, Erik H.: Identität und Lebenszyklus, 5. Aufl., Frankfurt 1979, S. 55 ff.

57) Zum Vorwurf einer zu einseitig rationalen Betrachtungsweise durch Erikson ist auf Meinberg 1988, S. 191, zu verweisen. Dagegen macht Heiner Keupp (1988, S. 141) geltend, daß Eriksons idealtypische Formulierung mehr einer "bürgerlichen Sozialisation" und somit einem "egozentrischen Weltmodell" der westlichen Zivilisation entspricht.

58) Vgl. Erikson 1979, S. 63.

59) Vgl. dazu das Kapitel: "Konfrontation des Erwachsenenverhaltens mit dem Säuglingsverhalten" in: Roth 1971, S. 219 ff.

60) Erikson 1979, S. 107.

61) Auf diese Problematik werden wir aus tiefenpsychologischer Sicht noch ausführlich zu sprechen kommen, doch genügt zur Illustration der Schicksalhaftigkeit solcher Schwierigkeiten - etwa der Ablösung des Sohnes vom Vater - wiederum der Hinweis auf Franz Kafkas "Brief an den Vater". Der Sechsunddreißigjährige erinnert sich, wie er als Sechzehnjähriger seinem Vater von einem Mädchen erzählt hatte: "... denn der Junge, der damals einen Anlauf nahm, ist in ihm steckengeblieben und scheint Dir heute um keine Erfahrung reicher, sondern nur um zwanzig Jahre jämmerlicher. Meine Entscheidung für ein Mädchen bedeutete Dir gar nichts. Du hattest meine Entscheidungskraft

(unbewußt) immer niedergehalten und glaubtest jetzt (unbewußt) zu wissen, was sie wert war." (Kafka 1979, S. 64)

62) Vgl. dazu die Ausführungen bei: Lüders, Christian/ Winkler, Michael: Sozialpädagogik - auf dem Weg zu ihrer Normalität, in: Z.f.Päd., 38. Jg. 1992, Nr. 3, S. 366.

63) Vgl. dazu: Rombach, Heinrich: Phänomenologie des gegenwärtigen Bewußtseins, Freiburg 1980, S. 238 ff.

64) Vgl. Jantsch 1984, S. 348.

65)) Vgl. Rombach 1980, S. 239.

66) Vgl. Rombach 1980, S. 65.

67) Vgl. Laing 1977, S. 62.

68) Hierzu läßt sich stellvertretend auf die Position von Charlotte Bühler (1975, S. 74) verweisen. Für sie ist das "Selbst" jener "innere Kern der ganzen Persönlichkeit", den wir uns sowohl als System wie auch als Prozeß zu denken haben. - Anzumerken ist allerdings, daß die theoretische Position dieser Autorin relativ eng an dem psychoanalytischen Konzept von Freud ausgerichtet ist, weshalb unsere weitere Darstellung des "Selbst" sicherlich nicht ihre volle Zustimmung finden würde. In ihrer kritischen Haltung gegenüber dem Selbst-Konzept der Humanistischen Psychologie besteht dagegen wieder Übereinstimmung insoweit, als dort - etwa bei Maslow oder Rogers - eine zu starke Betonung des Ich-Faktors gegenüber dem "Selbst" erfolgt, weil so verkannt wird, daß unser Denken eben nicht nur von den bewußten Faktoren des "Selbst", sondern auch von unbewußten und somit auch von "verzerrten" Faktoren geleitet wird (vgl. a.a.O., S. 12).

69) Vgl.: Sheldrake, Rupert: Das schöpferische Universum. Die Theorie des morphogenetischen Feldes, 3. Aufl., München 1991, S. 24. - Manchem Leser mag es vielleicht als problematisch erscheinen, wenn hier Aussagen zur (naturwissenschaftlichen) Physik mit solchen einer (geisteswissenschaftlichen) Psychologie verbunden werden. Die Zusammenhänge zwischen der Struktur von Elementarteilchen und der Struktur der menschlichen Psyche sind jedoch bereits sehr vielseitig untersucht worden. Eine kurze Darstellung dazu findet man bei: Meier, C.A.: Experiment und Symbol. Arbeiten zur komplexen Psychologie C.G. Jungs, Olten 1975 (im Kap. I "Moderne Physik - Moderne Psychologie", S. 9-30); vgl. dazu auch: Winkler 1989, S. 118-122.

70) Sheldrake 1991, S. 25.

71) Vgl. Winkler 1989, S. 109.

72) Vgl. Sheldrake 1991, S. 196.

73) Hierzu ist auf den umfassenden Zusammenhang einer tiefenpsychologischen Begründung für solche Aussagen zu verweisen. Zum einen hat C.G. Jung dafür eine Darstellung gegeben, die erst heute schrittweise auch in der Psychologie nachvollzogen wird. Vgl. dazu: Jung, Carl Gustav: Über die Archetypen des kollektiven Unbewußten, in: ders.: Grundwerk. Bd. 2, S. 77 ff., bzw. in: GW IX/ I. - Zum anderen hat E. Neumann die "archetypischen Strukturelemente der Seele" aufgezeigt und eindrucksvoll deutlich gemacht, daß diese wie "psychische Organe" zu betrachten sind, "von deren Funktionieren die Gesundheit des Individuums abhängt und deren Verletzung unheilvoll ist." Vgl.: Neumann, Erich: Ursprungsgeschichte des Bewußtseins, 4.Aufl., Frankfurt 1984, S. 7.

74) Vgl. dazu die Darstellung der tiefenpsychologischen Schulen bei Dieter Wyss, hier zitiert bei: Rombach 1987, S. 310.

75) Vgl.: Blaß, Josef Leonhard: Pädagogische Theoriebildung bei Johann Friedrich Herbart, Meisenheim 1972, S. 233.

76) Vgl. dazu insbesondere: Capra, Fritjof: Wendezeit. Bausteine für ein neues Weltbild, München 1988, S. 365 ff.

77) Bei den folgenden Ausführungen und den Überlegungen zur "äußeren" und "inneren" Persönlichkeit des Menschen ist hauptsächlich zu verweisen auf: Jung, C.G.: Die Beziehungen zwischen dem Ich und dem Unbewußten, 2.Aufl., Zürich 1935, bzw. GW VII, §§ 243 ff. und auf die "Definitionen" in: ders.: Typologie, München (dtv) 1990, S. 119 ff.

78) Mann, Rudolf: Das ganzheitliche Unternehmen. Die Umsetzung des neuen Denkens in der unternehmerischen Praxis zur Sicherung von Gewinn und Leistungsfähigkeit, München 1988, S. 98.

79) Vgl. dazu: Strunk, Gerhard: Wider den Ökonomismus in der Bundesrepublik. Anmerkungen zur bildungspolitischen Positionsbestimmung der Spitzenverbände der Wirtschaft vom Januar 1992, in: GdWZ, Nr. 3/ 92, S. 125 f.

80) Vgl. den Bericht in der SZ, Nr. 38, v. 16.2.93, S. 48, über die schriftlich fixierten Vorgänge zwischen dem BMW-Vorstandsvorsitzenden E. von Kuenheim und dem Bayer. Ministerpräsidenten M. Streibl.

81) Amery, Carl: Das Ende der Vorsehung. Die gnadenlosen Folgen des Christentums, Reinbek 1972. - Darin hat der Autor wesentliche Entwicklungen vorausgeahnt, hat auf die Notwendigkeit einer besonderen Erziehungsaufgabe verwiesen und war sich ohne Illusionen darüber im klaren, daß er sich "dem Gelächter der Realisten" aussetzte. Etwa ein Jahrzehnt später hat ihm der Theologe Eugen Drewermann (Der tödliche Fortschritt. Von der Zerstörung der Erde und des Menschen im Erbe des Christentums, 3. Aufl., Freiburg 1991(b)) in der Analyse der Gegenwart beigepflichtet und hat zudem die theologischen

Unstimmigkeiten im Menschenbild des Christentums tiefenpsychologisch aufgewiesen.

82) Jung, Carl Gustav: Mandala. Bilder aus dem Unbewußten, 6. Aufl., Olten 1985, S. 70. - Eine umfassende Schilderung dieses Zusammenhangs des Unbewußten und der gesellschaftlichen Entwicklung hat Jung in seinem Aufsatz "Gegenwart und Zukunft" (Zürich 1958, bzw. GW X) gegeben.

83) Vgl.: Richter, Horst-Eberhard: Die Chance des Gewissens. Erinnerungen und Assoziationen, München 1988, S. 272-275.

84) Vgl.: Looss, Wolfgang: Coaching für Manager. Problembewältigung unter 4 Augen, 2. Aufl., Landsberg 1992, S. 32.

85) Jung 1985, S. 81.

86) Vgl. z.B.: Koch-Hillebrecht, Manfred: Jeder ist anders. Kleine Persönlichkeitspsychologie, Bern 1988. - Hier findet auch der Leser mit weniger psychologischer Vorbildung eine leicht lesbare Darstellung unterschiedlichster Ansätze.

87) Vgl.: Sarges, W./ Weinert, A.B.: Früherkennung von Managementpotentialen, in: Feix, Wilfried E. (Hg.): Personal 2000. Visionen und Strategien erfolgreicher Personalarbeit, Frankfurt; Wiesbaden 1991, S. 280/ 281.

88) Vgl. dazu: Jung, Carl Gustav: Typologie, München (dtv) 1990, S. 174.

89) Vgl. dazu das Kapitel 5 "Anlässe für Coaching" bei: Looss 1992, S. 43 ff.

90) Vgl. dazu: Jung 1990, S. 117.

91) Vgl. Winkler 1989, S. 122 ff.

92) Vgl. Zitation bei: Drewermann, Eugen: Tiefenpsychologie und Exegese. Bd. II, 2. Aufl., Olten 1991(a), S. 481.

93) Mit diesen Fragen beginnt die Vorstellung eines Tests zu dreizehn verschiedenen Persönlichkeitsstilen in: PSYCHOLOGIE HEUTE, Nr. 10/92, S.20. Aus diesem Heft (S.3) wurde auch der eingangs des Abschnitts zitierte Spruch von Ödön von Horvath übernommen.

94) Vgl. Bühler 1975, S. 71.

95) Jung, Carl Gustav: Über das Unbewußte, GW X, S. 30, zitiert bei: Drewermann, Eugen: Strukturen des Bösen, Bd. I, Paderborn 1988(a), S. XL.

96) Jung, Carl Gustav: Psychologische Typen (1921), Zürich 1946 (GW VI); die dtv-Ausgabe zur "Typologie", München 1990, bietet nur einen Auszug aus dem o.a. Werk, enthält aber noch zwei verständlich gehaltene Aufsätze zur Typologie von 1923 und 1936 und vor allem die "Definitionen", die für das Verständnis von Jungs Denken unabdingbar sind.

97) Vgl. dazu etwa: Jaspers, Karl: Aus dem Ursprung denkende Metaphysiker (...), München 1957, S. 24. - Insbesondere vgl. dazu: Jung 1990, S. 138 (Stichwort: Enantiodromie).

98) Jung 1990, S. 23.

99) Vgl. dazu: Meier, C.A.: Persönlichkeit. Der Individuationsprozeß im Lichte der Typologie C.G. Jungs, Olten 1977.

100) Thomae 1968, S. 40. - Zu verweisen ist dazu auch auf entsprechende Ausführungen bei: Allport, G.W.: Gestalt und Wachstum in der Persönlichkeit, Meisenheim 1970, S. 419.

101) Vgl. Meier 1977, S. 27.

102) Vgl.: Jung, Carl Gustav: Über die Psychologie des Unbewußten, 5. Aufl., Zürich 1943, S. 74-77; bzw. GW VII.

103) Vgl. hierzu die Darstellung bei: Evers, Tilman: Mythos und Emanzipation. Eine kritische Annäherung an C.G. Jung, Hamburg 1987; hier insbes. S. 57-66.

104) Vgl. dazu die Ausführungen bei: Winkler 1989, S. 153.

105) Riemann, Fritz: Grundformen der Angst. Eine tiefenpsychologische Studie, 13. Aufl., München; Basel 1978, S. 9.

106) Vgl. dazu: Fromm, Erich: Haben oder Sein. Die seelischen Grundlagen einer neuen Gesellschaft, Stuttgart 1976, S. 85.

107) Vgl. die Definition zum "Selbst" in: Jung 1990, S. 180.

108) Vgl. dazu: Drewermann, Eugen: Strukturen des Bösen. Bd. II: Die jahwistische Urgeschichte in psychoanalytischer Sicht, Paderborn 1988(b), S. 26.

109) Vgl. Jung 1985, S. 12.

110) Vgl. Jung 1935, S. 157.

111) Jung 1983, S. 162.

112) Jacobi 1978, S. 112.

113) Jacobi 1978, S. 113.

114) Wie unterschiedlich diese Projektionen je nach eigener Extravertiertheit oder Introvertiertheit ausfallen, hat C.A. Meier (vgl. ders. 1977, S. 20 ff.) ausführlich dargestellt.

115) Vgl. Jung 1935, S. 124.

116) Vgl. Jung 1990, S. 178.

117) Vgl. Jung 1990, S. 178 f.

118) Der interessierte Leser sei auf die gut lesbare Darstellung zum männlichen und weibliche Bewußtsein verwiesen, in der viele feministische Mißverständnisse von einer Frau kritisch untersucht werden. Vgl.: Colegrave, Sukie: Yin und Yang. Die Kräfte des Weiblichen und des Männlichen. Eine inspirierende Synthese von westlicher Psychologie und östlicher Weisheit, Frankfurt 1984.

119) Vgl. Jung 1935, S. 93.

120) Vgl.: Drewermann, Eugen: Rapunzel, Rapunzel, laß dein Haar herunter. Grimms Märchen tiefenpsychologisch gedeutet, München 1992(b), S. 98.

121) BR-Fernsehen v. 2.3.93, 20.15 Uhr, Die Sprechstunde: Mit der Kraft der Seele gegen Kopfschmerzen.

122) Vgl. Neumann 1984, S. 11.

123) Will man sich einen Überblick verschaffen über unterschiedliche Gruppen von vorfindbaren Weltanschauungen, kann man dies anhand folgender Publikation tun: Benesch, Hellmuth: Warum Weltanschauung. Eine psychologische Bestandsaufnahme, Frankfurt 1990. - Zum Bedeutungszusammenhang von Pädagogik und Weltanschauung ist zu verweisen auf: Winkler 1989, S. 266-270 .

124) Vgl. Jantsch 1984, S. 64.

125) Vgl. Rombach 1987.

126) Hierbei beziehe ich mich auf eine private Mitschrift der Vorlesung von Heinrich Rombach vom 25. 2. 1992 an der Universität Würzburg. In der Beurteilung der gegenwärtigen Umbruchsituation in der Gesamtgesellschaft gehen solche wissenschaftlichen Disziplinen wie Astrophysik (Jantsch), Biologie (Varela/ Maturana), Theologie (Drewermann) und Philosophie (Rombach) insoweit einig, als heute von einer "Einheit von Natur und Geist" ausgegangen werden muß. Dadurch aber versteht sich auch der Mensch neu, nämlich derart, daß er weder einer Determination noch einer transzendenten Instanz unterworfen ist, wobei ein völlig neuer Evolutionsbegriff dazu verhilft, die Differenz von Natur und Geist zu überwinden; Entwicklung geschieht auch - vor der eigentlichen Bewußtseinsleistung - "von selbst", d.h. aus dem Selbst heraus.

127) Vgl. dazu: Jantsch 1984, S. 77-115.

128) Vgl. Jung 1983, S. 50 f.

129) Vgl. Neumann 1984, S. 317.

130) Vgl.: Neumann, Erich: Das Kind. Struktur und Dynamik der werdenden Persönlichkeit, 3. Aufl., Fellbach 1985, S. 15.

131) Vgl. Neumann 1985, S. 35. - Deshalb dürfen die Entwicklungsstadien der ersten Jahre (oral, anal, genital) auch niemals nur aus Sicht des "erwachsenen

Bewußtseins" interpretiert werden, sondern sind als symbolische Welterfahrung des Kindes (z.B. Analsymbolik) aufzufassen.

132) Vgl. Neumann 1984, S. 316.

133) Vgl. Neumann 1985, S. 24.

134) Vgl. Neumann 1984, S. 323.

135) Vgl. dazu: Erikson 1979, S. 55-122.

136) Zu verweisen ist auf die soziologisch umfassende Theorie zur Entwicklung von Rationalität im westlichen Kapitalismus bei: Weber, Max: Die protestantische Ethik. I, 5. Aufl., Gütersloh 1979. - Heute ergibt die Auswertung des MBTI-Inventars für die USA, daß dort etwa 60 % der männlichen Bevölkerung die "Denkfunktion" dominant ausgeprägt haben; das steht in Zusammenhang mit der gesellschaftlichen "Vorherrschaft" des Mannes, die eben immer noch bestimmend für kollektive Leitbilder ist (vgl. dazu: Myers-Briggs-Typenindikator Manual, Weinheim 1991, S. 43).

137) Vgl. Riemann 1978, S. 9 bzw. S. 15.

138) Vgl. dazu die paläoanthropologischen Forschungen von R. Bilz, dargestellt bei: Drewermann 1988 (II) S. 222 ff.

139) Drewermann 1988 (II) S. 230.

140) Will man die Gegenwart betrachten, greife man zur journalistischen Kurzdarstellung in Wort und Bild, weil diese die Gesellschaftsrelevanz von aktuellen Themen widerspiegelt, vergleichbar einer demoskopischen Umfrage. Das gilt auch für den Artikel mit der Überschrift: Wo ist Gott? (Peter Seewald, in: SZ-Magazin 6/ 92, S. 13-19). "Das Vertrauen in die Politik ist dahin, der Glaube an den Fortschritt erschüttert, die Ideologien sind zusammengebrochen. Ist die Vernunft am Ende? Weltweit zeichnet sich die Rückkehr zur Religiosität ab." Mit diesen Sätzen spiegelt der Artikel jene tiefenpsychologisch wie philosophisch fundierbare These wider, daß trotz Wissenschaft, Technik und Wohlstand die seelische Verarmung des Menschen immer sichtbarer wird.

141) Vgl. dazu insbesondere: Rombach 1987, S. 152-165.

142) Vgl.: Oerter, Rolf: Zur Dynamik von Entwicklungsaufgaben im menschlichen Lebenslauf, in: ders. (Hg.): Entwicklung als lebenslanger Prozeß, Hamburg 1978, S. 66 ff.

143) Vgl. Bühler 1975, S. 93-99.

144) Unterschiedliche Phaseneinteilungen findet man dargestellt bei: Lievegoed, Bernhard: Lebenskrisen - Lebenschancen. Die Entwicklung des Menschen zwischen Kindheit und Alter, 5. Aufl., München 1986, S. 31-41. Dieser Autor geht vom anthroposophischen Menschenbild Rudolf Steiners aus und unterscheidet

drei große Phasen mit je 21 Jahren, die wiederum in Siebenerphasen unterteilt sind. Bis zum 21. Lebensjahr wird die körperlich-seelische Entwicklung angenommen; bis zum 42. Lebensjahr erstreckt sich die eigentliche seelische Entwicklung und bis zum 63. Lebensjahr die Entwicklung des Geistes. Danach erfolgt "Konsolidierung" und die Rückgabe des "Geernteten" an die Gemeinschaft.

145) Vgl. Neumann 1984, S. 324.

146) Über die unterschiedlichen Ansätze bei der psychologischen Betrachtung der Lebensaltersstufen in der Erwachsenenbildung findet man eine gedrängte, aber informative Darstellung in dem Aufsatz von: Kürzdörfer, Klaus: Neuere Forschungsergebnisse und Akzente, in: ders. (Hg.): Grundpositionen und Perspektiven in der Erwachsenenbildung, Bad Heilbrunn 1981, S. 112-139. Der Autor stellt u. a. verschiedene Phasenmodelle gegenüber, und er verweist auf die Chance einer tiefenpsychologischen Interpretation. Letzteres vor allem deshalb, weil die meisten sozialwissenschaftlichen Ansätze zu der (weltanschaulichen) Aussage tendieren, "das Individuum sei nichts weiter als ein bloß gesellschaftliches Epiphänomen" (vgl. a.a.O., S. 135). Kürzdörfer erkennt zudem, daß alle Forderungen nach einer neuen Ethik nur über personale Ansätze erfüllbar erscheinen.

147) Neumann 1984, S. 327.

148) Untersuchungen über "geistige" Höchstleistungen verweisen oft auf ein Alter von bis zu dreißig Jahren, in dem die "bedeutendsten" Erkenntnisse eines Wissenschaftlers zustande kamen. Daraus hat man dann gern den "geistigen Abbau" im weiteren Alter gefolgert. Das Zutreffende an solchen Theorien beschränkt sich aber eben nur auf die "intellektuelle" Leistung der rationalen Denkfunktion, nicht aber auf die wirkliche geistige Entwicklung des Menschen, weil hierzu eben mehr als bloße Ratio gehört.

149) Vgl. dazu etwa: Bettelheim, Bruno: Kinder brauchen Märchen, 11. Aufl., München 1988, S. 70.

150) Vgl. dazu: Neumann, Erich: Tiefenpsychologie und neue Ethik, 3. Aufl., München 1973, S. 25 f.

151) Neumann 1984, S. 321 f.

152) Vgl. Jacobi 1978, S. 119.

153) Jung, C.G. u.a.: Der Mensch und seine Symbole, Olten 1968, bzw. 8.Aufl. 1985 (als Sonderauflage).

154) Wiederum verweise ich auf einen Zeitungs-Aufsatz - hier von Martin A. Klaus im Feuilleton der SZ vom 25./ 26. 1. 1992. Was hier unter dem Titel "Spuren eines aggressiven Lebens" dargestellt wird, ist eine psychoanalytisch fundierte Bezugnahme auf biographische Daten, wie diese m. E. auch durch eine wissenschaftliche Untersuchung unschwer zu erhärten ist.

155) Vgl. dazu einen Aufsatz mit diesem Titel von Heiko Ernst in: PSYCHOLOGIE HEUTE, Nr. 8/ 92, S. 20 ff.

156) Vgl.: Jung, Carl Gustav: Die Lebenswende, 2. Aufl., Olten 1987, S. 61-77, bzw. GW VIII.

157) Vgl. Jung 1987, S. 74.

158) Vgl. Jung 1987, S. 66 f.

159) Vgl. dazu insbesondere: Meier 1977, S. 36.

160) Hier skizziere ich nach der Interpretation von: Drewermann, Eugen: Das Eigentliche ist unsichtbar. Der Kleine Prinz tiefenpsychologisch gedeutet, 2.Aufl., Freiburg 1992(c). - Die von diesem Autor vorgenommene Analyse ist gegen jeden Vorwurf einer psychologischen Einseitigkeit dadurch geschützt, daß Drewermann die Tiefenpsychologie zwar als entscheidenden Schritt zur Erkenntnis seelischer Entwicklung voraussetzt, diese aber letztlich auch nur als *eine* der Erklärungsebenen zum Verständnis menschlichen Verhaltens versteht. Denn ohne eine weitergehende philosophische und theologische (bzw. religiöse) Daseinserhellung würde die Tiefenpsychologie tatsächlich zu einem Psychologismus führen; vgl. dazu die drei Bände: Drewermann, Eugen: Strukturen des Bösen, Paderborn 1988.

161) Vgl. Drewermann 1992(c), S. 69.

162) Vgl. Jung 1987, S. 68.

163) Vgl. dazu insbesondere auch: Jung 1983, S. 74. - Eine konkrete Anleitung könnte z.B. sein, sich von der Mutterbindung frei zu machen. Denn der Archetyp der Anima bedeutet für den Mann nicht nur das Verhältnis zum Gegengeschlecht im sexuellen Sinn, sondern umfaßt den ganzen "seelischen" Aspekt schlechthin, also die Gesamtheit seiner inneren Einstellung. Deshalb steckt für den Sohn "in der Übermacht der Mutter die Anima, welche manchmal zeitlebens eine sentimentale Bindung hinterläßt und das Schicksal des Mannes aufs schwerste beeinträchtigt oder umgekehrt seinen Mut zu kühnsten Taten beflügelt." (Vgl. Jung 1984, S. 102).

164) Vgl. Neumann 1984, S. 317.

165) Vgl.: Neumann 1984, S. 326.

166) Vgl. Neumann 1984, S. 327 f.

167) Vgl. hierzu insbesondere die Darstellung: Jung, Carl Gustav: Über die Archetypen des kollektiven Unbewußten, in: ders. 1984, S. 77-113.

168) Vgl. Neumann 1984, S. 328.

169) Vgl. Neumann 1984, S. 331.

170) Gerade der letztgenannte Aspekt trifft viele in bezug auf die etablierte Philosophie, wie z.B. Günther Anders, der die totalitäre Herrschaft einzelner gesellschaftlicher Subsysteme exakt beschrieben hat. Vgl. dazu: Anders, Günther: Die Antiquiertheit des Menschen, Bd. II, 3. Aufl., München 1984, S. 114.

171) Drewermann 1988 (II), S. 423.

172) Bei dieser Charakterisierung beziehe ich mich auf das Kapitel mit der Überschrift "Die Erwachsenen - Portraits der Einsamkeit" aus: Drewermann 1992(c), S. 22-39; auf Quellenangaben bei einzelnen Begriffen wird deshalb verzichtet.

173) Drewermann 1992(c), S. 27.

174) Der namhafte Vertreter der (konservativen) Katholischen Soziallehre, Pater Basilius Streithofen, geht sogar soweit, die "freie und soziale Marktwirtschaft" der Gegenwart als ein "gesellschaftsphilosophisches Bekenntnis zur Menschenwürde" schlechthin zu bezeichnen (vgl. seinen Aufsatz "Freiheit - Unternehmer - Markt" in der Tageszeitung "Donau Kurier", Nr. 300, v. 31. 12. 90/ 1. 1. 91).

175) Drewermann 1992(c), S. 29 f.

176) So charakterisiert W. Heitmeyer die gegenwärtige Verbindung von "kapitalistischer Verwertungslogik und Demokratie" in: SZ v. 6./ 7. 3. 93, Nr. 54, S. 17. - Man muß dazu nicht erst die politische Situation des Jahres 1993 in Italien betrachten oder einige Korruptionsfälle bei uns herausgreifen; viel einschneidender trifft diese Verwertungslogik die Entwicklung unserer gesamten Sozialstruktur. Verdiene ich für meine Leistung aufgrund der gesellschaftlichen Infrastruktur (z.B. nach einer Gebührenordnung oder einem anderen Abrechnungssystem) 2 000,- DM am Tag, bin ich - gesellschaftlich gesehen - "viel wert"; verdiene ich nur 200,- DM, bin ich natürlich weniger wert (weil ich auch weniger Steuern bezahle), und wenn ich - weil ich Kinder aufziehe - nur 20,- DM am Tag bekomme, bin ich de facto nach dem Wertsystem unserer Gesellschaft (fast) nichts wert. Die Ursache dafür liegt allein im Bewertungsmaßstab "Geld und geldwerter Ertrag" für jede menschliche Leistung.

177) Drewermann 1992(c), S. 34.

178) Gemeint ist hier ein "evolutives Selbst", ein "von selbst", wie wir es im Vertrauen auf uns selbst in manchen Lebenssituationen erfahren können, und wie es H. Rombach unter dem Begriff der "Idemität" als eine Struktureinheit im Lebensphänomen beschrieben hat (vgl. Rombach 1987, S. 389). Daß diese Sichtweise auch in der politischen Wissenschaft nachvollziehbar ist, wird bei näherer Untersuchung deutlich: Vgl. dazu: Arendt, Hannah: Macht und Gewalt, 4. Aufl., München 1981, S. 11f. Die "geistige Fruchtbarkeit des Unerwarteten", von der H. Arendt spricht, wurde im Herbst 1989 deutlich, als vor den völlig gewaltfreien "Montagsdemonstrationen" in Leipzig schließlich ein diktatorischer Staat kapitulieren mußte.

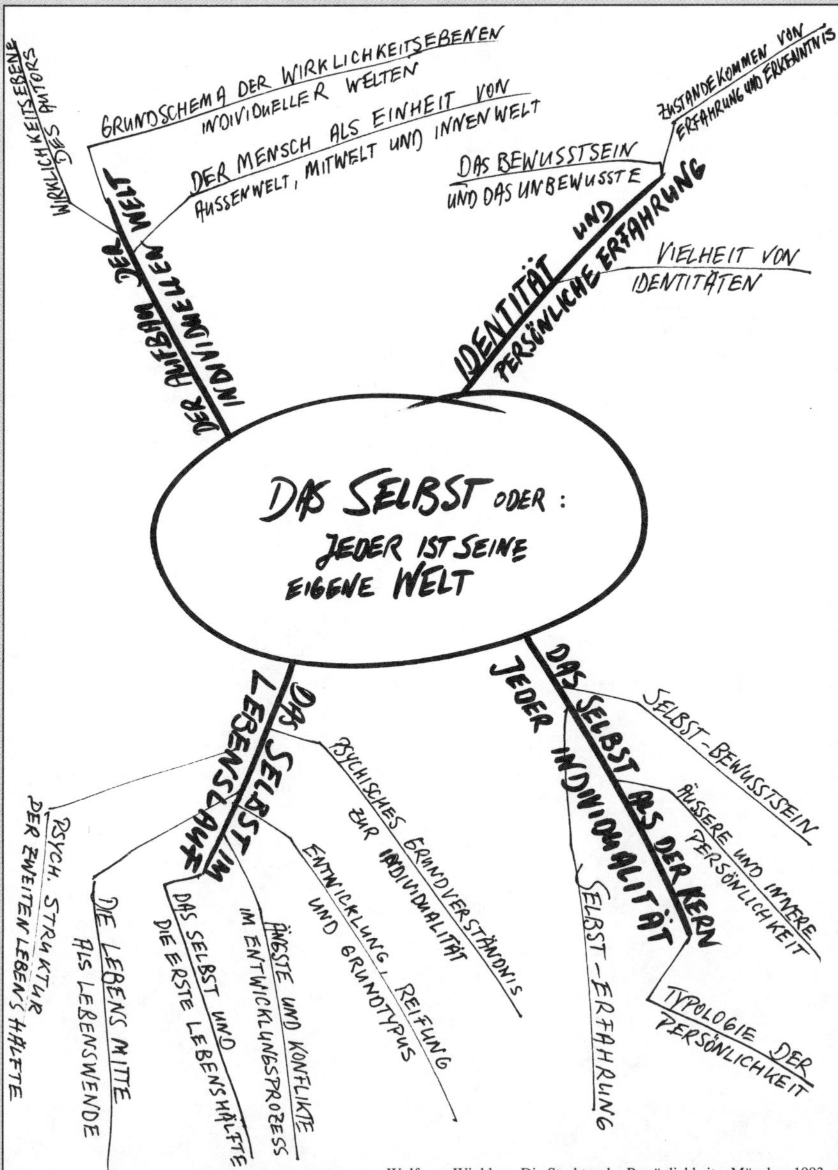

Wolfgang Winkler – Die Struktur der Persönlichkeit – München 1993

"GEDANKEN-KARTE" zum 3. KAPITEL

Kapitel 4

Wege zu mehr Selbst-Kompetenz

Leitfragen:
Was läßt sich über den eigenen Persönlichkeitstypus durch das MBTI-Inventar erfahren?
Auf welchen Wegen ist die individuelle Persönlichkeitsstruktur erkennbar?
Welche Hilfestellung läßt sich darüber hinaus für die Verbesserung der Kommunikationsfähigkeit geben?

4.1 Das Selbst und die Gemeinschaft

"Indem wir uns selbst als Ganzes realisieren,
werden wir zum integralen Aspekt einer universalen Ganzheit.
Indem wir voll aus uns heraus leben,
überwinden wir die kosmische Kälte und Einsamkeit."(1)
(Erich Jantsch)

Zu der bisher im Kapitel 3 skizzierten Struktur der Persönlichkeit des Menschen sollen im folgenden Vertiefungen vorgenommen und einzelne Zugangswege aufgezeigt werden. Bevor wir diese Wege darstellen, ist nochmals auf das Grundverständnis dieser Arbeit hinzuweisen. Gerade aus dem in den Sozialwissenschaften weit verbreiteten Mißverständnis heraus, daß die Beschäftigung mit der Selbsterfahrung oder Selbstwerdung des Menschen überwiegend individualistischen Charakter hat, kann nicht eindringlich genug der soziale Aspekt und die notwendige integrative Betrachtungsweise des Phänomens der "Persönlichkeit" betont werden. Erst aus einem strukturalen Verständnis des Lebens und einer dem entsprechenden wissenschaftlichen Beschreibung kann es gelingen, eine antinomische Sichtweise von "Individualität" und "Sozialität" zu verhindern.
Entsprechend dem Erkenntnisstand in der Physik sollte sich auch die Psychologie mit der Vorstellung begnügen, in ihren Theorien jeweils nur "ein Netz miteinander verknüpfter Modelle vor sich zu haben", die der Beschreibung unterschiedlicher Ebenen und Aspekte der Wirklichkeit dienen.(2) Eines dieser Modelle zur Darstellung der

Struktur der Persönlichkeit fundiert auf der hier zugrunde gelegten Analytischen Psychologie, ergänzt durch naturwissenschaftliche und philosophische Aspekte. Dabei geht eine Betrachtung der Selbstwerdung des Menschen davon aus, daß das "Selbst" letztlich "unendlich viel mehr" in sich begreift, "als ein Ich, wie die Symbolik seit alters beweist; es ist ebenso der oder die anderen wie das Ich". Und deshalb schließt "Individuation" - verstanden als die Selbstwerdung des Menschen - "die Welt nicht aus, sondern ein"!(3)

Und aus dieser Überlegung, daß Individuum und Gemeinschaft in ihrer Struktur nicht nur in einem gegenseitigen Entsprechungsverhältnis stehen, sondern auf der Bewußtseinsebene miteinander verbunden sind, sollten sich die Humanwissenschaften damit vertraut machen, daß jeder Schritt des Menschen, der ihm auf seinem Weg zur Persönlichkeit gelingt, gleichzeitig auch einen Schritt für ein verbessertes Zusammenleben der Sozialität bedeutet. So ist es im Grunde überflüssig, nach der kulturspezifischen Zielsetzung einer Persönlichkeitsentwicklung zu fragen, weil ein ganzheitliches Verständnis der körperlichen, seelischen und geistigen Aspekte des Menschen die zwangsläufige Entwicklungsrichtung einer Kultur in sich enthält. Entwicklung ist ja in einem solchen Verständnis nicht determiniert, sondern als fortdauernde Evolution zu begreifen.

Können wir den Begriff der "Ganzheit" wie in der Systemtheorie als ein "flexibles Fluktuationsmuster" verstehen, in der

- die individuelle Ebene (der menschlichen Natur) in
- einer sozialen Ebene (der gemeinsamen Lebensführung) und diese in
- einer ökologischen Ebene (der Umwelt bzw. der Kultur) integriert ist,

dann dient jeder Ebene nur, was auch allen anderen dient, und jeder Ebene schadet, was auch auf einer anderen Ebene schädlich ist; dabei ist unter dem Begriff des "Ökologischen" der gesamte "Haushalt Erde" mitzudenken.(4)

In solchem Verständnis ist auch der soziologische Streit über den Unterschied von "Gesellschaft" und "Gemeinschaft" (nach F. Tönnies) überflüssig, weil darunter eben nur unterschiedlich weite situative Aspekte des individuellen Lebens zu verstehen sind. Das Individuum lebt gleichsam in einer "Situationskokarde" (H. Rombach), die vom engeren Kreis des Partners und der Familie hinaus in die

Gemeinschaft (der Arbeit oder des Dorfes) reicht und weitere "Kreise" zieht in der jeweiligen Gesellschaft, in der wir leben, und darüber hinaus bis in die Staatengemeinschaft und die Menschheitsgemeinschaft reicht.
Erstaunlich für uns heutige Menschen ist zweifellos, daß solch ein "mystisch" anmutendes Denken, das zwar immer schon in allen Kulturen vorzufinden war, im Abendland nicht von den Humanwissenschaften neu aufgegriffen wurde, sondern von einigen Naturwissenschaftlern, die über die Erforschung der kleinsten Teilchen der "Materie" zu dieser Sichtweise des Menschen gelangten. Entscheidend dabei ist die Perspektive, daß der Mensch (oder irgendein anderes "System") nicht einem bloßen *Teil* des Ganzen entspricht, sondern je in sich *das Ganze* enthält, vergleichbar dem genetischen Code. So hat der Physiker und Nobelpreisträger Ernst Schrödinger bereits vor einem halben Jahrhundert das neue "Systembild des Lebens" vorgezeichnet, als er formulierte:

> *"... so unbegreiflich es der gemeinen Vernunft scheint: du - und ebenso jedes andere bewußte Wesen für sich genommen - bist alles in allem. Darum ist dieses dein Leben, das du lebst, auch nicht ein Stück nur des Weltgeschehens, sondern in einem bestimmten Sinn das ganze."(5)*

Wenn wir also jetzt verschiedene Zugangswege zur "Struktur der Persönlichkeit" und wesentliche Entwicklungsaspekte aufzeigen und darauf hinarbeiten, die jeweilige "Findung der individuellen Gesamtstruktur" als Aufgabe einer jeden Lebensphase des Menschen zu beschreiben, dann gilt alles Gesagte *analog* für die Entwicklung der jeweiligen Gesellschaft, als dem umfassenderen "Organismus". Der psychischen Erkrankung vieler einzelner entspricht dann eine Umweltproblematik des gesellschaftlichen Organismus; der Vereinseitigung psychischer Funktionen im Individuum entspricht dann z.B. eine rationale Vereinseitigung in der Entwicklungsrichtung einer Gesellschaft; der persönlichen Sinnkrise entspricht dann die Krise eines rein quantitativ bestimmten Wachstumsdenkens; der Maßlosigkeit eigenen materiellen Anspruchsdenkens entspricht so die "verdinglichte Autorität der Ökonomie" (Max Horkheimer) usw.

Wir werden die Parallelen jeweils an Beispielen sichtbar machen, um so zu zeigen, daß die Verantwortung des Menschen bei sich selbst beginnt und das Maß des Gelingens im Individuellen dem Grad des Gelingens im Kollektiven entspricht. Aufgrund dieser Sichtweise von Verantwortung wird sich auch ein neues ethisches Grundverständnis ergeben, über das dann im letzten Kapitel dieser Arbeit zu sprechen sein wird. Die Inflation der vielen "Bindestrich-Ethiken" (Konsum-Ethik; Wirtschafts-Ethik; Umwelt-Ethik) verweist bereits heute auf ihre Inhaltsleere und deren pragmatische Verkürzung auf den individuellen "Vorteil".

Ebenso werden wir dabei erfahren, daß sich der Mensch nicht schon "aus bloßer Vernunft" zu irgend etwas Beliebigem verändern kann, das er sich selbst oder seine "Erzieher" ihm vorgeben; entwickeln kann und soll er sich letztlich zu dem, was als Möglichkeit bereits in ihm angelegt ist. Insoweit ist alle Sozialisation, Erziehung und Bildung in erster Linie Hilfestellung zur je individuellen "Findung" der eigenen Persönlichkeitsstruktur, die ebenfalls am evolutionären Geschehen teilhat und somit niemals in ihrem Verlauf voraussagbar ist.

Dabei ist die Vielfältigkeit der Lebenswege und Weltbilder ebenso wie die Mannigfaltigkeit der Lebensweisen und Kulturen *kein* Hinderungsgrund für unausweichlich gesellschaftlich zu lösende Probleme von überregionaler Betroffenheit; allerdings bedarf dabei ein Gigantismus jeder Art in bezug auf Organisationen (etwa der EG-Bürokratismus), auf Geld- und Wirtschaftsmachtkonzentrationen (etwa der internationalen Konzerne) oder auf politische Herrschaftsstrukturen (etwa der Parteienoligarchie) einer Rückführung auf ein menschliches Maß. Denn ohne Überschaubarkeit der Folgen des individuellen Wünschens und Handelns kann weder ein Vertrauen in die eigenen schöpferischen Kräfte noch in die individuelle Verantwortung für die Gemeinschaft wachsen; die moderne Chaosforschung verweist bereits darauf, daß auch in der Natur weder Zentralismus noch Dogmatismus vorherrschen, um das Überleben sichern.

Damit aber ist die enorm *politische Dimension* dieses tiefenpsychologischen und strukturanthropologischen Ansatzes angesprochen. Unter den gesellschaftlichen Subsystemen hat die Dominanz der Ökonomie und der von dieser durchdrungenen politischen Macht ein dermaßen starkes Ungleichgewicht geschaffen, daß mit der "Anbetung

des bloßen ökonomischen Erfolgs" nicht nur die Ungerechtigkeiten des ganzen Systems immer augenfälliger werden, sondern daß damit bereits auch eine *Bestimmung aller anderen Werthaltungen* erfolgt ist. Dadurch aber wird das Individuum in seiner Persönlichkeitsentwicklung entscheidend berührt.
Zudem führt der "Zwang der Arbeitsunterwerfung" und die ohnmächtige Einreihung des im Berufsleben Stehenden in die "Irrationalität des ökonomischen Prozesses"(6) beim einzelnen zu Verdrängungen dieser Mechanismen, weil er sonst statusmäßig (- also in der sozialen Anerkennung einschließlich der ökonomischen Existenzsicherung -) nicht mehr mit den anderen Schritt halten kann; nur wenige in einer Gesellschaft ertragen diese Spannung. Der auf diese Weise zur faktischen Unfreiheit verurteilte Erwachsene ist somit in seinen Chancen beeinträchtigt, eine "authentische Persönlichkeit" zu entwickeln, die wiederum die wesentlichste Voraussetzung dafür ist, daß sie als Erziehungsautorität von der nachwachsenden Generation anerkannt wird. Wie sollen zudem die Erwachsenen ein glaubhaftes "soziales Modell für das Verhalten der Kinder" abgeben können, wenn sie sich der eigenen Unfreiheit selbst kaum bewußt sind, ja im Gegenteil, durch ihre (gutgläubige) Akzeptanz der ökonomischen Machtstrukturen (man denke an den vielbeschworenen "Sachzwang"!) sogar systemstabilisierend wirken?

Ein letzter Hinweis:
Mit der Darstellung einer "Struktur der Persönlichkeit" werden keineswegs andere Ansätze in der Persönlichkeitspsychologie negiert. Unterschiedliche Theorien müssen vielmehr zusammenwirken und weiterentwickelt werden, um zu einem differenzierteren Strukturbild beizutragen. Allerdings bedarf es einer Relativierung, soweit in einzelnen Ansätzen die eigene Weltanschauung, die Dogmatisierung oder die Mathematisierung eines falschen naturwissenschaftlichen Verständnisses vorherrschen.(7) Gleichzeitig ist die Struktur der Persönlichkeit nach Tiefenschichten zu unterscheiden, deren oberste beim Menschen zweifellos sein sichtbares Handeln und Verhalten darstellt. Dieses ist also zuerst auf typische Merkmale hin zu untersuchen.

4.2 Dynamische Typologie der Persönlichkeit bei Einstellungen und Verhaltensweisen mit Hilfe des MBTI-Inventars

Auf der Grundlage der bisherigen Darstellungen und insbesondere unter Bezugnahme auf die bereits formulierten Kernsätze im vorigen Kapitel (vgl. S. 178) kann nun schrittweise eine typologische Beschreibung menschlicher Charaktere erfolgen. Dabei wird das bereits angesprochene MBTI-Persönlichkeitsinventar zugrunde gelegt, das auf dem psychologischen Denkansatz von C.G. Jung aufbaut.
Der "Myers-Briggs-Typenindikator" (1991) - als "MBTI" in der internationalen Bezeichnung abgekürzt - ist mittels Beantwortung und Auswertung von 90 Fragen ein relativ zuverlässiges Instrument, um die Grundstruktur der Persönlichkeit in weiten Bereichen der Einstellungen und des Verhaltens auch einer breiteren Interessentenschicht einsichtig zu machen. Meine eigenen Erfahrungen damit in den letzten beiden Jahren in Einzelberatung und Seminargruppen haben gezeigt, daß damit ein Zugang zum tiefenpsychologischen Verständnis der Psyche erleichtert werden kann.
Inzwischen hat sich auch im deutschen Sprachraum Untersuchungsmaterial über Typenverteilung in bestimmten Berufsgruppen angesammelt, das künftigen empirischen Studien dienen kann. Erste Hinweise dazu finden sich in zwei neueren Publikationen, in denen einmal die Typologie unter Managementgesichtspunkten interpretiert und ein andermal mehr unter seelisch-spirituellen Aspekten der menschlichen Entwicklung und des Zusammenlebens betrachtet wird.(8) Beide Publikationen dienen der Selbsterfahrung des einzelnen und dem sensibleren Verstehen des anderen in Kommunikation und Zusammenarbeit, im Familienalltag, in der Schule und im Beruf.
Mehr oder weniger wird dabei auch deutlich, daß eine solche Typologie allerdings nur ein erster - wenn auch wesentlicher - Schritt ist, um die unterschiedlichen Schichten der Tiefenstrukturen der Persönlichkeit zu erforschen bzw. für sich selbst zu erfahren. Zweifellos kann dieses Instrument auch weiteren Untersuchungen in den Humanwissenschaften dienlich sein. Auf die Gefahr einer bloß rezepthaften Anwendung des Inventars - insbesondere wegen der vielfältig interpretierbaren Code-Begriffe (Denken, Fühlen, Empfinden, Intuieren usw.) - muß allerdings aus der praktischen Erfahrung heraus eindringlich

hingewiesen werden. Allzuleicht unterliegt der einzelne dem "Aha-Effekt" eines: "So also bin ich!" und läßt es dabei bewenden.

Der Einstellungstypus der Extraversion und der Introversion

Die bisherigen Darstellungen zur "inneren und äußeren Persönlichkeit" des Menschen werden sich nun als grundlegend für das vertiefte Verständnis einer Typologie erweisen. C.G. Jung kam im Laufe seiner Untersuchungen zu der Feststellung, daß es eine bestimmte Menschengruppe gibt, die sich in den "häufigsten und hauptsächlichsten Entschlüssen und Handlungen" an den objektiven Verhältnissen bzw. am objektiv Gegebenen orientiert.(9) Interesse und Aufmerksamkeit der "bewußten Lebensenergie" folgen dabei zumeist den Ereignissen in der Umgebung, dem empirisch Erfaßbaren, und das Handeln richtet sich überwiegend nach den allgemein geltenden moralischen Auffassungen. Dominiert solch eine Orientierung des Menschen an der "Außenwelt", spricht man von *Extraversion* bzw. von einer extravertierten Einstellung; in der Code-Abkürzung des MBTI wird diese mit (E) bezeichnet.
Die andere charakterisierbare Menschengruppe wird sich dagegen in ihren Entschlüssen und Handlungen, zu denen sie aufgrund ihrer Wahrnehmungen kommt, weniger auf das für sie ebenfalls "objektiv Vorhandene" stützen, sondern mehr auf das, was dabei subjektiv - also in der eigenen "Innenwelt" - an Gedanken, Gefühlen und Überlegungen wachgerufen wird. Eine solchermaßen dominante Orientierung des Bewußtseins an subjektiven Faktoren wird *Introversion* (I) genannt. Bents/ Blank (1992) beschreiben diese Unterschiedlichkeit in folgenden Schlagworten:

Extraversion	***Introversion***
aktiv	*reflektierend*
nach außen	*nach innen*
Interaktion	*Konzentration*
umgänglich	*reserviert*
Leute	*Privatsphäre*
Redner	*Zuhörer*
viele	*wenige*

ausdrucksstark	*ruhig und still*
Weite	*Tiefe*
weitgefächert	*intensiv*
Außenwelt	*Innenwelt.*(10)

Bei solcher stichwortartigen Verkürzung wird sofort die Problematik sichtbar, die sich zwischen Lebenswelt und wissenschaftlicher Darstellung auftut. Die praktische Hilfestellung des MBTI-Inventars in der Alltagswelt mittels allgemeinverständlicher Ausdrücke muß aber noch nicht im Gegensatz zur wissenschaftlichen Fundierung stehen. So bedeutet eine solche Gegenüberstellung von Begriffen lediglich, daß z.B. ein extravertierter Mitarbeiter an seinem Arbeitsplatz den Kontakt zu anderen eher als stimulierend erfährt, während der introvertierte Mitarbeiter lieber ungestört und konzentriert arbeitet. Ebenso wird ein extravertierter Schüler auf die Frage des Lehrers sofort eine Antwort geben und vielleicht erst dann darüber nachdenken, während ein introvertierter erst einmal zuhört, um reiflich zu überlegen, und um dann erst zu antworten.
Bereits diese kurzen Beispiele machen den lebenspraktischen Effekt einer solchen Typologie deutlich. Die Gegenwart westlicher Zivilisation ist generell durch eine dominant extravertierte Einstellung gekennzeichnet (was vom Schulsystem bis zum Fernsehquiz erfahrbar ist), so daß in der allgemeinen Meinung die Bedeutung des subjektiven Faktors allzuleicht als "bloß subjektivistisch" abgetan und unterschätzt wird.(11) Das Bewußtseins-Ich in der extravertierten Einstellung neigt dazu, sich mehr mit der "Außenwelt" gleichzusetzen und ihr allein Bedeutung zuzumessen, weil bei ihm "normalerweise die bewußte Energie zum Objekt" hinfließt; der Introvertierte erlebt sich dagegen so, "als ob ein überwältigendes Objekt dauernd auf ihn einwirken will, von dem er sich kontinuierlich zurückziehen muß".(12) Letzterer wird also z.B. in der Schule als "passiver Zuhörer" erscheinen - weil er erst in sich hineinhört -, während ersterer zweifellos als "Redner" oder "Macher" eingestuft werden kann, weil er mehr mit den Dingen lebt.

Unabhängig davon, daß natürlich jeder Mensch sich einmal extravertiert und einmal introvertiert verhalten kann (- was u.a. von der jeweiligen Situation oder von der Lebensphase abhängt -), lautet die

Grundaussage dieser Typologie, daß sich im Laufe der Kindheits- und Jugendphase eine mehr oder weniger deutliche Dominanz einer *bestimmten* Einstellung beim Menschen ausprägt. Es ist seine Art, an die Welt und das Leben heranzugehen, und diese Art stellt *keine Wertung,* sondern nur eine Feststellung dar, wie etwa die Feststellung einer Links- oder Rechtshändigkeit. Alle Lebenserscheinungen sind ja zunächst "wertfrei" zu betrachten; sie werden uns und anderen nur dann zum "Problem", wenn sie unbewußt eine Vereinseitigung erfahren.

Die Gefahr einer Vereinseitigung ist beim Extravertierten die, daß er sein Bewußtseins-Ich gleichsam *verobjektiviert*, d.h. ausschließlich von Fakten, Tatsachen oder Verhältnissen bestimmen läßt und so auch versucht ist, seine "äußere Persönlichkeit" mit dem "Selbst" gleichzusetzen. In gleichem Maße besteht die Gefahr einer extrem introvertierten Einstellung in einer krankhaften *Subjektivierung* des Bewußtseins, so daß sehr leicht das Ich zum ausschließlichen "Subjekt des psychischen Prozesses erhöht" und seinerseits mit dem "Selbst" gleichgesetzt wird.(13) Das Schema in Abbildung 13 kann helfen, diese Überlegungen bildlich zu unterstützen, wobei zur Unterscheidung des "Ich" vom "Selbst" noch auf die Übersicht in Abb. 12 zu verweisen ist.

Erst durch die Darstellung einer Vereinseitigung der typologischen Ausprägung wird auch die kompensatorische Funktion des Unbewußten im Verhältnis zum Bewußtsein verständlich.

Denn je stärker beim Extravertierten die bewußte Einstellung am sog. Objektiven ausgerichtet ist, desto schädlicher wirkt sich die zwangsläufige "Unterdrückung des subjektiven Faktors" aus; in der unbewußten Einstellung kommen nämlich dann infantile und archaische Tendenzen zum Vorschein, und "ein das Kindische weit überschreitender und an das Ruchlose streifender brutaler Egoismus" kann sich zum Ausdruck bringen.(14) Und gerade weil in der Sozialisation des Menschen kulturbedingt die infantilen und archaischen Ansprüche des Unbewußten meist unterdrückt werden müssen ("Das tut man nicht!"), neigen Menschen dazu, einer Konfrontation mit sich selbst und dem von ihnen Unterdrückten auszuweichen und ergreifen lieber die Flucht in eine "Narkotisierung" mit Alkohol und anderen Drogen.

Im anderen Fall, wenn die bewußte Einstellung am Subjektiven krankhaft überzogen wird und das Ich sich von aller Bedeutung der Realität einer Außenwelt völlig unabhängig glaubt, wächst der unbewußte Einfluß des Objekts, und das Individuum gerät "in die Sklaverei des objektiv Gegebenen". Statt "Freiheit des Geistes" ergibt sich in der Realität krankhafte finanzielle Abhängigkeit; statt "moralischer Überlegenheit" verstrickt sich der Mensch in minderwertige Beziehungen, und die "Herrscherlust" weicht leicht einer "kläglichen Sehnsucht nach dem Geliebtwerden."(15)

Gehen wir wieder auf die Grundaussage zurück, dann bedeutet die typologische Unterscheidung von *Extraversion* und *Introversion*, daß es sich bei aller Beziehung zwischen "Subjekt" und "Objekt" um Anpassungsprozesse handelt, die sich im Laufe der Entwicklung zu einer bestimmten Grundhaltung ausgeprägt haben. Eine gewisse individuelle Disposition liegt dabei zweifellos zugrunde.
Wiederum aber kann erst auf dem Weg der bewußten Erfahrung des eigenen Selbst die Stimmigkeit dieser typologischen Einstellung dem Menschen einsichtig werden. Dazu aber bedarf es der inneren Bereitschaft und Offenheit. In der Entwicklung des Kollektivs - also der Gesellschaft - führt die dominante Wertschätzung einer extravertierten Haltung zu einer "Veräußerlichung" auch der intimsten menschlichen Erlebnisweisen und Grunderfahrungen. So besteht inzwischen für die Fernseh-Unterhaltungsindustrie die Erfahrung von Liebe hauptsächlich im Geschlechtsakt, und selbst der individuelle Tod und das Verbrechen werden ebenso zu bloßen "Außenweltereignissen" wie die Partnerfindung oder das religiöse Bekenntnis.

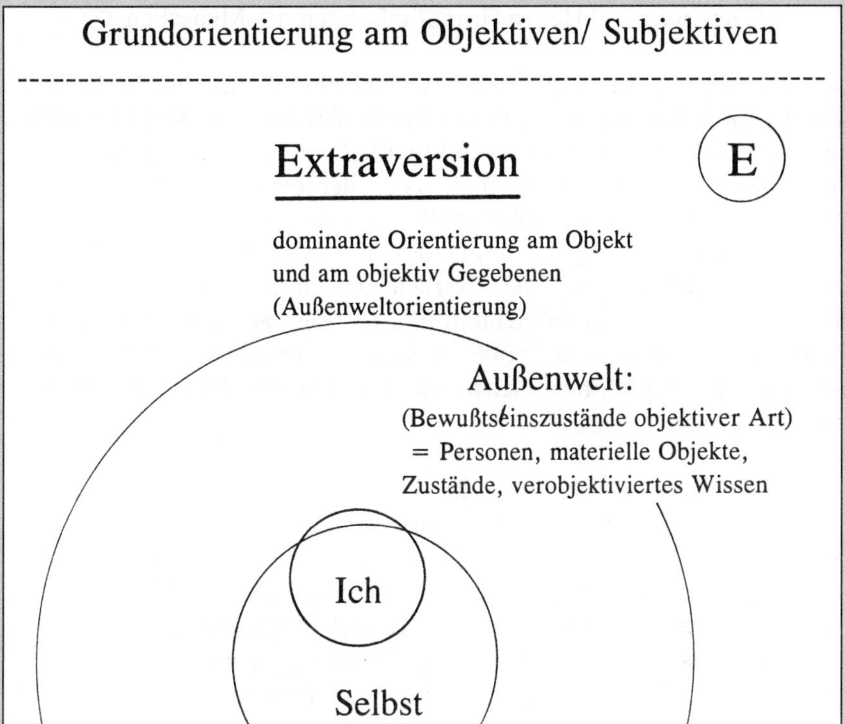

Abb. 13: Extraversion – Introversion

Die vier psychischen Grundfunktionen des Menschen

Die Orientierungsleistung unseres Bewußtseins verfügt neben der bewußten Einstellung einer mehr objektiven Art (Extraversion) oder einer mehr subjektiven Art (Introversion) über bestimmte psychische Funktionen, "um die Mittel und Wege der bewußten Orientierung auszudrücken und darzustellen".(16) Wir haben bereits im Kapitel 3 erste Hinweise dazu gegeben (vgl. Abb. 10). Jetzt sollen einige Hauptsätze zur Typologie dargestellt werden, um einmal die Interpretation des MBTI-Inventars zu erleichtern und um zum anderen über die individuelle Bedeutung der Typologie hinaus auch den sozialen Aspekt herausarbeiten zu können. Gehen wir zunächst von der Formulierung C.G. Jungs aus:

> *"Die bewußte Psyche ist eine Art Anpassungs- oder Orientierungsapparat, der aus einer Anzahl verschiedener psychischer Funktionen besteht. Als solche Grundfunktionen kann man die Empfindung, das Denken, das Gefühl und die Intuition bezeichnen. Unter dem Begriff Empfindung möchte ich alle Wahrnehmungen durch die Sinnesorgane zusammenfassen; unter Denken verstehe ich die Funktion des intellektuellen Erkennens und der logischen Schlußbildung; unter Gefühl verstehe ich eine Funktion subjektiver Werterteilung, und unter Intuition verstehe ich Wahrnehmung auf unbewußtem Wege oder Wahrnehmung unbewußter Inhalte."(17)*

Entsprechend dem Zusammenhang von Bewußtsein und Unbewußtem in seiner tiefenpsychologischen Interpretation lassen sich die Kernaussagen über die *Bewußtseinsinhalte* in einigen Sätzen zusammenfassen:(18)

- Empfindung (S) sagt aus, "*daß* etwas ist, und *wie* es beschaffen ist";
  Denken (T) sagt aus, "*was* es ist und bedeutet";
  Gefühl (F) sagt aus, "was es mir *wert* ist";
  Intuition (N) verweist auf Möglichkeiten der Bedeutung.
- Die Funktionen von (T) und (F) sind "urteilend rational";
  Die Funktionen von (S) und (N) sind "wahrnehmend irrational".

- Die Funktionen von (T) und (F) stehen ebenso wie die Funktionen von (S) und (N) in einem Ausschließungs- bzw. in einem Gegensatzverhältnis.
- Die individuelle Orientierung der Psyche erfolgt jeweils durch eine bewußte Hauptfunktion (= primäre Funktion); die entsprechende Gegensatzfunktion (= inferiore Funktion) verbleibt dabei unbewußt; daneben ist eine sekundäre und eine tertiäre Funktion zu unterscheiden.
- Die primäre Funktion ist in ihrer bewußten Einstellung entweder extravertiert (E) oder introvertiert (I); auch hier bleibt der jeweilige innere Gegentypus "relativ unbewußt".
- Bei extravertierter Hauptfunktion ist die inferiore Funktion introvertiert und umgekehrt;
  die sekundäre Funktion gleicht hinsichtlich Bewußtheit oder Unbewußtheit der Hauptfunktion, die tertiäre gleicht entsprechend der inferioren Funktion.
- Mit der Lebensmitte erfolgt ein "typologischer Umschwung" im Sinne einer Gegenläufigkeit, d.h. auch, daß Unbewußtes mehr in den Vordergrund tritt.

Mit Hilfe von Abbildung 14 läßt sich die Charakterisierung der Funktionen leichter nachvollziehen. Eine Vertiefung der eigenen Grundstruktur läßt sich über das MBTI-Inventar mit seinen Erläuterungen gewinnen, wozu inzwischen von verschiedener Seite Seminare angeboten werden. Unabhängig davon aber kann der interessierte Leser versuchen, seinen Typus herauszufinden, indem er sich fragt: "Was tue ich normalerweise am meisten?"
- Bin ich mehr ein *wahrnehmender* Mensch, indem es mir hauptsächlich auf das sinnliche Erfassen konkreter Fakten (S) oder mehr auf das Wahrnehmen von möglichen Beziehungen ankommt (N), die sich für mich aus dem Wahrgenommenen ergeben?
- Bin ich mehr ein *beurteilender* Mensch, indem ich hauptsächlich gedankliche Vorstellungen logisch miteinander verknüpfe (T) oder urteile ich in erster Linie nach persönlichen Wertvorstellungen (F), also mehr gefühlsmäßig?
Aus der Antwort läßt sich meist die Hauptfunktion erkennen, und daraus ergibt sich auch die "inferiore" Funktion. Diese wird - von der Hauptfunktion aus gesehen - auch als "minderwertig" bezeichnet, weil

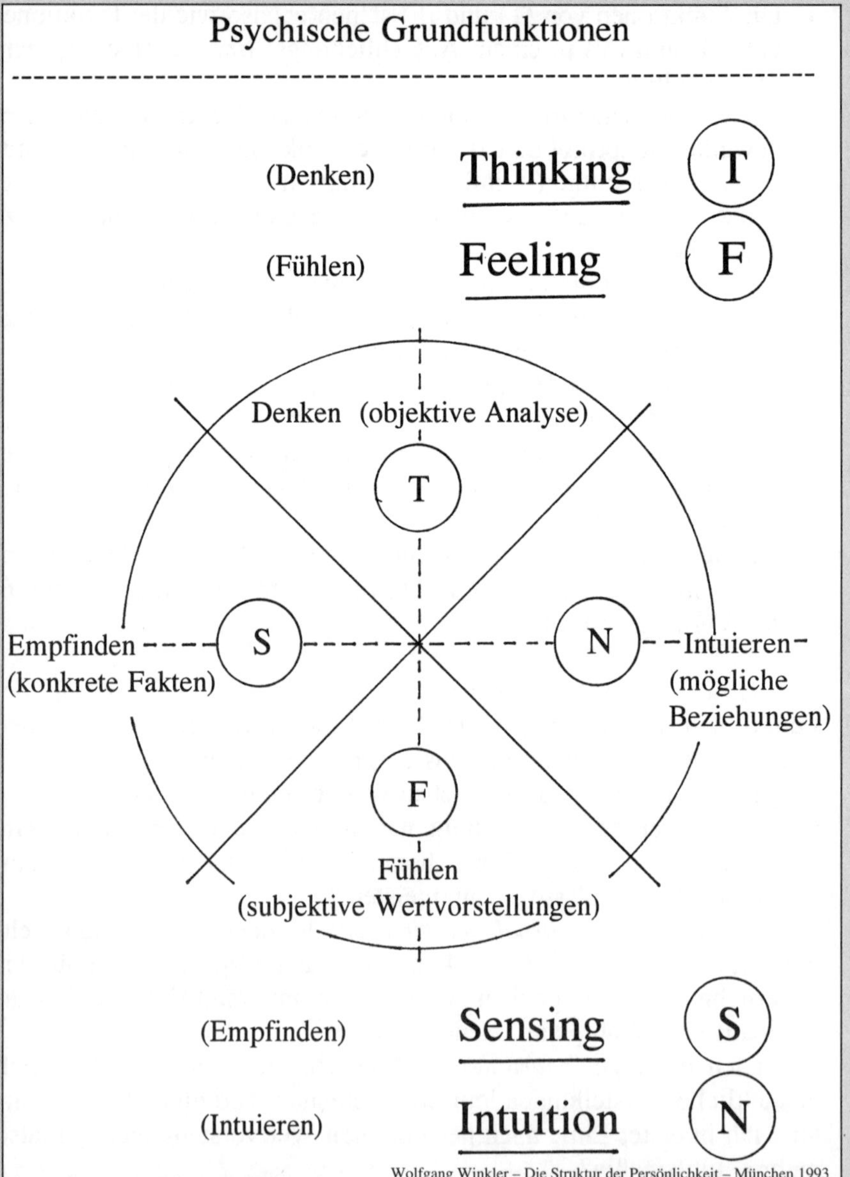

Abb. 14: Psychische Grundfunktionen

sie von allen vier Funktionen am wenigsten entwickelt ist. Sie stellt im Grunde den "wunden Punkt" des Menschen dar, der in der persönlichen Begegnung nur mit größter Vorsicht angesprochen werden kann. Wir werden vom Leben über die inferiore Funktion am meisten mit Problemen konfrontiert, weil wir im Umgang damit am wenigsten bewußte Erfahrung machen konnten.

Der MBTI-Code enthält nur die primäre und sekundäre Funktion. Die tertiäre und die inferiore Funktion sind somit nur indirekt ablesbar

Die Einstellung zur Außenwelt für jeden Typus

Im Vier-Buchstaben-Code des MBTI-Inventars wird an vierter Stelle noch eine Unterscheidung vorgenommen, die sich aus dem Verhalten *eines jeden Typus* gegenüber der Außenwelt ergibt. So bringen wir nach außen - sichtbar für andere - zum Ausdruck, ob wir mehr von einem Entscheidungsdrang geprägt und schnell mit einem Urteil bei der Hand sind (J) oder ob wir mehr in einer wahrnehmenden Einstellung erscheinen, weil wir erst mit der Aufnahme von Informationen beschäftigt sind (P). Und dem entsprechend gestaltet sich auch unsere Lebensweise, die einmal mehr als "geregelte" (J) und ein andermal mehr als "spontane" (P) erscheinen mag. Hierzu wird auf die Abb. 15 verwiesen.

Attems/ Heimel (1991) stellen die Typenausprägungen an Verhaltensweisen im Berufsalltag eines "Managers" dar und beschreiben so z.B. das jeweilige Verhalten am Arbeitsplatz wie folgt: (19)

(J) (Urteilend)	**(P) (Wahrnehmend)**
hohe Leistung bei Arbeit nach Plan	kann sich veränderten Situationen gut anpassen
rasche Entscheidungen	manchmal unschlüssig
arbeitet der Reihe nach	beginnt mehrere Arbeiten zugleich
sieht manchmal Notwendigkeit für Veränderungen nicht	neigt dazu, Unangenehmes aufzuschieben

bevorzugt es, die Kontrolle über Dinge und Abläufe zu haben	läßt Dinge auf sich zukommen
auf dem Schreibtisch hat alles seinen Platz	ein eigenes "Ordnungsprinzip" erscheint anderen "chaotisch".

Es kann sehr hilfreich sein, in der Arbeitswelt die typologischen Eigenheiten einer Führungskraft oder der Mitarbeiter zu kennen, weil so manchen Problemen und Konflikten rechtzeitig begegnet werden kann; auch ist eine Optimierung der einzelnen Arbeitsleistung oder der eines Teams möglich. Grundsätzlich aber ist große Vorsicht bei solcher Schematisierung angebracht, weil diese Typologie nur unter Einbeziehung der Person selbst interpretierbar ist.

Zum Verständnis der MBTI-Typologie sind noch weitere Aspekte zu bedenken. Jeder Vier-Buchstaben-Code enthält:
- im ersten Buchstaben entweder (E) oder (I);
- im zweiten Buchstaben entweder (S) oder (N);
- im dritten Buchstaben entweder (T) oder (F);
- im vierten Buchstaben entweder (J) oder (P).

Der *Kern* einer in diesem Code ausgedrückten Typologie - wie z.B. bei "ENFP" - besteht aus dem zweiten und dritten Buchstaben (ST oder SF; bzw. NF oder NT) und stellt die Grundkonstellation der psychischen Funktionen dar. Diese vier Möglichkeiten ergeben durch die weitere Differenzierung nach (E) oder (I) und nach (J) oder (P) insgesamt 16 Einzeltypologien. Die Problematik des Buchstabencodes besteht für den Laien darin, daß er daraus nur mit einiger Überlegung die Hauptfunktion (und damit auch die inferiore Funktion) erkennen kann. Als Hilfestellung gilt:

bei einer Buchstabenanordnung des Codes
- mit (E . . J) und (I . . P) verweist der dritte Buchstabe,
- mit (I . . J) und (E . . P) verweist der zweite Buchstabe

auf die jeweilige Hauptfunktion.

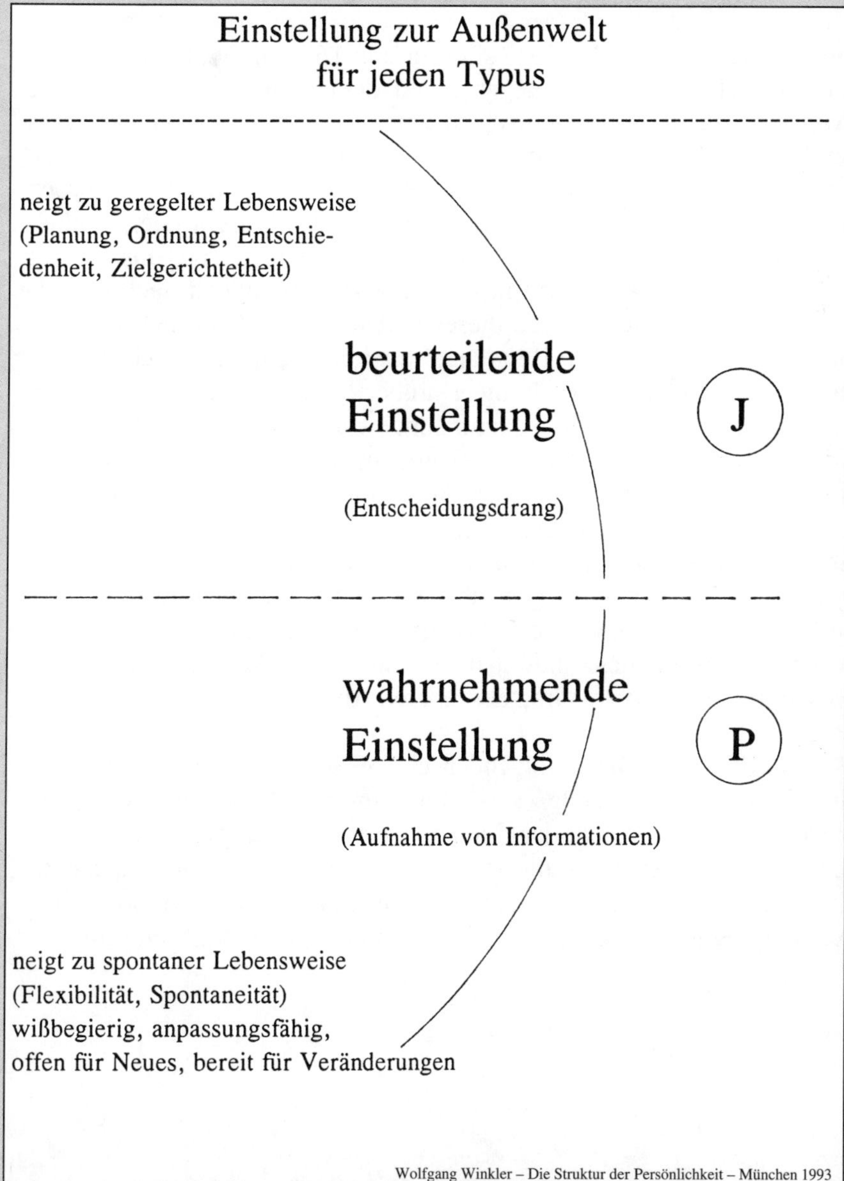

Abb. 15: Einstellung zur Außenwelt

Im Manual des MBTI (1991) sind für alle 16 Grundtypen lebensnahe Einzelbeschreibungen vorgegeben mit dem Hinweis, daß nicht alle Aussagen auch für den einzelnen zutreffend sein müssen. Überdies sind bei jeder Verwendung dieses Instruments die differenzierten Erläuterungen des Manuals besonders zu beachten, weil alle Typen auch nach Präferenzwerten zu unterscheiden sind, die wiederum einer sehr detaillierten Interpretation bedürfen. So wird im Gegensatz zum Ersteindruck aufgrund der Einzeltypenbeschreibung erst nach vertieftem Studium einsichtig, daß dieses Hilfsmittel im Grunde sehr komplex ist. Jeder Einsatz in Beratungssituationen empfiehlt sich deshalb nur mit größter Zurückhaltung. Darüber hinaus hat die Analytische Psychologie immer schon darauf hingewiesen, daß auch der Typus des Beraters (wie des Analytikers) eine nicht unerhebliche Rolle spielt und in jeder Situation bei der Anwendung und Interpretation des Instruments mitzuberücksichtigen ist.(20) So kann es für die Selbsterfahrung des einzelnen ratsam sein, sich schrittweise auf die typologischen Grundaussagen über die vielfältige Literatur einzulassen. Dazu ist die jeweilige Lebensphase und Lebenssituation mitzubedenken, wie auch die soziale und kulturelle Situation. Von Bedeutung ist auch der Grad der inneren Ausgeglichenheit.

Wir werden deshalb im folgenden einige Schwerpunkte ansprechen, die für die individuelle Vertiefung einer Selbst-Kompetenz von Bedeutung sind. Es geht dabei u.a. um die Begegnung mit der inferioren Funktion, weil diese die Hauptursache für Projektionen darstellt. Zum anderen wird auf den Zusammenhang der typologischen Ausprägung mit der Lebenswende des Menschen einzugehen sein.

4.3 Schritte zur Findung der individuellen Grundstruktur

"Der Mensch trägt immer seine ganze Geschichte und die Geschichte der Menschheit mit sich."(21)
(C.G. Jung)

Das Ziel, den Kern der eigenen Persönlichkeit zu festigen - also der Versuch, das psychische Gleichgewicht in seiner Dynamik zu erhalten -, bedeutet aus tiefenpsychologischer Sicht, auf die kompensatorische Funktion des Unbewußten gegenüber den Bewußtseinsleistungen zu vertrauen. Wir haben bereits an einem Beispiel aufgezeigt, wie sich die Inhalte dieser kompensatorischen Funktion in Träumen zum Ausdruck bringen können. Ein weiterer Ausdruck sind die sog. Fehlleistungen des Bewußtseins, die Versprecher und manche Erscheinungen des Vergessens. Weitere Indikatoren für die Wirkung des Unbewußten können körperliche Reaktionen sein, unter denen wir heute das krankhafte Streß-Symptom zweifellos als kompensatorische Reaktion unserer Psyche betrachten können.
Entgegen landläufiger Meinung - die genauso in den Sozialwissenschaften herrscht - läßt sich aber kein einziges Lebensproblem ein für allemal "ausrotten", weil wir im Grunde immer wieder lernen müssen, mit der sich entwickelnden Psyche und unseren Wünschen und Triebkräften umzugehen. Der Grund für die nur in kleinen Schritten gelingende Veränderung der meisten Verhaltensweisen liegt in der menschlichen Struktur, die in ungeahnte Tiefenschichten hinunterreicht. Dort finden wir nicht nur die Reste des vegetativen und animalischen Bereichs (vgl. das limbische System und das Retikularsystem), sondern wir erfahren ebenso die Verbindung zu den ältesten Bestandteilen der Menschheitspsyche.
Die Strukturanthropologie stellt diese "Rückbindung" des Menschen zu seinen unterschiedlichsten "Tiefenstrukturen" in ihrem phänomenologischen Ansatz dar.(22) Die Stimmigkeit solchen Denkens ist wiederum nicht (nur) eine Frage unserer Bewußtseinserkenntnis, sondern eine solche alltäglicher Erfahrbarkeit. So lernen wir heute wieder besser begreifen, daß Kopfschmerzen oder Magenbeschwerden keine "Krankheiten" sind, sondern eigentlich die "Leibsprache" unseres Körpers, der die tiefer liegende Wahrheit unserer Seinsweise zum Ausdruck bringt. Ebenso verweist das heute diskutierte "Burnout-Syndrom" - besonders sichtbar in manchen sozialen Organisationen -

auf die verschiedensten Strukturschichten, die von der "persönlichen" bis zur "sozialen" und bis zur "ökologischen" Ebene des Gesamtsystems reichen; so konzentrieren sich bei diesem Syndrom individuelle Bedürfnisse, soziale Strukturen und gesellschaftliche Lebens- und Wirtschaftsweise in einem einzelnen Menschen, der nun darum zu kämpfen hat, mit diesen oft widersprüchlichen Anforderungen fertig zu werden und seine psychische Stabilität zu wahren.
Oder denken wir an unsere "Leibverbundenheit" mit der Jahreszeitenfolge (Frühjahrsmüdigkeit), die wir im Arbeitsprozeß zumeist verdrängen oder verleugnen. Diese ist aber ebenso in uns verankert wie die "Erdverbundenheit" einer regionalen Abstammung des Menschen; diese unterscheidet z.B. den Süditaliener vom Norddeutschen in Lebenseinstellung und Arbeitshaltung. Solche Strukturunterschiede werden aber durch die "genormte" Lebensweise des durchschnittlichen Westeuropäers verdrängt bzw. übergangen, wenn der Bürodienst und das schulische Lernen, die Fließbandarbeit und das soziale Zusammenleben überall nach dem gleichen Einheitsprinzip der ökonomischen Leistungsoptimierung organisiert werden. Wir müssen tatsächlich fragen, ob es uns überhaupt noch möglich ist, unserem ganz individuellen "Grundwillen"(23) gemäß zu leben, den wir oft nicht mehr wahrzunehmen vermögen. Und ebenso ernsthaft müssen wir uns fragen, ob wir nicht überwiegend *gegen* unsere ureigensten Grundbedürfnisse handeln und zwangsläufig an dem innerlich auszutragenden Widerspruch erkranken. Will der Mensch zu sich selbst gelangen, muß er sich letztlich "in seinem *Sein* ändern, nicht nur in seinem Erkennen und Bewußtsein".(24)

Unterscheidung von Extraversion und Introversion

Die im vorigen Abschnitt skizzierte tiefenpsychologisch fundierte Typologie stellt ein *Hilfsmittel* dar, um gewisse strukturelle Schichten in uns in Erfahrung zu bringen, soweit deren Verkennung uns an einer befriedigenden und sinnerfüllten Lebensgestaltung hindert. Die verallgemeinernden Aussagen dieser Typologie zeigen uns zunächst nur, wie sehr unser Handeln und Verhalten doch von subjektiven Faktoren geprägt ist. Diese subjektiven Aspekte wirken aber in unsere gesamte gesellschaftliche Lebensgestaltung hinein, und wir laufen insbeson-

dere im wissenschaftlichen Denken leicht Gefahr, "durch die Überschätzung des objektiven Erkenntnisvermögens" die jeweilige Bedeutung des "subjektiven Faktors" zu verdrängen.(25)
Wir sind im Kapitel 2 bei der Frage nach dem Beitrag der Wissenschaften zum Menschenbild auf die unterschiedlichsten Theorien in den verschiedenen Disziplinen zu sprechen gekommen und haben auf eine Untersuchung hingewiesen, wonach die in den Erziehungswissenschaften diskutierten sozialwissenschaftlichen Theorien über den Menschen kritisch zu hinterfragen sind. Dies deshalb, weil die so gern reklamierte "wissenschaftliche Objektivität" im Grund nicht viel mehr darstellt, als die persönliche Weltanschauung der einzelnen Wissenschaftler.(26) Die so charakterisierte Verdrängung des "subjektiven Faktors" läßt sich nun mit Hilfe der o.a. Typologie in ihrem Zustandekommen erklären.
Nehmen wir das Beispiel zweier Wissenschaftler; der eine ist mit einer extravertierten Einstellung (E) in seiner bewußten Denkweise mehr am Objektiven orientiert, und der andere mit introvertierter Einstellung (I) richtet sich in seiner Denkweise stark an subjektiven Faktoren aus. Als lerntheoretisch orientierter Psychologe wird (E) beispielsweise alle neurotischen Symptome als "erlernte Verhaltensformen" betrachten, die man eben auf dem Lernwege auch wieder zu beseitigen habe. Für ihn sind Theorien nur haltbar, wenn sie empirisch nach naturwissenschaftlichen Grundsätzen ausgerichtet sind. Sogar alle Menschheitsprobleme - und erst recht die gesamte Erziehung - erscheinen für (E) lediglich als eine Frage des kognitiven Lernens und er wird etwa sagen: Wenn ihr uns die Möglichkeiten gebt, wird es uns "mit Hilfe der Wissenschaft" bald gelingen, alle Menschheitsprobleme "ein für allemal zu lösen".(27)
Ein anderer Psychologe (I) wird dagegen zu dem Ergebnis kommen, daß allein das subjektive Streben des Menschen nach bestimmten Zielen, nach Überwindung seiner Minderwertigkeit oder nach Überlegenheit und Vollkommenheit ausschlaggebend ist für das Verhalten. Im Menschen selbst wird er die Ursachen für Haltungen suchen, und die objektive Wirklichkeit ist für ihn dabei zweitrangig und dient - seiner Auffassung nach - allein dem individuellen Streben nach Macht.(28)
Die Theorien beider Psychologen stehen sich im wissenschaftlichen Denken heute noch unvereinbar gegenüber, und doch haben beide

gewisse Aspekte für sich. Werden sie als wissenschaftliche Erkenntnis dogmatisiert, stellen sie tatsächlich bloß eine Weltanschauung dar, nämlich die Weltanschauung eines Extravertierten und die eines Introvertierten.

"So wie es dem Introvertierten unbegreiflich erscheint, daß immer das Objekt ausschlaggebend sein soll, so bleibt es dem Extravertierten ein Rätsel, wieso ein subjektiver Standpunkt der objektiven Situation überlegen sein soll. Er gelangt unvermeidlich zu der Vermutung, daß der Introvertierte entweder ein eingebildeter Egoist oder ein doktrinärer Schwärmer sei."(29)

Die Schlußfolgerungen, die wir daraus zum Verstehen unterschiedlicher wissenschaftlicher Positionen ziehen, gelten analog für die berufliche Situation im Führungsbereich, wenn z.B. Konflikte zwischen unterschiedlichen Positionen bei den Mitarbeitern auftreten. Und ebenso gilt für die Lehre und den Unterricht, daß neben den in der Lernpsychologie bereits unterschiedenen Lerntypen (visuell, auditiv, haptisch) weitere individuelle Unterschiede in der Grundhaltung der Menschen zu berücksichtigen sind.
Insbesondere ist es für Lehrende wichtig, über die Kenntnis unterschiedlicher Schülertypen hinaus auch über die eigene Persönlichkeitsstruktur Bescheid zu wissen, da hiervon der praktizierte Unterrichtsstil eindeutig geprägt ist.(30) Mit Hilfe solcher selbstkritischen Überlegungen läuft man weniger Gefahr, die Ursachen für Mißerfolge immer nur bei anderen zu suchen. Wiederum aber wäre es ein Mißverständnis, wenn diese Position bloß als zusätzliche "Theorie" aufgefaßt würde. Entscheidend ist vielmehr die darin liegende Grundaussage, daß gerade infolge großer typologischer Unterschiede die individuelle Freiheit des Lernenden ebenso wie die des Mitarbeiters im Betrieb umso größere Bedeutung gewinnt, so daß dem einzelnen mehr Eigenständigkeit und Selbstverantwortung zuzugestehen ist. Jeder Mensch weiß im Grunde selbst sehr gut, welche Art des Lernens, des Arbeitens und des Zusammenlebens die ihm gemäße ist.

Erkennen der inferioren Funktion

Wir haben bereits herausgestellt, daß der Mensch von den psychischen Grundfunktionen des Denkens, Fühlens, Empfindens und Intuierens im Laufe seines Lebens *eine* besonders stark entwickelt, weil er damit in der Anpassung an das Leben am besten zurechtkommt. Diese Hauptfunktion läßt sich mit dem MBTI-Inventar relativ genau ermitteln, wobei immer der Vorbehalt einer notwendig differenzierteren Interpretation mitgedacht werden muß. Ein solchermaßen feststellbarer "Typus" ist eigentlich eine "Einseitigkeit der Entwicklung". Doch gerade im künstlerischen Bereich und in der arbeitsteiligen Gesellschaft erweisen sich die "Vorzüge" einer solchen Vereinseitigung, denn der Mensch vermag so viel mehr in dem zu leben, was seinen Fähigkeiten entspricht. In dieser am meisten entwickelten Hauptfunktion fühlen wir uns stark und sind darin auch am besten den Situationen angepaßt, so daß wir uns auf diese "Stärke" auch gut verlassen können.

> *Allerdings bringt die Differenzierung der Hauptfunktion, die in der bewußten Einstellung entweder extravertiert oder introvertiert sein kann, auch einiges an Problematik mit sich. So entwickelt der eine "nur seine Beziehung nach außen und vernachlässigt sein Inneres. Der andere entwickelt sich nur nach innen und bleibt äußerlich stehen." Die Notwendigkeit aber, das bisher Vernachlässigte ebenfalls zu entwickeln, wird jeder Mensch im Leben erfahren.(31)*

Ein Beispiel aus der Literatur, das in der Verfilmung "Der blaue Engel" (mit Marlene Dietrich in der Hauptrolle) schon "klassisch" zu nennen ist, zeigt uns die Situation eines extravertierten Denktypus, der als Schulprofessor in einer Kleinstadt lebt. Er erliegt dem Charme einer Künstlerin, die als Vamp vollständig von seiner Gefühlswelt Besitz ergreift und ihn letztlich zum Zirkusclown werden läßt. Hier ist es die inferiore Fühlfunktion, von der dieser doch so "vernünftige" und zweifellos intelligente Denktypus einfach "über den Haufen geworfen" wird.(32)

In der Schwierigkeit, mit dieser minderwertigen Funktion umzugehen, erweist sich am stärksten die Lebensproblematik für den einzelnen und - was nicht deutlich genug herauszustellen ist - auch für das Kollektiv. Im Aufzeigen dieser Zusammenhänge liegt ein entscheidender Beitrag der Analytischen Psychologie und der Typologie. Da nämlich der "innere Gegentypus" jeweils relativ unbewußt bleibt, erweist er sich "in erster Linie in dessen Projektionen". Und da zur inferioren Funktion fast alles gehört, was bei Sigmund Freud unter den Begriffen "Verdrängung" und "Abwehrmechanismen" ausführlich dargestellt ist, läßt sich erahnen, was wir alles bei anderen oder in der Außenwelt wahrnehmen, das im Grunde zu uns selbst gehört.(33)

Zu unserer eigenen Struktur gehört also immer eine Funktion, die gekennzeichnet ist durch eine "Unselbständigkeit im Gebrauch" oder durch eine "launenhafte Empfindlichkeit". In diesem Bereich können wir all jene alltäglichen Fehler entdecken, auf die man uns selten *direkt* aufmerksam machen darf, weil wir dabei sehr empfindlich reagieren oder uns sofort verschließen. Das wird erst durch die Charakterisierung des Unbewußten verständlich, dessen Inhalte unserem Bewußtsein eben viel zu wenig bekannt sind. Aber wir müssen nicht in dieser "falschen Art von Bewußtheit" stagnieren, denn alles Leben ist auf Entwicklung hin zum eigenen Selbst angelegt.

"Die minderwertige Funktion ist die ewig blutende Wunde der bewußten Persönlichkeit, aber durch sie kann das Unbewußte immer hereinkommen, und so das Bewußtsein erweitern und eine neue Einstellung hervorbringen." (34)

Verstehen wir den Menschen nicht als programmierbaren Computer, sondern als Wesen, dessen Triebkräfte aus den unterschiedlichsten Tiefenstrukturen lebenslang wirksam sind, dann wird auch einsichtig, daß es mit der Einmaligkeit einer "Bewußtmachung" nicht getan ist, um Verhalten zu verändern. Deshalb ist das typologische Hilfsmittel zum Erkennen des Funktionsproblems zwar ein entscheidendes, aber nicht das einzig gültige auf dem Weg zur Persönlichkeit. Wie wir dieses Hilfsmittel gebrauchen können, läßt sich etwa in folgenden Schritten aufzeigen:

- Zuerst gilt es, das Wirken der *einzelnen* Funktionen bei sich zu erfahren, insbesondere auch, neben der Hauptfunktion die inferiore Funktion kennenzulernen. Oft schätzen wir uns in der Hauptfunktion falsch ein, weil sie derart eingeübt ist, daß sie gegenüber der zweiten oder dritten Funktion fast untergeht. Auch kann es sein, daß durch eine starke Ausprägung der *Persona* aufgrund völliger familiärer bzw. gesellschaftlicher Anpassung eine andere als die Hauptfunktion gelebt wurde. Oft ist dann ein Berufswechsel im Laufe des Lebens darauf zurückzuführen, daß man endlich seiner eigentlichen Hauptfunktion gemäß leben will. - Bei diesem ersten Schritt zur Erfahrung der eigenen Grundstruktur könnte z.B. ein intuitiver Typus erst einmal feststellen, wie er mit seiner Fähigkeit, Möglichkeiten zu erahnen, umgeht, und welche Schwierigkeiten es ihm bereiten kann, wenn er objektive Fakten zeitweilig ganz übersieht.

- Dann können wir in der psychischen Entwicklung versuchen, die sekundäre und die tertiäre Funktion - die beiden Hilfsfunktionen der Hauptfunktion - zu assimilieren. "Assimilation heißt, daß die ganze Anpassung des bewußten Lebens zur gegebenen Zeit auf dieser Funktion ruhen kann."(35) - Wiederum kann - um bei unserem Beispiel zu bleiben - der intuitive Typus versuchen, seine Ahnungen über die Bedeutung von Erziehung oder Mitarbeiterführung nicht nur durch die Fühlfunktion zu bewerten, sondern mittels der Denkfunktion genauestens zu analysieren und z.B. für andere nachvollziehbar auszuarbeiten. Natürlich kosten solche Prozesse viel Zeit, und es ist wichtig zu wissen, daß jede Assimilation einer anderen Funktion große Geduld erfordert.

- Nun wird es im Laufe jeder psychischen Entwicklung des erwachsenen Menschen immer ein Stadium geben, "in dem er ernsthaft mit seiner inferioren Funktion umzugehen sucht".(36) Oft werden *Krisensituationen* ein Anlaß sein oder die vertiefte Erfahrung, mehrmals den gleichen Fehler begangen zu haben. Zumeist sind wir über längere Zeit schon durch unsere Träume darauf aufmerksam gemacht worden, weil sich darin die Bilder des "Schattens" oder der "Anima" bzw. des "Animus" am ehesten über unsere inferiore Funktion bemerkbar machen. Diese ist uns ja am meisten un-

bewußt, und es liegt der Vergleich nahe, daß die inferiore Funktion jene "Eingangstür" darstellt, durch die sich die Schichten der Tiefenstrukturen unserer Physis (etwa animalische Triebkräfte) wie auch die unserer Psyche (z.B. archetypische Bilder) Zugang verschaffen wollen in unser Denken, Handeln und Verhalten.
Allerdings müssen wir davon ausgehen - ohne dies an dieser Stelle näher ausführen zu können -, daß wir die minderwertige Funktion niemals in gleichem Maße wie die anderen in der Struktur der bewußten Einstellung assimilieren können. - Und um unser Beispiel weiterzuführen, so wird ein intuitiver Typus versuchen müssen, mehr praxisnah zu denken, auf Details in seiner Arbeit zu achten und sorgfältig der Reihe nach zu arbeiten, wo es angebracht ist. Aber da ihm seine Empfindungsfunktion zu sehr unbewußt ist, wird sie psychisch nur *relativ* integrierbar sein. Würde man sich ihr ganz ausliefern, bestünde die Gefahr, völlig unkontrolliert in den Gegentypus zu verfallen. Was aber erreicht werden kann ist die Chance, die oft als "Besessenheit" empfundene Dominanz der Hauptfunktion in die Schranken zu weisen.

- Damit kommt man dem Ziel näher, daß die Funktionen - wenn auch in unterschiedlichem Maße - zu handhabbaren Instrumenten des Bewußtseins werden, das dann nicht länger ausschließlich von der einen oder anderen Funktion hin- und hergetrieben wird. Und so kann sich die Struktur der Persönlichkeit festigen, weil sie nicht länger "mit einer der Funktionen identisch ist". - Der intuitive Typus in unserem Beispiel mag nun in den verschiedenen Lebenssituationen besser aus sich heraus spüren, wann für ihn mehr logische *Überlegung*, wann kreative *Flexibilität*, wann taktvolle *Zurückhaltung* oder eher das *Einfügen* in gegebene Regeln angebracht ist. Jeder Typus - der ja niemals so eindeutig beschreibbar ist - bedarf individueller Interpretation, was wiederum nur der einzelne für sich selbst zu leisten vermag.

- Als ein nächster Schritt wird daraus der *ethische Aspekt* einer erweiterten Selbst-Kompetenz deutlich werden. Alle uns mehr oder weniger unbewußten Eigenschaften erfahren wir meist projiziert auf andere Menschen, Dinge oder Sachverhalte. Diese Projektion ist praktisch durch unsere Lebenserfahrung "fest etabliert", weshalb "deren Korrektur eine mühsame moralische Anstrengung bedeutet".(37) Und da neben der Annahme des "persönlichen Unbewußten" (etwa verdrängte Sexualität) auch die Annahme eines "kollektiven Unbewußten" (z.B. Formen der Angst vor Fremdem oder vor Verarmung) hypothetisch äußerst hilfreich ist, liegt es nahe, *moralisch abweichendes Verhalten mit der Unbewußtheit unserer minderwertigen Funktion zu erklären.*

- Nehmen wir das Faktum der NS-Zeit in Deutschland:
Mit Hilfe der hier dargestellten Thesen kann man sagen, daß etwa ein "Fühltypus" mit seiner inferioren Denkfunktion gern die wahrlich dummen Argumente vom "Volk ohne Raum" oder vom "destruktiv intellektuellen Juden" blind zu übernehmen bereit war. Dagegen wurden "Denktypen" mit den Projektionen ihrer minderwertigen Fühlfunktionen von der Propaganda angesprochen, wenn von der "Reinhaltung der Rasse" und vom "arischen Menschen" die Rede ging. Der "intuitive Typus", dessen minderwertige Funktion ihm den Umgang mit den realen Dingen, dem Geld oder der Sicherheit für die Familie, erschwerte, konnte natürlich nicht seine Arbeitsstelle aufgeben, oder es leuchtete ihm gar ein, daß die Juden tatsächlich lauter rücksichtslose Geldmenschen seien. Und der "Empfindungstypus" mit seiner inferioren Intuition glaubte nur allzugern an das "tausendjährige Reich", das ungeahnte Möglichkeiten einer Weltherrschaft in Aussicht stellte.(38)
- Das Eingehen auf diese theoretische Erklärung erscheint mir an dieser Stelle deshalb geboten, weil wir ja auch heute nach Erklärungen dafür suchen, warum rechtsradikales Gedankengut nicht mit den "damaligen Menschen" ausgestorben ist, sondern sich auch in jungen Menschen heute genauso zeigt, wie es ebenso von nicht gerade den einfachsten Leuten (- wir kennen Minister, Staatsanwälte, Ärzte und viele andere -) bis heute als Weltanschauung vertreten wird. Ich halte den ethischen Aspekt der hier dargestellten Typologie in diesem Zusammenhang deshalb für so wesentlich, weil mir für solche Phänomene keine sonst bekannte Erklärung ähnlich stichhaltig erscheint. Und selbst wenn dem nicht in allen Aspekten so wäre, so erscheint mir zweifelsfrei, daß die Erfahrung der eigenen Persönlichkeitsstruktur in der von uns dargestellten Weise die wirksamste moralische Abwehr gegen Ras-

sismus, Fremdenhaß, Rechtsradikalismus und Dogmatismus in jeder Weise darstellt.

- Aus dieser Darstellung der individuellen Persönlichkeitsstruktur ergeben sich zwangsläufig auch die sozialen Aspekte, weil die Verbundenheit der Menschen auf der Bewußtseinsebene immer auf das soziale Zusammenleben verweist. Hierauf soll im Schlußkapitel noch eingegangen werden.

Beachtung der Lebenswende

Da alles Leben und ebenso die Psyche des Menschen immer auch das Gegenteil in sich enthält, muß jede Vereinseitigung des einen Pols zwangsläufig durch eine Vereinseitigung des anderen Pols ausgeglichen werden. Wird der innere Gegensatz nicht in sich selbst erkannt, wird er sich unabweislich außerhalb der eigenen Person festmachen, da seine emotionale Wertigkeit nicht zu negieren ist. Und so, wie mit der Lebensmitte des Menschen die bisher vorherrschende Haltung des Bewußtseins-Ich eine Wende erfährt, verändert sich normalerweise die Lebenseinstellung in der zweiten Lebenshälfte hin zu all jenen Bereichen der Psyche, die bisher zu kurz gekommen sind.
Wir müssen deshalb von einer Lebenserweiterung *nach innen* sprechen, gegen die sich aber unsere naturhafte Trägheit wendet, wenn sie "ein mehr oder weniger deutliches Festhalten an der Bewußtseinsstufe der Kindheit" zum Ausdruck bringt.(39) Solch eine Regressionstendenz ist im Grunde der Ausdruck der Angst vor dem Neuen, dem (in uns) Fremden, und das Auftreten dieser Haltung ist wiederum zwangsläufig, weil es der Natur nämlich "nicht im geringsten an einem höheren Bewußtseinszustand" zu liegen scheint. Und auch die Sozietät - das gesellschaftliche Kollektiv - schätzt im Grunde mehr die vom einzelnen erwartete Leistung "und nicht die Persönlichkeit". Alle Individualität aber sperrt sich gegen die Vereinnahmung durch die statistische Durchschnittserwartung eines Kollektivs.
Und so wird verständlich, daß die während der ersten Lebenshälfte notwendige Stärkung des Bewußtseins-Ich mit der Sicherung der sozialen Lage, der gesellschaftlichen Anerkennung und der Entwicklung persönlicher Grundeinstellungen letzten Endes "auf Kosten der Tota-

lität der Persönlichkeit" erfolgt ist.(40) Zu dieser Totalität gehören all unsere Triebkräfte, unsere Aggressionen, unsere infantilen und archaischen Empfindungen, die aber - als für die Psyche durchaus berechtigte Interessen - allzusehr unterdrückt und verdrängt worden sind.
Und dieses Schicksal erlitten beim einzelnen Typus alle Aspekte der inferioren Funktion, die deshalb zwangsläufig in einem unentwickelten Zustand degenerieren mußte.

> *"Vergegenwärtigen wir uns noch einmal, wie sich die unterdrückte Kehrseite bei den 4 Funktionstypen äußert:*
> *- Der S-Typus sieht keine Welt der Möglichkeiten und hat diesbezüglich nur ängstliche und peinliche Ahnungen (minderwertige, negative Intuition).*
> *- Der T-Typus zeigt eine kindische und archaische Gefühlswelt, bestenfalls z.B. eine Familiensentimentalität oder phantastische Gefühle (minderwertiges Gefühl).*
> *- der F-Typus weist ein primitives, kindisches, im Personalismus verstricktes Denken auf, ist darum traditionsgebunden, ev. gar >paranoid< (minderwertiges Denken).*
> *- Der N-Typus empfindet die Wirklichkeit als gefährliche Fallgrube (minderwertige Empfindung)."(41)*

Diese unbewußten Gegeneinstellungen erfahren zumeist durch die Umorientierung des Menschen ab der Lebenswende eine größere Wertschätzung in der Psyche. Wir haben ja bereits dargestellt, daß sich auf der psychischen "Ich-Selbst-Achse" die emotionale Wertigkeit weg vom "Ich-Bewußtsein des Selbst" hin zum "Selbst-Bewußtsein des Ich" verschiebt.
Jede Verengtheit einer bisher unterdrückten Funktion bedeutet aber auch "Angst", und nun muß sich zeigen, wie der Mensch mit diesen sich deutlicher bemerkbar machenden Ängsten umgehen kann. Er kann davon fasziniert sein, so daß sie ihn zu waghalsigen Unternehmungen antreiben, oder er kann versuchen, den Gegenstand der Angst (etwa verdrängte Sexualität) zu entwerten. Die auch biologisch verankerten Ur-Ängste des Menschen gewinnen durch den nunmehr größeren Einfluß des Unbewußten an Bedeutung und allein

der Gedanke des Altwerdens und der zu befürchtenden Einsamkeit vermag neurotisches Verhalten zu stimulieren.
Ebenso kann die Gefahr der Verhärtung und Versteifung bisher tragender moralischer Prinzipien durch die mangelnde Bereitschaft einer seelischen Auseinandersetzung wachsen. Und um so mehr ist der Mensch den Kräften des individuellen und des kollektiven Unbewußten ausgesetzt. Wir haben im letzten Kapitel bei der Beschreibung der psychologischen Struktur der zweiten Lebenshälfte das Verharren und die Verfestigung der Bewußtseinseinstellungen aus der ersten Lebenshälfte an bestimmten "Typen von Erwachsenen" demonstriert, wie sie uns aus dem Märchen vom "Kleinen Prinzen" bekannt sind. Wenn wir die Bereitschaft aufbringen, solche "Typen" als psychische Phänomene zu betrachten, die *in jedem von uns* zum Vorschein kommen, dann können wir die Egozentrik des "Eitlen", die Dialogunfähigkeit des "Königstypen" und die Selbstentfremdung des "Geschäftsmannes" unschwer mit gewissen Vereinseitigungen psychischer Funktionen und Einstellungen in Zusammenhang bringen. Aber gerade hier zeigt sich die Notwendigkeit einer mühsamen Arbeit an sich selbst.

> *Wenn wir bisher das "Gravitationszentrum der Gesamtpersönlichkeit" in der menschlichen Psyche als "Selbst" bezeichnet haben, dann kann jetzt ergänzt werden, daß der Weg zu diesem Selbst im Grunde "eine nach der Lebensmitte einsetzende natürliche Vorbereitung auf den Tod ist. Der Tod ist seelisch ebenso wichtig wie die Geburt und wie diese ein integrierender Bestandteil des Lebens."(42)*

Lebenswende und Notwendigkeit einer "neuen Ethik"

Wir haben gesehen, daß die Ich- und Bewußtseinsentwicklung der ersten Lebenshälfte von den Werten und Normen des Kollektivs geprägt wird und die Ausbildung des "Über-Ich" in Form des Gewissens unausweichlich ist zur Einhaltung der Gebote und Verbote einer Kollektivethik; das war die Hauptaufgabe des Bewußtseins-Ich und es ist für jeden eine nicht zu unterschätzende kulturelle Leistung. Keinem gelingt diese Leistung in allen Situationen, und gegenwärtig führt die

Übertretung der gesellschaftlichen Gebote sogar zum fiskalischen Fiasko.

Das "Ich" in der Bewußtseinsentwicklung können wir mit einem Schwimmer vergleichen, der zunehmend lernen muß, sich im Meer des Unbewußten zu bewegen. Die Schwimmübungen entsprechen dem Erlernen der Kulturtechniken und der Einübung in die Kollektivethik. So bringen es die Ich-Kräfte zu einer gewissen Meisterschaft und allzuleicht vergißt auch der geübteste Schwimmer die Kräfte des Meeres, seine Tücken, und die Gefahr ist groß, die eigenen (Ich-)Kräfte zu überschätzen. Noch gefährlicher ist es, wenn der Schwimmer vergißt, daß er über seine eigenen Kräfte und seine Aktivität hinaus vom Meer auch getragen wird. Es ist das Übersehen der kompensatorischen Beziehung zwischen dem Bewußtsein und dem Unbewußten, und dieses Versäumnis scheint ein Hauptgrund für jede Krise des einzelnen an der Lebenswende wie für die Menschheitskrise im allgemeinen zu sein.(43) Das Ziel aller Selbst-Kompetenz besteht ja für den Schwimmer darin, unter richtiger Einschätzung der entwickelten Kräfte und Fähigkeiten sich im Meer des individuellen und menschheitsgeschichtlichen Unbewußten zu bewegen.

An der Boje der Lebenswende angelangt, zeigt sich nun, wie und wofür seine Kräfte ausgebildet wurden, und ob sie für den zweiten Teil der Lebensstrecke ausreichen. Den beginnenden biologischen Abbau - etwa das Nachlassen der Sehkraft - beginnt er bald zu spüren, aber auch eine psychische Krise scheint fast unvermeidlich, denn eine "Erschütterung der Ich- und Bewußtseinswelt" in Form der integrierten kollektiven Wertewelt tritt ein. Die Kräfte des Unbewußten - hier also des Meeres -, die anfänglich relativ leicht verdrängt und unterdrückt werden konnten, beginnen sich immer mehr bemerkbar zu machen. Diesen Kräften aber steht er allein gegenüber, weil die bisher gültigen Werte ihre Bedeutung verlieren; eine zunehmende Individualisierung ist die Folge. Und jetzt erfährt er seine Kreatürlichkeit und die Erkenntnis einer "Zwei- und Mehrdeutigkeit des eigenen Daseins" umso deutlicher: die Begrenztheit und Einseitigkeit, die Vorurteilsbestimmtheit und die typologische Determiniertheit, kurz: alles, was als individueller Schatten bisher recht gut durch die Identifikation mit den Kollektivwerten verdeckt war.

"Sich als Infantilwesen und Mißglückten, als Unglücklichen und als Häßlichen, als Tiermenschen und als Verwandten des Affen, als Sexualwesen und als Herdentier zu erkennen, bringt gewiß schon eine schwere Erschütterung für jedes Ich, das sich mit den Kollektivwerten identifiziert hatte. Aber das Schattenproblem hat tiefere Wurzeln und wird tödlich ernst, wenn die Schürfung bis an die Quellen des Bösen vordringt, wo die Persönlichkeit ihre Zusammengehörigkeit mit dem Feind der Menschheit, dem Aggressions- und Destruktionstrieb, in der eigenen Struktur erfährt."(44)

Diese eigenen Beschränktheiten - hier als das "individuelle Böse" beschrieben - als zu sich gehörig anzunehmen und vom "allgemeinen Bösen" oder dem "Bösen des Nachbarn" zu unterscheiden, ist für Erich Neumann ein "wesentliches Stück Selbsterkenntnis". Denn mit dieser Individualisierung zerbricht gleichzeitig "die alte Vollkommenheitstendenz des Ich".

Der Schwimmer der ersten Lebensstrecke strebte noch bewußt nach dieser Vollkommenheit, in der Beziehung, der Familie, dem Beruf, der politischen Zielsetzung, den religiösen Idealen, und das war notwendig, weil er sich sonst vielleicht nicht auf die lange Strecke gemacht hätte; das alles hat ihn schließlich getragen. Nun aber, mit dem Zumvorscheinkommen der Schattenseite, des bisher Verdrängten und Unterdrückten, beginnt sich der Schwimmer zu fragen, ob denn die bisherigen Ziele noch weiter tragen: Er hat doch immer sein Leben auf den beruflichen Erfolg hin gestaltet, und nun ziehen die jüngeren Top-Leute des Managements an seiner Position vorbei. Oder die Ehefrau und Mutter ist in der Vorsorge für die eigenen Kinder und den Mann ganz aufgegangen, und jetzt sind die Kinder außer Haus und der Ehemann will von seinem "Familienvaterthron" nicht herabsteigen. Und die Aufopferung für den sozialen Beruf weicht einem bloßen Pathos gegenüber den Jüngeren, weil die Lebensleere irgendwie verdeckt werden muß.

Was hier als das "Böse" beschrieben ist, hat mit den eigenen Lebensversäumnissen auf der ersten Wegstrecke zu tun, insbesondere mit dem "Annehmen der eigenen Unvollkommenheit", des Schattens in seinen verschiedenen Formen, etwa jener der "inferioren Funktion". Diese tiefenpsychologischen Aspekte hat Erich Neumann bereits während des Zweiten Weltkrieges so beschrieben und hat dabei die "abendländische Inflation des Ich" aufgezeigt, so wie sie immer noch das Weltbild des einzelnen prägt. Es ist dies das Weltbild des Menschen an der Lebenswende, und dieser reagiert erschrocken auf die "Erschütterung der alten Wertwelt", zumeist in zwei Formen:(45)

- In einer "nihilistisch-negativistischen Reaktion" kommt hauptsächlich eine "Radikalisierung der materialistischen Tendenz" zum Ausdruck, wie etwa in einer "Blut-und-Boden-Ideologie". Dabei werden Bewußtsein und Erkenntnis zu "Pseudogrößen", und das Bewußtsein ist jetzt nichts anderes als "ein Mittel zur Durchsetzung unbewußter Triebkräfte, und Geist und Erkenntnis gelten nur als Instrumente irgendwelcher Triebkonstellationen". - Diese Reaktion ist auch in manchen sich ausschließlich "empirisch" verstehenden Wissenschaftsdisziplinen vorzufinden.
- In einer anderen Reaktion der "mystisch-inflationistischen Ausdehnung des Individuums" treten die verschiedenen "Erlöstheits-Psychologien" auf, die "ein Jenseits der Gegensätze bereits erreicht zu haben" vorgeben. - Diese Reaktion mag vieles am sog. Esoterik-Boom verständlich machen und an den "Heilsbotschaften" der verschiedenen Gurus. Dabei wird, wie in der "Christian Science", das Negative einfach geleugnet, und überall wird in solchen kollektivistischen Richtungen (ob religiös oder politisch) der Mensch einer Einzelverantwortung enthoben.

Wenn also der Schwimmer an der Boje der Lebenswende sich neu orientieren muß, gilt es für ihn, sich einer neuen Richtschnur - einer neuen Ethik - zu bedienen, die "unter dem Zeichen der größeren Einsicht, totaleren Wahrheit und illusionsloseren Erkenntnis der menschlichen Gesamtnatur" steht.(46)

> *"Das Hauptaugenmerk legt die neue Ethik nicht darauf, daß das Individuum >gut< sei, sondern daß es seelisch autonom, das heißt gesund und produktiv, aber auch seelisch nicht infektiös sei. Die Autonomie der ethischen Persönlichkeit besteht darin, daß die Verarbeitung und Verwendung der in jeder Struktur vorhandenen negativen Kräfte bewußt innerhalb der Persönlichkeitsverwirklichung erfolgt. Häufig, wenn nicht gesetzmäßig,*

geschah es in der alten Ethik, daß die starke >ethische< Persönlichkeit ihre eigenen negativen Kräfte nicht lebte, sondern an die schwachen Stellen der Umgebung hinausdrängte, so daß in der nächsten Umgebung, der Familie oder im Kollektiv, die negativen verdrängten und unterdrückten Inhalte kompensatorisch sich auswirkten, ohne daß die >Verdränger<-Persönlichkeit ihre moralische Zuständigkeit für dieses Phänomen auch nur geahnt hätte."(47)

Der Schwimmer auf der zweiten Lebensstrecke kann sich also nicht mehr allein an den Kollektivwerten ausrichten, nur noch an dem eigenen Selbst, d.h. seiner Ganzheit, weil diese Ganzheitsstruktur das Unbewußte mit einschließt. Aber gerade diese Kräfte des Unbewußten - des Meeres - kann er sich auch zunutze machen, indem er sich etwa von der einsetzenden Flut zurücktragen läßt. Er wird somit mehr in sich hineinhorchen müssen, um die "dem Bewußtseinssystem fehlenden und für die Ganzheit nötigen Inhalte im Unbewußten verstärkt auftauchen" zu sehen.

Denn das Gesetz der Kompensation zwischen dem Bewußtsein und dem Unbewußten führt beispielsweise dazu, "daß eine falsche Haltung des Bewußtseins im nächtlichen Traum korrigiert wird oder daß ein im bewußten Leben unterdrücktes aber lebenswichtiges Prinzip, ein Trieb oder anderer Inhalt in Phantasie, Traum, Fehlhandlung oder Störung seinen Anspruch geltend macht."(48)

Dieses Vertrauen in die Selbstregulationskräfte der Psyche kann nun den Schwimmer stabilisieren, und sein Leitbild kann eine "neue Ethik" sein, die ihn selbst trägt und somit auch seinen Lebenskreis beeinflußt und prägt. Das Vertrauen kann in dem Versuch bestehen, "die Wirklichkeit der Welt nicht mehr wertend abzulehnen, sondern sie anzunehmen und in sich als in einer höheren Einheit zu synthetisieren".(49) Die "Wirklichkeit der Welt" ist nichts anderes als die Alltagssituation, der Ärger zu Hause, die erlittenen Niederlagen im Beruf und die Sorge um die gesellschaftliche Entwicklung.

Beispiel für einen weiteren pragmatischen Weg:
Das, was im Zusammenhang mit einer "neuen Ethik" als das "individuelle Böse" bezeichnet wurde, läßt sich mit einer anderen gegenwärtig verbreiteten Typologie ebenfalls in Erfahrung bringen. Es ist die Beschreibung der "neun Gesichter der Seele", die in dem "Enneagramm" eine alte Menschheitsweisheit neu formuliert.(50) Der Grundgedanke dabei ist wiederum, daß die individuelle Welt des Menschen in ihrer Grundstruktur alle Tiefenschichten umfaßt, daß aber jeder einzelne eine bestimmte dominante Ausprägung im Laufe seines Lebens erfahren hat. Diese in *neun Typen* unterscheidbare Haltung macht nun vor allem auf die Blockaden und Hindernisse aufmerksam, die sich jedem als seine "Leidenschaften" oder "Fallen" auf dem Weg zur Autonomie entgegenstellen. Der tiefenpsychologische Zusammenhang ist deutlich erkennbar, denn gerade die eigenen "blinden Flecken", der eigene "Schatten", die "inferiore Funktion", die individuellen Verdrängungen sind es, die uns in der Entwicklung zum eigenen Selbst hemmen. Auch das "Enneagramm" artikuliert nur, was Menschen auf ihrem Entwicklungsweg immer schon "intuitiv erfaßt und praktiziert" haben, was aber durch die zu starke kollektive Prägung der "Persona" und durch den Ausfall der werttragenden Institutionen in der Gegenwart zu stark behindert wird.
Insbesondere eignet sich dieser Zugangsweg zum eigenen Selbst - der zweifellos je nach Mentalität des nach Orientierung Suchenden mehr oder weniger Interesse finden wird - für den Menschen "in den Jahren der Lebensmitte und danach",(51) weil wirklichkeitsnahe Selbstkonfrontation mit dem eigenen Verhalten und der individuellen Einstellung eine Neuorientierung in dieser Lebensphase zu unterstützen vermag.

Reflexion und Interpretation von Träumen und Biographien; Verweisung auf Mythen und Märchen

Um die Vielfältigkeit einer je individuellen Grundstruktur in Erfahrung zu bringen, muß der einzelne für sich selbst herausfinden, welche Mittel und Wege ihm mehr liegen, also seiner eigenen Grundstimmung gemäß sind. Alle Erkenntnis und alle Bewußtseinsleistung werden dabei jedoch den rein kognitiven und rationalen Aspekt überschreiten müssen, um die volle Tiefe menschlichen Seins in Erfahrung zu bringen. Dazu gehört der Prozeß der Selbstfindung, und wir stellen dazu nochmals ausdrücklich heraus, daß es sich dabei um rein empirisch nicht mehr erfaßbare evolutionäre "Fluktuationen" handelt, - um hier einen naturwissenschaftlichen Begriff zu verwenden.

Was aber davon in der Menschheitsgeschichte immer schon faßbar und nachvollziehbar war, manifestiert sich in Symbolen, die Bildern entsprechen für begrifflich nur noch "umschreibbare" Phänomene. Alle großen Themen der Weltliteratur sind in dieser Symbolsprache des Unbewußten gestaltet; zwar sind die Inhalte aus der täglichen Lebenserfahrung aller Zeiten bekannt - es geht um Liebe und Macht, um Kampf und um Suche nach Wahrheit, um Glauben und um Triebe, um Verzweiflung und um Hoffnung, um Leid, Unglück und immer wieder um Familiengeschichten und Heldentaten -, doch versuchten die Künstler aller Zeiten diese Grunderfahrungen aus ihrer Sicht und der ihnen zur Verfügung stehenden Symbolsprache immer wieder neu zu gestalten. Es ist nichts anderes als die musikalische Bearbeitung eines Themas in den verschiedensten Formen und Variationen.

Wir Leser und Hörer verstehen diese "Sprache" eines Homer und eines Friedrich Dürrenmatt, weil wir in uns über eine eigene symbolische Erfahrung der gleichen Inhalte des menschlichen Daseins verfügen. Der Kern dieser Urerfahrungen ist zwar "archetypisch" der gleiche, aber jedes individuelle Bewußtsein vermag nur *seine eigenen Bilder* in seiner Entwicklung zu integrieren. Deshalb hören und sehen wir immer wieder die gleichen Geschichten, schauen uns die Liebesgeschichte von Porgy und Bess, von Romeo und Julia in zahllosen Filmvariationen an und erleben das Verbrechen des Gangsters, die Rache des Helden in unendlichen Fernsehdarstellungen.

Kennzeichen eines Symbols ist seine nur in Bildern und Geschichten beschreibbare Grundaussage, die wir aus dem Unbewußten immer wieder erfahren. Wir wissen heute auch um die "zutiefst biologischen Grundlagen des kollektiven Unbewußten" und daß z.B. Herkunft und Sinn eines Symbols (etwa der "Däumling" im Märchen) auch "antriebspsychologisch" verwandt sind "mit bestimmten Teilen des Körperschemas des Menschen". Und so ist das "Schiff", der

"Brunnen" oder das "Schwert" immer auch mehr als nur die Bezeichnung für einen Gebrauchsgegenstand und stellt deshalb in Träumen, Mythen und Märchen auch mehr dar als nur den Gegenstand selbst, was eben nicht anders beschreibbar ist als gerade in diesem oder jenem "Bild". Solche Ur-Bilder sind in allen Kulturen aller Zeiten vorhanden und solche meint auch der Begriff des "Archetypus", der gleichsam die "DNS-Struktur" der erfahrbaren Bilder darstellt.

"Jenseits des Sozialen existiert eine psychische Verbindung des Menschen mit allem, was lebt und gelebt hat, mit allem, was an Menschlichem aus der Entwicklung des Lebens hervorgegangen ist, und gerade dieses Allgemeinmenschliche, dieses alle Entfernungen in Raum und Zeit Verbindende ist der verbindliche Inhalt aller archetypischen Bilder und Erzählungen. Darin allein liegt der Grund, daß eine Erzählung aus einer längst vergangenen Zeit oder aus einer weit entlegenen Kultur symbolisch etwas aussagen kann, das den Einzelnen in seinem Dasein zu allen Zeiten zutiefst angeht und bestimmt."(52)

Was uns somit symbolisch anspricht, sind Bilder des Unbewußten, die jedem auf individuelle Art etwas zum Ausdruck bringen, was als Problem, als Aufgabe, als Lösung oder als schöpferischer Auftrag für uns jetzt Bedeutung hat. Und deshalb ist die Art der Integration der Inhalte des Unbewußten für jede Persönlichkeitsentwicklung entscheidend. Und auch hier gilt:
Normalerweise verläuft solch ein Prozeß in jeder Entwicklung nahezu autonom, soweit der Mensch auch seinen ihm möglichen Bewußtseinsleistungen gerecht wird. Aber gerade aus der Vereinseitigung von psychischen Funktionen und Einstellungen, wie wir diese dargestellt haben, aus immer wieder neu möglichen "Einbrüchen" von Bildern und kollektiven Phänomenen des Unbewußten oder aufgrund ungelöster Triebproblematik, ist eine immer wieder neue Auseinandersetzung erforderlich. Die Kontroverse zwischen einer "inneren" und einer "äußeren" Persönlichkeit manifestiert all diese Prozesse.
In dieser Auseinandersetzung können uns unsere Träume, fremde und eigene Biographien, die Mythen der Völker und die Märchen aller

Kulturen und Zeiten eine Hilfestellung geben. Wir erfahren gerade in der Gegenwart mit vielen verschiedenen Ansätzen in den Publikationen, daß wir erst (wieder) lernen müssen, solche Symbolsprache auch zu "lesen".

Bei der Frage nach Sinn und Bedeutung des Traumes werde ich mich - vor allem vor dem Hintergrund unterschiedlichster theoretischer Ansätze - ganz bewußt auf wenige Aussagen beschränken in der Absicht, die bisherigen Ausführungen beispielhaft zu verdeutlichen. Die Grundauffassung der Analytischen Psychologie, die mir selbst bisher bei Interpretationen hilfreich war, hat bereits A. Maeder im Jahr 1912 formuliert, indem er - neben einer auch reduktionistischen Deutungsmöglichkeit - "den wesentlichen Sinn und Wert des Traumes in Entwürfen für die Entwicklung des Individuums sah".(53)
Diese Auffassung beruht auf der Vorstellung von den Selbststeuerungs- und Selbstheilungstendenzen des psychischen Systems, einer Vorstellung, die mit jenen Konzepten vergleichbar ist, in denen heute in Natur- und Sozialwissenschaften der Begriff der "Autopoiese" verwendet wird, und die in Philosophie und Pädagogik unter dem Phänomen der "Spontaneität" des Menschen (Schleiermacher) beschrieben worden ist.
Für den Umgang mit Träumen kann es sehr hilfreich sein, von drei wesentlichen Bedeutungsmöglichkeiten auszugehen, wie diese von Jolande Jacobi fomuliert worden sind:(54)

- Der Traum erfolgt "als Reaktion des Unbewußten" auf eine bestimmte bewußte Situation, etwa auf Vortageserlebnisse, indem er genau diese Situation (in unterschiedlichen Tiefenschichten) ergänzt oder kompensiert. Es liegt gleichsam ein deutliches Gefälle vom (stärkeren) bewußten Teil zum (schwächeren) unbewußten Teil der Psyche vor.
  Beispiel: Im Traum mache ich mit anderen zusammen auf einer Wiese Rast und wir kochen uns in einem großen Topf ein Essen; beim Umrühren bekleckere ich mir die rechte Hand. - Vortageserlebnis: Zu Besuch bei Bekannten habe ich amüsiert miterlebt, wie der in Haushaltsdingen ungeübte Hausherr einen großen Topf mit Gulasch aufwärmt, wobei das Essen ihm fast anbrennt.

- Der Traum zeigt zu einer bewußt erlebten Situation eine spontan aus dem Unbewußten entstandene Perspektive auf, die einen Gegensatz zur erinnerten Situation demonstriert, so daß "zwischen beiden ein Konflikt oder eine Gegensatzspannung entsteht". Hier herrscht im psychischen Erleben eine Art Gleichgewicht zwischen den bewußten und unbewußten Teilen.
  Traum-Beispiel: Mein Auto hatte ich auf einem Parkplatz mitten in der Stadt geparkt, und als ich zurückkomme, ist es nicht mehr da. Ich gehe in ein Gasthaus und dort kommt mir der Wirt entgegen - es ist ein alter Bekannter - und gibt mir die Autoschlüssel, weil er - wie er sagt - das Auto aus Sicherheitsgründen woanders abgestellt habe. - Bewußt Erlebtes: In einer beruflichen Situation hatte ich mit einem Klienten einige schwierige Zusammenhänge zu bearbeiten; an diesen erinnert mich mein Bekannter aus dem Traum sehr deutlich, und es stellt sich heraus, daß der Klient tatsächlich einmal als Gaststättenpächter gearbeitet und auch einmal beruflich mit Autos zu tun hatte.

- Der Traum ist das spontane Produkt unbewußter Prozesse, und eine Beziehung zu bewußten Ereignissen und Situationen ist aus dem Trauminhalt nicht mehr erkennbar. Hier liegt ein deutliches Gefälle vor vom (stärkeren) Unbewußten hin zum (schwächeren) Bewußtsein. Dies sind meist sehr bedeutsame Träume, die unser Bewußtsein erst entziffern muß.
  Beispiel: Frau M. ist eine jung aussehende (und bisher von ihrem Mann sehr abhängige) Frau von noch nicht fünfzig Jahren und sie erzählt von einem Traum, den sie zwei Monate nach dem Tod ihres Mannes (Gehirntumor) hatte. Sie erlebt sich in einem Raum und sieht ein linkes, amputiertes Bein und einen rechten, amputierten Fuß und ein Kruzifix an der Wand. Dessen rechter Arm scheint sich zu bewegen und er deutet mit dem Finger nach rechts unten auf den Boden. - Frau M. erzählt, daß sie plötzlich erschrocken aufwachte und nicht wußte, ob das nun Traum oder Wirklichkeit gewesen war.
  - Ohne auf eine Interpretation näher einzugehen ist festzuhalten, daß Frau M. erklärt, sie könne sich nicht erinnern, an solche zerstückelten Körperteile je zuvor gedacht zu haben. Und unbekannt ist ihr auch, daß in der Mythologie aller Zeiten das Zer-

stückelungsmotiv auftaucht, das meist auf eine "Wiedergeburt auf einer anderen Ebene" verweist.(55)

Diese drei Bedeutungsmöglichkeiten von Träumen kann jeder bei der Beobachtung seiner eigenen Erfahrungen unschwer nachvollziehen, wobei eine Einschränkung zu machen ist bei der zuletzt genannten Art von Träumen, da diese selten sind und meist nur mit besonders kritischen Lebensphasen in Zusammenhang stehen. Mehr an Aussagen darüber erscheint an dieser Stelle nicht angebracht. Jedoch mag trotzdem nachvollziehbar sein, daß der Zusammenhang von Träumen mit Mythen und Märchen offensichtlich ist und daß jede Interpretation eine psychologische Einfühlung voraussetzt, die einer besonderen Kenntnis der Kulturgeschichte und einer besonderen Art von "Welt- und Menschenkenntnis" bedarf. Die archetypischen Bilder einzelner Träume sind vergleichbar den in Mythen und Märchen über lange Zeiträume verdichteten Erlebnissen einer großen Menschengruppe, wobei im Mythos die Verbundenheit von Göttern und Menschen vorherrscht, im Märchen dagegen der religiöse Gehalt der Mythen entkleidet ist.

> *Alle diese Formen, die aus tieferen Bereichen des kollektiven Unbewußten auftauchen, dienen der Herstellung eines seelischen Gleichgewichts des Menschen und sind somit im wahrsten Sinne "gesundheitsdienlich", wie C.G. Jung immer betonte. Wir fühlen uns nämlich von Mythen und Märchen, Sagen und Legenden der Völker deshalb angesprochen, weil sich dort "energetische Grundkonflikte der menschlichen Psyche" aussprechen, die im einzelnen Menschen (wie eben auch in ganzen Völkern) so lange lebendig sind, als eine weitere Entwicklung und neue Gestaltung in gerade dieser Person möglich ist.(56)*

Und im gleichen Maß ist auch die Reflexion einer Biographie - der eigenen oder einer fremden - aufschlußreich im Hinblick auf die Frage, wann bestimmte Lebensereignisse (ein Unfall, eine neue Beziehung, eine Trennung, ein Konflikt) als unausweichlich eingetreten sind. Denn wie der Traum den Zweck haben kann, einen bestehenden Konflikt des Bewußtseins einer symbolischen Lösung zuzuführen,(57) können wir auch bestimmte Lebensereignisse als symbolische Hilfestellung der Kräfte unseres Unbewußten verstehen. Daß Krankheitssymptome als die dem Körper eigene Sprache verstanden werden können, haben wir an anderer Stelle bereits angesprochen. Allerdings setzt ein solches Verständnis den Grundkonsens voraus, daß psychische Entwicklung ebenso wie geistige Entwicklung zum "Wesen" des Menschen gehört und den gesamten Lebenslauf charakterisiert.

4.4 Kommunikative Aspekte einer erweiterten Selbst-Kompetenz

"Mehr und mehr setzt sich die Meinung durch, daß alle Konfliktprobleme in Kommunikationsprobleme überführt werden können und daß sie nur durch eine solche Überführung lösbar werden."(58)
(Heinrich Rombach)

Zur Grundstruktur menschlicher Kommunikation

Durch die Darstellung der unterschiedlichen Tiefenschichten der menschlichen Psyche und durch die so erfolgte Beschreibung der individuellen Sinnwelten ergeben sich zwangsläufig die Schlußfolgerungen für das Verständnis der menschlichen Kommunikation. Versucht man all die vielfältigen Faktoren zusammenzufassen, die für ein vertieftes gegenseitiges Verständnis eine Rolle spielen (können), und die uns zumeist gar nicht bewußt sind, könnte sich leicht Resignation breitmachen; das vielfach im Lebensalltag erfahrbare "Aneinander-Vorbeireden" tut ein übriges. Andererseits gewinnt gerade in beruflichen Bereichen der sozialen Organisationen, in den medienvermittelten Austauschformen der Geschäftswelt oder in den politischen Auseinandersetzungen um gesellschaftliche Wertfindung die Notwendigkeit der Verständigung über das Gespräch immer größere Bedeutung. Die Regelung von Zusammenarbeit und von Konflikten wird als Grundanforderung jeder Führungskraft erkannt, und die angebotenen Seminare zur Gesprächsführung oder Konfliktregelung kommen dabei vielen dieser Bedürfnisse nach. Die Kommunikationstheorien bieten dazu verschiedene Modelle an, mit deren Hilfe eine Einübung in besseres gegenseitiges Verstehen erleichtert werden soll. Wir wollen darauf jedoch nicht näher eingehen, denn auch hier gilt, daß sich die Ansätze aus unterschiedlichen Disziplinen zu einem integrativen Ansatz ergänzen können.(59)
Wir wollen im Zusammenhang mit unserer Darstellung nur auf einige Grundaussagen verweisen und lediglich auf zwei Ansätze zu sprechen kommen, die einmal aus lerntheoretischer Sicht und einmal aus Sicht des menschlichen "Selbstbildes" unsere Ausführungen pragmatisch ergänzen und vertiefen können.
Unsere Darstellung der verschiedenen Wirklichkeitsebenen aller individuellen Welten (vgl. Abbildung 6) hat bereits deutlich gemacht,

daß zum Verstehen des eigenen Selbst und zum Fremdverstehen am besten über die Vielschichtigkeit der Tiefenstrukturen menschlicher Psyche ein Zugangsweg gefunden werden kann. Ist die individuelle Welt vielschichtig, wird zwangsläufig auch menschliche Kommunikation in mehrdimensionalen Strukturen beschreibbar sein. Und so läßt sich auch den beschriebenen drei Ebenen von "Wirklichkeit" eine Kommunikationsstruktur mit drei Hauptschichten in phänomenologischer Beschreibung gegenüberstellen.

- Auf der Ebene (A) der *materiellen Objekte und Zustände* geht es bei einer Kommunikation hauptsächlich um die Mitteilung eines *Sachzusammenhangs*, über den wir uns ein bestimmtes Wissen aneignen können. Es ist das Sachwissen, dessen Auswahl in Lehrplänen und Schulungsmaßnahmen immer schwerer wird, weil es kaum noch überschaubare Ausmaße angenommen hat. Informationsindustrien haben sich bereits entwickelt und ein "Informationsmanagement" versucht, den Umgang damit in einigermaßen steuerbare Abläufe zu lenken.

- Auf der Ebene (C) des *verobjektivierten Wissens* - in den "Aufzeichnungen der Kulturwelt" - werden zwar auch Sachzusammenhänge dargestellt, doch steht hier mehr der *Sinnzusammenhang* von Texten, von Theorien, von Gestaltungen und Darstellungen im Vordergrund. Das "Wissen" ist hier die notwendige Voraussetzung für das "Verstehen", weshalb sich auch der methodische Weg der Hermeneutik damit beschäftigt. Wir haben uns bereits daran gewöhnt, einem Satz aus einem Roman einen anderen Sinnzusammenhang zugrundezulegen als dem Text des Grundgesetzes oder einem Lehrplan an einer Schule.

- Auf der Ebene (B) der *Bewußtseinszustände subjektiver Art* entsteht aus dem Wissen und dem Sinnzusammenhang unserer Wirklichkeitswahrnehmung jene individuelle *Welt*, die nur als Ganzes zu erfassen und deshalb auch nur als Ganzes zu kommunizieren ist. Solches geschieht in "Bildern", die wir tatsächlich erst "sehen" müssen, auch wenn wir sie schon oft gesehen haben. So erleben wir z.B. in der Begegnung mit anderen Menschen, die wir lange schon über den Beruf oder über eine Freundschaft kennen, daß wir plötzlich *ihre wirkliche Welt* wahrnehmen und nun schlagartig vieles von dem verstehen, was uns bisher unbegreiflich oder auch absurd am Verhalten des anderen erschienen ist.

In einer Übersicht dargestellt kann uns diese Abstufung der Wirklichkeit helfen, im gegenseitigen Gespräch, in der beruflichen Auseinandersetzung und im gesellschaftlichen Wertediskurs dadurch eine bessere Verständigung mit dem anderen zu erreichen, daß wir auf diese Weise die gemeinsamen Grundlagen der Diskussion eindeutiger zu formulieren und abzugrenzen vermögen.(60)

Stufe	*Wirklichkeits-ebenen*	*Zusammen-hangsform*	*Wahrnehmungs form*	*Wirlichkeits-form*
III	Bewußtseins-zustände subjektiver Art	Welt	Sehen	Bild
II	verobjektiviertes Wissen	Sinnzusammen-hang	Verstehen	Sinnfigur Text
I	materielle Objekte und Zustände	Sachzusammen-hang	Wissen Erkennen	Sache

Abb. 16: Wahrnehmungs- und Wirklichkeitsformen

Aus dieser Darstellung der Abstufung von Wirklichkeitsebenen und Wirklichkeitsformen - die in drei Stufen von unten nach oben zu lesen sind - wird verständlich, warum die Erfahrung des eigenen Selbst über die Tiefenschichten des Unbewußten nur in Form von "Bildern" möglich ist und warum jeder Versuch einer begrifflich exakten Fassung dieser "Wahrnehmung von Welt" nicht nur scheitern muß, sondern gegenseitigem Verstehen dadurch im Wege steht.

Zum besseren Verstehen des Zusammenhangs von äußerer Situation und innerer Situation der Menschen, so wie sie sich im alltäglichen Gespräch begegnen, ist neben den bisher dargestellten tiefenpsychologischen und phänomenologischen Sichtweisen eine Ergänzung durch die sehr populär gewordene Beobachtungsmethode der Transaktions-Analyse nach Eric Berne hilfreich.(61) Die Grundlage dafür ist der Ansatz der Psychoanalyse nach Freud, doch wurde in der Transaktions-Analyse der triebtheoretische Aspekt durch lernpsychologische Erfahrungstatsachen ersetzt. Und dies war deshalb möglich, weil das psychoanalytische Grundkonzept auch für jede gesunde Persönlichkeit in bestimmten Bereichen Gültigkeit hat. Berücksichtigt man also, daß es sich bei den praktischen Folgerungen durch E. Berne um ein "kybernetisches Modell" handelt, läßt es sich gut in der Praxis zur Kommunikationsförderung einsetzen.(62)
Die Betrachtungsweise der Transaktions-Analyse geht davon aus, daß sich in jedem erwachsenen Menschen die Entwicklungsstadien aus seiner Kindheit und die Internalisierung der Elternrollen (Gewissen) im Verhalten bemerkbar machen. Dabei wird einmal der Ich-Zustand beobachtet, in dem sich der einzelne gerade befindet, und zum zweiten jener Ich-Zustand, der durch einen Wechsel der Position auf Grund der Kommunikationssituation eingenommen wird. Folgende Ich-Zustände sind dabei unterscheidbar:

- Erwachsenen-Ich (-Zustand): Dieser äußert sich in der Kommunikation durch die Zuwendung des Gesichts und durch Anteilnahme an der gegenwärtigen Situation. Die Sprache ist in den Behauptungen vorsichtig (ich glaube, wahrscheinlich), sie präzisiert Fragestellungen und Aussagen (inwiefern glauben Sie, wieso) und zeigt Verständnis für Zusammenhänge.

- Eltern-Ich (-Zustand): Hier ist zunächst ein "fürsorgliches" und das heißt ein natürliches Eltern-Ich von einem "kontrollierenden" Eltern-Ich zu unterscheiden, so wie wir es alle in unserer Kindheit erlebt haben. Ein kontrollierendes Eltern-Ich ist die problematischere Verhaltensweise und diese äußert sich zumeist in "automatischen, reflexhaften, generalisierten Urteilen". So kennen wir alle die Ausrufe: "wie kann man nur!", "so ein Unfug!", "das ist doch alles Pfusch!". Begleitet werden diese Äußerungen durch die Körperhaltungen des Seufzens, des Händeringens oder des in der Erziehung sehr beliebten erhobenen Zeigefingers.

- Kindheits-Ich (-Zustand): Eine Unterscheidung in ein "natürliches", ein "angepaßtes" und ein "rebellisches" Kindheits-Ich läßt sich gut nachvollziehen. Daß wir als Erwachsene auch ein natürliches Kinheits-Ich in unserer Persönlichkeit integrieren und - je nach Situation - auch leben, kann nur in einem positiven Sinne verstanden werden. Die angepaßte Form ist dagegen in der Kommunikation kaum hilfreich, weil es den Gesprächspartner sehr leicht in eine Elternrolle drängt. Der "rebellische" Kindheits-Ich-Zustand äußert sich gern in Verantwortungslosigkeit ("ist mir doch egal") oder in Willkür ("ich tue, was mir paßt") oder in einer Scheinsicherheit ("klar, absolut, unbedingt"). Die entsprechenden Körperhaltungen, von Tränen bis zum Schmollen, vom Wutausbruch bis zum Betteln, vom Entzücken bis zum Augenniederschlagen, sind uns ebenfalls vom Verhalten mancher Erwachsener her bekannt.

Wenn wir uns also schematisch diese verschiedenen Ich-Zustände als mögliche Verhaltensformen in einem Gespräch zweier Menschen vorstellen, dann sind diverse Beziehungsformen (= Transaktionen) möglich. So kann ich zu einem anderen als Erwachsener sprechen und dieser reagiert darauf z.B. auf der Ebene des kindlichen Verhaltens oder auf der kontrollierenden Eltern-Ebene; aber nur dann, wenn er ebenso auf der Erwachsenen-Ebene reagiert, ist in diesem Fall die normale Kommunikation gewährleistet. Laufen die Transaktionen dagegen über Kreuz, dann unterbrechen sie die Kommunikation bzw. "sie setzen eine Reihe heftiger Auseinandersetzungen in Gang".(63)
Mit Hilfe der genauen Beobachtung solcher Verhaltensweisen lassen sich Kommunikationsabläufe gut analysieren und dieses Modell wird dadurch auch zu einem guten Hilfsmittel zur Konfrontation, um Konflikte aufzuarbeiten. Zudem lassen sich auch kollektive, d.h. kulturell verallgemeinerte Verhaltensweisen dadurch erklären, so wenn z.B. ein Träger einer Sozialeinrichtung sich als institutionalisiertes Über-Ich im kontrollierenden Eltern-Ich-Zustand um Angelegenheiten von Mit-

arbeitern kümmert, die einer Entmündigung dieser Erwachsenen gleichkommt.
Vor dem Hintergrund unserer Ausführungen stellt dieses Modell sicherlich nur eine Beschreibung auf einer Verhaltensebene dar, mit der "die gesamte Genese und innere Psychodynamik" der menschlichen Tiefenstrukturen unberücksichtig bleibt. Zieht man diese Überlegungen mit in Betracht, ist die praxisorientierte Anwendung der Transaktions-Analyse zweifellos ein hilfreiches Instrument. Vor allem in der beruflichen Weiterbildungsarbeit mit Erwachsenen konnte ich erfahren, daß durch die Konfrontation mit solchen relativ einfach zu erkennenden Kommunikationsmustern die Sensibilität und das Verständnis für die tiefenpsychologischen Zusammenhänge geweckt wird.

Kommunikation und Selbstbild

Eine weitere Hilfestellung auf dem Weg zu mehr Selbst-Kompetenz kommt ebenfalls aus einem zunächst rein therapeutischen Ansatz. Neben dem für bestimmte Situationen notwendigen "kausalen Deutungsansatz" von Symptomen des menschlichen Verhaltens nach Freud gilt es auch, in einem "finalen Ansatz" in dem "Traumsymbol oder in einem Symptom einen Ausdruck der Gesamtpersönlichkeit zu sehen".(64) Und die zentrale Frage dabei ist, welche Seiten des menschlichen Wesens im jeweiligen Bild ihren gefühlsmäßigen Ausdruck und ihre Darstellung finden.
An dem o.a. Traumbeispiel mit dem Bild der abgetrennten Gliedmaßen könnte man also die betreffende Person fragen, was solch ein Bild für sie in ihrer jetzigen Lebenssituation wohl bedeuten könnte, wenn sie sich in die Gefühlssituation nach dem Erwachen zurückversetze.
Denn im allgemeinen schildern wir uns nur so, wie wir uns selber im Bewußtsein sehen und empfinden. So fragte sich die Frau, nachdem sie den Traum erzählt hatte, immer wieder, warum wohl ihr Mann habe sterben müssen, wo er doch für sie alles bedeutet hatte und in allem so klug war, daß er sogar - als Eisenbahnbeamter - einmal mit einem bekannten zeitgenössischen Philosophen eine ernsthafte Diskussion geführt hatte.

Die Schwierigkeit der Anwendung dieses Instrumentes der Verbalisationstechnik für sich selbst oder in der allgemeinen Beratung (Coaching) besteht darin, wegzuführen von dem, was der einzelne erlebt oder getan hat - denn hier kreisen wir oft endlos im bloßen Beschreiben von bewußten Fakten -, und hinzuführen zu dem, "was das Getane oder Erlebte für ihn selber bedeutet".
Die ausdrückliche Betonung des Gefühlserlebens hat darin ihre Begründung, daß nicht Gedanken an sich zum Problem für den Menschen werden, "allenfalls die Gefühle, die bestimmte Gedanken auslösen".

Es geht somit bei diesem Weg darum, das *Selbstbild* in Erfahrung zu bringen, das wir - über die "äußere Persönlichkeit" hinaus - tatsächlich von uns haben und das wir bewußt anhand erfahrbarer Symptome oder Bilder aus dem Unbewußten zu erkennen und zu korrigieren vermögen. Letztendlich zielt dieser Weg darauf ab, die individuelle Grundstruktur der Persönlichkeit für sich in Erfahrung zu bringen, um ihrer Grundstimmung gemäß in psychischer Stabilität leben zu können. Die Hilfestellung durch Beobachtung der eigenen Gefühlsstimmung bei besonderen Lebensereignissen oder bei besonderen Träumen (wozu das zuletzt geschilderte Traumbeispiel zweifellos gehört) beruht auf der Grundannahme, daß sich Menschen in entscheidenden Augenblicken des Lebens so verhalten, "wie es für ihre gesamte Wesensart charakteristisch ist" und wie dies uns zumeist durch unser Alltagsverhalten verdeckt wird. Darin liegt auch der hilfreiche Aspekt jeder Krise und jedes Lebensereignisses, das wir mit unserer rationalen Überlegung nicht mehr zu begreifen vermögen.

All die verschiedenen Zugangswege, die jeder aus ganz individuellen Präferenzen, Neigungen und Vorlieben für sich ergänzen wird,(65) lassen sich in zwei Schritten zusammenfassen:

- Analyse der *äußeren Situation* einschließlich unserer "äußeren Persönlichkeit" und des bewußten Selbstbildes und
  Analyse der *inneren Situation* mit gefühlsmäßiger Grundstimmung, individueller Grundstruktur (Typlogie), subjektiver "Verzerrungen" der "Wirklichkeit" usw.;

- Erforschung und Auswahl der Wege, die für die jeweilige Lebenssituation eine Anregung für die Feststellung geben können, wo die "individuelle Verzerrung", das "individuelle Böse", die "inferiore Funktion", der "Schatten" usw. zu suchen sind und was schrittweise als veränderbar und ins Leben integrierbar erscheint.

Anmerkungen

1) Jantsch 1984, S. 116.

2) Vgl. Capra 1988, S. 415.

3) Vgl.: Jung, Carl Gustav: Theoretische Überlegungen zum Wesen des Psychischen, in: ders.: Grundwerk. Bd. 2, Olten 1984, S. 68.

4) Vgl. Capra 1988, S. 360 ff.

5) Schrödinger 1989, S. 71.

6) Vgl. dazu: Horkheimer, Max: Autorität und Familie, in: ders.: Traditionelle und kritische Theorie. Vier Aufsätze, Frankfurt 1968, S. 162 ff. - Erstmals veröffentlicht als Allgemeiner Teil des Sammelbandes >Studien über Autorität und Familie<, hg. von Max Horkheimer, Paris 1936.

7) Über wesentliche Ansätze zu einer "Struktur der Persönlichkeit" läßt sich ein Überblick gewinnen bei: Corell, Werner: Persönlichkeitspsychologie. Eine Einführung in die Persönlichkeitssysteme von Freud bis Skinner, Donauwörth 1976. Trotz einer jeweils gerafften Darstellung einzelner Theorien wird sichtbar, daß jeder Ansatz Perspektiven beizutragen vermag, daß aber gleichzeitig ein Ausschließlichkeitsanspruch immer nur hinderlich für eine Weiterentwicklung wirkt. Das zeigt sich z.B. auch in einer "Totalkritik" der psychotherapeutischen Ansätze - die ja jeweils von einer bestimmten Strukturvorstellung der Persönlichkeit ausgehen - wie z.B. bei: Szasz, Thomas: Der Mythos der Psychotherpie, Wien 1982. Dagegen vermag ein erweitertes Wissenschaftsverständnis sehr wohl Vorteile und Mängel einzelner Ansätze der Tiefenpsychologie aufzuzeigen, wie dies geschieht bei: Evers, Tilman: Mythos und Emanzipation. Eine kritische Annäherung an C.G. Jung, Hamburg 1987. Gerade die Arbeit von T. Evers vermag den Zusammenhang von individuellem und kollektivem Aspekt deutlich zu machen und kann so auch auf die politische Dimension einer Persönlichkeitswerdung verweisen.

8) Vgl. dazu: Attems, Rudolf/ Heimel, Franz: Typologie des Managers. Wie Manager Wirklichkeit wahrnehmen und Entscheidungen treffen, Wien 1991. - Bents, Richard/ Blank, Reiner: Der M.B.T.I. Die 16 Grundmuster unseres Verhaltens nach C.G. Jung. Eine dynamische Persönlichkeitstypologie, München 1992.

9) In der wesentlichen Beschreibung der Typen wird hauptsächlich Bezug genommen auf: Jung 1990, S. 27 ff.; diese Taschenbuchausgabe ist für die meisten Leser am ehesten greifbar, um sich mit einer individuellen Vertiefung der Kernaussagen zu befassen. Die Charakterisierung des extravertierten Typus bezieht sich dabei auf die Ausführungen S. 30-39, die des introvertierten Typus auf jene S. 71-77.

10) Bents/ Blank 1992, S. 57.

11) Empirisch nachgewiesen ist, daß etwa 75 % der U.S.-Bevölkerung die E-Einstellung bevorzugen (vgl. Myers-Briggs-Typenindikator 1991, S. 43 bzw. S.61); bei einer (noch nicht repräsentativen) Untersuchung in der BRD ergab sich, daß rd. 59% eine extravertierte Einstellung zum Ausdruck bringen. Eine eigene Untersuchung (n= 68) ergab für E: 63%.

12) Vgl.: Franz, Marie-Louise von/ Hillman, James: Zur Typologie C.G. Jungs. Die inferiore und die Fühlfunktion, Fellbach 1980, S. 7.

13) Vgl. Jung 1990, S. 73 f.

14) Vgl. Jung 1990, S. 36. Solch ein Egoismus zeigt sich z.B. im Berufsalltag bei einem stark extravertierten Denktypus, indem er eine Dienstreise aus völlig eigennützigen Motiven auch für Mitarbeiter plant und arrangiert, ohne überhaupt danach zu fragen, ob es den (von ihm) abhängigen Mitarbeitern paßt.

15) Vgl. Jung 1990, S. 76. So vermag in einem anderen Fall ein introvertierter und sehr idealistisch eingestellter Hochschullehrer in seiner Lehre die höchsten ethischen Prinzipien zu vertreten, ohne sich bewußt zu machen, daß er alle erreichbaren Forschungsgelder nur in persönliche finanzielle Vorteile ummünzt.

16) Vgl.: Jung, Carl Gustav: Psychologische Typen (1923), in: ders.: 1990, S.104-118; hier: S. 113.

17) a.a.O., S. 113.

18) Vgl. dazu im folgenden: Meier 1977, S. 20 ff.

19) Vgl. Attems/ Heimel 1991, S. 53 f.

20) Vgl. dazu: Meier 1977 und: Dieckmann, Hans: Methoden der analytischen Psychologie. Eine Einführung, Olten 1979, S. 260 ff.

21) Jung 1990, S. 35.

22) Vgl. dazu insbesondere: Rombach 1987, S. 300 ff.

23) Vgl. dazu: Rombach 1987, S. 307, wo dargestellt wird, wie eine "vielfach gestufte Willensstruktur die Grundform unseres Handelns" ausmacht.

24) Vgl. Rombach 1987, S. 313.

25) Vgl. Jung 1990, S. 72.

26) Vgl. Meinberg 1988, S. XII.

27) Ohne eine vertiefte Charakterisierung vornehmen zu wollen und eingedenk einer notwendigen differenzierten Interpretation nehme ich als Beispiel den Psychologen Hans Jürgen Eysenck. Seine gesamte Ablehnung des Freudschen Denkansatzes - und erst recht natürlich den von C.G. Jung - hinsichtlich der Charakterisierung des "Unbewußten" drückt sich etwa so aus: "... ein solches Unbewußtes

ist zu absurd, als daß ihm wissenschaftliche Relevanz zukommt". Vgl.: Eysenck, Hans Jürgen: Sigmund Freud. Niedergang und Ende der Psychoanalyse, München 1985, S. 36. - Zum letztgenannten Aspekt: vgl. S. 222.

28) Als Beispiel hierfür wäre Alfred Adler zu nennen, dessen introvertierte Haltung C.G. Jung bereits der extravertierten Haltung Freuds gegenübergestellt hat. Zur Vertiefung wäre etwa zu verweisen auf: Adler, Alfred: Praxis und Theorie der Individualpsychologie, Frankfurt 1974.

29) Jung 1990, S. 74.

30) Vgl. hierzu insbesondere die praxisnahe Typenunterscheidung im Unterrichtsstil bei: Bents/ Blank 1992, S. 157-160.

31) Vgl. Jung 1990, S. 112.

32) Vgl. dazu mit weiteren Erläuterungen: Franz, von/ Hillman 1980, S. 29 ff.

33) Vgl. Meier 1977, S. 43.

34) Franz, von/ Hillman 1980, S. 80.

35) a.a.O., S. 87.

36) a.a.O., S. 87.

37) Vgl. Meier 1977, S. 28.

38) Vgl. Franz, von/ Hillman 1980, S. 97. - Zu den Aspekten des Kollektiven Unbewußten im Zusammenhang mit der NS-Zeit und insbesondere mit C.G. Jungs eigener Problematik beim Umgang mit dieser Bewegung: vgl. Evers 1987, S. 142-153. Zum Schluß seiner Ausführungen stellt Evers fest, daß gerade die Kräfte und Symbole des Kollektiven Unbewußten von den Nationalsozialisten intuitiv der eigenen Sache einverleibt worden waren. "Auf diese psychischen Tiefen, aus denen der Nationalsozialismus sein Gift gebraut hat und aus denen allein daher die Medizin dagegen kommen kann, hat Jung in seinem Werk wie kein anderer hingewiesen. Das Tabu gegenüber diesen Kräften trifft ihn unweigerlich mit."

39) Vgl. Jung 1987, S. 66.

40) a.a.O., S. 69.

41) Vgl. Meier 1977, S. 93; die vom Autor verwendete Abkürzung der Funktionen wurde hier im Zitat durch die Buchstaben des neuen internationalen Codes ersetzt.

42) Vgl.: Wilhelm, Richard/ Jung, C.G.: Das Geheimnis der Goldenen Blüte. Das Buch von Bewußtsein und Leben, 1. Aufl., Köln 1986, S. 53.

43) Vgl. dazu: Neumann, Erich: Tiefenpsychologie und neue Ethik, 3. Aufl., München 1973, S. 68.

44) a.a.O., S. 73.

45) Vgl. a.a.O., S. 79 ff.

46) Vgl. a.a.O., S. 90.

47) a.a.O. S., 100 f.

48) Vgl. a.a.O., S. 125.

49) Vgl. a.a.O., S. 129.

50) Vgl.: Rohr, Richard/ Ebert, Andreas: Das Enneagramm. Die 9 Gesichter der Seele, 2. Aufl., München 1989.

51) Vgl. a.a.O., S. 45. - Zu dieser Typologie liegt auch ein "Typen-Test" vor (2. Aufl., München 1992), der mir weniger hilfreich erscheint. Beim Umgang mit dem Enneagramm erweist sich wie in allen tiefenpsychologischen Bereichen der Grad einer "Hilfestellung" abhängig vom Maß der Offenheit, die der einzelne seinen Schattenaspekten gegenüber aufbringt.

52) Drewermann 1988 (I), S. 270 f.

53) Vgl.: Dieckmann, Hans: Träume als Sprache der Seele. Einführung in die Traumdeutung der Analytischen Psychologie C.G. Jungs, 5. Aufl., Fellbach 1990. - Für den an der Frage interessierten Leser, wie die Perspektive der einzelnen Erklärungsansätze zur Trauminterpretation zu verstehen ist, sei der Hinweis auf Drewermann 1988 (I), S. 72-162, gegeben.

54) Vgl. Jacobi 1978, S. 78 ff.

55) Vgl. a.a.O., S. 143.

56) Vgl. Drewermann 1988 (I), S. 141, bzw. S. 184.

57) Über den Zusammenhang in der Interpretation von Traum, Mythen, Märchen, Sagen und Legenden ist insgesamt zu verweisen auf: Drewermann 1988 (I).

58) Vgl.: Rombach, Heinrich: Die Grundstruktur der menschlichen Kommunikation, in: Orth, E.W. (Hg.): Mensch, Welt, Verständigung, Freiburg 1977, S. 22.

59) Als Standardwerk in den Sozialwissenschaften kann z.B. angesehen werden: Watzlawick, Paul/ Beavin, Janet H./ Jackson, Don D.: Menschliche Kommunikation. Formen, Störungen, Paradoxien, 4. unv. Aufl., Bern 1974. -

Als eine in der Praxis der Weiterbildung sehr hilfreiche Konkretisierung psychologischer Erkenntnisse zur zwischenmenschlichen Kommunikation sind die zwei Bände anzusehen: Schulz von Thun, Friedemann: Miteinander reden. 1. Störungen und Klärungen. Allgemeine Psychologie der Kommunikation, Reinbek 1981. - ders.: Miteinander reden. 2. Stile, Werte und Persönlichkeitsentwicklung. Differentielle Psychologie der Kommunikation, Reinbek 1989. - Im ersten Band geht es um eine "Anleitung zur Selbstklärung" in der Kommunikation, wobei die

Aspekte von "Sachinhalt", "Beziehungshinweis", "Appell" und "Selbstoffenbarung" in einer Nachricht unterschieden werden. Im zweiten Band werden "acht Kommunikations- und Interaktionsstile" vorgestellt, die in einer typologischen Weise beschrieben werden.

60) Die Grundübersicht zu den "Stufen der Wirklichkeit" ist übernommen aus: Rombach, Heinrich: Der kommende Gott. Hermetik - eine neue Weltsicht, Freiburg 1991, S. 90.

61) Berne, Eric: Was sagen Sie, nachdem Sie >Guten Tag< gesagt haben, München 1975. - Aus Absicht einer Kurzdarstellung beziehe ich mich in meinen Ausführungen auf die Interpretation durch: Drewermann 1988 (I), S. 461 ff.

62) Vgl. Drewermann 1988 (I), S. 463.

63) Vgl. a.a.O., S. 467.

64) Vgl. dazu und im folgenden: Drewermann 1988 (I), S. 444 ff., wo eine Darstellung der "gesprächspsychotherapeutischen Verbalisationstechnik" - insbesondere nach Carl R. Rogers - gegeben wird.

65) Daß auch Astrologie ein ernsthafter Zugangsweg zur Selbsterfahrung sein kann, bedarf bei vorurteilsfreien Menschen keiner großen Ausführungen. Nachvollziehbar kann das z.B. sein bei: Riemann, Fritz: Lebenshilfe Astrologie. Gedanken und Erfahrungen, 12. Aufl., München 1990.

Wolfgang Winkler – Die Struktur der Persönlichkeit – München 1993

"GEDANKEN-KARTE" zum 4. KAPITEL

Kapitel 5

Führungsverantwortung und Wertepluralismus - Aspekte für eine gesellschaftliche Zukunft

Leitfragen:
Welcher Zusammenhang von Einzelperson und Gesellschaft ist aufzeigbar?
Wie wirkt sich die Vereinseitigung der Wertsetzung in den gesellschaftlichen Teilsystemen aus?
Was bedeutet "ethische Verantwortung" in der individuellenWelt des einzelnen?

5. 1 Der Vorrang des Individuellen vor dem Sozialen

"Nur in der Assimilation bzw. Integration des archetypischen Materials in die Persönlichkeit des Einzelnen ist die unselige Polarisation zwischen einem - zu Recht bekämpften - >Individualismus<, der nur das bewußte Ich des Einzelnen gelten läßt, und einem ebenso gefährlichen Kollektivismus, der das Ich im Meer des Unbewußten versinken läßt, nachhaltig zu überwinden."(1)
(Eugen Drewermann)

Aus dem Grundverständnis der bisherigen Überlegungen zur Struktur der Persönlichkeit können jeweils konkrete Folgerungen für jeden Lebens- und Berufsalltag gezogen werden. Bei einem evolutionären Begriffsverständnis sind die Folgerungen zunächst jedem *einzelnen* für sich aufgegeben, bevor in Gruppen und Teams, bei Organisationsverantwortlichen und in der Unternehmensführung gemäß den jeweiligen Zielen und Intentionen diese Folgerungen aufgegriffen werden. Die Vernetztheit der individuellen, der sozialen und der organisatorischen Ebene ist aus solchen Überlegungen nicht wegzudenken. Ebenso unzweifelhaft sollte sein, daß durch das Aufzeigen individueller Strukturschichten niemals ein *individualistisches* Menschenbild die Grundlage für das gesellschaftliche Miteinander bilden kann. Das Verständnis je *individueller Sinnwelten* führt gerade von jeder egoistischen Zweck-Nutzen-Moral weg, aber nur dann, wenn die bewußtseinsmäßige Verbundenheit des Menschen mit allen anderen und mit

der ökologischen Basis der gesamten Lebenswelt zur Grundlage eines verbindenden Menschenbildes wird.
Diese Betrachtungsweise ist immer wieder hervorzuheben, weil die "Heilserwartung" von der Organisation und dem Management des Sozialen stets Gefahr läuft, einer "Ideologisierung kollektiver Machtinteressen" Vorschub zu leisten. Gerade wenn die Phänomene der Massenpsychologie zu wenig beachtet werden, führt der "sozialistische Irrtum" der Überbewertung der Gesellschaft gegenüber dem einzelnen oder der "dogmatische Irrtum" des Alleinanspruchs auf Wahrheit sehr leicht zu einem gefährlichen "neuen kollektiven Mythos". Daß dieser aber Gesellschaften nicht in ihrer Entwicklung weiterführt, sondern zerstört, haben wir innerhalb weniger Jahre in den Ländern des europäischen Ostens erleben können.
Umgekehrt zeigt sich im Westen die andere Einseitigkeit eines solchen Mißverstehens eines Menschenbildes, indem die "Ideologisierung kollektiver Machtinteressen" nun nicht so sehr von einer politischen Funktionärselite, sondern von einer vornehmlich durch ökonomischen Erfolg ausgewiesenen elitären Machtgruppe bestimmt wird. Keine zweckrational ausgerichtete Strategie der Marktwirtschaft mit internationaler Konzernverflechtung kann aber aus sich heraus zu neuen kulturellen Wertinterpretationen führen, wenn sie nicht durch "übergeordnete" ethische Grundhaltungen in ihrer Entwicklungsrichtung beeinflußt wird. Auch hier zeigt sich die Vereinseitigung eines gesellschaftlichen Subsystems als Hindernis jeder Weiterentwicklung.

> *Zu diskutieren ist deshalb in allen Fragen von Führungsverantwortung und gesellschaftlicher Zukunft in erster Linie eine bereits alte Einsicht der politischen Wissenschaft, daß ein rein "zweckrational" orientiertes Wirtschaftssystem nicht gleichzeitig von sich aus die Stabilisierung der politischen Werthaltung garantiert. Es hat sich bisher tatsächlich jeweils erwiesen, "daß nämlich Macht und Wohlstand nicht zusammenfallen; daß wirtschaftliche Potenz und gesellschaftlicher Reichtum vielmehr ein Staatswesen genauso unterminieren können wie wirtschaftliche Unfähigkeit und gesellschaftliches Elend; daß schließlich gerade Republiken für die Gefahren des Wohlstandes besonders anfällig sind".(2)*

Ein heute von vielen in seinem Irrtum erkannter Fortschrittsglaube zwingt somit zu neuen Überlegungen für ein tragfähiges Menschenbild. Der ethische Aspekt bei diesem Umdenken ist bereits deshalb unausweichlich vorgegeben, weil wir ebenfalls festhalten müssen, daß eine Reduktion des Lebens und der Werteinstellungen auf eine bloß "materielle Ebene" meist weniger einer Armut und Not entspringt, als viel eher dem Überfluß des Konsums oder der Besitzgier.(3)
Ein erster Irrtum des Fortschrittsglaubens besteht ja in der Behauptung, daß quantitatives Wachstum mit Fortschritt gleichzusetzen sei: zwei Autos in der Familie sind besser als eines; die Hochgeschwindigkeitsbahn mit 250 km/h ist besser als der normale D-Zug mit 160 km/h. Umsatzsteigerung ist an sich schon positiv! Dieser neue Mythos des Bruttosozialprodukts beherrscht noch immer die Gesellschaft, obwohl es über die "Grenzen des Wachstums" heute eigentlich keiner Diskussion mehr bedürfte.
Der zweite Irrtum des alten Fortschrittsglaubens besteht in der Annahme der wissenschaftlichen Planbarkeit von Staat, Wirtschaft und Gesellschaft. Alle so entstandenen Gebilde sind aber im Grunde unfähig, noch auf den einzelnen und sein individuelles Sozialgefüge einzugehen. Denn alle Gruppen haben die Tendenz, das persönliche Beziehungselement "zugunsten des rein kollektiven Elements zu verdrängen". Dieser Tendenz kommt im "Politischen" auf der anderen Seite die Neigung des Individuums entgegen, sich durch den Anschluß an eine Gruppe "die politische Verantwortung" abnehmen zu lassen.(4)
Auch hier zeigt sich, daß jede Entwicklung eines *menschlichen Maßes* bedarf, indem das Individuum so viel Freiheit und Selbstverantwortung wie möglich eingeräumt erhält, und alle übergeordneten gesellschaftlichen Einrichtungen ihre Existenzberechtigung gegenüber dem einzelnen (bzw. den jeweils von diesen Delegierten) zu verantworten haben.
Bei diesen Überlegungen sind wiederum verschiedene horizontale Ebenen der Wirklichkeit zu unterscheiden, wenn es darum geht, einen Konsens für gemeinsame Zukunftsvorstellungen zu finden. Auf der gesamtgesellschaftlichen Ebene hat Erich Jantsch solche Strukturschichten aufgezeigt, die von der *unteren Ebene* der kurzfristigen "taktischen Ziele" (z.B. bei Güterproduktion und Dienstleistung) hin zu einer *mittleren Ebene* der "gesellschaftlichen Funktionen" (z.B. Verwaltungen) und ihrer gegenseitigen Verbindung reichen. Eine

obere Ebene muß dabei die "Gesamtpolitik" für eine Gesellschaft übernehmen, die unter langfristigen Zeitperspektiven die Systemdynamik einer kulturellen Entwicklung mittels Management zu steuern hat.(5) Durch alle Ebenen hindurch läßt sich so auch eingrenzen, welche der zu erfüllenden *Planungsaufgaben* einer Ebene gemäß sind, welche *Zeitperspektiven* (kurz-, mittel-, oder langfristig) zu berücksichtigen sind und welche *Bewußtseinslogik* auf der jeweiligen Ebene vorherrscht. Für jede Führungsverantwortung kann diese Unterscheidung hilfreich sein, weil auf der unteren Ebene z.B. eine klare Dienstanweisung für die Planung der Zusammenarbeit ausreichen wird, während im strategisch mittelfristigen Bereich nur das Leitbild des Koordinators vorherrschen sollte.
Bei dieser rein organisationssoziologischen Überlegung, mit der Erich Jantsch von einem evolutionären Verständnis der Gesamtgesellschaft ausgeht, wirkt als Initiator neuer Impulse wiederum *das Individuum.* Jede Kultur und jede Gesellschaft verdankt die neuen Wertimpulse dem schöpferischen Geist einzelner; daß es in einer hochkomplizierten Gesellschaft wie der unsrigen über den einzelnen hinaus auch des Gelingens von "Gemeinschaftsleistungen" bedarf, steht dem nicht entgegen. Das gemeinsam wachsende Bewußtsein in einer Gruppe addiert ja nicht nur das Einzel-Bewußtsein der Gruppenmitglieder, sondern gestaltet sich (gleichsam auf einer höheren Bewußtseinsebene) als *neue Bewußtseinseinheit*; viele Bürgerinitiativen und Engagements von Nachbarschaftsgruppen können so verstanden werden.

Bleibt noch die Frage, in welcher Richtung und mit welchen Intentionen das Ziel der Fortbildung von Führungskräften ausgerichtet sein muß, will man solche Perspektiven einer Organisationsentwicklung unter Berücksichtigung dieser unterschiedlichen Ebenen umsetzen. Und auch dabei ist zuerst ein in der gesamten sozialwissenschaftlich orientierten Andragogik vorfindbares Mißverständnis auszuräumen. Entsprechend dem für Organisationen erforderlichen hohen Qualifikationsniveau im Führungsbereich ist es selbstverständlich, daß die Fortbildung "nicht auf die Ebene der je individuellen Persönlichkeitsentwicklung von Führungskräften (ihre Eigenschaften, Verhaltensweisen und Einstellungen) begrenzt werden" darf, sondern daß Fortbildung auch "interaktionsbezogene Fähigkeiten - z.B. im Hinblick auf Teamorientierung - sowie strategische Kompetenzen in bezug auf ei-

nen Wandel der eigenen Organisationsstruktur und -kultur umfassen" muß.(6) Die Fortbildung im Managementbereich der Wirtschaft trägt solchen Anliegen seit langem schon Rechnung.
Aber der Bedeutsamkeit einzelner Fortbildungsschwerpunkte ist nach unseren Ausführungen zweifellos auch eine gewisse Rangordnung vorgegeben: Neben einer notwendigen *Sachkompetenz* (d.h. den jeweils erforderlichen Fachkenntnissen) ist die umfassendere Qualifikation einer *Sozialkompetenz* unausweichlich geworden. Beide aber setzen in bezug auf die Werteproblematik des einzelnen wie der Gesellschaft die entsprechend entwickelte *Selbst-Kompetenz* jedes einzelnen voraus. - Die "Sachkompetenz" ist der gesamten technischen Ausstattung eines modernen Schiffes vergleichbar. Die "Sozialkompetenz" entspricht in diesem Fall dem "Ersten Offizier", der für den reibungslosen Ablauf von Technik und Personalzusammenarbeit zu sorgen hat. Die "Selbstkompetenz" schließlich ist im "Kapitän" repräsentiert, der um das Ziel weiß und der für die Zielerreichung auch verantwortlich zeichnet.
Die Bedeutung dieser Selbst-Kompetenz als individuelle Entwicklungsaufgabe in der Gegenwart nimmt deshalb zu, weil die "expansive Phase" der menschlichen Geschichte sich zweifellos ihrem Ende zuneigt. Demgegenüber ist die "lebensintensive Phase" (E. Drewermann) zwangsläufig angesagt, und diese macht eine *andere* Haltung im Verständnis von "Fortschritt" notwendig, die etwa solch globale Zielsetzungen umfaßt wie:
- ein Moratorium des Nachdenkens;
- ein Wegkommen vom Zwang der Geschwindigkeit;
- eine Verlangsamung der Bevölkerungsentwicklung;
- eine Veränderung der Wirtschaftsordnung.(7)

In diesem Sinne kann eine notwendige "Kulturerziehung" bedeuten, daß der einzelne zuerst im eigenen Leben erfährt, wie in seiner seelischen Entwicklung die erste und zweite Lebenshälfte unterschiedliche Gewichtungen und Zielsetzungen im Bewußtsein haben. Auf die Gesellschaft übertragen bedeutet das, daß es in der "lebensintensiven Phase" der Gesamtgesellschaft nicht mehr um "Produzieren" und Produktionssteigerung geht, sondern um die Integration des zivilisatorisch Erreichten in die "geistige und seelische" Entwicklung einer Kultur; und ebenso wird nicht mehr das "Herstellen" der Produkte

und deren "Vernichtung" (etwa in allen Schattierungen der Moden) oberstes Ziel sein, sondern ein qualitatives Wachstum, das dem Menschen eine Lebenserweiterung "nach innen" ermöglicht. Diese Grundaussage läßt sich an jedem einzelnen gesellschaftlichen Problembereich aufzeigen, von der Frage der Müllentstehung und -beseitigung bis zur Planung der Naherholung, von der medizinischen Versorgung bis zur Energiebedarfssteuerung.
Die Chancen für eine Realisierung dieser Entwicklungsaufgaben sind m.E. in einem kaum geahnten Maße gegeben. Wenn wir uns überlegen, welches Know-how, welche Fähigkeiten, welche Intelligenz, welche Kreativität und Schaffenskraft heute im Bereich von Technik und Wirtschaft, von Verwaltung, Planung und Organisation von den dort arbeitenden Menschen eingesetzt werden, dann erscheint die Lösbarkeit von Zukunftsaufgaben zum allergeringsten als ein intellektuelles oder technologisches Problem. Erforderlich wäre "nur", *andere Intentionen* (sprich: Werthaltungen) zur Grundlage der menschlichen Leistungsfähigkeit zu machen, die von einem im weitesten Sinne ökologisch orientierten Konsens getragen sind. - Mir fällt hierzu jene von einem Fernsehproduzenten inszenierte Aktion ein, die es innerhalb kürzester Zeit fertig bringt, mit einem Appell an alle nur denkbaren Bürger und Unternehmer einen Kindergarten, eine Kirche oder sonst etwas Sinnvolles zu errichten. Hier fordert eine verbindende Wertvorstellung den einzelnen heraus und vervielfacht das kreative Potential noch durch das Zusammenwirken einer sich in einer spontan entstandenen neuen Gemeinschaft völlig neu verstehenden Gruppe von mitbeteiligten Menschen.
Warum sollte es also nicht ebenfalls möglich sein, sinnlose Gütertransporte, unverantwortbare Energieverschwendung, endlose Modellvarianten und vieles andere mehr in ein *qualitatives Wachstum* zu verwandeln, das an *wirklichen Bedürfnissen* der Menschen ausgerichtet ist?

Die gesamten bisherigen Ausführungen über das "Selbst" eines Individuums und seine Entwicklung stehen somit nicht unverbunden und isoliert neben der "Institution Gesellschaft" und deren Entwicklungszielen. Der Ansatz aller Überlegungen in dieser Arbeit liegt darin, die unausweichliche Wechselbedingtheit aufzuzeigen, die zwischen Individuum und Kollektiv besteht.

Und deshalb wird die These vertreten, daß alle Gesetzmäßigkeiten aus der Entwicklung des "Selbst" in der von allen einzelnen geprägten Gesamtgesellschaft wiederzufinden sind. Anstelle von "psychischen Funktionen" sprechen wir eben dann von "gesellschaftlichen Subsystemen". Denn im Grunde hat jeder einzelne das in ihm selbst vorhandene Potential des "Produzierens", des "Verwaltens", des "Führens", des "Lehrens", nur an die Institution Gesellschaft delegiert, aufgrund der effizienteren Leistungsfähigkeit einer arbeitsteiligen Gesellschaft. Nur haben wir "einzelnen" inzwischen verlernt, uns für diese "Delegation" mit verantwortlich zu fühlen. Daß die Parallele zwischen Individuum und Gesellschaft nicht bloß eine Metapher darstellt, sondern zur Struktur unserer Wirklichkeit gehört, läßt sich an folgender Überlegung nachvollziehen.
Die allgegenwärtig vorfindbare Auffassung, daß der "Gesellschaft" und den sie repräsentierenden Institutionen allein Realität zugestanden wird, so daß der einzelne nur noch als "Produkt der sozialen Wirklichkeit" zu betrachten wäre, erweist sich als Irrtum einer sich "objektiv" gebenden wissenschaftlichen Denkweise. Auf diesen Irrtum haben viele Klassiker des soziologischen Denkens lange schon aufmerksam gemacht, weil es "die Institutionen" als Realität für sich gar nicht gibt.
"Die sozialen Institutionen sind nirgendwo zu finden als in den Köpfen wirklicher Menschen; die soziale Wirklichkeit besteht aus Ideen, die Menschen voneinander haben."(8) (- Wir alle könnten uns diese Aussage vergegenwärtigen, wenn wir z.B. an einem Sonntag Vormittag durch das Gebäude einer Schule, eines Ministeriums oder eines Finanzamtes gehen würden.-) Das aber bedeutet, daß die kulturellen Institutionen sehr wohl als ein "Ausdruck der menschlichen Seele" verstanden werden können, wie es Max Horkheimer als eine "relativ berechtigte Auffassung" formuliert hat.(9)

Was gewinnen wir durch diese These? Wir erhalten daraus die auch durch logische Schlußfolgerung begründbare "relative Berechtigung", alle unsere Ausführungen zur Selbst-Kompetenz des Individuums, also über den Weg einer individuellen psychischen Entwicklung, in

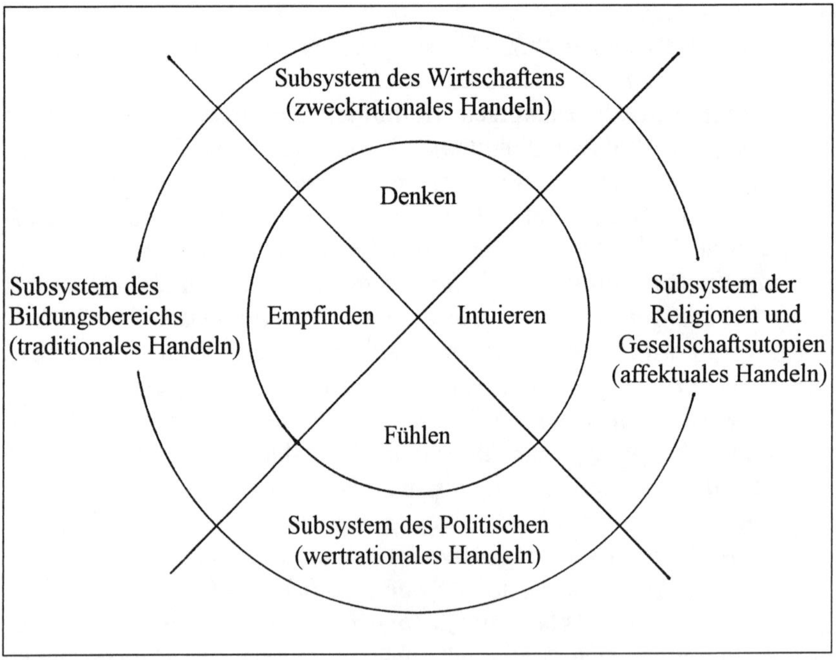

Abb.17: Funktionale Entsprechung von Individuum und Gesellschaft

gleichem Maße auch auf Institutionen und gesellschaftliche Subsysteme anzuwenden. Und wenn wir von der Vereinseitigung einer psychischem Funktion beim Menschen - etwa der *Denkfunktion* - gesprochen haben, dann gelten diese Überlegungen ebenso für das der menschlichen Denkfunktion entsprechende gesellschaftliche Subsystem des "zweckrationalen Handelns", also des *Wirtschaftens,* oder für jenen Bereich der "positiven Erfahrungswissenschaften", der jeweils die naturwissenschaftlichen Grundlagen dafür liefert.
Und die Funktion des *"Fühlens"*, d.h. der Bereich der "subjektiven Wertvorstellung", ist vergleichbar mit dem Subsystem der gesellschaftlichen Prioritätensetzung, also dem, was wir den *politischen Bereich* nennen. Unserer *Empfindungsfunktion* entspricht alles traditionale Handeln, das in jeder Kultur durch das Subsystem des *Bildungsbereichs* von Generation zu Generation "weitergegeben" wird. Schließlich läßt sich die *intuitive* psychische Funktion des Menschen

in ein Entsprechungsverhältnis setzen zu dem, was wir die "Grundmuster" kultureller Entwicklung nennen, die jeweils aus dem *Subsystem der Religionen und Gesellschaftsutopien* herrühren.(10) Diese notwendigerweise "idealtypisch" formulierte These läßt sich (unter Anlehnung an Abb. 14) schematisch so skizzieren, wie es die Abb. 17 zeigt.

Alle vier genannten gesellschaftlichen Subsysteme haben im Bildungsbereich der Gegenwart in bezug auf die *Ausbildung*, die *Bildung*, die *Führung* oder die *Pflege* religiöser Haltungen besondere Prioritäten anzumelden. Das kommt in der Andragogik zum Ausdruck, wenn politische Bildung, kulturelle Bildung, religiöse und berufliche Weiterbildung unterschieden werden.

> *Für unsere Darstellung der Führungsverantwortung in sozialen Organisationen und im Bildungsmanagement bedeutet dieses o.a. Entsprechungsverhältnis von Individuum und Gesellschaft, daß alle Werteproblematik der Gesellschaft zuerst ein individuell zu lösendes Problem darstellt, und daß alle menschliche Vereinseitigung zwangsläufig in einer Vereinseitigung der gesellschaftlichen Subsysteme wiederzufinden ist. Und damit ist der "Vorrang des Individuellen vor dem Kollektiven, des Psychologischen vor dem Soziologischen" als Ausgangsbasis zu nehmen, will man eine Verständigung über den Wertepluralismus erreichen.*

Und deshalb werden in den folgenden Abschnitten jeweils die sich aus der Vereinseitigung gesellschaftlicher Teilsysteme ergebenden Werteprobleme gesondert angesprochen, um den Zusammenhang zur Individualpsyche zu verdeutlichen. Die Folgerungen hat zwar jeder für sich selbst zu ziehen; doch ergeben sich daraus insbesondere für den Bereich der Sozialpädagogik wesentliche Konsequenzen, die sich zuletzt aber wieder als die entscheidende *gesamtgesellschaftliche Herausforderung* erweisen. Wie läßt sich diese Behauptung erklären?

Wir können heute davon ausgehen, daß alle aus gesellschaftlicher Perspektive "Erfolgreichen", alle "Leistungsstarken", sich im jeweiligen gesellschaftlichen Subsytem zu etablieren vermögen. Der vom Staat

bezahlte Geistliche ebenso wie der abgesicherte Parteifunktionär, der Politiker ebenso wie die im politischen Bereich Etablierten, die Techniker ebenso wie die leitenden Angestellten und Manager, die Hochschullehrer ebenso wie die in sozialen Einrichtungen Unabkömmlichen.
Alle diejenigen aber, die beim Wettlauf um Positionen und Anstellungen - aus welchen Gründen auch immer - nicht mit "vorne dabei" sind im globalen Wettkampf unserer Leistungsgesellschaft, fallen aus der systemimmanten Integration (sprich: Einkommen, Status, Prestige) heraus und bleiben (bei etwas Glück) im aufgespannten "sozialen Netz" hängen. Die einen haben noch die Chance der ABM-Maßnahme oder der Umschulung, um selbst aus diesem "Netz" zu entkommen, doch für die anderen gibt es "leider" nicht genügend Arbeitsplätze oder Integrationsmöglichkeiten. Der Akademiker sucht vergeblich eine entsprechende Stelle, die Rationalisierungsverlierer der Wirtschaft bekommen vielleicht noch eine frühe Verrentung, die psychisch Sensiblen und kräftemäßig Überforderten suchen sich entweder zu verstecken oder flüchten in Überschuldung und Drogenabhängigkeit.

Alle diese Letztgenannten stehen im "System Soziale Marktwirtschaft" unter dem Diktat der *ökonomischen* Leistungserbringung; - und hierzu rechnet also beispielsweise nicht die Leistung einer Mutter bei der Versorgung ihrer Kinder. Dieses Diktat hat so zu einer völlig neuen "Werteorientierung" geführt, nämlich zu der "möglichst vollständigen Anpassung des Subjekts an die verdinglichte Autorität der Ökonomie", was uns durch alle sog. "Sachzwänge" immer wieder vor Augen geführt wird. Und nun hat diese die gesamte Gesellschaft beherrschende "Autorität" mit der Macht des Geldes fast alle anderen Werthaltungen beeinflußt oder ersetzt.
Seit dieser Analyse aus der ersten Hälfte unseres Jahrhunderts durch Max Horkheimer läßt sich bis heute noch nicht eine Widerlegbarkeit dieser These erkennen.(11) Und weil die ökonomisch orientierte Werthaltung viele der am "Humanen" ausgerichteten Grundlagen des gesellschaftlichen Zusammenlebens "umgewertet" hat, ergibt sich die (unartikulierte) Folgerung, daß es sich bei den "Arbeitslosen", den "sozial Auffälligen", den "Kriminellen", den rebellischen "Außenseitern" letztlich um "gesellschaftliche Abfallprodukte" handelt, die nun

vom *"Sozialbereich"* aufgefangen werden sollen. Wohlgemerkt, nur aus der Sicht der "ökonomischen Leistungsgesellschaft" sind diese Begriffe zu gebrauchen, und die Parallelen zur Müllproblematik der Industriegesellschaft sind unübersehbar, will man doch auch dabei das Verursacherprinzip nicht wahrnehmen.
Im Grunde aber handelt es sich bei all diesen so betroffenen Menschen um *"Krankheitssymptome" des Gesellschaftssystems selbst*, nämlich um die Symptome einer "inferioren Funktion" dieser Gesellschaft, die diese Schattenaspekte bei sich natürlich nicht wahrhaben will. Das schlechte Gewissen der einseitig quantitativ-materialistischen Wertsetzung des Kollektivs stigmatisiert so einzelne ihrer Glieder, die aber nichtsdestoweniger auch zum Ganzen gehören. Die Stigmatisierung erfolgt nicht in erster Linie weil diese "Glieder" wirklich schwach sind, sondern weil die Ellbogengesellschaft der Mächtigeren, der Stärkeren, der Geschickteren, der Reicheren oder "Glücklicheren" die eigene "inferiore Funktion" oder den "Schattenanteil" nicht bei sich selbst sieht, sondern auf andere, auf einzelne und Gruppen projiziert.(12)
Die Aufarbeitung all dieser Symptome erwartet die Gesellschaft (mehr oder weniger ausdrücklich) nun vom Bereich des "Sozialen", den sie selbst in Wirklichkeit natürlich gar nicht schätzen kann (man betrachte nur die Einstufung in der Einkommenspyramide), weil dieser Bereich sie - die Gesellschaft - ständig an das eigene schlechte Gewissen erinnert.

Wenn nun im folgenden einige besondere Zusammenhänge der Werteproblematik in Verbindung mit den einzelnen gesellschaftlichen Subsystemen besonders herausgestellt werden, *geht es nicht darum, Schuld zuzuweisen und Sündenböcke zu suchen*. Es geht lediglich um die Darstellung und Erhellung struktureller Problemschichten, die sich aus der gegenwärtigen gesellschaftlichen Situation aufgreifen und beschreiben lassen. Welche Schlußfolgerungen daraus für die Führungsverantwortung im jeweiligen Berufs- und Gesellschaftsbereich gezogen werden, kann niemand vorgeben; nur vom einzelnen und von Gruppen kann letztlich ein Weg "gefunden" werden.

5.2 Subsystem Wirtschaft

Berufspädagogik und das Werteproblem

In der Diskussion über "Unternehmensethik" oder humanistisch orientierte Managementschulung ist vielfach auch davon gesprochen worden, endlich "weg von der Wegwerfgesellschaft" zu kommen (R. Affemann). Zweifel am Sinn mancher Tendenzen des Wirtschaftens haben sich mit dem allgemeinen Umweltbewußtsein verstärkt. Trotzdem ist festzustellen, daß sich das ökonomische Prinzip des freien Marktes derzeit scheinbar Ethik und Moral nur so weit leisten kann, als sich solche Werthaltung auch bezahlt macht und die Ziele von Wachstum und Gewinn dadurch nicht allzusehr beeinträchtigt werden. Es hat sich die von Volkswirtschaftlern beschriebene "Grenznutzen-Moral" entwickelt, die aber im Grunde keinen Bezug zu anderen Werthaltungen kennt. Die Berufspädagogik bringt zwar das Thema des "Menschenbildes" in die Diskussion, und die Thematisierung einer "Unternehmenskultur" wird sicherlich auch ernsthaft verfolgt. In der gegenwärtigen Konjunkturflaute jedoch erweist sich, daß neue, leitende Wertvorstellungen nicht zum Tragen kommen, wenn ums wirtschaftliche Überleben und um Besitzstandswahrung gekämpft wird.
Maßnahmen zur Weiterbildung Berufstätiger sprechen zwar die "Entwicklung der Persönlichkeit" an, doch dient die "Qualifizierungsoffensive" im beruflichen Weiterbildungsbereich im Grunde auch nur "dem Betriebsinteresse an optimaler Ausnutzung der individuellen Arbeitskraft" (A. Bolder). Und im Bereich der Führungskräfte haben Untersuchungen ergeben, daß zwischen den "Ist-Zielen" der "großen Organisationen der Wirtschaft" und den persönlich vertretenen "Soll-Zielen" dieser Führungskräfte eine erhebliche Kluft besteht. "Es geht den großen Unternehmungen in erster Linie um wirtschaftliches Wachstum, Steigerung des Gewinns und um den technischen Fortschritt" (L. von Rosenstiel). Die Führungskräfte selbst meinen dagegen, daß die Sicherung der Arbeitsplätze, der Schutz der Umwelt und die Förderung der Persönlichkeit eigentlich vorrangig sein sollten.(13)

Auch hier hat sich also an der dominierenden Werthaltung eines "ökonomischen Fortschritts" bis heute noch nicht viel verändert. Fortschritt wird als ein "Wert an sich" verstanden, der zwangsläufig mit

Marktwirtschaft und Wohlfahrtsstaat einhergeht. Die Frage des Fortschritts als einer zweifelhaften Wertvorstellung wird in diesem Subsystem selbst nicht aufgegriffen. Insbesondere nicht im Zusammenhang mit der sich seit Jahrzehnten abzeichnenden Freisetzung von Arbeitskräften im Produktions- und neuerdings auch im Dienstleistungsbereich. Daß somit die Erkenntnis von der *grundlegenden Bedeutung der Arbeit bzw. der Beschäftigung für die psychische Gesundheit des Menschen* noch keinen Eingang in dieses Subsystem gefunden hat, macht die gesamtgesellschaftliche Problematik nur noch größer.

Wir verweisen nochmals auf drei wesentliche Aspekte der Arbeit:
- auf die Notwendigkeit der *Sicherung der Existenz*,
- auf die Chance zur Übernahme von *Verantwortung* und Umsetzung von Kreativität und
- auf die durch Arbeit bzw. Beschäftigung *sinnerfüllte Lebensgestaltung.*

Gerade das Außerachtlassen dieser Gesichtspunkte macht deutlich, daß das in der Wirklichkeit des Subsystems der Wirtschaft vorgelebte ethische Prinzip mit der Dominanz einer Zweckrationalität letztlich "das Verhältnis zu Werten und Normen in das Utilitaristisch-Kalkulative" verwandelt hat.(14) Durch solchen Kosten-Nutzen-Standpunkt ist aber auch das Demokratieverständnis in Mitleidenschaft gezogen, so daß im gesellschaftlichen Engagement häufig nur noch gefragt wird, "was es denn bringt". Jede Radikalisierung des Marktprinzips im demokratischen Verständnis macht letztlich Geld und Besitz zu den leitenden "Werten", obwohl es sich dabei ja nur um materielle "Lebens-Mittel" handelt. Was wirklich an menschlichen Werten zu den geistesgeschichtlichen Errungenschaften einer Kultur gehört, verkommt dann aber zwangsläufig zur Phrase in Sonntagsreden und somit zur leeren "Werthülle".

Die Systemtheorien vermögen zudem aufzuzeigen, daß der "technische Wirtschaftsprozeß" immer mehr die Menschen "aus ihrer Beteiligung am gesellschaftlichen Prozeß" verdrängt. Jedes Wirtschaftswachstum zur Begegnung der Arbeitslosigkeit bedeutet eine Schraube, "in der sich Arbeitslosigkeit, Inflation, nutzlose Produktion und sinnloser Konsum, Abfall und Pollution in einem positiven Rückkoppelungssystem gegenseitig in die Höhe treiben".(15)

Die tatsächlichen *großen Leistungen* von Technik und Wirtschaft mit allen zivilisatorischen Errungenschaften werden dadurch in keiner Weise geschmälert. Und gerade deswegen ist als Fazit festzuhalten, daß die Vereinseitigung des Subsystems der Wirtschaft und die bedenkenlose Gleichsetzung von Wirtschaftswachstum mit Fortschritt, und von technologischem Fortschritt mit Menschlichkeit, das allgemeine Gleichgewicht gestört haben. Deshalb erfährt auch der einzelne jede gesamtgesellschaftlich verursachte Problematik so, als wäre es allein seine individuell zu lösende Aufgabe, und die dadurch wachsende seelische Belastung führt zwangsläufig zu Abwehrmechanismen, zur Flucht in die Droge, in die Massenunterhaltung, in die Krankheit oder in die Radikalität der "Freizeitgestaltung".
Warnfried Dettling hat die "Krise des Menschen in der Wirtschaftsgesellschaft" in Anlehnung an andere Autoren sehr prägnant skizziert.(16) Danach steuert alles auf ein Zwei-Klassen-System zu. In diesem System steht der Gruppe der "Integrierten" mit Arbeitsplatz, Einkommen, Position und Status die Gruppe der "Desintegrierten" gegenüber, ohne Arbeit, ohne Einkommen, ohne Status und somit ohne Berechtigung, sich als nützliche Glieder der Gesellschaft zu empfinden. Die Symptome der Folgen werden vielerorts heute sichtbar, weil der gesellschaftliche Organismus nicht mehr im Gleichgewicht ist.
Was das für die Führungskräfte in diesem Bereich bedeutet, kann hier nur angedeutet werden, weil niemand dies vorzugeben vermag; es läßt sich nur aus einer veränderten individuellen Haltung heraus finden. Es kann damit beginnen, daß wir uns fragen, wie wir im Betrieb z.B. den weniger "Tüchtigen", weniger "Geschickten" und weniger "Leistungsfähigen" begegnen; wie halten wir es dabei tatsächlich mit der "Anstellungsquote für Behinderte"? Und könnten wir nicht eine andere Definition für "Leistung" und "Leistungsfähigkeit" finden, wenn wir mehr von der individuellen Sinnwelt des einzelnen ausgehen? Schließlich sind immer mehr soziale Dienstleistungen zum Wohle anderer Menschen zu erbringen, bei denen der ökonomische Maßstab der "Produktivität" sinnlos und inhuman wird.

5.3 Subsystem Politik

Politische Bildung und das Werteproblem

Die Schlagzeilen der gesellschaftlichen Situation im Frühjahr 1993 machen es nicht allzu schwer, die "Politikverdrossenheit der Bürger" zu verstehen. Wie will vollends der einzelne z.B. in der sozialpädagogischen Arbeit gegenüber den Abhängigen des Sozialstaates ein bestimmtes Wertebewußtsein vertreten, wenn die Leitbildfunktion der politischen Repräsentanten fehlt? Die zunehmend egoistische Auslegung von "Werten", Normen und vom Demokratieverständnis hat aber wesentliche Ursachen in jenem von den rationalen Wissenschaften mitgeprägten Fortschrittsglauben. Denn in diesem wirkt seit der Aufklärung die Vorstellung mit, daß die Erkenntnisse der wissenschaftlichen Vernunft lehrbar seien und daß die Menschen mit zunehmender Einsicht in die "objektiven" Voraussetzungen und Folgen allen Handelns damit auch schon zur moralischen Verantwortung gelangten. Mit der Ausrichtung auf den "Sozialstaat" glaubte man im politischen Denken mit solchem "Fortschritt" auch den Wohlstand zu mehren. Der Irrtum des Fortschrittsglaubens von solcher Planbarkeit besteht bis heute in der Annahme, daß sich gleichzeitig mit zunehmendem Wohlstand auch die Menschen verändern, und zwar hin zu größerem moralischem Bewußtsein. Daß das nicht der Fall ist, macht das Werteproblem im politischen Leben so schwierig.
Bei einer Diskussion darüber sind deshalb vier wesentliche Überlegungen immer mitzubedenken:

Wirtschaftsmacht und politisches System:
Die zunehmende Konzentration von Wirtschaftsmacht im nationalen und internationalen Bereich führt einerseits zwar über die Steuern zu Finanzierungsmöglichkeiten von Staatsausgaben und "schafft Arbeitsplätze"; gleichzeitig aber steigen die Möglichkeiten der Einflußnahme dieser Wirtschaftsmächte auf das gesamte politische Geschehen, auf das Gesetzgebungsverfahren ebenso wie auf die Anwendung der Gesetzesgrundlagen. Politisches Geschehen wird somit in vielen Entscheidungsprozessen von starken Interessengruppen bestimmt (Atom- und Kraftwerkslobby, Ölmultis, Autokonzerne). Alle nicht so "potent" vertretenen gesellschaftlichen Gruppen sind dadurch benachteiligt.

Zwar wurde von Politikern immer wieder die Auffassung vertreten, "daß es allen in der Bevölkerung gut geht, wenn es der Wirtschaft gut geht", doch verweist die steigende Zahl der Arbeitslosen, der Sozialhilfeempfänger und die gleichzeitig steigende Zahl der Millionäre auf eine gegenteilige Entwicklung.
Unter solchen Gesichtspunkten haben wir bereits angesprochen, daß zumeist jene Erkenntnis der politischen Wissenschaft übersehen wird, die besagt, daß Macht und Wohlstand nicht zwangsläufig zusammenfallen und daß "wirtschaftliche Potenz und gesellschaftlicher Reichtum" ein Staatswesen ebenso "unterminieren können wie wirtschaftliche Unfähigkeit und gesellschaftliches Elend". (17).

Geistige Auseinandersetzung und Politik:
Mit der Dominanz des Wirtschaftsbereichs innerhalb der Gesellschaft ist des weiteren übersehen worden, daß unser gegenwärtiger "Sozialstaat", die Marktwirtschaft und das politische System nicht das Primäre sind, sondern nur das "Endprodukt eines langen Prozesses", an dessen Anfang in der Geschichte immer eine geistige Bewegung stand: Die geistige Errungenschaft der Gewaltenteilung (Montesquieu) oder die amerikanische Unabhängigkeitserklärung (1776) oder die Französische Revolution (1789).
Gerade das zeigt, daß die Verantwortung des einzelnen in der Geschichte immer das Ausschlaggebende war, und daß das, was scheinbar ohnmächtig ist (- man denke an die gewaltlosen Montagsdemonstrationen im Jahr 1989 in Leipzig -), sogar dasjenige zu "stürzen" vermag, was so mächtig erscheint (- also den SED-Staat mit einem riesigen Spitzelsystem -). Deshalb ist der Auffassung von Marion Gräfin Dönhoff in der Wertediskussion insoweit zu folgen, als die Politik in erster Linie "den Dialog, den Widerspruch und den Zweifel" braucht.(18) Vor allem dann, wenn das Ideal der Marktwirtschaft mit dem Fortschritt schlechthin gleichgestellt wird. Geistige Auseinandersetzung ist in einer Demokratie aber nur möglich, wenn auch die (ökonomischen und rechtlichen) Voraussetzungen dafür geschaffen sind und wenn die politisch Führenden seelisch wie geistig dazu fähig und bereit sind, die Diskussion zu suchen und selbst zu führen. Die vorherrschende geistige Armut, die nur noch in "Kategorien von Macht und Erfolg" denkt, übersieht aber, "daß der Mensch ohne metaphysischen Bezug nicht sinnvoll leben kann".

Demokratieverständnis und Politik:
Das Fehlen an geistiger Auseinandersetzung bzw. deren Verhinderung durch entsprechende Machtstrukturen wird auch deutlich am Verhalten vieler politischer Repräsentanten. Der Mißbrauch demokratischer Einrichtungen als privates Versorgungssystem (Subventionsbetrug, Steuerhinterziehung, Sozialhilfebetrug) ist aber nicht nur einigen wenigen anzulasten. Wir sind offenbar alle mit beteiligt. "Individualismus, Freisinnigkeit, Verachtung für die bürgerliche Moral und ein zur Verschwendung und zur Raffgier einladender Geldüberfluß haben ein Klima der Wohlstandsverwahrlosung entstehen lassen, in dem es Stil, Anstand, Moral und Bescheidenheit schwer haben."(19)
Trotzdem ist nicht wegzudiskutieren, daß jede Demokratie auf dem *Vertrauen* beruht, das der Bürger in die Volksvertreter setzt; das ist die Grundlage des Mandats, und das Vertrauen beinhaltet, daß sich gerade der Politiker nicht auf den allgemeinen moralischen Verfall der Gesellschaft berufen kann. Mit dem Mandat hat der Politiker um das Vertrauen der Wähler geworben und zum Ausdruck gebracht, daß er sich um Sachkompetenz und um Recht und Gerechtigkeit bemühen will. Von seinem *persönlichen Verhalten,* von seinem politischen Stil hängt es ab, ob er in der Gesellschaft eine Leitbildfunktion übernimmt. Jede Wertediskussion um Bildung und Erziehung, um Solidarität und Wahrhaftigkeit, um Menschenwürde und Gleichheit vor dem Gesetz, hat nur dann Aussicht auf Verwirklichung in der Gesellschaft, wenn die Vertreter der staatlichen Macht für den Bürger glaubwürdig sind. Diese Bürger müssen sich natürlich auch fragen, wie weit sie ihre moralischen Maßstäbe, die sie an Politikerverhalten anlegen, selbst zu leben bereit sind, denn auch hier ist es psychologisch verständlich, durch Schuldzuweisung von eigenen Ungereimtheiten abzulenken.

Vormachtstellung der Parteien und politische Werteeinstellung:
"Die Parteien wirken bei der politischen Willensbildung des Volkes mit." So heißt es in unserem Grundgesetz, doch auch hier ist zwischen dem "Buchstaben" und dem "Geist" der Interpretation in fast einem halben Jahrhundert eine Kluft sichtbar geworden. Die Parteispendenaffäre der letzten Jahre hat gezeigt, daß Vertreter aller Parteien in ihrer Einstellung zu gesellschaftlichen Grundwerten korrumpierbar sind.

(Es war ein einzelner Finanzbeamter in St. Augustin bei Bonn, der den Stein ins Rollen gebracht hat, weil er nicht akzeptieren konnte, wie Steuerhinterziehung durch die namhaftesten Vertreter aller Parteien nicht nur gedeckt, sondern auch gefördert worden war.) Der Staat - so läßt sich mit Heribert Prantl formulieren - ist inzwischen "zur Beute der Parteien" geworden.(20) Daß diese Einrichtungen aber zu einem "gigantischen Fall der mißbräuchlichen Ausnutzung einer marktbeherrschenden Stellung" werden konnten, liegt nicht nur an der Parteienfinanzierung durch den Staat (direkte und indirekte Leistungen in 1990: über 1 Mrd. DM). Die Auswüchse aus der Vorherrschaft der Parteien im Staat (= Parteienoligarchie) waren vorauszusehen, weil die demokratische Gewaltenteilung durch diese Einrichtungen teilweise umgangen wurde. Geldgeber und -empfänger, Posten- und Machtverteiler und Posten- und Machtempfänger sind eins.

Der Philosoph Karl Jaspers hat schon in den sechziger Jahren auf diese Gefahr aufmerksam gemacht. "Demokratie heißt Selbsterziehung und Information des Volkes. Es lernt nachdenken. Es weiß, was geschieht. Es urteilt. Die Demokratie befördert ständig den Prozeß der Aufklärung." Und deshalb würden sich die Bürger "zuerst an die Besten, die Denkenden, die Urteilsfähigsten, die Sehenden, in der Tat an eine Minorität wenden", wenn diese nicht von der Parteienoligarchie vereinnahmt und zur "Masse" degradiert würden.
"Parteienoligarchie dagegen heißt: Verachtung des Volkes. Sie neigt dazu, dem Volke Informationen vorzuenthalten. Man will es lieber dumm sein lassen. Das Volk braucht auch die Ziele, die die Oligarchie jeweils sich setzt, wenn sie überhaupt welche hat, nicht zu kennen. Man kann ihm statt dessen erregende Phrasen, allgemeine Redensarten, pompöse Moralforderungen und dergleichen vorsetzen. Es befindet sich ständig in der Passivität seiner Gewohnheiten, seiner Emotionen, seiner ungeprüften Zufallsmeinungen."(21)

Wir haben bereits bei den einleitenden Überlegungen zum Verhältnis von Individuum und Kultur auf das Phänomen der Massenpsychologie hingewiesen. Darauf ist nochmals hinzuweisen, denn in allen

Massenerscheinungen erfolgt unausweichlich beim einzelnen eine "Absenkung des geistigen Niveaus", das nun eine Belebung der tieferliegenden "archaischen Strukturen" (aus dem Retikularsystem) erleichtert. Alle politische Demagogie profitiert von dieser Belebung archaischer Schichten, wenn die Anonymität in der Gruppe in erster Linie die Gefühlsbestimmtheit dominieren läßt. Im "Wir-Gefühl" einer Gruppe schwindet zumeist die Intelligenz des einzelnen, weil er sich mehr dem Gruppengeist überläßt, und allzuleicht werden Handlungen deshalb nicht mehr selbst verantwortet. Man beruft sich - stillschweigend - auf die von anderen getragene Verantwortung.

Die Problematik um die Wertediskussion in unserer Gesellschaft wird durch die hier aufgezählten Gesichtspunkte nicht einfacher, aber überschaubarer. Im gesellschaftlichen Subsystem der Politik überwiegt deshalb jeweils das "wertrationale" Handeln im rein soziologischen Sinn, weil immer abzuwägen ist, welche Werte in welcher Reihenfolge akzeptiert oder abgelehnt werden müssen. Dabei genügt es aber nicht, sich nur an der *Legalität*, d.h. der Gesetzmäßigkeit, zu orientieren, sondern eine glaubhafte Werthaltung kann nur von solchen Menschen vorgelebt werden, die sich auch der *Legitimität* ihres Handelns bewußt sind. Legitimität ist aber abhängig von der *Gesamtsituation einer Gesellschaft*, von den *Lebensverhältnissen aller Bürger*, und nicht nur von denen einer kleinen Schicht Privilegierter.
In der Führungsverantwortung wäre zu fragen, wie weit wir uns in der politischen Orientierung und bei der Lösung gesellschaftlicher Probleme auch als Einzelperson verantwortlich sehen, und nicht blindlings auf die anonyme "Verantwortung" der jeweiligen Gruppe vertrauen. Gleichzeitig gilt es bei jeder Kritik und für jede Art von Journalismus, der mit den Fehlern anderer seine Geschäfte macht, sich vor der Gefahr der Selbstgerechtigkeit zu hüten. Die Heroisierung von politischen Repräsentanten auf der einen Seite schlägt allzuleicht ins Gegenteil um, nämlich, den einzelnen um so tiefer in seiner profanen Menschlichkeit bloßzustellen. Eine so erzielte Erniedrigung anderer dient dadurch auch der Relativierung eigener Schwächen.

5.4 Subsystem Bildung

Erziehung, allgemeine Bildung und das Werteproblem

Im Prozeß der "Sozialisation" übernimmt der heranwachsende Mensch die grundlegenden Normen und "kulturellen Muster", wobei sein Entwicklungs- und Reifungsprozeß so verstanden werden muß, daß er aus eigenem Impuls heraus lernfähig und lernbereit ist.
Alles, was in diesem Sozialisationsgeschehen von den Erwachsenen in planvoller Absicht unternommen wird zur Optimierung der kindlichen Entwicklung, wird heute allgemein als "Erziehung" bezeichnet. Diese Erziehungsabsicht beginnt in der Familie (von der Sauberkeitserziehung bis zur Spielzeugauswahl) und wird in den institutionellen Einrichtungen der Gesellschaft (Kinderkrippen, Kindergarten, Schule, Freizeitheim, Berufsbildung, Jugendhilfe, Jugendfürsorge) über den staatlich organisierten Bildungsbereich fortgesetzt.
Problematisch an aller Erziehung ist dabei immer das Verhältnis zwischen den Erwachsenen und den Heranwachsenden, das - weil es "asymmetrisch" ist - als ein "Herrschaftsverhältnis" mißverstanden oder als einseitiges Fürsorgeverhältnis aufgefaßt werden kann. Auslöser für entstehende Probleme ist zumeist eine unterschiedliche Auffassung über den Entwicklungsstand der Reife und der Mündigkeit der Heranwachsenden selbst und über die jeweilige Werthaltung, die von den Erwachsenen bewußt oder unbewußt über Normen und Ziele zugrunde gelegt wird. Alle Erziehung ist deshalb letztlich *Werterziehung*, weil jede Einstellung, alles Tun, Hoffen und Wünschen von bestimmten Werthaltungen des einzelnen oder des Kollektivs geprägt ist.

Der Begriff der "kulturellen Werte":
Alle Werthaltungen entstammen den *kulturellen Werten,* die im abendländischen Bildungsdenken ein Verständnis vom "Eigen-Wert" jedes Menschen hervorgebracht haben. Im Grundgesetz wird dieser Wert als die "Würde des Menschen" bezeichnet. Und nach diesem Verständnis ist der Mensch nicht nur ein Teil der Natur, sondern mit dieser zusammen ein Ganzes, etwas also, das sich jeweils nur durch Abstufungen des Bewußtseins unterscheidet.

Erst unter Zugrundelegung eines solchen Menschenbildes sind wir gegenwärtig in der Lage, das Werteproblem im Zusammenhang mit der Erziehung und Bildung des Menschen vertieft zu untersuchen.
Die Werthaltung in der Wirtschaft (z.B. Produktion und Konsumanreiz), die Wertvorstellungen in der Politik (Subventionsförderung, Gestaltung von Sozialleistungen) und die wertbestimmten Ziele einer Erziehung (zum Umweltbewußtsein oder zur Solidarität) lassen sich in einer Rangfolge erst beurteilen, wenn man sich über die Schichtenfolge dieser Wertebenen (aufgrund eines bestimmten Menschenbildes) verständigen kann. Erst die Einsicht in die Vielschichtigkeit ethischen Verhaltens läßt die gegenwärtige Einstellung der westlichen Zivilisation als eine "statische Ethik" erkennen, in der das Pochen auf Rechte dominiert. Dabei zeigt sich auch die wechselseitige Verbundenheit zwischen Individuum und Gesellschaft.
Der Begriff des "Wertes" läßt sich im weitesten Sinn beschreiben als "ein von den Menschen als übergeordnet Anerkanntes, zu dem man sich anschauend, anerkennend, verehrend, strebend verhalten kann".(22) Somit ist jeder "Wert", den der einzelne als solchen schätzt, einer bestimmten "Wertschicht" zuzurechnen (vergleichbar der sog. "Bedürfnispyramide" nach A. Maslow). Auf einer untersten Schicht lassen sich z.B. alle naturwissenschaftlichen und technischen Aspekte zur Schaffung und Sicherung der Existenzgrundlagen einordnen. Dann folgt die Wertschicht des gesellschaftlichen Bereichs, in der das Zusammenleben der Menschen im Vordergrund steht. Darüber steht eine Schichtung, die sich aus dem geisteswissenschaftlichen Zusammenhang der kulturellen Dimension aller Bewußtseinsleistungen aufbaut. Und schließlich besteht eine Wertschicht des "Totalzusammenhangs" der Fragen nach dem menschlichen Sein (bzw. Sinn), wie sich diese in Philosophien, in Religionen und Gesellschaftsutopien zum Ausdruck bringen.

Werterziehung und Gesellschaft:
Der Grundprozeß jeder "Sozialisation" besteht in der Tradierung soziokultureller "Werte", wobei jeweils ein "gesellschaftlicher Zwang" auf den Heranwachsenden einwirkt, der wiederum bestimmt wird durch die ökonomische Struktur der Familie bzw. der diese beeinflussenden gesellschaftlichen Wirtschaftsstruktur. Eine entscheidende Grundlage aller Erziehung ist dabei die "Kernfamilie" - ein relativ

weit zu fassender Begriff -, die eine Art "Umschlagstelle" für die "in einer Gesellschaft herrschenden Wertsysteme" darstellt. Das "Modell" dieser Kernfamilie kann sehr vielfältig gestaltet sein, kommt letztlich aber "in allen bekannten Erziehungs- und Familiensystemen" vor.(23)

Da "Werte" einen abstrakten Begriff darstellen, können sie nur handelnd verwirklicht und symbolisch vermittelt werden. Es wurde in der gegenwärtigen Gesellschaft übersehen, daß Heranwachsende nur mit *"gelebten Werten"* vertraut gemacht werden können, so daß die Diskrepanz immer sichtbarer wird, die zwischen verbal proklamierten und den tatsächlich im Handeln realisierten Werthaltungen im Menschen entsteht. Das Entstehen dieser Diskrepanz ist ein tiefenpsychologisch aufweisbares Phänomen, das mit der Verdrängung menschlicher Grundtriebe zu tun hat, die vom Kollektiv nicht anerkannt werden. Die vom Menschen erworbene Werthaltung (übernommen oder selbstgestaltet) bestimmt sein Handeln. Dieses Handeln wird von der jeweiligen Lebenssituation geprägt, die wiederum bestimmt wird durch:
- die Dringlichkeit der Lebensproblematik (z.B. Existenzsicherung);
- die persönliche Erfahrung aus Erziehung und Lebensgestaltung;
- den Stand individueller Bildung (d.h. der Bewußtseinsentwicklung).

Darauf haben wir im Rahmen der "Raum-Zeit-Perspektive" menschlicher Lebenssituation bereits hingewiesen (vgl. Abb. 2). Deshalb gilt es für alle Werterziehung zu beachten, daß die Existenzgrundlagen der Heranwachsenden gesichert sind, daß Ausbildung, Führung, Bildung und Erziehung nicht nur einseitig kognitiv, sondern lebensnah und emotional unterstützend erfolgen und daß sich jeder entsprechend seinen individuellen Fähigkeiten entwickeln und entfalten kann.

Kreativität und mitmenschliche Beziehung als Basis der Wertvermittlung:
Erziehung und Bildung heißt letztlich, dem einzelnen zu der in ihm angelegten inneren Gesamtstruktur zu verhelfen. Dabei wird davon ausgegangen, daß jeder Mensch eine Tendenz zur inneren Entwicklung in sich verspürt, die ihn veranlaßt, *rezeptiv* Wissen und Erfahrung zu integrieren und *spontan* Neues zu gestalten. Das Schöpferische im Menschen - auch Kreativität genannt - läßt sich allerdings

nicht "machen" oder erzwingen. Es bedarf der Förderung durch Gestaltung der äußeren Bedingungen, die von Carl R. Rogers beispielsweise beschrieben werden als "psychische Sicherheit und Freiheit".

Psychische Sicherheit entsteht, wenn der einzelne sich "als bedingungslos wertvoll" akzeptiert fühlt, wenn er sich in einem Klima erlebt, "in dem keine Wertsetzung von außen erfolgt" und wenn ihm "Empathie" (Einfühlung) entgegengebracht wird. Als *psychische Freiheit* bezeichnet Rogers jene Situation, wenn "ein Lehrer, Elternteil, Therapeut oder ein anderer Mensch in fördernder Funktion dem Individuum völlige Freiheit des symbolischen Ausdrucks erlaubt", weil nur so Kreativität gefördert wird. Werthaltungen bedürfen immer eines stabilen Selbstaufbaus, sei es durch kritische Übernahme, sei es durch individuelle Selbstgestaltung. Die unterstützende Rolle der Erwachsenen ist dann optimal, wenn

- diese selbst authentisch und glaubhaft sind, indem sie auch ihre wirklichen Gefühle zeigen und Fehler und Schwächen einzugestehen in der Lage sind;
- sie den anderen ehrlich akzeptieren und als eigenständiges Individuum annehmen;
- Einfühlung besteht, "den anderen und seine Welt mit seinen Augen zu sehen".

Erst unter solchen Bedingungen wird der andere in dieser Beziehung

- mehr Aspekte über sich erfahren, die er bisher verdrängt bzw. unterdrückt hat;
- sich als stärker integriert erfahren und so mehr Sicherheit gewinnen, selbst zu agieren;
- sich viel eher gemäß seiner eigenen Grundstruktur entwickeln und fähig sein zur Selbstdarstellung;
- "mehr Selbständigkeit und Selbstbewußtsein zeigen";
- verständiger werden gegenüber anderen und selbst mit eigenen Problemen besser umgehen lernen. (24)

In der Führungsverantwortung des Bildungsbereichs hätten wir uns beispielsweise zu fragen, wir wir selbst die vermittelte Werthaltung leben und wie wir unsere gesellschaftlichen Privilegien wahrnehmen und auf die Bedürfnisse anderer besser abstellen können.

5.5 Subsystem der Religionen und Gesellschaftsutopien

Kulturentwicklung und das Werteproblem

Zum Grundverständnis der Werte in einer Kultur ist immer die Geistesgeschichte des Religiösen der Menschheit mitzubedenken. Deren Entwicklung zeigt, daß sich dabei zwar das Bild vom Menschen gewandelt hat, daß aber in allen Hochkulturen das Religiöse die Grundlage für spätere kulturelle Werte bildet. Religiosität ist dabei in einem weit gefaßten Verständnis als eine Antwort auf die Frage nach dem Sinn des Daseins zu verstehen.

"Werte" lassen sich auch beschreiben als "kulturspezifische Maßstäbe, an denen sich Menschengruppen orientieren".(25) Dabei sind entsprechend der menschlichen Grundstruktur sowohl Trieb-"Werte" (als Naturanteil) als auch kulturelle Werte (als Anteil des Bewußtseins) zu unterscheiden. Alle natürlichen Triebe des Menschen (wie Hunger, Sexualität, Aggression) sind dabei in jeder Kultur durch Erziehung auf irgendeine Weise "überformt", also nur noch im eingeschränkten Maße als "natürlich" zu bezeichnen. Weil jede Kultur die Einhaltung von Werten sozial sanktioniert, stellt das Wertesystem einer Kultur ein "dirigierendes Zentralsystem" für die Handlungen des Menschen dar. Und daraus läßt sich auch ersehen, daß jede Kultur über ein für diese spezifisches Wertesystem verfügt, wie auch für soziale Schichten (Arbeiter, Akademiker) oder Subkulturen (Hafenarbeiter, Stadtstreicher, Yuppies) jeweils ein spezielles Wertesystem feststellbar ist. Kulturelle Werte haben bestimmte Eigenschaften, so etwa: einen universalen Geltungsanspruch, eine nicht weiter hinterfragte Selbstverständlichkeit, eine Entlastungsfunktion.

Das jeweilige Wertesystem stellt somit einen von außen wirkenden Faktor für die "Enkulturation" des Menschen dar und ist gleichzeitig - durch Erziehung und Sozialisation - ein bedeutsamer Faktor für die "innere Struktur" des Menschen, weil er im Laufe seiner Entwicklung das Wertesystem in seiner Persönlichkeitsstruktur verinnerlicht. Auf diese Weise bekommt der einzelne eine Handlungssicherheit - er weiß praktisch, was er zu tun oder zu lassen hat -, so daß man nicht von einer "Meinung" über Werte sprechen darf, sondern von umfassenden wertspezifischen Verhaltensweisen oder "Einstellungsbündeln" (sog. cluster).

Die individuelle Problematik im Leben eines Menschen wird immer dann offenbar, wenn er im persönlichen Verhalten vom Wertesystem seiner Kultur abweicht, weil er (zumeist unbewußt) dem Gefühl nicht entkommt, dies der Gesellschaft gegenüber vertreten oder rechtfertigen zu müssen. Dabei kann die Angst vor Mißbilligung und sozialer Sanktionierung dazu führen, daß er seine eigenen Gefühle oder Werthaltungen verdrängt und unterdrückt. Er geht dann mit den anderen, der Mehrheit oder bestimmten Strebungen, konform und wird sehr leicht zum "Mitläufer". Sobald jedoch die kulturellen Werte nur noch blindlings übernommen und nachgeredet und nicht mehr mit eigenem Leben erfüllt werden, entstehen leere "Werthüllen", die von jeder Führungsgruppe und jedem Demagogen leicht zu mißbrauchen sind.

Die Tatsache, daß in allen Kulturen sich die Einstellungen zu den "Werten" im Laufe der Geschichte verändern, ist letztlich immer auf die "Initiative" oder die "geistige Leistung" oder auf die "Haltung" einzelner großer Persönlichkeiten zurückzuführen. Jede Gesellschaft hat jedoch diese "großen einzelnen" zuerst immer bekämpft und abgewehrt, weil diese ja ein *bestehendes* Wertesystem - auf das sich alle berufen konnten - in Frage stellten. Leitfiguren und einzelne Führungsschichten oder -gruppen haben somit die jeweiligen Werte neu gelebt und entsprechend ihrer individuellen Sinnwelt anders definiert und haben so langfristig einen Einstellungswandel bewirkt.
Deshalb läßt sich nachvollziehen, wie sich in der Menschheitsgeschichte über lange Zeiträume bestimmte "Grund-Werte" herausgebildet haben, die wir heute allgemein anerkennen als: Freiheit, Frieden, Gerechtigkeit, Solidarität, Wahrheit, Nächstenliebe. Auf diese Grundwerte bezogen läßt sich somit heute weniger von einem Wertewandel sprechen, als vielmehr von einer veränderten Einstellung der Menschen dazu, weil jede Epoche das Werteverhältnis und die Wirklichkeit anders beurteilt.(26)
Wenn heute von einer zunehmenden Individualisierung innerhalb der Gesellschaft gesprochen wird, so bedeutet das im Sinne unserer Überlegungen, daß der einzelne immer mehr gefordert ist, den jeweiligen Wertemaßstab *in sich selbst* zu finden. Vielleicht erzwingt dabei die Gefahr einer "Überforderung" des Menschen eine Annäherung in der Verständigung und der gemeinsamen Lösungssuche.

Festzuhalten ist jedenfalls noch, daß es in keiner Gesellschaft ein "geschlossenes Wertsystem" gibt, daß sich also Werte überschneiden oder miteinander konkurrieren, weil:

- Werte historisch entstanden sind,
- Leitfiguren jeweils neue Orientierung anstoßen,
- ein Zusammenhang mit den ökonomischen Grundlagen einer Gesellschaft besteht.

Werthaltungen werden in jeder Kultur tradiert, müssen also jeweils von der Elterngeneration "gelehrt" und von der hineinwachsenden Generation "erlernt" werden. In diesem Zusammenhang sind erst solche Begriffe zu verstehen wie: Sozialisation, Enkulturation oder Internalisierung (d.h. Verinnerlichung). Jede bestehende Gruppe hat dabei ein bestimmtes Interesse und eine bestimmte "effiziente Erwartungshaltung". Dabei kann man auch in einem positiven Sinn von einer "Konditionierung" sprechen, die den Menschen zu realitätsangepaßtem Verhalten befähigt. Diese "Konditionierung" ist die Ursache dafür, daß "Werte" zu den "besonders tief internalisierten psychischen Beständen" gehören.
Alle "Werte" sind jedoch abstrakt, so daß sie nur im Handeln des Menschen eine Konkretisierung erfahren; diese erst ermöglicht eine "Begreifbarkeit". Begreifbarkeit ist ein sinnliches Phänomen, weshalb alle Vermittlung von Werten symbolisch erfolgt und Symbole schafft. So kann die Fahne einer Nation ein Symbol für Freiheit sein oder das Ordenskleid ein Symbol für Gewaltlosigkeit und Armut. Wegen dieses Wertzusammenhangs sind Symbole in Form und Bedeutungskomplexität ebenfalls kulturspezifisch. Da sich nun die Einstellungen zu Werten verändern und die Realität eine eigene Systematik entwickelt, stimmen Symbol- oder Wertesysteme nie ganz mit der jeweiligen Wirklichkeit überein. Das führt sehr leicht zu einer gewissen "Doppelbödigkeit" im Gesamtwertesystem, weil man z.B. im Sinne gewisser Werte wie Solidarität oder Treue an den Symbolen festhält (z.B. an "Hammer und Sichel"), in Wirklichkeit aber durch Streben nach Macht, Einfluß oder Geld diese Werte innerlich aushöhlt.

Immer dann, wenn Symbole nicht mehr den tatsächlich gelebten Werten entsprechen, wenn sie sich praktisch verselbständigt haben (etwa: "der Fahne folgen", sich dem "Kreuz" unterwerfen), besteht die

Gefahr, daß sich der Mensch in seinem Verhalten "nur noch an den Symbolen und nicht mehr an der Realität" orientiert.
Deshalb muß jeder Mensch für sich lernen, zwischen den sog. Wertanforderungen der Gesellschaft, den von religiösen Gruppen und weltanschaulich ausgerichteten Organisationen vertretenen Symbolen und den jeweiligen Lebenssituationen *eine eigene Werthaltung* aufzubauen. Das ganze existentielle Problem des Menschen entsteht somit aus der Werteaneignung einerseits und der Werteinterpretation im Sinne einer Veränderung der eigenen Einstellung andererseits.

Alle Werthaltung ist somit immer eine Herausforderung an die "individuelle Sinnwelt", d.h. an die Grundstruktur des Menschen. Diese Herausforderung entspricht dem Weg des einzelnen zur Selbst-Kompetenz, und einige dieser Wege zu beschreiben, war die Absicht dieser Arbeit. Die Findung des Weges bleibt Aufgabe des einzelnen, und dieser wird - was auch für jede gemeinsame Wertefindung in der Gesellschaft gilt - sich künftig weniger an einer "idealisierten Vollkommenheit des Bewußtseins" orientieren können; nur allzuleicht wird sonst nämlich der Zusammenhang zum kreatürlichen Aspekt des Menschen übersehen. Jedes Verständnis von "Ganzheitlichkeit" wird deshalb nicht nur die biologische, sondern auch die psychische Rückbindung an die Struktur unserer Ahnengeschichte zu berücksichtigen haben.
Deshalb wird eine "neue Ethik" an diesem Verständnis ansetzen müssen.(27) Dabei mag eine "illusionslosere Erkenntnis der menschlichen Gesamtnatur" das Selbst-Verstehen fördern und dazu verhelfen, auch insoweit aufgeschlossener gegenüber jedem "Fremdverstehen" zu sein. Die erforderliche Offenheit eigener Einstellungen kann uns dabei befähigen, dem anderen Menschen - insbesondere als unserem Mitarbeiter - in Kommunikation, Kooperation und Konfliktlösung anders - und das heißt menschlicher - zu begegnen. So wird auch ein "Umdenken über die Wirklichkeit" nicht zuerst und allein vom Verstand getragen sein, sondern von der Bereitschaft, sich auf neue Erfahrungen des Zusammenhangs von Individuum und Gemeinschaft einzulassen.

Anmerkungen

1) Drewermann 1988 (I), S. 296.

2) Vgl.: Arendt, Hannah: Macht und Gewalt, München 1981, S. 14 f.

3) Vgl. Jantsch 1984, S. 330.

4) Der Begriff der "Beziehung" ist hier besonders aus dem philosophischen Denken von Martin Buber zu verstehen. Vgl. dazu: Buber, Martin: Das dialogische Prinzip, 5. durchges. Aufl., Heidelberg 1984, S. 275 bzw. S. 243.

5) Vgl. Jantsch 1984, S. 362 f.

6) Vgl.: Thiel, Heinz-Ulrich/ Schiersmann, Christiane: Fortbildung, Supervision und Organisationsentwicklung mit Führungskräften, in: Grundlagen der Weiterbildung, 4. Jg., 1/ 93, S. 34.

7) Vgl. dazu die Gesamtdarstellung bei: Drewermann, Eugen: Der tödliche Fortschritt. Von der Zerstörung der Erde und des Menschen im Erbe des Christentums, 3. Aufl., Freiburg 1991(b).

8) Vgl. dazu die Überlegungen des Soziologen C.H. Cooley, die interpretiert und differenziert werden bei: Francis, E.K.: Wissenschaftliche Grundlagen soziologischen Denkens, 2. Aufl., Bern 1965, S. 33.

9) Vgl. Horkheimer 1968, S. 178.

10) Zur soziologische Fundierung ist zu verweisen auf: Bühl, Walter L.: Einführung in die Wissenschaftssoziologie, München 1974, S. 21 ff. - Zum Wechselwirkungszusammenhang von Individuum und Gesellschaft ist zu verweisen auf: Winkler 1989, S. 289 ff.

11) Vgl. Horkheimer 1968, S. 204.

12) Gegen diese Feststellung spricht nicht, daß es auch spekulative Nutznießer gibt, die das "soziale Netz" bestens auf Kosten der Allgemeinheit auszunützen verstehen.

13) Vgl. dazu: Rosenstiel, Lutz von/ Einsiedler, Herbert E./ Streich, Richard K.: Wertewandel als Herausforderung für die Unternehmenspolitik, Stuttgart 1987, insbes. S. 35-50.

14) Vgl. dazu: Heitmeyer, Wilhelm: Schneller, härter, unkalkulierbarer. Desintegration erzeugt Gewalt, in: SZ v. 6./ 7. 3. 93, Nr. 54, S. 17.

15) Vgl. Jantsch 1984, S. 379.

16) Vgl.: Dettling, Warnfried: Jenseits von Markt und Macht - Die Krise des Menschen in der Wirtschaftsgesellschaft, in: Olk, Thomas/ Otto, Hans-Uwe

(Hg.): Der Wohlfahrtsstaat in der Wende. Umrisse einer zukünftigen Sozialarbeit, Weinheim; München 1985, S. 53-60.

17) Vgl. Ahrendt 1981, S. 14 ff.

18) Vgl. dazu: Dönhoff, Gräfin Marion: Die Politik braucht den Dialog, den Widerspruch und den Zweifel, in: *Die Zeit*, Nr. 2, v. 4.1.1991, S. 1.

19) Vgl. den Leitartikel von: Schröder, Dieter: Demokratie und Stil, in: SZ, Nr.64, v. 18.3.93, S. 4.

20) Vgl. dazu: Prantl, Heribert: Das Bad im Drachenblut. Der Staat als Beute der Parteien: Politiker scheinen strafrechtlich unverwundbar zu sein, in: SZ, Nr. 18, v. 23./ 24.1.93, S. I.

21) Jaspers, Karl: Wohin treibt die Bundesrepublik?, München 1966, S. 140.

22) Vgl.: Philosophisches Wörterbuch, begr. von Heinrich Schmidt, 21. Aufl., neu bearb. von Georgi Schischkoff, Stuttgart 1978, S. 746.

23) Vgl.: Claessens, Dieter: Familie und Wertsystem. Eine Studie zur "zweiten, sozio-kulturellen Geburt" des Menschen und der Belastbarkeit der "Kernfamilie", 4. durchges. Aufl., Berlin 1979, S. 26.

24) Vgl. dazu: Rogers, Carl R: Entwicklung der Persönlichkeit. (...), 4. Aufl., Stuttgart 1983, S. 48-52, bzw. S. 346-349.

25) Vgl. dazu im folgenden: Claessens 1979, S. 30-53.

26) Vgl.: Hentig, Hartmut von: Werte und Erziehung, in: Cribblez, Lucien/ Gonon, Philipp (Hg.): Ist Ökologie lehrbar?, Bern 1989, S. 40-63; hier: S. 49.

27) Vgl. dazu: Neumann 1973, S. 90 ff.

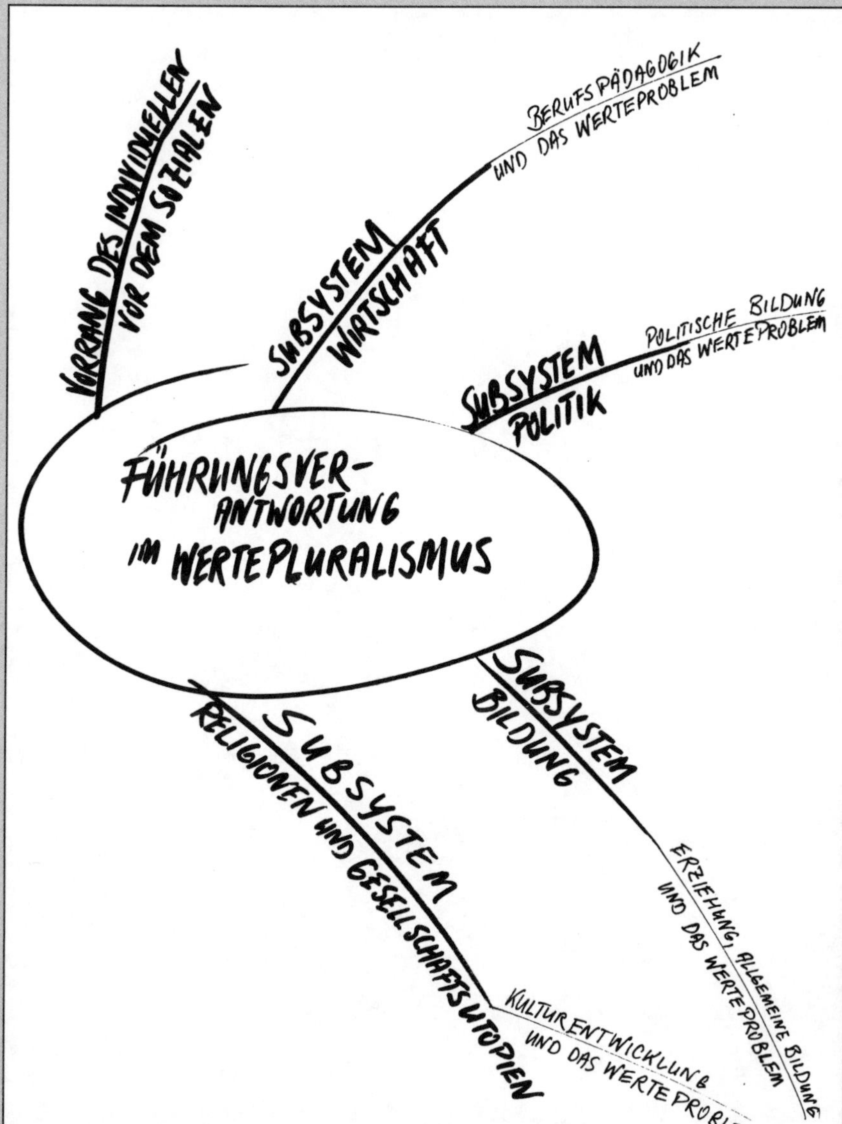

"GEDANKEN-KARTE" zum 5. KAPITEL

Literaturverzeichnis

Adler, Alfred: Praxis und Theorie der Individualpsychologie, Frankfurt 1974.

Adorno, Theodor W.: Erziehung nach Auschwitz. - Stichworte. Kritische Modelle. 2, Frankfurt 1969.

Allport, G.W.: Gestalt und Wachstum in der Persönlichkeit, Meisenheim 1970.

Amery, Carl: Das Ende der Vorsehung. Die gnadenlosen Folgen des Christentums, Reinbek 1972.

Anders, Günther: Die Antiquiertheit des Menschen. Bd. II, 3. Aufl., München 1984.

Arendt, Hannah: Macht und Gewalt, 4. Aufl., München 1981.

Arnold, Rolf: Deutungsmuster und pädagogisches Handeln in der Erwachsenenbildung. Aspekte einer Sozialpsychologie der Erwachsenenbildung und einer erwachsenenpädagogischen Handlungstheorie, Bad Heilbrunn 1985.

Arnold, Rolf: Betriebspädagogik, Berlin 1990.

Arnold, Rolf (Hg.): Taschenbuch der betrieblichen Bildungsarbeit, Baltmannsweiler 1991.

Arnold, Rolf/ Müller, Hans-Joachim: Betriebspädagogik und Organisationsentwicklung - ein Verhältnis besserwisserischer Konkurrenz oder erfolgreicher Kooperation?, in: Arnold 1991, S. 16-28.

Attems, Rudolf/ Heimel, Franz: Typologie des Managers. Wie Manager Wirklichkeit wahrnehmen und Entscheidungen treffen, Wien 1991.

Bardmann, Theodor M./ Franzpötter, Reiner: Unternehmenskultur. Ein postmodernes Organisationskonzept?, in: Soziale Welt, Nr. 41, 1990, S. 424 ff.

Beck, Ulrich: Risikogesellschaft. Auf dem Weg in eine andere Moderne, Frankfurt 1986.

Beck, Ulrich: Der Zweifel - eine Lebenskunst. Plädoyer für ein aufklärerisches Prinzip der modernen Gesellschaft, in SZ, Nr. 21, v. 27.1.93, S. 13.

Benesch, Hellmuth: Warum Weltanschauung. Eine psychologische Bestandsaufnahme, Frankfurt 1990.

Bents, Richard/ Blank, Reiner: Der M.B.T.I. Die 16 Grundmuster unseres Verhaltens nach C.G. Jung. Eine dynamische Persönlichkeitstypologie, München 1992.

Berger, Peter L./ Luckmann, Thomas: Die gesellschaftliche Konstruktion der Wirklichkeit. Eine Theorie der Wissenssoziologie, Frankfurt 1969.

Berne, Eric: Was sagen Sie, nachdem Sie >Guten Tag< gesagt haben, München 1975.

Bernsdorf, W.(Hg.): Wörterbuch de Soziologie. Bd. 2, Frankfurt 1972.

Bettelheim, Bruno: Kinder brauchen Märchen, 11. Aufl., München 1988.

Blaß, Josef Leonhard: Pädagogische Theoriebildung bei Johann Friedrich Herbart, Meisenheim 1972.
Bock, Irmgard: Pädagogische Anthropologie der Lebensalter. Eine Einführung, München 1984.
Bolder, Axel: Die Qualifizierungsoffensive - eine kritische Bestandsaufnahme von Ergebnissen der Weiterbildungsforschung, in: Z.f.Päd., 23. Beiheft, Weinheim; Basel 1988, S. 89-99.
Bolte, Karl Martin/ Aschenbrenner, Katrin: Die gesellschaftliche Situation der Gegenwart. (...), 2. unv. Aufl., Opladen 1964.
Bopp, Jörg: Flucht in die Seelen-Technik. Kritische Anmerkungen zum Menschenbild der Psycho-Welle, in: Publik-Forum, Nr. 19, v. 26.9.86.
Brandstätter, H./ Schuler, H./ Stocker-Kreichgauer, G.: Psychologie der Person, Stuttgart 1974.
Buber, Martin: Reden über Erziehung, 8.Aufl., Heidelberg 1969.
Buber, Martin: Ich und Du, 9.Aufl., Heidelberg 1977.
Buber, Martin: Das dialogische Prinzip, 5. durchges. Aufl., Heidelberg 1984.
Büchele, Herwig/ Wohlgenannt, Lieselotte: Grundeinkommen ohne Arbeit. Auf dem Weg zu einer kommunikativen Gesellschaft, 2.Aufl., Wien 1985.
Bühl, Walter L.: Einführung in die Wissenschaftssoziologie, München 1974.
Bühl, Walter L.: Kulturwandel. Für eine dynamische Kultursoziologie, Darmstadt 1987.
Bühler, Charlotte: Die Rolle der Werte in der Entwicklung der Persönlichkeit in der Psychotherapie, Stuttgart 1975.
Capra, Fritjof: Wendezeit. Bausteine für ein neues Weltbild, München 1988.
Claessens, Dieter: Familie und Wertsystem. Eine Studie zur "zweiten, sozio-kulturellen Geburt" des Menschen und der Belastbarkeit der "Kernfamilie", 4. durchges. Aufl., Berlin 1979.
Colegrave, Sukie: Yin und Yang. Die Kräfte des Weiblichen und des Männlichen. Eine inspirierende Synthese von westlicher Psychologie und östlicher Weisheit, Frankfurt 1984.
Corell, Werner: Persönlichkeitspsychologie. Eine Einführung in die Persönlichkeitssysteme von Freud bis Skinner, Donauwörth 1976.
Crisand, Ekkehard: Psychologie der Persönlichkeit. Eine Einführung, 4.neubearb. u. erw. Aufl., Heidelberg 1985.
Dettling, Warnfried: Jenseits von Markt und Macht - Die Krise des Menschen in der Wirtschaftsgesellschaft, in: Olk, Thomas/ Otto, Hans-Uwe (Hg.): Der Wohlfahrtsstaat in der Wende. Umrisse einer zukünftigen Sozialarbeit, Weinheim; München 1985, S. 53-60.
Dieckmann, Hans: Methoden der analytischen Psychologie. Eine Einführung, Olten 1979.
Dieckmann, Hans: Träume als Sprache der Seele. Einführung in die Traumdeutung der Analytischen Psychologie C.G. Jungs, 5. Aufl., Fellbach 1990.

Dietrich, Theo: Geschichte der Pädagogik in Beispielen aus Erziehung, Schule und Unterricht, 2.erw.u.überarb. Aufl., Bad Heilbrunn 1975.

Dönhoff, Gräfin Marion: Die Politik braucht den Dialog, den Widerspruch und den Zweifel, in: *Die Zeit*, Nr. 2, v. 4.1.1991, S. 1.

Drewermann, Eugen: Strukturen des Bösen. Teil 1: Die jahwistische Urgeschichte in exegetischer Sicht, Paderborn 1988(a).

Drewermann, Eugen: Strukturen des Bösen. Teil 2: Die jahwistische Urgeschichte in psychoanalytischer Sicht, Paderborn 1988(b).

Drewermann, Eugen: Tiefenpsychologie und Exegese. Bd. II, 2. Aufl., Olten 1991(a).

Drewermann, Eugen: Der tödliche Fortschritt. Von der Zerstörung der Erde und des Menschen im Erbe des Christentums, 3. Aufl., Freiburg 1991 (b).

Drewermann, Eugen: Lieb Schwesterlein, laß mich herein. Grimms Märchen tiefenpsychologisch gedeutet, München 1992(a).

Drewermann, Eugen: Rapunzel, Rapunzel, laß dein Haar herunter. Grimms Märchen tiefenpsychologisch gedeutet, München 1992(b).

Drewermann, Eugen: Das Eigentliche ist unsichtbar. Der Kleine Prinz tiefenpsychologisch gedeutet, 2. Aufl., Freiburg 1992(c).

Duerr, Hans Peter (Hg.): Der Wissenschaftler und das Irrationale, Frankfurt 1981.

Eccles, John C./ Zeier, Hans: Gehirn und Geist. Biologische Erkenntnisse über Vorgeschichte, Wesen und Zukunft des Menschen, Frankfurt 1984.

Erikson, Erik H.: Identität und Lebenszyklus, 5. Aufl., Frankfurt 1979.

Ernst, Heiko: Der lange Nachmittag des Lebens, in: PSYCHOLOGIE HEUTE, Nr. 8/ 92, S. 20 ff.

Evers, Tilman: Mythos und Emanzipation. Eine kritische Annäherung an C.G. Jung, Hamburg 1987.

Eysenck, Hans Jürgen: Sigmund Freud. Niedergang und Ende der Psychoanalyse, München 1985.

Feldenkrais, Moshé: Bewußtheit durch Bewegung. Der aufrechte Gang, Frankfurt 1968.

Fend, Helmut: Sozialgeschichte des Aufwachsens. Bedingungen des Aufwachsens und Jugendgestalten im zwanzigsten Jahrhundert, Frankfurt 1988.

Ferchhoff, Wilfried: Alltagsweltliches und wissenschaftliches Wissen in Professionalisierungskonzepten, in: Soziale Arbeit, 12/ 90, S. 441-447.

Fink, Eugen: Zur Bildungstheorie der technischen Bildung, in: Pleines, J.E. (Hg.): Bildungstheorien. Probleme und Positionen, Freiburg 1978, S. 40-54.

Francis, E.K.: Wissenschaftliche Grundlagen soziologischen Denkens, 2. Aufl., Bern 1965.

Franz, Marie-Louise von/ Hillman, James: Zur Typologie C.G. Jungs. Die inferiore und die Fühlfunktion, Fellbach 1980.

Freud, Sigmund: G.W., Bd. 4, Frankfurt, bzw. (Fischer TB) Frankfurt 1954.

Freud, Sigmund: Abriß der Psychoanalyse, G.W. Bd.17, Frankfurt 1972.

Fromm, Erich: Haben oder Sein. Die seelischen Grundlagen einer neuen Gesellschaft, Stuttgart 1976.
Gabele, Eduard: Ziele in mittelständischen Unternehmen Europas - eine empirische Untersuchung, in: Kemm, René/ Hiersbrunner, Daniel (Hg.): Entwicklungspotentiale: Erkennen und Nutzen. Ein Lesebuch für die Praxis, Bern 1990, S. 89-101.
Geißler, Harald: Bildungsmarketing. Vorhut eines humanistischen Marketing-Modells, in: Grundlagen der Weiterbildung, 3.Jg., Nr. 3/92, S. 162-168.
Giesecke, Hermann: Pädagogik als Beruf. Grundformen pädagogischen Handelns, Weinheim; München 1987.
Giesecke, Hermann: Einführung in die Pädagogik, 2.Aufl., Weinheim; München 1991.
Heidegger, Martin: Sein und Zeit, Tübingen 1984.
Heitmeyer, Wilhelm: Schneller, härter, unkalkulierbarer. Desintegration erzeugt Gewalt, in: SZ v. 6./ 7. 3. 93, Nr. 54, S. 17.
Hentig, Hartmut von: Werte und Erziehung, in: Cribblez, Lucien/ Gonon, Philipp (Hg.): Ist Ökologie lehrbar?, Bern 1989.
Herrmann, Theo: Lehrbuch der empirischen Persönlichkeitsforschung, Göttingen 1969.
Herrmann, Th./ Lantermann, E.-D.(Hg.): Persönlichkeitspsychologie. Ein Handbuch in Schlüsselbegriffen, München 1985.
Heyting, Frieda: Pädagogischer Relativismus als Antwort auf die Moderne? (...), in: Z.f.Päd., Jg. 1992, Nr. 2, S. 281.
Hoeffert, Hans-Wolfgang: Karriere im Sozialwesen, in: SOCIAL management, 4/ 91, S. 29-32.
Horkheimer, Max: Autorität und Familie, in: ders.: Traditionelle und kritische Theorie. Vier Aufsätze, Frankfurt 1968.
Hurrelmann, Klaus: Gesundheitsgefährdende Lebensbedingungen und Lebensstile im Jugendalter, in: "Jugendschutz heute", Nr. 5, 1989.
Jacobi, Jolande: Die Psychologie von C.G. Jung. Eine Einführung in das Gesamtwerk mit einem Geleitwort von C.G. Jung, Frankfurt (Fischer TB) 1978.
Jantsch, Erich: Die Selbstorganisation des Universums. Vom Urknall zum menschlichen Geist, 2.Aufl., München 1984.
Jaspers, Karl: Aus dem Ursprung denkende Metaphysiker. (...), München 1957.
Jaspers, Karl: Wohin treibt die Bundesrepublik?, München 1966.
Jung, Carl Gustav: Die Beziehungen zwischen dem Ich und dem Unbewußten, 2. Aufl., Zürich 1935.
Jung, Carl Gustav: Über die Psychologie des Unbewußten, 5. Aufl., Zürich 1943, bzw. GW VII.
Jung, Carl Gustav: Psychologische Typen (1921), Zürich 1946; bzw. GW VI.
Jung, Carl Gustav: Vom Wesen der Träume, 4.Aufl. d. Studienausgabe, Olten 1983.

Jung, Carl Gustav: Theoretische Überlegungen zum Wesen des Psychischen, in: ders.: Grundwerk. Bd. 2, Olten 1984, S. 7 ff.

Jung, Carl Gustav: Über die Archetypen des kollektiven Unbewußten, in: ders.: Grundwerk. Bd. 2, Olten 1984, S. 77 ff.; bzw. GW IX/ I.

Jung, Carl Gustav: Der Begriff des kollektiven Unbewußten, in: ders.: Grundwerk. Bd. 2, Olten 1984, S. 114-125.

Jung, Carl Gustav: Mandala. Bilder aus dem Unbewußten, 6. Aufl., Olten 1985.

Jung, Carl Gustav: Die Lebenswende, in: ders.: Grundwerk. Bd. 9, 2. Aufl., Olten 1987, S. 61-77; bzw. GW VIII.

Jung, Carl Gustav: Typologie, München (dtv) 1990.

Jung, Carl Gustav: Psychologische Typen (1923), in: ders.: 1990, S. 104-118.

Jung, C.G. u.a.: Der Mensch und seine Symbole, Olten 1968; bzw. 8. Aufl. 1985.

Kafka, Franz: Brief an den Vater, Frankfurt 1975.

Kaiser, Arnim/ Kaiser, Ruth: Studienbuch Pädagogik. Grund- und Prüfungswissen, 3. Aufl., Frankfurt 1987.

Keupp, Heiner: Riskante Chancen. Das Subjekt zwischen Psychokultur und Selbstorganisation. Sozialpsychologische Studien, Heidelberg 1988.

Klaus, Martin A.: Spuren eines aggressiven Lebens, in: SZ v. 25./26.1.92.

Koch-Hillebrecht, Manfred: Jeder ist anders. Kleine Persönlichkeitspsychologie, Bern 1988.

Kohlberg, Lawrence: Eine Neuinterpretation der Zusammenhänge zwischen der Moralentwicklung in der Kindheit und im Erwachsenenalter, in: Döbert, R./ Habermas, J./ Nunner-Winkler, G.: Entwicklung des Ichs, 2.Aufl., Königstein 1980, S. 225-252.

König, Eckart/ Zedler, Peter: Pädagogische Wissensformen in der Öffentlichkeit.(...), in: Z.f.Päd., 23. Beiheft, Weinheim; Basel 1988.

Krings, Hermann: Energie, Arbeit, Leistung. Die Frage nach dem Sinn, in: Schubert, Venanz (Hg.): Der Mensch und seine Arbeit, St. Ottilien 1986, S. 383-404.

Kürzdörfer, Klaus: Neuere Forschungsergebnisse und Akzente, in: ders. (Hg.): Grundpositionen und Perspektiven in der Erwachsenenbildung, Bad Heilbrunn 1981, S. 112-139.

Laing, Ronald D.: Das Selbst und die Anderen, Reinbek 1977.

Lassahn, Rudolf: Einführung in die Pädagogik, 3. Aufl., Heidelberg 1978.

Laux, Josef: "Personal growth" durch betriebliche Bildung?, in: Arnold, Rolf (Hg.): Taschenbuch der betrieblichen Bildungsarbeit, Baltmannsweiler 1991.

Lievegoed, Bernhard: Lebenskrisen - Lebenschancen. Die Entwicklung des Menschen zwischen Kindheit und Alter, 5. Aufl., München 1986.

Looss, Wolfgang: Coaching für Manager. Problembewältigung unter vier Augen, 2. Aufl., Landsberg 1992.

Lüders, Christian/ Winkler, Michael: Sozialpädagogik - auf dem Weg zu ihrer Normalität, in: Z.f.Päd., 38. Jg. 1992, Nr. 3, S. 366.

Lyotard, Jean-Francois: Das postmoderen Wissen, Graz; Wien 1986.
Mader, Wilhelm: Individualität als soziales Problem von Bildung und Therapie, in: Tietgens, Hans (Hg.): Wissenschaft und Berufserfahrung.(...), Bad Heilbrunn 1987, S. 66-85.
Mann, Rudolf: Das ganzheitliche Unternehmen. Die Umsetzung des neuen Denkens in der unternehmerischen Praxis zur Sicherung von Gewinn und Leistungsfähigkeit, München 1988.
Maslow, Abraham H.: Motivation und Persönlichkeit, Olten 1977.
Maslow, Abraham H.: Psychologie des Seins. Ein Entwurf, 2. Aufl., München 1981.
Max Scheler: Die Stellung des Menschen im Kosmos, in: ders.: Ges. Werke, Bd. 9, Bern 1976, S. 7-71, bzw. ders.: 9.Aufl., Bern 1978.
Meadows, Dennis u.a.: Die Grenzen des Wachstums. Bericht des Club of Rome zur Lage der Menschheit, Stuttgart 1972.
Meier, C.A.: Experiment und Symbol. Arbeiten zur komplexen Psychologie C.G. Jungs, Olten 1975.
Meier, C.A.: Persönlichkeit. Der Individuationsprozeß im Lichte der Typologie C.G. Jungs, Olten 1977.
Meinberg, Eckhard: Das Menschenbild der modernen Erziehungswissenschaft, Darmstadt 1988.
Meueler, Erhard: Erwachsene lernen: Beschreibungen, Erfahrungen, Anstöße, 2.Aufl., Stuttgart 1986.
Minks, Karl-Heinz/ Nigmann, Ralf: Hochschulabsolventen 88/89 zwischen Studium und Beruf. Reihe Hochschulplanung, Band 88, Hannover 1991.
Müller, Günter F.: Psychogramme des arbeitenden Menschen. Anmerkungen zur Notwendigkeit eines Perspektivenwechsels, in: Angewandte Sozialforschung, Jg.15, Heft 1/2, 1988/89, S. 29-33.
Myers-Briggs-Typenindikator Manual, Weinheim 1991.
Neubeiser, Marie-Louise: Management-Coaching. Der neue Weg zum Manager von morgen, Zürich 1990.
Neumann, Erich: Tiefenpsychologie und neue Ethik, 3. Aufl., München 1973.
Neumann, Erich: Ursprungsgeschichte des Bewußtseins, 4. Aufl., Frankfurt 1984.
Neumann, Erich: Das Kind. Struktur und Dynamik der werdenden Persönlichkeit, 3. Aufl., Fellbach 1985.
Nietzsche, Friedrich: Umwertung aller Werte. Aus dem Nachlaß zusammengestellt u. herausg. von Friedrich Würzbach, München 1969 (dtv), Bd.2.
Obrist, Willy: Archetypen. Natur- und Kulturwissenschaften bestätigen C.G. Jung, Olten 1990.
Oerter, Rolf: Moderne Entwicklungspsychologie, 16.Aufl., Donauwörth 1976.
Oerter, Rolf: Zur Dynamik von Entwicklungsaufgaben im menschlichen Lebenslauf, in: ders. (Hg.): Entwicklung als lebenslanger Prozeß, Hamburg 1978, S. 66-110.
Ortega y Gasset, José: Der Aufstand der Massen, Hamburg 1956.

Pekrun, Reinhard: Emotion, Motivation und Persönlichkeit, München; Weinheim 1988.

Pelletier, Kenneth R.: Unser Wissen vom Bewußtsein. Von Psyche und Soma, Reinbek 1988.

Pervin, Lawrence A.: Persönlichkeitstheorien (...), 2. neu bearb. Aufl., München 1987.

Petzold, Hilarion G. (Hg.): Die neuen Körpertherapien, München 1992.

Pfaffenberger, H. (Hg.): Grundbegriffe und Methoden der Sozialarbeit, 2. durchges.Aufl., Neuwied 1974.

Philosophisches Wörterbuch, begr. von Heinrich Schmidt, 21. Aufl., neu bearb. von Georgi Schischkoff, Stuttgart 1978.

Piaget, Jean: Abriß der genetischen Epistemologie, Olten; Freiburg 1974.

Piaget, Jean: Einführung in die genetische Erkenntnistheorie, 2. Aufl., Frankfurt 1981.

Pillat, Rüdiger: Neue Mitarbeiter - erfolgreich anwerben, auswählen und einsetzen, 5. überarb. Aufl., Freiburg 1990.

Prantl, Heribert: Das Bad im Drachenblut. Der Staat als Beute der Parteien: Politiker scheinen strafrechtlich unverwundbar zu sein, in: SZ, Nr. 18, v. 23./ 24.1.93, S. I.

Richter, Horst-Eberhard: Die Chance des Gewissens. Erinnerungen und Assoziationen, München 1988.

Riemann, Fritz: Grundformen der Angst. Eine tiefenpsychologische Studie, 13. Aufl., München; Basel 1978.

Riemann, Fritz: Lebenshilfe Astrologie. Gedanken und Erfahrungen, 12. Aufl., München 1990.

Rogers, Carl R.: Entwicklung der Persönlichkeit. Psychotherapie aus der Sicht eines Therapeuten, 4. Aufl., Stuttgart 1983.

Rogers, Carl R./ Rosenberg, Rachel L.: Die Person als Mittelpunkt der Wirklichkeit, Stuttgart 1980.

Rohr, Richard/ Ebert, Andreas: Das Enneagramm. Die 9 Gesichter der Seele, 2. Aufl., München 1989.

Rombach, Heinrich (Hg.): Wissenschaftstheorie. 2: Struktur und Methode der Wissenschaften, Freiburg 1974.

Rombach, Heinrich: Die Grundstruktur der menschlichen Kommunikation. Zur kritischen Phänomenologie des Verstehens und Mißverstehens, in: Orth, E.W. (Hg.): Mensch, Welt, Verständigung, Freiburg 1977(a), S. 19-51.

Rombach, Heinrich: Leben des Geistes. Ein Buch der Bilder zur Fundamentalgeschichte der Menschheit, Freiburg 1977(b).

Rombach, Heinrich: Phänomenologie des gegenwärtigen Bewußtseins, Freiburg 1980.

Rombach, Heinrich: Strukturanthropologie. >Der menschliche Mensch<, Freiburg 1987.

Rombach, Heinrich: Der kommende Gott. Hermetik - eine neue Weltsicht, Freiburg 1991.

Rosenstiel, Lutz von/ Einsiedler, Herbert E./ Streich, Richard K.: Wertewandel als Herausforderung für die Unternehmenspolitik, Stuttgart 1987.

Rosenstiel, Lutz von/ Molt, Walter/ Rüttinger, Bruno: Organisationspsychologie, 7.Aufl., Stuttgart 1988.

Roth, Heinrich: Pädagogische Anthropologie. Band II: Entwicklung und Erziehung. Grundlagen einer Entwicklungspädagogik, 1.Aufl., Hannover 1971.

Sarges, W./ Weinert, A.B.: Früherkennung von Managementpotentialen, in: Feix, Wilfried E. (Hg.): Personal 2000. Visionen und Strategien erfolgreicher Personalarbeit, Frankfurt; Wiesbaden 1991.

Schaff, Adam: Beschäftigung contra Arbeit, in: Friedrichs, Günter/ Schaff, Adam (Hg.): Auf Gedeih und Verderb. Mikroelektronik und Gesellschaft. Bericht an den Club of Rome, Wien 1982, S. 353-366.

Scheler, Max: Die Formen des Wissens und die Bildung, in: ders.: Ges. Werke, Bd. 9, Bern 1976.

Schiller, Friedrich: Über die ästhetische Erziehung des Menschen in einer Reihe von Briefen, in: ders.: Werke in drei Bänden. Bd. 2, München 1966/ 1982, S. 445-520.

Schneewind, Klaus A.: Persönlichkeitstheorien. I: Alltagspsychologie und mechanistische Ansätze, Darmstadt 1982.

Schneewind, Klaus A.: Persönlichkeitstheorien. II: Organismische und dialektische Ansätze, Darmstadt 1984.

Schraml, Walter J.: Einführung in die moderne Entwicklungspsychologie für Pädagogen und Sozialpädagogen, 5. Aufl., Stuttgart 1980.

Schröder, Dieter: Demokratie und Stil, in: SZ, Nr. 64, v. 18.3.93, S. 4.

Schrödinger, Erwin: Mein Leben meine Weltansicht, Zürich 1989.

Schulz von Thun, Friedemann: Miteinander reden. 2: Stile, Werte und Persönlichkeitsentwicklung. Differentielle Psychologie der Kommunikation, Reinbek 1989.

Schulz von Thun, Friedemann: Miteinander reden.1: Störungen und Klärungen. Allgemeine Psychologie der Kommunikation, Reinbek 1992.

Schütz, Alfred: Der sinnhafte Aufbau der sozialen Welt. Eine Einleitung in die verstehende Soziologie, 2. Aufl., Frankfurt 1981.

Seewald, Peter: Wo ist Gott?, in: SZ-Magazin, 6/ 92, S. 13-19.

Sheldrake, Rupert: Das schöpferische Universum. Die Theorie des morphogenetischen Feldes, 3. Aufl., München 1991.

Silva, José/ Miele, Philip: silva mind control. Die universelle Methode zur Steigerung der Kreativität und Leistungsfähigkeit des menschlichen Geistes, 2. Aufl., Argenbühl-Eglofstal 1983.

Speck, J. (Hg.): Das Personverständnis in der Pädagogik und ihren Nachbarwissenschaften, Münster 1966/ 1967.

Sperber, Manès: Alfred Adler oder das Elend der Psychologie, 2. Aufl., Wien 1970.
Stiefel, Rolf Th.: Humanistische Managementschulung.(...), Frankfurt 1975.
Streithofen, Basilius: Freiheit - Unternehmer - Markt, in: Donau Kurier, Nr. 300, v. 31.12.90/ 1.1.91.
Strunk, Gerhard: Wider den Ökonomismus in der Bundesrepublik. Anmerkungen zur bildungspolitischen Positionsbestimmung der Spitzenverbände der Wirtschaft vom Januar 1992, in: Grundlagen der Weiterbildung, Nr. 3, 1992, S. 125-126.
Szasz, Thomas S.: Der Mythos der Psychotherapie, Wien 1982.
Tenbruck, Friedrich H.: Die unbewältigten Sozialwissenschaften oder Die Abschaffung des Menschen, Graz 1984.
Thiel, Heinz-Ulrich/ Schiersmann, Christiane: Fortbildung, Supervision und Organisationsentwicklung mit Führungskräften, in: Grundlagen der Weiterbildung, 4. Jg., 1/ 93, S. 34.
Thomae, Hans: Das Individuum und seine Welt. Eine Persönlichkeitstheorie, Göttingen 1968.
Tietgens, Hans: Einleitung in die Erwachsenenbildung, Darmstadt 1979.
Tretzel, Annette: Anleitungen zum Glücklichsein? in: PSYCHOLOGIE HEUTE, 8/ 92, S. 30 ff.
Tschamler, Herbert: Arbeit und Bildung, in: Schubert, V.(Hg.): Der Mensch und seine Arbeit, St. Ottilien 1986, S. 255-283.
Watzlawick, Paul/ Beavin, Janet H./ Jackson, Don D.: Menschliche Kommunikation. Formen, Störungen, Paradoxien, 4. unv. Aufl., Bern 1974.
Weber, Max: Soziologische Grundbegriffe, 4.durchges.Aufl., Tübingen 1978.
Weber, Max: Die protestantische Ethik. I, 5. Aufl., Gütersloh 1979.
Wehner, E.G.: Einführung in die empirische Psychologie, Stuttgart 1980.
Wilhelm, Richard/ Jung, C.G.: Das Geheimnis der Goldenen Blüte. Das Buch von Bewußtsein und Leben, 1. Aufl., Köln 1986.
Winkler, Wolfgang: Individuation und Andragogik. C.G. Jungs Denken als Grundlage ganzheitlicher Erwachsenenbildung, München 1989.
Wörterbuch der Berufs- und Wirtschaftspädagogik, hg. vom Willmann-Institut, München; Wien; Freiburg 1973.
Wörterbuch der Erziehung. Herausgegeben von Christoph Wulf, 4.Aufl., München 1978.
Zurhorst, Günter: "Wir spielen die Rolle, wir selbst zu sein", in: Wir Selbstdarsteller, hg. v. d. Redaktion PSYCHOLOGIE HEUTE, Weinheim; Basel 1988, S. 7-24.